航空公司安全管理模型与方法

池 宏 许保光 石 彪 邵雪焱 等 著

科学出版社

北 京

内 容 简 介

作者长期从事安全管理与航空公司运作管理研究,书中主要内容是在中国民用航空公司安全管理体系建设过程中提炼而来的。本书从航空公司安全管理面临的实际需求入手,在对人、机、环、组织等要素及业务流程的机理分析基础上,提出航空公司安全管理辅助分析框架;进而研究构建围绕飞行员、机务维修、运行控制安全管理若干问题的模型与方法。这些问题凝练了公共安全领域、交通运输行业及其他行业在生产安全方面具有的共同特征和共性问题,具有一定的普适性。

本书为航空公司管理者、安全管理理论研究学者、高校学生等提供了一套较为系统的适合中国国情、符合国际民用航空组织要求、具有可操作性的航空公司安全管理模型与方法。

图书在版编目(CIP)数据

航空公司安全管理模型与方法 / 池宏等著. —北京:科学出版社,2022.4
ISBN 978-7-03-070666-9

Ⅰ. ①航…　Ⅱ. ①池…　Ⅲ. ①航空公司－企业管理－安全管理－研究
Ⅳ. ①F560.6

中国版本图书馆 CIP 数据核字(2021)第 232642 号

责任编辑:陈会迎 / 责任校对:贾娜娜
责任印制:张　伟 / 封面设计:无极书装

科 学 出 版 社 出版
北京东黄城根北街 16 号
邮政编码:100717
http://www.sciencep.com

北京虎彩文化传播有限公司 印刷
科学出版社发行　各地新华书店经销

*

2022 年 4 月第 一 版　开本:720×1000　1/16
2022 年 4 月第一次印刷　印张:21 1/4　插页:2
字数:426 000

定价:198.00 元
(如有印装质量问题,我社负责调换)

序

自改革开放以来，中国的民航业取得了快速的发展，其航空运输业务量增长很快，发展成为国民经济的重要支柱产业。自 20 世纪 80 年代，中国民用航空局致力于民航业的改革，为了满足国际通航的需要，引入了《国际民用航空公约》一系列的附件，经过多年的逐步完善，建成了与国际民航业对接的中国民航规章体系，奠定了中国民航业发展的基础。这些体系构成了中国航空运输安全保障，保障中国民用航空飞行的安全运行。随着我国航空运输规模的扩张，民航业在安全管理方面面临着一些新的挑战，如急剧增加的飞行任务需求与飞行员培养速度之间的差异、机场起降频率的增加、空域利用航线密度的增加、新航线的试航与运行、飞机维修任务的增加，每一个领域都需要积累安全管理的经验，运用科学的方法和先进的技术来保障航空飞行安全。

世界航空公司在 2005 年下半年经历了"黑色 8 月"，国际民用航空组织（International Civil Aviation Organization，ICAO）宣布"世界民航安全持续改善"的状况中断，安全纪录水平又回到了 21 世纪之初。统计显示，在那个时期，世界民航安全水平的发展趋势放缓，如何有效改善复杂的航空系统整体的安全水平，成为航空安全管理面临的问题。2006 年 3 月 20 日至 22 日，ICAO 在加拿大蒙特利尔总部召开了全球航空安全战略的民航局长会议，会议对航空安全的现状进行了评估，希望找出改善安全方面问题的方法，提出了实施航空安全管理体系的应对策略。ICAO 推行的航空安全管理体系，是针对世界航空运输界所面对的安全管理形势提出的一种新的管理模式，它开启了航空安全管理发展的又一个新阶段。但是航空安全管理体系与以往的规章条例不同，这是一个指导性的建设框架，没有明确具体的实施步骤与程序，不同航空公司要根据自己的情况建设不同的航空安全管理体系。本书的有关章节与内容是作者在航空公司航空安全管理体系建设过程中的经验与总结，可以为航空公司安全管理体系建设提供具体的借鉴。

我在民航系统工作期间，参与了中国民航规章体系建设的许多工作，深刻感受到中国民航业引进吸收国际航空安全管理经验的艰巨性，在中国有许多的工作需要落实完善。其中有一部分工作是调查中国民航的航空事故，因此我对于导致航空事故发生原因的多样性有深刻的体会与认识，每一起事故发生的原因都有其特殊性和偶然性，怎样避免航空事故的发生是我经常思考的问题。2005 年后，作为专家顾问，我参加了航空公司安全管理体系（safety management system，SMS）

建设的工作，在工作中，我收获颇丰，航空安全管理是闭环管理，怎样做到航空安全的提前预警、事前管理，风险管理是其核心。安全事故的事前管理，需要依据冰山理论，分析大量的历史数据，利用科学的分析手段，准确分析出导致事故发生的关键原因。

我们知道，航空公司中飞行员的管理是公司的核心，是把握航空安全的最后一道关口。中国的飞行员培养模式与国外的飞行员培养模式具有较大的不同，国外飞行员是由航校培养后输送到各航空公司就业，国内飞行员的培养主要由各航空公司围绕公司的发展需要，提出飞行员招收计划，由航校招生，在航校学习期间学员的培养费用由航空公司负担。学员在航校毕业后进入航空公司，从一个飞行学员成长为一个能独立执行航班任务的带队机长，平均需要 5 年的时间。这期间，飞行员要一边生产，一边训练，对航空公司来说，既要保证满足安全生产的飞行员的数量要求，又要保障飞行员有足够的时间进行各种训练，以培养出技术过硬的飞行员。再进一步，在这种飞行员训练模式下，航空公司还需要考虑未来企业发展面临的大量飞行员的需求，怎么把这几个方面的要求综合安排在飞行员的日常生产与训练的交替模式中，需要航空公司统筹安排，这些内容在该书中有充分的讨论。航空安全的管理工作是一个系统安全的问题，书中以航空安全管理体系的理论为指导，总结了航空安全管理体系建设的理论框架，围绕飞行、运行控制、机务维修工程三大核心业务，分别对各自关注的主要问题进行了详细研讨，得到一系列研究成果。根据我多年来关于航空公司管理的经验，这些成果综合了管理专家与业务专家的认知，是双方合作碰撞的结晶。

该书的研究成果是从近 10 年中作者与国内航空公司合作建设航空安全管理体系的过程中得来的，与中国航空运输安全管理实践相结合，反映了当前航空公司安全运行中的中国特色。书中总结提炼了大量的安全管理问题，刻画出国内安全管理中需要关注与解决的方方面面，对致力于航空安全管理工作的人士有一定的帮助。当然，安全管理无尽头，该书能够引导有关人士从不同的角度对安全管理工作进行思考，完善与巩固航空安全管理的具体实践。

原山东航空公司总经理、高级工程师　高柱

2018 年 2 月

前　言

民用航空是现代交通运输的重要部门、发展国民经济的重要领域，同时也是一个高风险行业，飞行安全关系到旅客的生命和财产安危。安全管理是中国民航自发展以来一直高度重视的问题，取得了重大的成就，也受到了深刻的教训。

ICAO 推行的航空 SMS 是世界航空运输界面对安全管理新形势提出的管理新模式，它开启了航空安全管理发展的新阶段。2008 年 4 月 29 日，中国民用航空总局飞行标准司下发咨询通告《关于航空运营人安全管理体系的要求》，在全行业范围推进 SMS 建设，要求各航空公司据此制订项目实施方案和推进路线图，计划2011 年 1 月 1 日前通过局方审定。结合民航安全工作实际，中国民用航空局确定2010 年为"安全体系建设年"。

SMS 运用系统方法对人、机、环等要素实施管理，注重风险防控，强调对运行安全状态的闭环控制，着力开展安全管理的系统化建设，力争实现安全关口前移，确保达到持续可靠的安全目标。SMS 包括安全政策、风险管理、安全保证、安全促进四个基本要素，并以风险管理为核心，上述四个基本要素也称为 SMS "四大支柱"。

传统安全管理模式主要包括事后管理、经验管理与规章制度管理，其特点是从已发生的事故中吸取教训，避免同类事故再次发生，并形成相应的规章制度，这些规章是基于前人经验、教训的总结，在一定时期内是有效的，发展至今已形成日益复杂的规章制度体系。这些针对特定对象经验性的事后安全管理规章制度，在新的安全管理形势下，越发显现出它的不足。从 20 世纪 90 年代至今，按照 100 万次飞行发生一次事故的趋势计算，随着航空业务量增加，至今，世界上每周都会发生一次事故，这是社会和公众所不能接受的，因此，急需新的安全管理方法。

本研究团队与国内大型航空公司合作，参与公司 2006～2011 年的 SMS 建设，深入飞行机队、运行控制、机务工程等部门的 SMS 建设工作中。合作中我们认识到我国航空公司安全管理工作与国内其他行业相比，较早引入国际航空公司安全管理经验、管理方法与制度，与国际航空业的安全管理已经接轨，并建立了完备的规章制度、管理机构、详细的安全管理档案，引入了国际航空业的安全审计审查的管理模式、事故调查与处理的工作方式。经过多年建设，引入消化并建立了中国安全管理规章，我国民航安全纪录已处在领先地位。然而，SMS 的建设与实施仍面临许多困难，主要原因在于 SMS 提出的是指导性的原则与理念，需要结合各航空公司的业务实践，研究可操作的方法与实施步骤，建设适合各航空公司管理实际的安全管理体系。

在 SMS 建设中应重视风险管理，这是 SMS 的核心。需要在系统的业务流程分析基础上，对危险源进行梳理，建立完备的危险源库；运用科学的风险管理工具，对风险进行评估分析，制定消除或控制风险的措施，并动态监督风险管理的实施。航空公司安全管理是一项系统工程，一次飞行过程中出现的不安全事故，究其原因可能是生产计划安排过紧，也可能是飞行员的原因，抑或是机务维修的原因。例如，忙季的飞行任务多，飞行员工作时间变长，工作负荷上升，当休息不充分时，可能导致不安全事件的出现，本书将对这一类问题进行讨论。这样的研究与经典风险矩阵分析是有区别的，本书的特色在于结合航空公司安全管理的实际问题，建立针对性的分析模型，解决不同管理层面的问题。

在 SMS 建设中，还应加强安全信息的收集与分析。安全管理涉及航空公司各部门业务，完善的安全信息平台一方面能为安全管理提供大量安全信息数据和分析资料，使安全管理工作做到以史为鉴；另一方面，安全关口前移需要基于对运行系统各环节的风险防控、防微杜渐，这就需要一个完备的风险点信息收集系统，实现早发现、早处理；此外，安全信息的积累有利于运用数据分析工具，挖掘不安全事件的规律，提前预警和预防。

本书由四部分组成：第 1～3 章为基础篇，第 4～6 章是围绕飞行员要素形成的第二篇，第 7～10 章是围绕飞机要素形成的第三篇，第四篇针对运行控制，由第 11 章和第 12 章组成。具体安排如下：第 1 章介绍航空公司安全管理概况；第 2 章对安全管理基本方法进行介绍，归纳航空安全管理的主要研究方向；第 3 章提出航空公司安全管理辅助分析框架，用于指导 SMS 建设；第 4～12 章是本书的核心，分别就航空公司飞行、机务维修、运行控制三大部门面临的安全管理实际问题进行分析。

全书由池宏任总策划，第 1 章由池宏、张秀艳负责完成，第 2 章由邵雪焱、池宏负责完成，第 3 章由许保光、池宏、祁明亮负责完成，第 4 章由石彪、刘磊、于瑛英负责完成，第 5 章由邵雪焱、赵宇负责完成，第 6 章、第 7 章分别由高敏刚、池宏负责完成，第 8 章由池宏、李加莲、宋江海负责完成，第 9 章、第 10 章、第 11 章、第 12 章分别由祁明亮、许保光、谭显春、邵雪焱负责完成。全书的章节设计及统稿校对工作由池宏和许保光负责完成。

在研究和书稿撰写过程中，得到了计雷研究员和高柱先生的悉心指导，在此向他们表示致敬和衷心的感谢。本书的研究工作还得到了中国科学院科技政策与管理科学研究所重大研究任务的经费支持，在此也表示衷心的感谢。

作　者

2018 年 1 月

目　　录

第一篇　基　础　篇

第二篇　基于飞行员要素的安全管理

第三篇 机务安全管理模型与方法

第四篇 运控安全管理模型与方法

第一篇 基 础 篇

第1章 航空公司安全管理概况

航空公司作为服务型企业，安全、正点、服务是企业追求的目标，整个公司的运作遵循一定的组织结构、业务流程，由运行控制、飞行队伍、机务维修、地面服务、客舱、市场等多个部门共同实现。航空公司的安全问题存在于从计划制订、运行调度到航班运行等全过程中，安全管理需要关注航空公司生产系统的构成要素、要素间的相互关系，以及系统的运行方式等。例如，在制订各种计划时，计划者如果一味地追求经济效益，所安排的航班计划可能导致飞机或飞行员资源的过度使用而带来安全隐患，图1.1给出了航空公司生产运作流程，虚线框中是对应各个环节影响安全的因素。

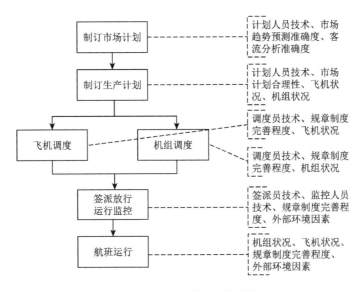

图 1.1 航空公司生产运作流程

1.1 我国民航安全管理发展历程

安全是民航发展的生命线，安全与发展紧密相连。自中华人民共和国成立以来，我国民航在取得巨大发展与进步的同时，飞行安全形势也在不断变化，中国民航发展大致经历了五个历史阶段。

第一阶段（1949～1957年）：1949～1957年乃是中华人民共和国成立后国民

经济恢复和实施第一个五年计划时期。此时期的特点是管理制度不统一、航空安全制度不完善、组织纪律较差、安全管理经验缺乏。1957 年 10 月 5 日,周恩来总理在中国民用航空局《关于中缅航线通航一周年的总结报告》上批示:"保证安全第一,改善服务工作,争取飞行正常。"[①]从此为民航工作奠定了指导方针。

第二阶段（1958～1965 年）:该阶段包括"大跃进"和国民经济调整、巩固、充实、提高两个时期,也是我国第二个五年计划实施的重要时期。在当时的形势下,民航业被提出高指标,出现了超出客观规律的高发展,1957 年全民航只有运五飞机 26 架,到 1960 年增加到了 149 架,这一阶段是飞行训练、通用航空、旅客运输事故相对高发期。1965 年民航业总结了经验教训,先后制定和颁发了关于航空飞行的相关条例及机务、导航、气象、通信、油料、场建等条例和实施细则,这标志着中国民航安全管理工作开始走向依法管理的道路。

第三阶段（1966～1978 年）:在这一时期我国民航遭到最大的破坏,主要表现在民航生产发展缓慢,民航安全生产受到了严重破坏,规章制度基本废止。在 1966 年之后的连续 13 年间,民航就发生了飞行事故 35 起,平均年 2.7 起。其中通用航空事故高发,运输航空事故严重。1968 年 12 月 5 日 19 时,伊尔 14 型 640 号飞机在首都机场落地时天气逐渐转坏,飞行检查员离开了驾驶舱,由另一个机长操纵飞机进行落地,既没有注意高度,又调错了高度表,使飞机在跑道南端外触地起火,机毁人亡,使我国著名的力学和核科学家郭永怀机上遇难,影响了原子弹爆炸计划。

第四阶段（1979～1999 年）:1978 年 12 月,中国共产党十一届三中全会召开,我国的民航事业也进入了新的发展时期。1980 年中央指出民航一定要走企业化的道路,不能用军队的办法来管理。不久民航则改由国务院直接领导,这是民航历史上管理体制最重要的改革。为此《人民日报》发表了《民航要走企业化的道路》的社论。1987 年 2 月,民航管理体制实行政企分开的改革方案并陆续实施。这20 年民航事业蓬勃发展,其中运输航空公司 34 家,通用航空公司 32 家。民航的安全管理逐渐走向与国际民航接轨、合作并走向法制管理、规章管理、执照管理和人为因素研究管理等方面,这标志着从经验型管理向科学型管理重大的进步。这一时期由于民航发展速度快,很多基础工作不能协调,在前 15 年间,安全形势非常严峻,教训十分深刻,后五年安全形势趋于好转。

第五阶段（2000 年至今）:快速、健康发展期。民航在改革开放后的前 20 年间,每年都以 15%左右的速度发展,是世界民航发展史的奇迹,这为我国民航事业的快速、健康发展奠定了基础。2014 年我国航空运输总周转量为 742 亿吨公里,航空旅客运输已达 3.9 亿人次,货邮运输达到 591 万吨,我国已连续几年成为世界航空运输大国,客、货航空运输已排在世界第二位。2014 年我国拥有运输航空

---

① https://www.caac.gov.cn/xwzx/MHYW/201711/t20171108.47476.html.

公司 51 家，运输飞机 2365 架，通用航空公司 239 家，通用航空飞机 1621 架。航空安全指标也已走向世界前列。这一阶段航空安全管理的特点主要表现为从法制管理向科学管理、从事后管理向事前管理、从被动管理向主动管理、从事后治理向事前预防、从制度制定管理向预先风险预防管理、从单项管理向系统和"组织"管理深入。在人员方面则重点向人为因素方面及培训和素质等方面深入研究。

1.2　我国民航法律法规体系

我国作为 ICAO 的缔约国之一，必须遵守《国际民用航空公约》及其 19 个附件，并结合本国实情，建立我国民航法律法规体系，主要包括：国家法律，由全国人民代表大会常务委员会立法，中华人民共和国主席签发的《中华人民共和国民用航空法》；条例，行政法规性文件，由国务院常务会议审议通过，国务院总理签发，如《中华人民共和国民用航空器权利登记条例》《中华人民共和国民用航空器适航管理条例》等；规章，主管部门的行政法规性文件，由国务院授权的主管部门颁发，在我国由中国民用航空局立法，中国民用航空局局长签发，如《大型飞机公共航空运输承运人运行合格审定规则》，即 CCAR-121 部规章，与规章相配合的还有许多支持性文件，如管理程序（aviation procedure，AP）、咨询通告（advisory circular，AC）等。到目前中国民用航空局所制定的规章已达几十部，基本能与世界接轨；航空公司根据政府部门颁发的有关法规性文件要求，编制符合各公司的有关手册，用以规范各公司的各项工作，在一定意义上讲，这是公司的基本法。此外，如果某航空公司加入了某些行业组织，如国际航空运输协会，作为该协会的会员之一，还必须遵守协会的相关规定。综上，我国民航法律法规体系结构如图 1.2 所示。

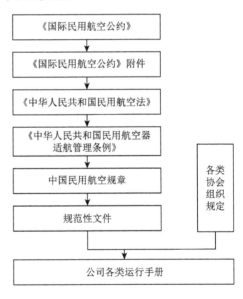

图 1.2　我国民航法律法规体系结构

1.《国际民用航空公约》

《国际民用航空公约》又名《芝加哥公约》，为了使国际民航按照安全和有秩序的方式发展，并使国际航空运输业务建立在机会均等的基础上，健康、经济地经营,它分别从在缔约国领土上空飞行、航空器的国籍、便利空中航行的措施、航空器应具备的条件等几个方面做出了规定。

2.《国际民用航空公约》附件

为了确保《国际民用航空公约》准确、有效地实施,特制定 19 个附件对公约中的要求进行进一步明确和具体化,并从标准和建议措施两个层面对缔约国提出要求。19 个附件的内容如下。

附件 1:《人员执照的颁发》。

附件 2:《空中规则》。

附件 3:《国际空中航行气象服务》。

附件 4:《航图》。

附件 5:《空中和地面运行中所使用的计量单位》。

附件 6:《航空器的运行》。

附件 7:《航空器国籍和登记标志》。

附件 8:《航空器适航性》。

附件 9:《简化手续》。

附件 10:《航空电信》。

附件 11:《空中交通服务》。

附件 12:《搜寻与援救》。

附件 13:《航空器事故和事故征候调查》。

附件 14:《机场》。

附件 15:《航空情报服务》。

附件 16:《环境保护》。

附件 17:《保安:保护国际民用航空免遭非法干扰行为》。

附件 18:《危险品的安全航空运输》。

附件 19:《安全管理》。

3.《中华人民共和国民用航空法》

《中华人民共和国民用航空法》由 1995 年 10 月 30 日经第八届全国人民代表大会常务委员会第十六次会议审议通过,1996 年 3 月 1 日实施。为了维护国家的领空主权和民用航空权利、保障民用航空活动安全和有秩序地进行、保护民用航空活动当事人各方的合法权益、促进民用航空事业的发展,它分别从民用航空器国籍、民用航空器权利、民用航空器适航管理、航空人员、民用机场、空中航行、公共航空运输企业、公共航空运输、通用航空、搜寻援救和事故调查、对地面第三人损害的赔偿责任等几个方面进行了规定和约束。

4.《中华人民共和国民用航空器适航管理条例》

为保障民用航空安全、维护公众利益、促进民用航空事业的发展，我国特制定了《中华人民共和国民用航空器适航管理条例》。在我国境内从事民用航空器（含航空发动机和螺旋桨）的设计、生产、使用和维修的单位或者个人，向我国出口民用航空器的单位或者个人，以及在我国境外维修在我国注册登记的民用航空器的单位或者个人，均须遵守本条例。

5. 中国民用航空规章

中国民用航空规章是指中国民用航空局根据法律和国务院的行政法规、决定和命令，在本部门的权限范围内制定的，或者与国务院有关部门在各自权限范围内联合制定的，以中国民用航空局令的形式公布的文件。民航规章所规范的内容，相关法律、法规已有规定，只能对其相关条款进行细化，或根据相关条款对具体操作办法和实施细则进行规定，不得与相关法律、法规相抵触；没有相关法律、法规规定的，可以根据中国民用航空局的职责范围，对涉及的道德内容进行规定。

中国民用航空规章体系主要包括：第一编行政程序规则（1～20 部）；第二编航空器（21～59 部）；第三编航空人员（60～70 部）；第四编空域、导航设施、空中交通管理和一般运行规则（71～120 部）；第五编民用航空企业合格审定及运行（121～139 部）；第六编学校、非航空人员及其他单位的合格审定及运行（140～149 部）；第七编民用机场建设和管理（150～179 部）；第八编委任代表规则（180～189 部）；第九编航空保险（190～199 部）；第十编综合调控规则（201～250 部）；第十一编航空基金（251～270 部）；第十二编航空运输规则（271～325 部）；第十三编航空保安（326～355 部）；第十四编科技和计量标准（356～390 部）；第十五编航空器搜寻援救和事故调查（391～400 部）。

6. 规范性文件

规范性文件是指中国民用航空局职能部门为了落实法律、法规、中国民用航空局规章和政策的有关规定，在其职责范围内制定，经中国民用航空局局长授权，由职能部门主任、司长、局长签署下发的有关民用航空管理方面的文件。职能部门制定的规范性文件，必须遵守法律、法规和中国民用航空局规章的规定，不得与法律、法规和中国民用航空局规章相冲突。规范性文件共包括五大类。

1）管理程序

管理程序是各职能部门下发的有关民用航空规章的实施办法或具体管理程

序，是民航行政机关工作人员从事管理工作和法人、其他经济组织或者个人从事民用航空活动应当遵守的行为规则。

2）咨询通告

咨询通告是各职能部门下发的对民用航空规章条文所做的具体阐述。

3）管理文件

管理文件（management document，MD）是各职能部门下发的就民用航空管理工作的重要事项做出的通知、决定或政策说明。

4）工作手册

工作手册（working manual，WM）是各职能部门下发的规范和指导民用航空行政机关工作人员具体行为的文件。

5）信息通告

信息通告（information bulletin，IB）是各职能部门下发的反映民用航空活动中出现的新情况以及国内外有关民航技术上存在的问题进行通报的文件。

7. 公司各类运行手册

各类运行手册是工作人员日常工作的直接参考依据，可以分为两个级别：一是公司级手册，是指直接依据中国民用航空局规章编制的手册，对全公司人员都具有约束力，如依照 CCAR-121 部所编制的《飞行运行总手册》、依据 CCAR-145 部所编制的《维修管理手册》；二是部门级手册，是指依据公司级手册所编制的手册，仅对该部门的人员具有约束力，如依据《维修管理手册》所编制的《航线维修工作程序》《排故工作程序》等。

各类法律、法规、手册是航空公司运行过程的依据，但其内容大多是从宏观方面提出要求，告知航空公司应该达到怎样的标准，但至于如何做、通过怎样的方式才能达到或更好地达到该标准，通常不会在规章中明确。因此，各航空公司在履行规章的过程中就会出现差异性，有的可以较容易地满足规章，甚至远远高于规章标准；而有的则是满足规章要求的成本较高。造成这种差异的关键因素就是航空公司在完成各项工作、执行各种任务过程中所采用的管理方法不同，大至宏观的管理理念，小至具体的管理流程和方法。本书以航空公司安全管理工作为基础，结合管理科学的各种方法和技术，针对具体工作提出科学的管理模型和执行方法，力争为航空公司在更加高效地满足规章甚至超越规章方面尽一份力。

1.3 航空公司安全管理组织体系

安全管理组织体系是民航安全管理体系的组成部分，合理的组织体系是制定、实施、监督各项安全管理政策与措施的重要保障。目前，我国从政府、行业、企

业三个层面加强对民航运输安全的管理。航空
公司作为面对市场承担旅客、货邮运输的一线，
建立健全安全管理组织体系尤为重要。图 1.3 为
典型的航空公司安全管理组织体系示意图。

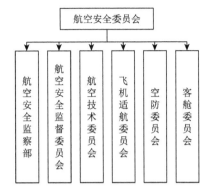

　　航空安全委员会是航空公司对安全实施综
合管理和监督检查的权威机构，下设航空安全
监察部、航空安全监督委员会、航空技术委员
会、飞机适航委员会、空防委员会、客舱委员
会等机构。航空安全委员会的主要职责包括：
贯彻执行安全管理的方针和法律、法规，开展
宣传教育活动，提高安全意识；贯彻落实局方

图 1.3　典型的航空公司安全
管理组织体系示意图

保障安全的方针、政策和规章、规程及标准，并监督检查；评估安全状况，分析
安全形势，研究制定安全管理目标、措施及规定，制订实施方案，检查落实实施
情况；审定调查报告，提出预防措施，指导消除安全隐患；组织安全检查，定期
讲评；讨论安全工作重大问题及安全奖惩工作。

1.4　航空公司安全管理实践

　　航空公司的安全管理工作根据其执行方式的不同可以划分为多种类型，每种
类型的执行时间和主体不同，解决的问题也不同。尽管如此，一方面，每类安全
管理工作自成闭环，即发现问题、分析问题、解决问题和跟踪整改问题；另一方
面，各类工作又相互配合、协调补充，共同构成航空公司安全管理工作的有机组
成部分。这些安全管理工作主要包括以下几点。

　　1. 安全审计

　　安全审计是指针对航空公司日常工作的手册符合性进行检查的一种监督方
式。根据审计的目的不同，可以分为外部审计和内部审计。航空公司为了检查自
身工作的手册符合性而发起的审计工作，称为内部审计；政府当局为了检查其管
辖范围内航空公司工作的手册符合性，或者某行业组织为了检查其组织成员的工
作的手册符合性而进行的审计，均称为外部审计。

　　安全审计工作具有完善、严谨的工作程序和方法，不论外部审计，还是内部
审计，目前均具有比较成熟的执行模式。

　　2. 安全绩效考核

　　安全绩效考核是指针对一段时间的工作表现进行评价，并据此采取某种措

施。根据考核对象的不同，安全绩效考核可以分为人员绩效考核和部门绩效考核。人员绩效考核是指针对单个员工的工作表现，对其进行评价，考核结果通常作为年终奖励的发放基础；部门绩效考核是指针对整个部门的工作业绩进行评价，一般会以部门内所有员工的个人绩效考核结果为依据，再辅以整个部门的业绩评价。

目前，安全绩效考核常用的方法有平衡计分卡法、关键绩效指标（key performance indicator，KPI）评价法、360 度评价法等，每种方法都有各自的考核模式和技术。但各航空公司在使用上述方法进行绩效考核时，依然存在实施难点，如安全绩效考核指标的选取、安全绩效考核结果的客观定量等。

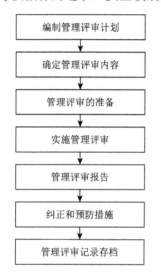

图 1.4　管理评审工作流程示意图

3. 管理评审

管理评审就是航空公司的最高管理者为评价安全管理体系的适宜性、充分性和有效性所进行的活动。管理评审的主要内容是航空公司的最高管理者就安全管理体系的现状、适宜性、充分性和有效性以及方针和目标的贯彻落实及实现情况进行评价，其目的是通过这种评价活动来总结安全管理体系的业绩，从当前业绩上考虑找出与预期目标的差距，考虑任何可能改进的机会，明确自身的改进方向。其工作流程图可以归纳为图 1.4。

4. 安全调查

安全调查是以事故预防为目的进行了解的过程，一般出现在不安全事件或隐患出现之后，包括收集和分析信息、得出结论和酌情提出安全建议。安全调查的重点致力于有效地进行风险控制，随着调查由追究责任人转向有效地降低风险，将鼓励涉案人员进行合作，促进发现根本原因。安全调查分为国家调查和公司内部调查。ICAO 在其文件 Doc9859 中提到的综合安全调查方法，描述了安全调查综合过程的逻辑流程，为安全调查员提供指导，如图 1.5 所示。

5. 员工安全报告和反馈

员工安全报告和反馈系统是获取信息的主要渠道之一。该系统不只限于报告不安全事件，还用于报告安全相关问题。它还可以帮助航空公司识别运行中的危险源。

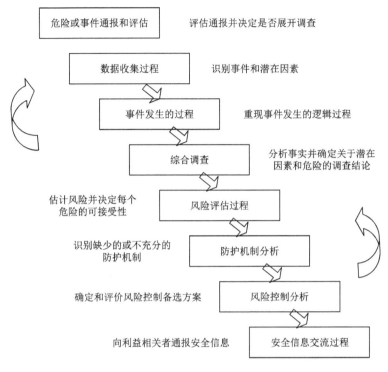

图 1.5　综合安全调查方法

　　员工对报告系统的信任是保证所报告的数据的质量、精确度和实质性的基础。这种信任的建立可能需要较长的时间。但是，一旦这种信任遭到破坏就可能长期损害系统的有效性。要建立必要的信任，航空公司应通过安全政策鼓励员工报告，表明其对公开和自由地报告安全问题的态度，并明确说明可接受或不可接受的工作表现，包括减免惩罚的条件。

6. 安全监督

　　从周期性监督、经常性监督、阶段性监督转向持续性监督，从事后监督转向事前预防，做到有计划、有目的、有针对性地开展安全监督，以保证公司航空安全形势保持持续平稳态势。开展形式包括公司范围的大检查（互查）、各单位定期组织的自查，其工作流程如图 1.6 所示。

7. 内部评估

　　内部评估是指对航空公司的技术过程和安全管理体系的特定功能进行评估。为此目的实施的审核由功能上独立于被评估的技术过程的个人或组织进行。通常内部评估可以由安全部门或最高管理者领导的其他下属机构来完成。对生产运行

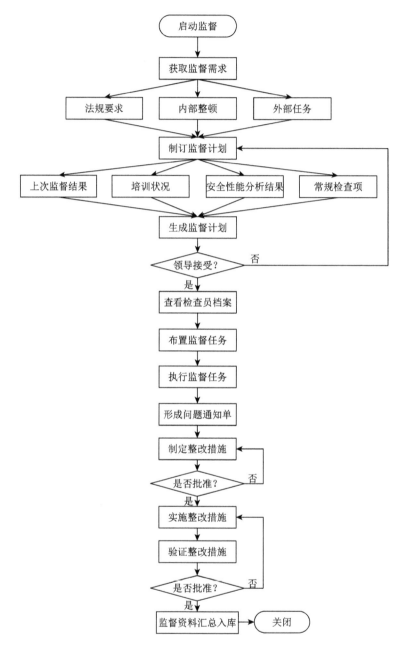

图 1.6　安全监督工作流程示意图

部门技术过程的评估可建立在生产运行部门内部审核的基础上，除了对生产运行部门内部审核大纲的评估外，还应对其内部审核过程和结果进行评估和分析。内部评估的周期不应超过一年；当识别出不利趋势时，应及时增加专项评估。

8. 飞行品质监控

飞行品质监控是提高管理水平、保障飞行安全的一项科学、有效的技术手段。主要目的是：及时发现机组操纵、发动机工作状况，以及航空器性能等方面存在的问题，分析查找原因，掌握安全动态，采取措施，消除隐患，确保飞行安全。飞行品质监控结果是飞行技术检查、飞机维修、安全评估和不安全事件调查的重要依据，其工作流程如图 1.7 所示。

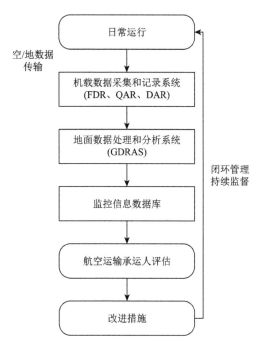

图 1.7 飞行品质监控工作流程示意图

FDR 为飞行数据记录器（flight data recorder）；QAR 为快速存取记录器（quick access recorder）；DAR 为数字式飞机综合数据记录器（digital aids recorder）；GDRAS 为地面数据处理和分析系统（ground data resolution and analysis system）

1.5 航空公司安全管理体系

SMS 是目前各航空公司进行安全管理工作的主要模式。SMS 的出现，并不是提出一种全新的安全管理方法，更不是对以往安全管理工作的全盘否定；恰恰相反，SMS 是通过引入系统管理的理念，对以往的安全管理工作进行梳理，以往的安全管理工作在 SMS 中都有各自的地位和作用，SMS 更加注重的是如何更好地利用各项工作的信息，以便更加高效地对整个航空公司进行系统管理。

当然，除去更好地利用以往的安全管理工作之外，SMS 也引入了新的安全管理工具，即风险管理。SMS 中对风险管理的阐述使我们对安全和风险的关系有了更深刻的认识，进而为安全管理的实施找到了更加有力的工具。

综上，SMS 是运用系统管理的方法对安全实施管理，特别注重风险管理，强调对运行安全状态实施闭环反馈控制，着力开展安全文化建设，最终实现安全关口前移，确保持续可靠的安全目标。安全管理体系包括安全政策、安全保证、安全促进、风险管理四大基本构成要素，并以风险管理为核心。这四个组成部分又称为安全管理体系的"四大支柱"。

（1）安全政策。安全政策反映了运营人的安全管理理念以及对安全的承诺，是建立安全管理体系的基础，并为建设积极的安全文化提供清晰的导向。

（2）安全保证。安全保证功能运用质量保证技术（包括内部审核、外部审核、调查和评估等），判断设计与运营过程中的风险控制是否在被实施并按计划运行，以确保设计后的风险控制过程与要求持续符合，并在风险处于可接受水平内持续有效。安全保证包括信息获取、信息分析、系统评价、预防与纠正措施等环节。航空安全管理通过建立安全保证功能，可以实现企业内运行安全的闭环管理，以确保制定的风险控制措施持续符合要求。

（3）安全促进。安全促进是安全管理体系的一些"软文化"。安全促进包括安全文化建设、安全管理体系培训、安全培训、安全宣传、教育、安全信息发布、安全管理沟通等环节。建立良好的安全文化氛围，让每个员工自愿地、积极地参与到安全管理中，通过安全观念文化、人的行为文化、哲学文化、思维文化、制度文化等优化人的安全观念，提高人的安全行为水平。

（4）风险管理。风险管理过程常用于分析运营人的运行功能及其运行环境，以识别危险源，分析评价相关风险，并在此基础上有效地控制、监督风险，以实现最大的安全保证，可靠地实现安全管理目标。

我国航空公司 SMS 建设的大致历程如下。

2008 年 4 月 29 日，中国民用航空总局飞行标准司发布咨询通告《关于航空运营人安全管理体系的要求》（AC-121/135-FS-2008-26）。2010 年，中国民用航空局发布 CCAR-121 部第四次修订版，明确了承运人建立 SMS 的相关要求，并修订了运行规范，新增"A0014 安全管理体系运行规范"，并从 2010 年起对航空公司进行 SMS 补充审定。

2010 年 3 月 23 日，厦门航空有限公司获得 SMS "运行规范"，成为中国民航首家获颁 "A0014 安全管理体系运行规范" 的航空公司。

2010 年 5 月 19 日，山东航空股份有限公司获颁 SMS "运行规范"，成为获得中国民航 "A0014 安全管理体系运行规范" 的第二家运输航空公司。

2010 年 6 月 30 日，中国东方航空股份有限公司、中国货运航空有限公司获颁民航 SMS "运行规范"。

2010 年 10 月 18 日，中国国际航空股份有限公司通过中国民用航空局 SMS 补充运行合格审定。

2010 年 10 月 27 日，中国南方航空股份有限公司通过 SMS 补充运行合格审定。

海南航空控股股份有限公司作为中国民航第一家 SMS 建设试点单位，于 2010 年正式通过中国民用航空局 SMS 运行合格审定。

SMS "运行规范"的颁发，是我国航空公司安全管理发展过程的一个重要里程碑，标志着我国航空公司在安全管理的科学化、规范化上迈上了一个新的台阶。

第2章 航空安全管理研究综述

2.1 安全管理一般理论与方法

安全管理理论的发展大致从事故理论到危险理论,再到风险理论,进而发展到安全原理。事故理论建立在事故致因分析理论基础上,是经验型的管理方式;危险理论建立在危险分析理论基础上,具有超前预防型的管理特征;风险理论建立在风险控制理论基础上,具有系统化管理的特征;安全原理是以本质安全为管理目标,推进文化的人本安全和强科技的物本安全。对应地形成四种管理模式:事故型管理模式、缺陷型管理模式、风险型管理模式,以及安全目标型管理模式。

现代安全管理是现代社会和现代企业实现安全生产和安全生活的必由之路,其意义和特点在于:从纵向单因素安全管理发展为横向综合安全管理;从事故管理发展为事件分析与隐患管理;从被动的安全管理对象发展为安全管理动力;从静态安全管理发展为动态安全管理;从关注生产经济效益的安全辅助管理发展为效益、环境、安全等综合效果的管理;从被动、辅助、滞后的安全管理模式发展为主动、本质、超前的安全管理模式;从外迫型安全指标管理发展为内激型的安全目标管理[1]。

目前,在风险管理学方面,对风险有以下几种认识:风险是损失的可能性,风险的这种含义强调了风险的存在与否;风险是损失的概率,从概率论的角度,将风险理解为损失出现的概率,是指损失在一定时间或范围内发生的相对可能性;风险是潜在的损失,侧重于损失的非预期性;风险是潜在损失的变化范围与幅度,这种含义与风险是损失出现的概率相近,分析和确定某种损失出现的大致幅度和范围,对风险处置非常重要;风险是指导致损失产生的不确定性,它包含了损失与不确定性两个重要因素。由于人们主观认识能力的有限性与客观环境因素的复杂性之间的矛盾,人们无法确切地知道何时何地会发生何种损失,以及损失程度的大小,从而产生了风险。风险的这一含义与人的主观心理状态有关。由于人们获得的信息不同,对风险的认识也不同。即使获得相同的信息,对同一潜在损失所做的解释也不尽相同;风险是财产损失与人员伤亡,这是从具体业务的角度,侧重从风险事件的后果来说明风险的含义。

企业风险管理包括危险识别、风险分析、风险评估、风险缓解。由于环境不断变化，风险管理是一个不断循环的过程，一旦有新情况出现，应马上对新出现的危险进行识别、评估，并采取必要的行动，妥善处理风险造成的不利后果。

常用的危险识别方法包括：检查表法、流程图法、财务报表分析法、头脑风暴法、德尔菲法、情景分析法、SWOT（strengths，weaknesses，opportunities，threats）分析法、敏感性分析法等。针对不同的风险管理问题，可以组合选用多种危险识别方法。危险识别结果包括危险源列表、风险征兆、危险源类型说明等部分：企业危险源列表应包括风险事件的可能后果、对风险事件预期发生时间的估计、对风险事件预期发生次数的估计；风险征兆有时也被称为触发器或预警信号，是指示风险已经发生或即将发生的外在表现；危险源类型说明是为了便于进行风险分析、评估和控制，还应对识别出来的危险源进行分组或分类。

在危险识别基础上，根据风险的特点，通过定性和定量分析方法测量风险的发生可能性和损失严重程度，这是制定风险对策和选择风险缓解措施的依据。风险评估方法大致分为定量评估、定性评估以及定量和定性相结合的综合评估。定量评估是用数量指标对风险进行评估。通过对构成风险的各个要素和潜在损失程度赋予数值，量化风险评估过程和结果。然而，定量评估也面临着一些困难。首先，对风险可能性的评估，需要有足够数量的样本做支持，但是对于特定类型的风险，如安全风险，常常难以收集到大量的分析样本；其次，如何刻画损失的严重程度也是定量评估所面临的困难之一，对于许多安全隐患，其可能导致的后果很难直接与伤亡人数、财产损失挂钩；定性评估主要依据知识、经验、历史教训、政策走向等对系统风险状况做出判断，主观性较强。定性与定量相结合的综合评估、系统风险评估需要综合考虑多方面因素，其中有些因素是很难甚至不可能量化的，需要通过定性分析做出判断。此外，在进行风险分析和评估时必须结合行业特点，灵活制定分析和评估方法。

应通过危险识别、风险分析及评估，确定风险应对的优先级。在此基础上，采取相应的风险缓解措施。在决定采取何种风险缓解措施时，需要综合考虑风险缓解的目标以及所受的约束。

安全管理的常用方法包括以下几种。

1）失效模式与影响分析

质量管理的一个基本理念，即质量是设计出来的，而不是检测出来的，失效模式与影响分析（failure mode effects analysis，FMEA）有助于实现这一理念。通过实行 FMEA，可在产品设计或生产工艺真正实现之前发现产品的弱点，可在原型样机阶段或在大批量生产之前确定产品缺陷。FMEA 通过流程分析、头脑风暴等方法，找出系统可能存在的失效模式，进而分析每一种潜在的失效模式带来的影响。FMEA 的特点是将失效模式的严重度（severity）、发生的频度（occurrence）、不易探测度（detection）三个方面进行量化；根据经验积累或专家意见，对每一种潜在失效模式的上述三个指标按 1~10 分进行打分，从而计算风险的优先顺序，确定主要风险，采取措施加以预防。FMEA 主要依靠主观意见，适合较简单的生产过程，对于复杂系统，其适用性受到限制。此外，FMEA 通常只做单因素分析，即在分析单元故障模式对系统的影响时，是以其他单元无故障为前提的。

2）故障树分析

故障树分析（fault tree analysis，FTA）是一种图形演绎方法，适用于大型复杂系统的可靠性和安全分析，也可用作事故调查。它把系统不希望出现的事件作为故障树图的顶事件，通过对可能造成系统故障的各种因素，包括硬件、软件、环境、人等进行分析，用规定的逻辑符号自上而下，由总体至部分，按树枝状结构逐层细化，分析导致事件发生的所有可能的直接因素及其相互间的逻辑关系，并由此逐步深入，进而找出导致事件发生的基本原因，即故障树的底事件。在此基础上，确定系统故障原因的各种组合方式和发生概率，并采取相应的改进措施，提高系统的可靠性。随着分析的完成，故障树可能演变成成功树，即顶事件是一个成功事件，输入事件有助于成功（希望）事件的发生。当初级事件发生的概率不能确定时，定性 FTA 可以用来调查单个事件导致潜在结果的可能性大小，并将这些事件以"高概率""可能出现""中等可能""可能性较小"标识。定性 FTA 的主要目标是确定最小割集以明确基本事件或初级事件影响顶事件的方式。

3）事件树分析

事件树分析（event tree analysis）是一种逻辑的演绎法，它在给定一个初因事件的情况下，分析初因事件可能导致的各种事件序列的结果，从而定性与定量相结合地对系统的特性进行评价。事件树也是一种决策树，但是它的结果依赖于系统内在的客观规律，而非受决策者的主观影响。对比故障树分析和事件树分析，前者刻画灾害事故的各种因素之间的因果逻辑关系，而后者反映初因事件导致的各种结果之间的因果逻辑关系。

4）差距分析

差距分析（gap analysis）又称差异分析，是用于分析现有状况（current condition）和目标状况（desired condition）之间差距的一种分析方法。通过与标杆或者规则的比较，确定在哪些方面或者哪些衡量指标上与标准的差距最大，进而采取措施，最有效地缩小差距，类似标杆分析法（benchmarking）。它是一种定性的分析方法，需要对自身现状有一个较清晰的认识。常用于对组织绩效、服务质量等问题的分析。

5）鱼骨图

鱼骨图（cause and effect/fishbone diagram）由日本管理大师石川馨先生发明，故又称"石川图"，用于分析因果关系，也称"因果图"，又因其形状与鱼骨相似，故又称"鱼骨图"，如图 2.1 所示。问题的特性总是受到一些因素的影响，借助头脑风暴法找出这些因素，并将它们与特性值依据关联性整理而成的层次分明、条理清楚并标出重要因素的图形即特性要因图。特性要因图是一种通过层层深入的分析找出影响质量原因的简便而有效的方法，从交错混杂的大量影响因素中理出头绪，逐步地把影响质量主要、关键、具体的原因找出来，从而明确需要采取的措施，是一种透过现象看本质的分析方法。

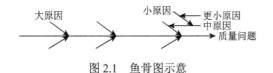

图 2.1　鱼骨图示意

6）危险和可操作性分析

危险和可操作性分析（hazard and operability analysis，HAZOP）在 20 世纪 70 年代早期被提出，由英国帝国化学工业公司首先开发，广泛应用于各类工艺过程和项目的风险评估中，是一种为了识别及评估可能产生的问题，结构化及系统化地检视流程及作业的方法。通过组织一系列的讨论，由专业人员组成的分析组按规定的方式系统地研究每一个单元（即分析节点），分析得到偏离设计工艺条件的偏差所导致的危险和可操作性问题，减少管理的盲点，有效提升工作流程的效率和生产力。常用的危险和可操作性分析有三类：引导词式（guide word approach）、经验式（knowledge based HAZOP），以及检查表式（checklist）。引导词式主要用于对新的项目系统的工艺和操作危害进行研究，发现安全隐患问题；经验式主要依据已有经验，对复用项目做危险和可操作性分析；检查表式主要用于项目的前期工作阶段，分析设计中要重视的潜在危害。

7）GO 法

GO 法于 1967 年由美国 Kaman 科学公司提出，后被用来研究核物理领域及武器系统的安全性和可用性。GO 法是从事件树理论发展起来的，以系统各基本单元为基础，根据系统中各部件的逻辑关系，把系统原理图、流程图根据相关规则转换为 GO 模型。GO 模型中的操作符用于表示部件，如阀门、泵及其逻辑关系；用信号流来连接操作符，表示具体的物流，如电流、液流及其逻辑上的进程。GO 法是一种以成功为导向的可靠性评价方法，其可靠性指标主要为系统的可用率，适用于多状态、有时序的系统，特别是存在实际物流，如气流、液流、电流的生产过程的安全性分析。GO 法可用于描述系统和部件在各个时间点的状态及状态变化，对存在时序的系统进行概率分析。虽然 GO 法能够确定系统状态发生改变的时间，但是无法处理有多重状态改变的系统，它的信号可以从"开"到"关"或从"关"到"开"，不能处理从"开"到"关"再到"开"的改变。

8）Go-flow 法

Go-flow 法是在 20 世纪 80 年代中期，由日本东京船舶研究所提出的，可以方便地对时序系统和动态系统进行可靠性分析。Go-flow 模型对应系统的物理布局，在多数情况下，可根据系统的原理图或流程图直接建立系统的 Go-flow 模型，进而根据操作符的运算规则进行系统可靠性分析。该方法可用于有复杂运行时序、状态随时间改变的系统的风险评价。Go-flow 法的建模方式与 GO 法类似，且都是以成功为导向的，但是它的操作符和信号流的定义与 GO 法有着显著区别，GO 法是基于信号流状态联合概率进行计算的，而 Go-flow 法采用信号流强度的概念，操作符有相应的运算规则，避免了状态组合的复杂性。与 GO 法相比，Go-flow 法更适用于时间序列和阶段任务问题的处理。

2.2 航空安全管理理论模型

安全管理常用的模型包括以下几种。

1. 事故起因模型

现代安全管理认为，事故的发生是多种因素共同作用的结果。图 2.2 的事故起因模型有助于理解在事故起因中组织与管理因素，即系统因素之间的相互影响。航空系统中设置了各种防护机制来预防一线工作场所、监督层、高层管理者等系统各个层面的不当行为或决策。该模型表明组织因素虽然会产生导致事故发生的潜在状况，但同时也会有利于系统防护。

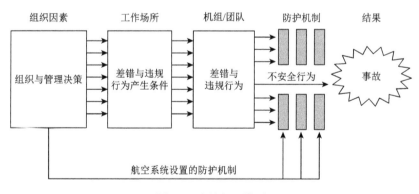

图 2.2 事故起因模型

资料来源：ICAO. Safety Management Manual. Montréal：999 Boulevard Robert-Bourassa，2018.

2. 1∶600 准则

不管使用怎样的事故起因模型，事故发生前通常都会有征兆。1969 年进行的民航运输业安全研究表明，每 600 个没有造成伤害或损坏的事故征候，会有大约 30 个造成财产损失的事故，10 个造成严重伤害的事故，1 个造成重大或致命伤害的事故，如图 2.3 所示。1-10-30-600 比例表明，如果调查仅限于很少发生的严重伤害或损失事件，将错失启动预防措施、改善不安全状况的机会。有效的安全管理要求员工和管理者在危险酿成事故前对其进行识别与分析。

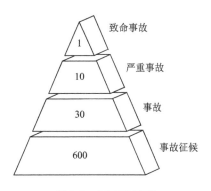

图 2.3　1 ：600 准则

资料来源：ICAO. Safety Management Manual. Montréal：999 Boulevard Robert-Bourassa，2018.

3. SHEL 模型

对于航空业这种高技术含量的行业，人们通常将关注点放在技术层面。然而，历年的事故记录显示出大约四分之三的事故是由具备资质、身体健康的人员的行为差错造成的。航空系统中人的要素最为灵活，但也易受其他因素的影响。术语"人为差错"虽然告诉大家系统中的哪些要素发生了问题，却没有给出事故发生原因的具体解释。人为差错可能是程序设计的缺陷、培训工作的不足、检查单手册编排不当等原因造成的，安全管理需要重点研究这些潜在的导致人为差错的因素，才能真正实现事故预防，避免人为差错的出现或尽可能将其对安全造成的不利影响最小化。因此，我们需要充分了解人为差错发生的运行环境。SHEL 模型由传统的"人-机-环境"系统发展而来，有助于形象地描述航空系统各组成部分间的相互关系，强调人以及航空系统中其他组成部分与人之间的相互关系界面。SHEL 模型的名称来自其四个组成部分的英文首字母：人件（L），工作场所中的人；硬件（H），机械与设备；软件（S），程序、培训、支持等；环境（E），L-H-S 系统其余部分的运行环境，如图 2.4 所示。

S = 软件（程序、符号表示法等）
H = 硬件（机器）
E = 环境
L = 人件（人）

在此模型中，各方块之间（界面）配合是否得当与方块本身的特性一样重要。配合不当可引起人为差错

图 2.4　SHEL 模型

资料来源：ICAO. Safety Management Manual. Montréal：999 Boulevard Robert-Bourassa，2018.

4. 风险评估矩阵

风险评估要考虑任何不利后果发生的可能性和严重性,即确定损失的可能性。风险评估矩阵是一个划分最需注意的危险优先等级的有用工具。这里,风险的严重性分为灾难性的、危险的、严重的、轻微的或可忽略的五个等级;发生的可能性则用频繁的、偶然的、很少的、不可能的、极不可能的五个定性定义来定级,如表 2.1 所示。严重性和可能性相乘即可得到风险评估值,用来比较风险。利用风险评估矩阵来划分风险等级可分为可接受的、不期望的和不可接受的三类。可接受的意味着没有必要采取进一步措施,除非可以不花费代价或力量将此风险进一步降低;不期望的(或可容忍的)意味着受到风险影响的人为了某种利益准备容忍风险的存在,但条件是风险正在尽可能地减小;不可接受的意味着目前状态下的作业必须停止,直至风险降低到至少可容忍的水平。

表 2.1 风险评估矩阵

后果的严重性			发生的可能性		
定性定义	含义	等级	定性定义	含义	等级
灾难性的	设备损坏;多人死亡	5	频繁的	可能会发生许多次	5
危险的	安全系数大大下降,身体压力或工作负荷已达到无法依靠操作人员精确或完全履行其任务的程度;许多人严重受伤或死亡;主要设备损坏	4	偶然的	可能会发生几次	4
严重的	安全系数明显下降,操作人员因工作负荷增加,或因影响其效率的条件,应付不利工作条件的能力下降;严重事故征候;人员受伤	3	很少的	不大可能,但或许会发生	3
轻微的	小麻烦;操作限制;启用应急程序;较小的事故征候	2	不可能的	很不可能发生	2
可忽略的	几乎无什么影响	1	极不可能的	几乎不能想象事件会发生	1

资料来源:ICAO. Safety Management Manual. Montréal:999 Boulevard Robert-Bourassa,2018.

2.3 航空安全管理研究

航空安全管理的发展,经历了机械、人因和组织三个阶段。在以莱特兄弟第一次飞行为开端的机械时代,航空安全管理的特征是"飞行—维修—飞行",即当飞行事故发生后,查找造成事故的机械原因,制定相应措施防止事故再次发生;至 20 世纪 70 年代中期,人们逐渐认识到人机接口对航空安全的重要影响,航空安全管理进入人因时代。在该时期,人们普遍认为,70%~80%的事故是由人为因素造成的。在国外，一系列机组资源管理、飞行员决策培训等计划应运而生；至 20 世纪 80 年代末期，航空安全管理进入组织时代。人们开始关注事故更深层次的原因，包括组织和管理方面的因素。

为了有效提高航空安全管理水平，美国联邦航空局、美国国家航空航天局、英国民用航空局、澳大利亚民用航空安全局、加拿大运输部等国外有关机构，纷纷开展航空安全管理研究。美国联邦航空局把系统安全的概念引入航空安全风险管理中，提出了系统安全操作步骤（system safety process steps，SSPS）；美国国家航空航天局的航空性能测量系统（aviation performance measuring system，APMS）开发了一系列用于飞行数据分析的原型和软件，并将研究结果在行业中推广应用；风险管理也是英国民用航空局的工作重心之一，它推行的安全风险管理流程（safety risk management process，SRMP）对航空企业风险识别和评估方法展开研究；澳大利亚民用航空安全局在航空企业安全管理体系建设总体框架方面进行了深入探讨；加拿大运输部借鉴系统安全的思想，在对国家民用航空运输系统的监控中，推行安全信息共享、安全状况评估等措施。

航空运输的高速发展，以及航空事故的严重性，使航空安全问题受到社会各界的关注，对航空安全管理问题的研究不仅仅是航空相关部门的工作重点，在学术领域也受到广泛关注。国内外学者结合自身研究领域背景，从不同研究视角出发，针对航空安全管理遇到的具体问题展开深入研究。

2.3.1　安全政策

安全政策反映了运营人的安全管理理念以及对安全的承诺，是建立安全管理体系的基础，并为建设积极的安全文化提供了清晰的导向。目前，我国建立了包括民航法、民航行政法规、民航各部门的规章以及民航局的规范性文件在内的国家航空安全法规框架。此外，还建立了国家安全责任和问责制，明确了中国民用航空局各部门人员各自的与国家安全方案（state safety programme，SSP）有关的权利、责任和问责制，并形成文件。此外有学者就安全统计指标在制定安全政策过程中的作用进行了探讨[2]。

2.3.2　安全保证

安全保证是指运用质量保证技术（包括内部审核、外部审核、调查和评估等）判断在运营过程中的风险控制是否在被实施并按计划运行，以确保风险控制过程与要求持续符合，并在保持风险处于可接受水平内持续有效。安全保证包括信息获取、信息分析、系统评价、预防与纠正措施等环节。航空安全管理通过建立安全保证功能，可以实现企业内运行安全的闭环管理，以确保制定的风险控制措施持续符合要求。

1. 安全信息挖掘

航空安全信息既包括航空事故及事故征候信息，也包括来自安全审计、安全检查、强制报告、自愿报告等多种渠道的信息。对于不同渠道安全信息的获取是航空安全保证的基础，在信息的分类、收集、融合、共享等方面都面临许多需要解决的问题。这方面的研究包括：借助机器学习和关联规则挖掘，研究如何全面高效地提取有分析价值的信息，在此基础上，探索航空事故数据中隐含的规律性结论，提高安全诊断分析的有效性[3-5]；故障诊断专家系统[6]；利用飞行数据对飞行事故进行诊断分析[7-9]；对航空安全信息管理与决策辅助系统进行框架设计[10]。通过对来自安全审计、安全检查、强制报告、自愿报告、飞行记录器等多种渠道的信息进行深入分析，从中发现规律性、趋势性问题，为航空安全管理工作提供支撑。有学者从航空业安全分析模型在建立时需要关注的内容谈起，对美国、欧盟及荷兰研发的三个安全分析模型的模型量化、数据获取等问题进行了研究，提出安全分析模型目前面临的三大瓶颈分别是人的可靠性、管理因素的影响，以及模型各要素间复杂的依存关系[11]。

1）围绕事故率、事故征候率等安全指标的分析及预测方法研究

这方面的研究包括：将现代智能预测方法应用于民航安全预测中，为及时采取预防措施、提高民航安全运行指标提供可靠的技术支持[12]；采用指数函数进行回归分析，以及利用反向传播（back propagation，BP）神经网络分析我国民用航空事故征候万时率的变化[13, 14]；针对航空事故征候受多种因素的影响及具有较大随机波动性的特点，通过建立航空事故征候的灰色马尔可夫预测模型或采用结合GM(1, 1)模型与马尔可夫预测技术的联合预测方法进行预测[15, 16]；利用二次指数平滑预测法和灰色预测模型对飞行品质进行预测[17, 18]。运用主成分分析和灰色关联度分析方法分析不安全事件的原因[19]。

2）飞行数据分析方法研究

这方面的研究主要是针对 QAR 超限事件进行诊断分析，包括应用神经网络模型[20]；通过建立数学规划模型，对操作参数的高风险区域进行分析[21]；利用差异检验对 QAR 超限事件及其飞行记录数据分析飞行参数之间的分布差异[22]。

3）安全要素分析方法研究

航空系统的安全运行受到人员、机械、环境、组织等多种因素的影响，对安全要素的分析目的在于发现不安全事件的深层次原因，实现安全关口前移。这方面的研究包括：针对飞机冲出跑道事故建立一种基于功能共振事故模型的航空事故分析方法[23]；运用系统工程中解释结构模型分析航空事故中不同层次中的要素

及其关联影响[24]；也有学者针对低空风切变、雷暴、大气湍流和降水等主要危险天气，研究对飞行安全的影响，进而通过具体事例剖析，提出在不同危险天气条件下保障飞行安全的对策与方法[25]；一些研究还涉及安全管理组织的研究：针对飞机维修业务外包导致的若干安全问题[26]，构建一个包括组织和管理等因素在内的航空公司安全管理系统的分析方法，这种方法可以绘制出复杂结构关系系统中各因素之间的关键因素[27]。

在众多影响因素中，尤以人为因素受到广泛关注，大量研究通过对历史资料的统计分析，掌握航空人为差错有关信息[28-31]；有学者提出了一种改进的人为因素分析及分类系统（the human factors analysis and classification system，HFACS）航空人因事故致因分析模型[32]；这方面的研究主要围绕飞行人员、空中交通管制员，以及航空维修人员等对航空安全造成的影响[33, 34]，从飞行员技术能力、心理素质、决策、机组配合与协调等，研究驾驶舱资源管理对航空飞行安全的关键影响因素[35-37]；采用行为实验和功能性磁共振成像扫描等技术研究情绪对决策可能产生的影响[38]；围绕干扰通信准确性的四类因素，包括飞行员的工作负荷、音频信号的质量、飞行员或空管人员的口音、英语水平，研究因素之间是否存在相互关系[39]；从疲劳、睡眠缺失以及人体昼夜生物节律扰乱等因素出发，研究其与飞行安全的关系[40]；研究机组行为、时间余量与飞行安全之间的关系[41]；利用逻辑回归研究飞行员属性、飞行员所属航空公司，以及部分属性的交叉项与飞行员差错导致的事故率及事故征候率之间的关系[42]；通过分层抽样来验证驾驶舱学习中飞行员的相互依存和合作倾向能够显著降低权利差距带来的负面影响[43]；通过对某航空公司飞行员的调研表明风险容忍通过对危险的态度的影响，进而对安全操作行为产生间接的影响，而风险感知对于上述作用关系会有一个较大的调节作用[44]；还有针对飞行员人力资源长期储备规划，研究提出一个估计储备人员配备水平的优化策略[45]。针对维修人员人因方面，从人的行为原理和失误机理分析入手，提出相应的预防和控制措施[46]；研究航线维修安全的集体能力[47]；研究基于行动和基于结果的差错检测的认知策略，如提前进行演练、核对数据的可靠性等，以及针对态势评估和绩效规划阶段，提出基于意识和基于规划的两种检测[48]。

2. 安全评估

对航空安全系统的评价有助于发现不足，找出安全保证环节存在的漏洞。这方面的研究主要集中在航空安全评价的指标设计[49-52]，以及基于线性模型的多准则决策分析赋权方法[53]方面；针对评估数据的模糊性和不确定性，文献[54]和[55]提出采用 D-S 证据融合方法确定权重[54, 55]和针对主观判断确定指标权重方法的不确定性和随意性，提出一种改进的熵权法[56]。也包括围绕我国航空安全自愿报告系统，探讨在系统设计、系统运行，以及后期的信息处理、信息发布利用等环节存在的问题和制约因素及对策[57]；借助对在飞行过程中发生危险的仿真，建立预警方法[58]。

3. 安全文化

国内外围绕航空安全文化的研究大致可分为三类：一是对航空安全文化内涵的探讨，主要包括依据安全文化基本原理，将安全精神文化、制度文化、行为文化和物态文化四个子系统置于安全文化模式的大系统中，综合分析各个子系统之间的互动关系及其对管理模式变革的影响[59]；通过总结中国民航安全文化建设的进程，探讨民用航空安全文化的结构及维度[60]；通过把安全描述成处于复杂社会技术系统中的一种组织文化，提出了一个综合的安全模型[61]；二是对安全文化评估方法的研究，主要包括应用粗糙集、人工神经网络方法于航空安全文化评价[62]；结合问卷、应用结构方程模型对安全文化进行评估[63, 64]；针对机场，提出了一个组织安全文化评估的概念性框架，建立了组织安全文化评估的层次结构，并采用有限差分法（finite differential method，FDM）和方差分析（analysis of variance，ANOVA）方法对指标和权重进行分析，以提高机场组织安全文化整体性能[65]；三是对安全文化建设途径、措施的研究，主要包括通过问卷和访谈，了解安全文化建设和实施中的问题及原因，提出完善的途径和措施[66-68]；运用统计分析法研究民航安全事故因素，从安全文化的物态层次、制度层次、行为管理层次和精神观念层次出发提出完善措施[69]。

4. 安全管理体系

对航空安全管理体系的研究可分为两大类，一是围绕安全管理体系构成要素及要素间关系的研究。这类研究包括通过调查某民航企业安全管理实践，分析安全政策与目标、安全风险管理、安全保证、安全推广四个部分间相互衔接、相互促进的关系，研究充分发挥安全保证作用的安全管理闭环系统[70]；综合运用决策试验和评价实验法以及网络层次分析法对安全管理系统中关键组成部分之间的相互作用进行分析[71]。

二是如何在航空企业建立安全管理体系的研究。这类研究包括危险源管理技术、风险评价标准的体系设计、不正常事件的数据模型、安全信息的采集模式等[72]；针对 SMS 系统实施过程存在的问题，研究改进措施[73-75]；针对民航维修安全管理，建立安全管理模糊评价系统[76]。

2.3.3　风险管理

安全风险存在于航空公司生产运行的全过程，包括市场计划、飞机排班、机组配备、签派放行、航班执飞、跟踪监控等环节，各环节有自己的生产要素、组织结构和业务流程。航空安全风险管理主要分为风险识别、风险评估和风险控制三大部分，其中，风险识别是指寻找系统运行过程中存在的风险源头；风险评估是指分析风险因素导致后果出现的可能性与严重程度；风险控制是指在风险识别与评估基础上，管理人员对风险具有全面的了解，并采取措施消除安全隐患，降低风险。

风险识别方面的研究主要包括：根据航空安全历史数据的分析及专家经验，从人员、设备设施、环境、组织管理四方面，提出中国民航机务、空管、飞行、机场四个分系统的安全风险监测指标体系，共 102 项风险因素指标，并合成为 27 个行业安全风险监测指标[77]；根据航班飞行特点，从人、飞机、环境、管理四个方面建立了评估航班飞行安全风险的四级指标体系[78]；从人、飞机、环境和管理四个方面，分析民航机务维修系统安全风险影响因素，结合专家调查意见，建立机务维修系统安全风险监测指标体系，并给出指标的含义及其衡量方法[79]。通过建立安全风险识别仿真系统，对影响民航安全的风险因素进行系统分析[80]；采用专家调查问卷和修正的人为因素 SHEL 模型对飞机维修人员在工作中存在的风险因素进行研究[81]；以跑道侵入时飞行员的人为因素为研究对象，在调研飞行员意见的基础上，运用人因模型对风险因素进行分类，通过整合专家意见，探讨了减少飞行员发生跑道侵入的策略[82]；通过对客舱安全结构风险因素的研究，得出任务因素、硬件设计和客舱安全培训对客舱安全有较大的影响[83]；由于航班生产是多个业务环节的人、飞机、环境等要素共同作用的结果，某一环节的问题可能导致风险在系统中的扩散，造成多种后果，因此，必须关注风险产生的事件链[84]。

在风险识别基础上，需要对风险可能导致后果的可能性和严重性等属性进行评估，作为制定风险控制措施的依据。目前，航空安全风险评估所采用的方法主要包括：综合评价方法、风险矩阵方法、因果分析方法等。

综合评价方法包括：从人、飞机、环境和管理四个方面提出航空公司安全风险评价的指标体系，采用熵权和层次分析法确定评价指标的权重[85]；在对航空安全风险因素从重要度、危害度、难检度和可能度四维属性划分的基础上，运用模糊理论、欧几里得距离以及故障模式影响及危害性分析（failure mode effects and criticality analysis，FMECA）原理，建立了考虑多属性风险因素的风险评估模型[86]；通过对行业运行事故、事故征候、不安全事件的发生频率及后果严重程度（死亡人数和受伤人数、直接经济损失等）的综合分析，建立评估模型用于评估和指示航空系统的安全性能，综合反映安全形势[87]；应用因子分析及模糊综合评价方法提出了基于风险管理的航空维修安全管理模型[88]；依据航线工作单卡、最低放行设备清单及相关技术手册的内容，进行指标提取，建立评估指标体系[89]；以航空公司运行控制系统为研究对象，运用 SHEL 模型查找风险因素，在此基础上采用专家调查法结合运行控制系统的特点确定了运行控制系统安全风险评价指标体系，并综合运用层次分析法和灰色系统理论建立多层次灰色安全风险评价模型[90]；利用混合多指标决策模型对指标之间的关系进行研究，并通过决策分析和网络分析的方法确定指标的相对权重[91]；基于 SHEL 模型的航空公司危险源识别方法[92]。风险矩阵方法已在航空公司飞行运行、运行控制、机务维修、客舱安全、地面保障、货物运输、安全组织等的风险评估方面有较广的应用[93, 94]。因果分析方法包括：围绕 15 类跑道事故的风险因素进行分析，利用层次分析法确定因素权重，依据跑道事故统计情况以及分析得到的风险因素权重，运用故障树分析法对每种事故的风险频率进行评估[95]；在对航空公司机务维修要素进行分析的基础上，建立安全状况和维修质量评估指标体系，依据航空公司安全历史数据作为贝叶斯网络学习案例，借助 GeNIe 和 Netica 建立安全评估模型，并对其进行概率推理计算及应用分析[96]；在 HFACS 基础上，采用贝叶斯信念网络构造航空事故中人为因素之间的因果关系模型，依据该模型对人的不安全行为进行分析，剖析影响人的行为的潜在组织因素[97-100]；但贝叶斯网络在安全风险评价上的应用，存在难以依赖专家经验给出贝叶斯网络模型中的条件概率，精确性难以保证的问题[101]。

此外，也有学者对民航特定风险问题进行了研究，如针对评价飞机在进近、着陆以及跑道滑行等不同阶段的多种场景下的安全风险水平，提出一种描述飞行间隔与安全风险水平关系的定量模型 RASRAM（reduced aircraft separation risk assessment model），并且可以扩展到空中飞行阶段的飞行间隔风险水平控制[102, 103]。围绕碰撞风险、人为因素和第三方风险，总结相关的风险和安全模型[104]。

第3章　航空公司安全管理辅助分析框架

SMS 是航空安全管理的一套指导性的理念与原则，尚无统一的建设步骤与方法，需要各航空公司结合自身的安全管理实践需要，建设适合各航空公司的安全管理体系。航空公司 SMS 建设的总体思路应遵循：以生产运行为主线，培训为基础，风险管理为核心；优化安全管理职责、流程和资源配置；建立完善的安全管理制度；建立信息系统平台，运用科学的决策辅助手段，提高安全管理水平。

特别需要做好以下几点工作。

1）SMS 建设是一项系统的工程

SMS 包含多方面的工作，是一个复杂系统，单纯的文件体系建设或信息系统建设都会使其流于形式。尽管 ICAO 给出了 SMS 的框架，而如何使其中的管理理念落地，真正实现系统性、主动性的安全管理，航空公司仍需要结合自身的生产规模、运行模式设计符合自身的安全管理政策，不仅要建立符合局方要求的安全管理组织结构，梳理管理流程，同时还要整合现有的管理手段，建立新的安全管理方法。

因此需要加强 SMS 的顶层设计，理顺管理思路，明确管理需求，自上而下地分解安全管理的工作内容。按照分级管理原则，从公司发展战略出发，各级领导要深入分析本部门在航空安全管理方面的需求、需要掌握的信息是什么、对公司安全的贡献主要在什么地方，只有顶层设计做好了，下级部门才有工作的基准和目标。

2）加强定量分析方法研发，促进风险管理落到实处

企业在以往的管理体系建设中，对管理流程的重视大于对定量分析方法的研究。风险问题复杂多样，要做到"心中有数"，需要从生产运行的实际出发，利用航空管理、安全管理、风险管理等理论，针对不同类型的风险问题研究相应的定量分析方法，为风险管理提供支持。例如，尽管对返航备降航班设计了严密的监控流程，但是，如何在某些特定季节和时段对特殊机场进行分析和预警，加强事前预防工作，及早采取措施降低事件发生的概率，在损失最小的前提下满足安全要求，必须有定量分析方法加以支持；又如，飞行员作为安全风险改善的重要影响因素，面对公司未来的生产规模不断扩大的状况，在飞行员资源短缺、培养周期长的困难下，如何确定不同资质飞行员的培养数量，使得既能满足发展需求，

同时又不造成资源浪费，这些复杂难题没有科学有效的工具帮助解决，仅靠管理经验是远远不够的，同样需要定量分析方法提供决策辅助。

3）SMS 建设是安全文化促进和干部培养的大课堂

安全无处不在，安全管理需要每个人的参与。在建设过程中，应该促使大家相互交流，相互交换结合实际情况对安全的具体的理解和认识，为安全管理献计献策。这一方面在客观上增进了部门之间的沟通与理解，促进了安全文化的统一和提升；另一方面在与不同学科领域的专家共同分析安全管理中的问题、积极思考解决方法、共同研究解决方案的过程中，也能使各层领导干部的分析问题和解决问题的能力与管理水平得到提升。虽然 SMS 的建设目标是阶段性的，但在培养安全管理干部和促进安全文化方面的意义是深远的。

安全管理辅助分析主要是依据安全管理的目的、原则、规章、制度、方法、步骤，结合民航业务知识以及航空安全管理体系的内容，利用系统科学、统计学、管理学的理论，运用风险管理的知识，分析安全事故发生的可能性与后果的严重性以及发生的原因；运用安全保证的知识，设计安全审计检查的安全信息的分析方法；结合安全促进的知识，设计飞行员人力资源规划训练方法与飞行员飞行品质的综合评估方法。在综合分析的基础上，总结安全管理普遍性的特点，基于一定的安全管理的模式，结合闭环管理的概念，构建安全管理分析的理论框架和辅助分析框架，提供有针对性的风险分析方法与解决问题的模型思路及具体的步骤。

本章主要围绕航空公司 SMS 建设核心——风险管理来组织内容，涉及影响航空安全的主要因素——人、机、环、组织，以及安全管理的主要工作——安全评估、安全审计与安全调查，论述不同功能在安全管理中的作用，最后给出航空公司安全管理的辅助分析框架，并解释搭建辅助分析框架的理由以及框架中各组成部分的内容。

3.1　航空公司生产运行过程

航空公司的生产运行过程是把旅客和货物安全地从起始地运送到目的地的过程。航空公司的运行系统可以分为飞行运行、运行控制、机务维修、客舱服务、地面保障、货物运输六个系统。其中每个系统又包含若干个子系统。航空公司的生产运行是多个部门、多种系统相互协作、相互支持的复杂系统。航空公司生产运行总体而言需要经过三个阶段——计划、签派放行和运行监控，总体过程如图 3.1 所示。

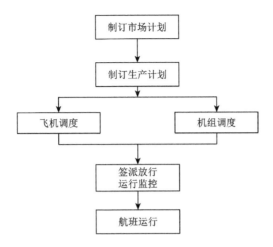

图 3.1　航空公司运行流程

　　航空公司生产运行的三个阶段具体如下：首先由市场部门制订市场计划，并根据市场计划，制订并申请航班计划，机务部门根据市场部门的计划，制订飞机调度计划。飞行部门、乘务部门根据市场计划和飞机调度计划制订机组及客舱人员调度计划。在航班计划执行前，上述信息汇总到运行控制中心，运行控制中心根据航班计划以及其他支撑部门提供的信息，判断航班运行环境是否符合标准，决定是否放行。航班在飞行过程中，需要对其进行持续的飞行监控，这仍然由运行控制中心负责，直到飞机在目的机场安全降落。上述流程中，放行和监控均由运行控制中心部门负责，运行控制中心在航空公司生产运行中占据着核心位置。

　　通过对航空公司组织结构和航班生产运行流程的分析，可以看出运行控制中心是航班运行相关信息汇集、处理、发布的中心，是保证航班正常、安全运行的关键，也是航空公司安全风险管理需要关注的重要环节。

3.2　航空公司安全管理的特点及难点

　　由于航空业的特殊性，航空公司安全风险具有以下四方面的特点，这些特点导致航空公司安全风险的评估十分复杂和困难，给航空公司安全风险管理带来很大困难。

　　（1）航空事故发生的可能性低，但后果极为严重。航空事故发生的可能性很低，然而一旦发生，将造成十分严重的后果。根据中国民用航空局统计，"十五"期间我国民航运输飞行重大事故率为 0.29 次每百万飞行小时，因而，从绝对发生概率来说，航空事故属于小概率事件，尤其是具体到单个航空公司，因此其发生的可能性难以准确量化。目前，对航空安全风险发生可能性的评估多是根据以往的生产记录和经验积累，进行定性的描述居多。然而航空事故一旦发生，不论公众还是航空公司，都难以承受事故后果。因此，如何有效地利用这些少量的事故信息评估航空公司的安全风险状况，一直是风险管理领域研究的难点和热点。

（2）航空不安全事件中，大多数是无明显后果的不安全信息，并且难以用来进行风险评估。按照航空公司的航空安全信息管理标准，不安全事件是指航空公司运营中发生的飞行事故、航空地面事故、事故征候和严重差错、一般差错和其他不安全事件。不安全事件需包含以下主要要素：人员伤亡、飞机/设备受损、可能导致人员伤亡或飞机/设备受损的不安全行为或状态、为防止人员受伤或飞机/设备受损需采取紧急措施。从上述定义可以看出，航空公司目前关注的不安全事件主要是具有明确后果、带来一定损失的不安全事件。

航空安全事故的分布遵循海因里希事故法则，航空事故只是大量不安全信息的外在表现。海因里希事故法则是 1941 年美国人海因里希从机械事故灾害统计研究中得出的，海因里希统计了 55 万起机械事故，其中死亡、重伤事故 1666 件，轻伤 48 334 件，其余则为无伤害事故，从而得出一个重要结论，即在机械事故中，死亡、重伤，轻伤和无伤害事故的比例为 1∶29∶300，国际上把这一法则称作事故法则。根据对 1996～2005 年我国民航事故及事故征候的统计，十年间我国民航发生事故 32 起，其中严重事故 7 起，事故征候 1147 起，基本符合海因里希事故法则的描述，分布呈金字塔形状，如图 3.2 所示。

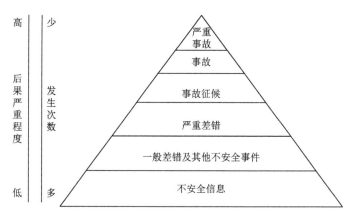

图 3.2　航空公司不安全事件分布

隐藏在不安全事件背后的是大量的、业务流程中某个环节由于信息不准确或不及时或操作人员的不正确操作，导致出现不安全状况，但被后续的环节及时发现、更正，没有带来实际后果，对航班的安全运行没有造成明显影响的不安全信息。不安全信息尚未演变成不安全事件，一般情况下，达不到航空公司的安全事故上报标准，没有引起管理部门和相关人员的重视。然而不安全信息中的风险若未被发现，将发展为不安全事件，带来严重的后果。因此，对航空公司的安全风险管理，不仅要从表面上的、已经发生的不安全事件入手，还需要考虑大量存在的、由于及时发现而没有造成实际损失，同时也未引起航空公司充分注意的不安全信息。然而由于不安全信息后果的不确定性以及不同不安全信息之间的差异性，难以利用这些不安全信息对航空公司的安全风险进行准确的评估。

（3）航空事故的发生是多种因素协同作用的结果，发生原因和过程十分复杂。航空公司运行系统是由多个子系统协同运行组成的，任何一个系统出现安全风险，均有可能影响到其他系统的正常运行。ICAO 指出，重大事故极少是由一个原因引起的，大多是由许多因素像链条一样，把各个环节连接在一起的时候发生的。要实现对多种因素协同作用的定量刻画、分析因素之间的作用关系、进行风险评估，需要有效的风险评估工具，目前常用的风险分析方法难以满足这一要求。

（4）航空公司安全风险具有显著的传导性。由于航空公司各部门功能的差异，其工作重点、安全衡量标准也各不相同。例如，对于飞行部门，重点是保质保量地完成飞行任务，安全风险侧重于“要素安全”；而对于运行控制中心，作为航班运行信息的汇集、加工和发布的中心，其核心是流程，安全风险侧重于“流程安全”。航空公司安全风险事件从来源上可以分为两大类：基于生产要素的风险事件和基于流程的风险事件。对于基于流程的风险事件，其显著特征是以流程为载体，流程中的风险因素并不孤立，而是相互联系的，表现出显著的传导性。因此对这一类风险的管理，无论是评估方法，还是缓解措施，都应与基于生产要素的风险管理有所区分，需要考虑风险传导性因素。

基于流程的风险管理，首先需要对风险的传导性进行描述。流程关系的准确描述是对风险传导性进行定量评估的基础。然而，在航空公司的实际运作中，此类业务流程因信息交换量大、涉及的岗位和部门多，从而较为复杂、难以描述；风险传导性明显，这些都给此类风险的评估带来较大的困难。

3.3　影响安全的因素

事故的原因分析是安全管理的重要环节，当安全事件或者安全事故发生后，正常的处理流程是调查事故发生的原因，采取整改措施，跟踪措施的效果，逐步调整整改措施，最终避免事故再次发生。调查事故发生的原因就是对事故发生的相关环境、操作人员、机械状态、过程的信息进行收集和分析，最终找到事故发生的原因。对事故原因的分析是一个复杂的过程，一般情况下事故发生的诱因有主诱因与从诱因。主诱因使一个生产要素的状态发生明显的变化，在后续生产要素操作保持不变的情况下，引起生产状态向不安全状态转移，该要素发生的状态变化，称为主诱因。从诱因是指后续生产要素没有经过状态的正确调整，使生产状态恢复到安全状态，最终导致安全事故的发生。由于航空安全保障系统是一个复杂的系统工程，从工艺设计、操作规范、人员的技术训练、应急处置措施多个层面保障安全，已发生安全事故的调查结果显示，安全事故是各种安全原因发生状态偏离的一次集中体现。

分析安全事故的原因有两个途径，其一是案例调查，针对具体的案例，由专业人士组成的专家队伍对案例事故发生时所处的天气状况、航路信息、飞行器状态、人员状态、操作过程进行整理分析，判断出事故的原因，这是一个具体问题具体分析的过程。其二是基于大量安全事件（包含事故及没有导致直接损失的事件），结合统计分析工具，把安全事件与可能的诱因建立相关关系（或者因果关系），分析出一种诱因的状态变化与安全事件发生同时出现的可能性，或者一种诱因的状态变化时安全事件发生的可能性。后一种原因分析是非确定性的，需要基于大量数据进行分析。

3.3.1　人为因素

根据航空安全统计资料，人为因素在现阶段是安全事故发生的主要原因，比例大概是 70%。借助前人的界定，航空安全中人为因素中的人是指航空运输参与者，主要包括机组人员、维修人员、空管人员、运控人员、机场地面服务人员，由于人为差错和工作失误等人为原因，影响到航空安全，导致航空事故或者航空灾害发生的致灾因素为航空安全的人为因素。

民航运输系统是个复杂的人-机-环交互系统，围绕运输旅客的生产任务，把人力、物力和财力综合考虑，进行计划、组织、实施和控制，完成运输任务，保障生产安全。在这个系统中，最灵活的因素就是人的因素，从制订计划开始，评估计划的可行性、运行环境的安全性、维护设备的可靠性，都有人的因素参与其中。从安全管理的角度来看，航空公司的安全事故是指引起人员伤亡或者航空器损伤的事件，或者潜在对人员伤亡或者航空器的损伤有影响的事件。为了便于分析飞行事故与人的原因的关系，先引出一些已发生的案例。

1952 年 11 月 20 日，执行昆明—南宁—广州航班的飞机，在昆明机场起飞时，塔台通知全跑道起飞，机长认为载重轻，在距离跑道结束 250m 处起飞。因为速度达不到升空速度且跑道用完，致使飞机冲出跑道，陷入凹地，飞机报废。初步的原因分析是飞行员没有按照塔台的指挥进行操作，造成后续起飞跑道长度不够，来不及做补救动作。

1993 年北京—乌鲁木齐航班，在向乌鲁木齐机场正常进近阶段，机组误将塔台通报的高度表拨正值 1024 设置为高度，飞机此时已建立盲降自动进近中，机组根据错误的高度口令断开自动驾驶，降低高度，随后飞机近地警告系统发出两次"低于下滑道"，四次"拉起"报警，机组成员均未听懂，当机组发现高度太低，使用自动驾驶开始爬升时，却忘记加油门，导致飞机失速，最终飞机撞上地面高压线后，在距跑道2200m处坠地烧毁。原因分析：机组调错高度表，加上天气状况不佳，机组一直未意识到飞机处于低高度飞行；机组能力不足，未能听懂近地警告系统的多次警告，在目视条件差的情况下盲目进近，未按仪表、盲降进近指示，下降高度错误，复飞时操作错误。

1994年TU154西安空难是西安—广州航班，在飞机起飞爬升过程中开始飘摆，机组未能发现故障原因，在处理故障的过程中，飞机姿态变化异常，飞行员难以控制，飞机飘摆继续加大，终于在左坡度急剧下降的过程中，超过飞机强度极限，飞机在空中解体。事故的直接原因是地面维修人员在更换故障部件时，相互错插插头，导致飞机操纵性异常；飞机设计不当，容易发生错插现象，且未有防插错措施；未对飞行员进行在飘摆发生时应急处置的科目训练，存在重大缺陷。

1997年重庆—深圳航班，在深圳机场降落时，在恶劣天气状况下，强行着陆失败，在着陆过程中，飞机在地面弹跳三次，起落架严重受损，机身结构也严重受创，复飞后，驾驶舱多处发生报警，机组报告飞机处于紧急状态，要求反向迫降，再次尝试强行着陆时，依然没能控制好飞机姿态，高速接地后，飞机在地面断成三截并解体，爆炸起火。原因分析：机组违反规定，在未看清跑道的情况下，强行着陆；机组处置不当，在低能见度情况下，高度判断不准，在地面发生三次跳跃式重着陆的情况下，仍决定复飞，由于飞机结构严重受损，部分操纵系统失灵，再次迫降过程中姿态控制不住，大速度俯冲接地，飞机解体；公司对机组成员搭配不当，当班正、副驾驶均是领航员转的飞行员，技术能力不足。

从案例中能够总结出一些特点，飞行事故与人有关的原因是多种多样的，有的原因简单，可以归结为单因素，有的比较复杂，是多因素或者综合因素。有的是飞行员的原因，有的是维修人员的原因，有的是设计原因，也有指挥调度原因。保障航空安全，不是单纯地强调某一个方面，要从系统管理的角度出发，针对影响安全的每一个方面，分析其特点，再找到影响安全的原因与规律，通过训练、学习、建立相应的制度，杜绝类似事故再一次发生。

在人因分析中，机组的分析处于重要的位置，根据有关统计材料，人为因素造成的事故中，机组的行为失误占的比例为57.7%，其中机组操作不当居首位，其次是违章，再次是机组的配合失调、机组判读失误等。机组的操作不当是技术原因，违章是工作规范性与工作态度问题，这些是内因。机组对航班安全飞行的作用与重要性不言而喻，是其大脑、灵魂。按照规定，每个航班的机组包括两个小组，一个是工作在驾驶舱的飞行组，一个是工作在客舱的乘务组。飞行组一般由机长（正驾驶）、副驾驶组成。乘务组主要包括乘务长、头等舱乘务员、客舱乘务员、厨房乘务员。机组除了承担为旅客提供服务、把旅客送往目的地的职责外，还有保证机上每位旅客和飞机安全的责任。机组在整个飞行过程中，除了基础的起飞、爬升、进近、降落的技术要求外，还需要具有灵活的应对环境变化的能力。在飞行过程中，气象条件会发生变化，如雷雨、云层、风力等，某一个细节没有处理好，就可能引起事故的发生，要求机组具有良好的精神状态和生理状态，时刻保持警觉性。研究结果表明，除了技术不成熟、标准和规章不完备外，对周围事物的认识不充分与违章作业是产生差错的基本原因。例如，缺乏对危险的认识，不了解动作的危险性与环境的危害性；准备不充分而仓促作业，如飞行前的机组准备不充分，就不能对飞行的航线与机场环境做到预判，心中无数，当危险来临时就会手忙脚乱，导致错误；机组之间、机组与塔台之间的信息确认不充分，也会存在相互误解的可能。

现有的研究将机组人员的致灾因素分为机组个体行为因素、机组群体行为因素和机组管理因素。机组个体行为因素包括社会心理品质、感知过程、动机、情绪、个人心理特征、生理状况。机组群体行为因素包括从众行为、群体规范作用、人际关系、群体沟通。机组管理因素包括职责不清、配合不良、检查不力、培训不力和信息失真。在航空安全管理中，把对机组人员的安全分析称为飞行品质评估，主要涉及飞行员的个体特征、知识教育特征、飞行技术特征。其中飞行技术特征分析是针对飞行员安全管理的重要内容之一，航空公司投入了大量的资源为飞行员提供训练场所与设备，为飞行员提高飞行技术服务。从飞行计划执行的环境来看，执行飞行计划需要一定数量的满足资质要求的飞行员，当飞行计划的任务繁忙时，飞行员的利用率就会上升，从而对飞行员数量提出需求，这会对飞行员培养与训练带来压力，会潜在影响到飞行员执行飞行计划的质量与飞行员训练的质量，这也是航空安全管理需要关注的内容。

航空公司机务维修人员的基本职责是负责飞机、发动机及机载设备的全过程的综合管理，并对设备技术状况进行有效的控制，确保公司机械设备的安全，根据公司的维修计划，执行机械设备的维修、保养工作，保障设备维修效率和维修质量，对设备进行日常检查与监控，保障运行安全。维修人员的工作是围绕飞机的适航性进行的一系列工作，及时掌握厂家技术资料和局方适航资料，包括适航指令（airworthiness directive，AD）、服务通告（service bulletin，SB）、估计离开时间（estimated time of departure，ETD）等；编写工程技术文件，包括工程指令（engineering order，EO）、技术公报（technical bulletin，TB）、维修工作指令（maintenance action order，MAO）、工程师改版手册等；制订维修实施计划，并完成设备的维护。航空机务维修工作的规章与操作流程规定得比较详细，与飞行事故有关的设备原因，除了设计与制造的因素，主要的因素体现为维修人员违反操作的规章制度与流程，前面列举的TU154西安空难的原因之一是维修人员在维修过程中，把两个插头交叉插错位置，造成飞机操作异常。前人把影响维修人员行为的因素分为两个方面，一个是内部因素，即维修人员的素质因素；另一个是外部因素，即环境因素。内部因素包括生理因素（生理需要、生理特征、健康状况）、心理因素（职业理想、思维、记忆、情绪、意志、兴趣、气质、能力、性格）、文化因素（家庭学校教育、专业技术培训、实践经验），外部因素包括自然环境因素（工作环境、生活环境）、社会环境因素（人际关系、组织管理、领导、文化传统、社会风气）。飞机的维修工作分为两类，一类是计划内的工作，即飞机的维修项目按照一定的周期（时间周期、起落架次、飞行时间）定期维护、保养、更换，或者根据飞机制造商或者局方发布的 AD、SB 而进行维修；另外一类是计划外的维修，即飞机在执行任务的过程中，出现设备故障，满足不了适航性要求而不得不停止飞行，进行维修。计划内的维修准备工作做得比较充分，需要维修的工程项目比较清楚，场地、维修工具、工程技术文件都按照计划准备好，工作时间安排得也比较合理，按照操作流程规范进行，不容易出现偏差。计划外的维修，一般情况下是因为出现了意外的机械故障，故障原因不容易在短时间内了解分析清楚，容易出现排故不彻底的情况，留下安全隐患。另外，计划外的维修还面临着时间紧、任务重的问题，维修的飞机还需执行后面的航班生产，给维修工作带来压力，特别是综合性故障，导致故障的可能是多个系统，分析判断起来比较困难，维修人员面对这些紧张复杂的局面，在操作习惯不是特别规范的情况下，容易出现遗漏。前人的研究对该方面有一个统计结论，飞机维修人为差错容易发生在任何维修工作或者某一个维修活动的"两端点"和"边界线"上，大致呈现为浴盆曲线分布状。在交接班时期，从工作者的心理、生理和精力集中度来说，处于一种不稳定状态。

机务维修引起安全事故的原因可以归结为人员自身的技能、心理状态、生理状态；设备部件的设计不合理，容错性差；工作环境和自然环境带来的影响；组织计划不周，管理不到位。特别地，由于机务工作的连续性且要求细致，人长时间工作会带来疲劳，人在疲劳状态下工作会对维修效率和质量带来影响。

航空公司运行控制人员的主要职责有两类，其一是签派，即对航班的放行评估，对某次飞行的起始、持续和终止行使控制权的过程；其二是对航班的监控与调整，监控航班的运行环境是否发生变化，变化后的环境条件是否满足适航条件，当航班出现延误、取消时，根据航空公司的飞行计划对航班进行调整。签派人员的一个功能是对飞行人员的辅助功能，即在航班起飞前向机组提供符合飞机的性能、航路、机场要求的航行资料，机场分析等资料，共同对飞机的起飞进行评估，有责任要求不符合放行要求的航班终止起飞，直到条件具备后再给予放行。签派放行是运行控制人员的一个主要工作，对航班放行的签派评估是一个复杂的系统性工作，要处理大量的信息，这些信息有静态的，也有动态变化的，这些信息中包括航路的信息、气象的信息、飞机的信息、机组的信息。特别是航路信息与气象信息，经常发生变化，一个机场附近建筑物的变化都可能影响到飞机的适航性。气象信息更复杂，特别是对飞机安全影响比较大的雷雨、大风、火山灰等信息，变化比较频繁，处理不及时就会留下安全隐患，需要签派人员对这些信息进行跟踪与及时反应。

运行控制人员处理的对象主要是信息，这是运行控制人员的工作特点。信息是具有流动性的，其依附在每个工作岗位，从一个岗位流转到下一个岗位。运行控制工作抽象地看，类似于一个信息网络，这些信息从不同的岗位涌现出来，经过汇集、加工，随着信息流的方向，流到下一个岗位，直到一个工作环节结束。这些信息有时在每个环节内部要经过多次修改、甄别、加工处理。现实中，由运行控制工作引发的飞行事故是比较少的，但是，运行控制工作出现的差错会成为飞行事故的诱因。例如，运行控制工作的一个核心任务是制订飞行计划，其中一项是计算燃油重量。而飞机的无油重量是作为一个参数输入进去的，如果在前期的准备工作中，写错了飞机的无油重量，则会出现航油加多或者加少的现象。运行控制人员的人为差错类型与机务维修的差错类型比较接近，包括过失性差错、违章性差错、技术性差错、障碍性差错、继发性差错、季节性差错、责任性差错、管理性差错等。

3.3.2　设备故障

在航空安全管理的人、机、环、组织四元体系中，"机"指的主要是民用航空器。航空器是航空运输的载体，航空器是一个复杂的多系统载体，从主要系统来分，一般包括飞机机体、动力装置、通信导航系统、电气系统、液压系统、座舱环境控制系统、燃油系统等。飞机机体主要包括机身、机翼、尾翼、起落架。而每个子系统又包含多个子系统，如起落架子系统包括起落架舱、制动装置、减震装置、收放装置。减震装置分为减震器和轮胎；减震器分为弹簧减震器、油气减震器；轮胎分为低压、高压两种。收放装置包含液压、人工、重力。面对这个复杂的多系统载体，安全管理的主要内容就是在可靠性理论的指导下维护、保障系统的安全运行。航空公司主管服务于航空器的主要部门是机务工程部，负责组织实施所执管飞机的技术资料管理、适航管理、工程技术管理、质量管理、维修生产管理、可靠性管理、飞机与发动机监控管理及维修记录管理等工作。设备故障导致安全事故的原因主要是航空器关键设备的失灵、失效、损坏、断裂等，机务工作的核心工作就是保障设备的正常运行，按照航空业的观点，航空器的适航性取决于它初始的设计和制造，但航空器是动态的生产工具，它能否持续地保持适航状态，依赖于民用航空维修人员的素质，严格执行各种维修规则及其标准和维修的程序与方法。机务安全管理的职责就是杜绝重大航空地面事故和重大航空器维修事故，有效减少乃至消除影响运行的不安全因素，确保持续安全。

航空器故障大致可以分为系统故障与零部件故障。根据材料统计，截止到1997 年，中国民用航空业运输和通用航空器共发生 29 起由机械故障导致的事故，其中发动机故障 17 次，约占机械故障的 59%，其他故障 12 次，其中一些案例如下。

1988 年 1 月 18 日中国西南航空 IL18 执行北京—重庆航班，在向重庆机场进近过程中，四号发动机电机过热着火，引起发动机大火并延烧至发动机吊架，造成四号发动机脱落，飞机剧烈抖动，又引起一号发动机失去动力，导致失控坠地，造成机组 10 人、旅客 98 人全部遇难。

1989 年 8 月 15 日东方航空 AN24 执行从上海到南昌的航班，起飞离地过程中，右发动机突然停车，机组采取措施，继续起飞，基本修正飞机偏转问题，但飞机未能继续爬升，飞机接地后最终冲出跑道，坠入离机场跑道外 240m 处的小河中，机组 6 人、旅客 28 人共 34 人遇难。

1992 年 11 月 24 日南方航空 B737 在向桂林机场正常进近过程中，高度突然下降，在广西阳朔境内撞山粉碎性解体，造成机组 8 人、旅客 130 多人全部遇难。原因分析是飞机下降过程中，右发动机自动油门故障未能随动，导致左右发动机推力不一致，飞机开始向右滚转。并且飞机左右推力不一致开始向右滚转时，机组并未发现，直到飞机右坡度达到 46°，才意识到并开始采取措施。采取措施时，机组修正方向失误加剧了右滚转，飞机右滚转至 168°几乎处于倒扣状态时，机组猛烈拉杆，使飞机加速俯冲，剧烈撞地。

随着航空制造业的发展与进步、制造技术的发展及更安全的材料应用，航空业由设备故障导致的安全事故率逐步降低。面临飞行环境的复杂性，也会有意想不到的情况出现，如法国航空 447 号班机空难事件，该航班一架空中客车 A330-203客机，格林尼治时间 2009 年 5 月 30 日从巴西里约热内卢起飞，飞往法国巴黎途中遭遇恶劣天气，6 月 1 日凌晨在大西洋上空神秘失踪，乘客 216 人、机组成员12 人无一生还。虽然调查人员没有对坠机原因做出明确结论，但中期调查显示，这架空客主要用来测量飞机速度的空速管事发时可能结冰了，这起坠机惨剧发生后，空客公司更换了更新型号的空速管。

除了航空空难事故外，与航空器有关的不安全事件也有很多类型，例如，航空器与航空器、车辆、设备、设施碰撞造成航空器及车辆、设备、设施损坏或导致人员重伤、死亡；在机场地面操作中，航空器在牵引过程中造成航空器及车辆、设备、设施损坏或导致人员重伤、死亡；航空器在检查和操纵过程中造成航空器及车辆、设备、设施损坏或导致人员重伤、死亡；航空器在装卸货物、行李、邮件和机上供应品的过程中造成航空器及车辆、设备、设施损坏或导致人员重伤、死亡；旅客在登、离机过程中或在机上造成航空器及车辆、设备、设施损坏或导致人员重伤、死亡；外来物致使航空器损坏；意外原因造成航空器及车辆、设备、设施损坏或导致人员重伤、死亡等。

1）致灾诱因

设备故障主要体现在设备在运行过程中发生中断、破损，使系统的功能不能正常工作。现代大型客机作为一种复杂的机电设备，由于人为失误、材料缺陷、制造误差及使用环境波动等因素的影响以及疲劳、磨损和老化等效应的存在，在飞机运行过程中不可避免地会发生各种故障。机务故障的诱因由于飞机结构与系统的复杂性，具体的表现形式多种多样，抽象来看，体现在设备的可靠性与维修之间的关系上。维修是延续设备可用性的主要手段，好的维修计划能够及时地发现设备存在的问题，能够维持更新设备的可靠性。

2）风险分析及工作保障

民用航空公司的机务工程公司在安全管理中，主要结合质量管理的要求，对航空器进行计划内的维修，保障航空器的适航性。根据历史上发生的不安全事件、机组的使用困难报告、航空器使用过程中发生的故障信息，总结安全管理中的风险点，对风险进行系统性的工作分析与评估，建立预防及整改措施。在日常安全管理工作中，为确保安全信息的及时共享和交流，确保各级管理层及时掌握安全形势和动态，机务工程部要求定期以安全讲评的形式召开安委会会议，会议的讲评内容包括机务系统月度运行情况、典型事件分析、安全管理工作的完成情况、航空安全责任考核情况以及下阶段的安全工作安排；相关单位汇报月度安全工作完成情况，讲评不安全事件及安全改进情况，汇报存在的问题及下阶段的工作安排。

3.3.3 生产组织

生产组织是航空公司运行各要素的集中，包括航空公司的组织管理架构、规章制度、条例规范等，以及为了达到管理目的制订的一系列生产计划、运作流程与监管流程。航空公司的生产计划主要包括航班计划、机队维护计划、客货销售计划、机组排班计划、飞机排班计划和航班运营飞行计划，对一个航空公司的运营来说，生产计划管理是航空公司的管理核心。如何评估一个生产计划执行的效果如何呢？航空公司的生产计划包含每天需要执行的飞行航班，执行航班的机组人员，执行航班的航空器，每个航班有固定的起飞机场、降落机场以及经过的空中航路。一个生产计划中的每一个航班在执行过程中会遇到各种各样的影响因素，这些影响因素会导致计划的偏离。

在一个复杂的系统中，完成一项工作需要多个部分、多个工种、多种技术人员时，会把工作进行分解，按照一定的步骤，逐步完成包含工作的各个部分。主要体现在企业的运作流程上，如车间的流水线作用、企业的产品设计步骤、项目的实施过程、信息的综合加工过程、企业的决策过程等。例如，一个航空公司的信息加工流程如下：每个部门都需要从关联的前序部门获取开展工作需要的信息数据，然后进行信息检查，并在检查后的正确信息基础上按照规定进行信息加工。检查是指该环节部门的员工对前序环节流入的信息进行核对，甄别其中可能隐含的错误，将发现的错误信息调整为正确的信息。加工是指该环节的员工在核对完的信息上进行信息处理，例如，按照规定进行数值计算或者统计分析，生成后序相关部门需要的信息结果，传递给后序部门。

如前面提到的 1993 年 11 月中国北方航空 MD82 执行的北京—乌鲁木齐航班发生的飞机在距跑道外 2200m 处坠地烧毁事件。机组方面调错高度表，未意识到飞机处于低高度飞行。航空管制人员用语错误，使用不规范的"高度表拨正值"导致机组发生误会。此外，按照操作规程，正、副驾驶在调整飞机仪器时应该一人操作，一人复述监督，而在操作过程中机组没有按照流程作业，多因素导致了飞机最终坠地烧毁。

3.3.4　运行环境

环境因素指影响航空安全运行的社会环境、自然环境与工作环境。社会环境指所处的社会政治环境、经济环境、法制环境、科技环境、文化环境等宏观因素，宏观因素会通过直接或间接的作用为航空安全带来影响。自然环境是航空飞行的地理环境与空域的概念，包括地形、地貌、风雨、雷电、温度等因素，这些因素是人力难以改变的，具有很强的客观性。工作环境主要围绕航空运行的机场状况、航路以及通信、导航、雷达等设施的设计配置，是航空运行系统的主要组成部分，是其硬件；还有一部分工作环境是生产计划的安排、管理制度、人员结构、领导及同事的关系等管理因素，是航空运行的软环境，这些因素都直接或者间接地影响航空安全。

由于环境的多样性与复杂性，影响航空安全的表现形式也多种多样。有时环境是导致航空安全事故的主要原因，有时只是一种诱因。中国国际航空公司的129 航班的 B-2552 客机在 2002 年 4 月 15 日，从中国北京到韩国釜山航线，由于天气恶劣，以及机场设备故障和机长因为一系列对话而分心，最终客机撞山坠毁，造成 128 人死亡。根据中国民用航空安全信息网相关报告数据，2011 年，全国各机场、航空公司和飞机维修公司等单位和部门共上报在中国大陆地区发生的鸟击事件 1538 起，其中事故征候 127 起（中国民用航空安全信息网中另有7 起确定发生在中国大陆地区之外，未列入统计范围），占总事故征候数的 58.5%，是第一大事故征候类型；发生在机场责任范围内的鸟击事件 159 起，构成事故征候 6 起。

3.4 安 全 评 估

航空安全评估以实现航空系统安全为目的，应用安全系统工程原理和方法，对航空系统中存在的危险、有害因素进行识别与分析，判断航空系统发生事故的可能性及其严重程度，提出安全对策与建议，从而为航空系统制定防范措施和管理决策提供科学依据。

自 20 世纪 50 年代以来，系统中的安全性分析已经有很多成熟的技术和方法，具有代表性的有故障模式、影响及危害分析（failure mode，effects，and criticality analysis，FMECA），故障树分析，以及事件树分析。FMECA 是分析系统故障模式、影响及后果的主要方法之一，20 世纪 60 年代初，美国国家航空航天局将其应用于航天飞行器并取得了良好的效果；故障树分析通过对可能造成系统故障的硬件、软件、环境和人为因素进行分析，绘制出故障树，从而确定系统故障原因的各种可能组合方式和（或）其发生概率，是"自上而下"的逻辑推理方法；事件树分析是分析在一个给定初因事件的情况下，对该初因事件可能导致的各种事件序列的结果及系统的安全特性进行定性、定量评价，该方法成功应用于三里岛核电站事故调查中。

航空安全系统是一种动态、多变量的开放复杂系统，不确定因素多，逻辑关系复杂，基本事件的发生概率很难确定。此外，由于航空事故发生率低，样本之间的不一致性较大，这样就限制了统计方法的应用，而故障树分析和事件树分析等传统安全评估方法对单个事件评估效果较好，但在综合评估中效果不佳。因此，需要对航空安全评估进行综合研究。

航空安全评估一般包括以下几个步骤。

（1）对航空安全进行机理性分析。

（2）建立航空安全评估的指标体系。

（3）建立航空安全评估的综合评价方法。

（4）对航空安全评估的方法进行应用并改进。

对航空安全进行机理性分析主要是分析影响航空安全的因素。根据对以往航空事故的分析，影响航空安全的主要因素有人、机、环境、管理四个，"人"的因素指机组成员、其他飞机维护人员、空中交通服务人员等，通过飞机或飞行环境作用于事故或事故征候；"机"的因素包括航空器和维护设施；"环境"因素包括飞行的各种软环境、硬环境和自然环境；"管理"因素是指针对由人、机、环境组成的运行系统所进行的以安全为工作目标的所有管理行为的总和。要对航空安全进行评估，就必须根据这些对航空安全产生影响的机理性因素进行分析，建立合适的指标体系进行研究。

建立指标体系的一般性原则有以下几个。

（1）系统性原则。

（2）典型性原则。

（3）动态性原则。

（4）简明科学性原则。

（5）可比、可操作、可量化原则。

根据建立指标体系的一般性原则，结合航空安全评估的具体问题，建立的指标体系应满足如下要求：一是能衡量航空公司当前的安全状态和情况；二是能反映出航空公司提高安全水平的潜力；三是能反映出航空公司的整体安全管理水平。在对大量事故和文献进行研究分析的基础上，已有研究构建了基于人、机、环境、管理的航空安全评估指标体系，如图 3.3 所示。

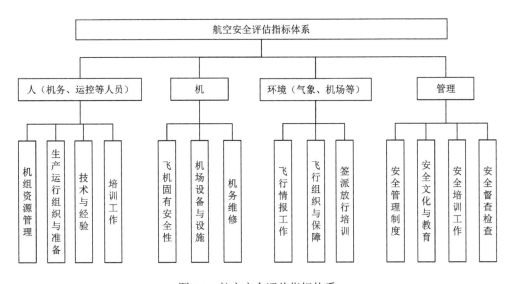

图 3.3　航空安全评估指标体系

目前已有很多种评估方法，有对整个航空安全系统进行评估的方法，其中主要有安全检查表法、专家打分法、层次分析法、模糊综合评价法、TOPSIS（technique for order preference by similarity to an ideal solution）法等。根据以往事故统计，飞行员/机组、飞机、天气是造成飞行事故最主要的三大原因，因此，对这些影响航空安全的重要因素进行分析、评估航空安全的方法，主要有人机系统稳定性分析方法、基于极值分布与基于最优化的概率评估方法、基于马尔可夫过程的综合评估模型、基于贝叶斯网络的航空维修系统安全分析、基于 BP 神经网络的航段安全评估等。

安全评估的过程中一般是多种评估方法综合使用，而不是仅使用一种评估方法。评估方法很多，应用效果不同。航空安全评估不是目的，只是一种手段，是为了提高航空安全水平。航空安全评估的主要目标有：科学客观地评估航空安全状况，帮助发现隐患或者薄弱环节，引导安全行为，从根本上改善航空安全状况。

3.5　安全管理辅助分析框架

美国航空公司飞行员协会在其发布的民航安全管理体系建设的指导文件中提到，危险是指一种事件、状况或者环境，当与其他特定状况同时发生时，将造成某种形式的损失。风险则是刻画危险所导致的后果，从可能性和严重性两个角度来度量。ICAO 的《安全管理手册》中也指出，风险是对危险所造成不利后果的潜在性的一种评估。风险管理有助于在所评估的风险和可行的风险缓解之间取得平衡，是安全管理的有机组成部分。笔者在参与国内某航空公司 SMS 建设实践中发现，实施安全风险管理时面临许多具体问题。

（1）需要加强危险源的作用机理分析。ICAO 的《安全管理手册》中指出，危险源包括：设计因素，如设备和任务的设计；程序和操作，如文件和检查单及其在实际工作中的有效性；通信因素，如通信工具、语言等；人事因素，如招聘、培训等；组织因素，如生产和安全的统筹兼顾、资源的配置、公司安全文化等；此外，还包括来自工作环境、系统防御等方面的各类危险源。安全风险管理中的危险识别不能局限于列出危险源清单，而应针对具体危险源，分析其作用机理，才能明确管理对象，对其进行有效控制。

（2）需要建立有效的风险分析方法。风险分析的目的是建立危险源与风险事件及相应后果之间的联系。例如，飞行员出现的疲劳状态、决断失误、技术差错等，这些风险事件可能是由于飞行员本身的生理或心理状态不佳、操作技能不足，也可能是由于排班紧张、机组搭配不合理，还可能是受恶劣突变气象条件的影响。风险本身具有偶然性、相对性以及可变的属性，因此将风险的特征抽象成分析的问题是非常困难的。

后果的描述也是风险分析遇到的问题。ICAO 的《安全管理手册》中给出了目前航空安全风险的常用表达形式：死亡人数、收益损失或市场份额损失；损失率（如每百万客公里事故数）；严重飞行事故率（如 50 年一次）；后果的严重性（如伤亡的严重程度）；相对于运营年收益的损失预期值，等等。然而，对于安全隐患的后果，很难与上述严重后果建立直接联系。

（3）需要扩展现有的风险评估方法。目前广泛使用的风险矩阵方法，根据对不安全信息的统计分析和安全管理人员的经验，从严重性和可能性两方面对风险进行评估。对于航空系统众多不同性质的危险源，用风险矩阵方法做出合理的判断是非常困难的，这使得风险评估对象仍然局限于少数较为严重的风险事件。

作为服务型企业，航空公司的生产运行不同于一般的产品制造企业，安全、正点的航班，以及该过程中的相关服务是航空公司的产品。飞行、运行控制、机务维修是航空公司三大主要生产部门。飞行部门主要负责制订和实施飞行计划，做好飞行员训练；运行控制中心主要负责对航班实施签派放行和动态监控；机务维修部门根据生产需求提供符合适航标准的飞机。安全的航班是航空公司飞行、机务维修、运行控制、商委等多个部门，按照一定的组织结构、业务流程协同工作的结果。航班生产大致流程及各环节主要的安全关注点如图1.1所示。

通过分析各业务部门的主要安全问题，我们将航空公司安全风险归纳为两大类，一类来源于生产要素质量和数量出现的问题，如飞行员操作品质不过硬、机组排班不合理等；另一类来源于业务流程中各环节间由于存在信息传递等关联，某一环节出现的问题在整个流程上被传导、放大，例如，运行控制中心签派放行工作流程某一环节上信息的错误，可能导致后续环节信息加工出错，最终导致整个工作流程的输出偏差，给航班运行带来安全风险。基于上述认识，这里提出以下航空公司安全管理思路。

1. 航空安全风险管理理论框架

SMS 是对航班生产安全进行系统管理的体系，强调主动性、系统性、闭环性、动态性、可操作性。通过对航空公司生产系统人、机、环等生产要素对安全的影响，以及安全风险在业务流程中传导等具体问题的研究，建立航空安全风险管理理论框架，如图3.4所示。

在图3.4中，"描述"是分析影响生产安全的要素，对风险问题进行系统的刻画；"评估"是结合风险管理对象、生产要素或业务流程及其相应的风险问题特点，设计评估方法对危险源及风险事件进行评估；"诊断"是进一步分析风险产生的深层次原因，诊断结果是制定有效整改措施的根本依据；"改善"是在风险评估和诊断基础上，制订有针对性的整改方案控制风险，对于整改工作还应进行系统分析，防止衍生风险的发生；安全风险的闭环管理则是通过"跟踪"来实现的，具体是指对风险缓解措施的及时性和有效性进行跟踪，并根据实际结果进行动态调整。

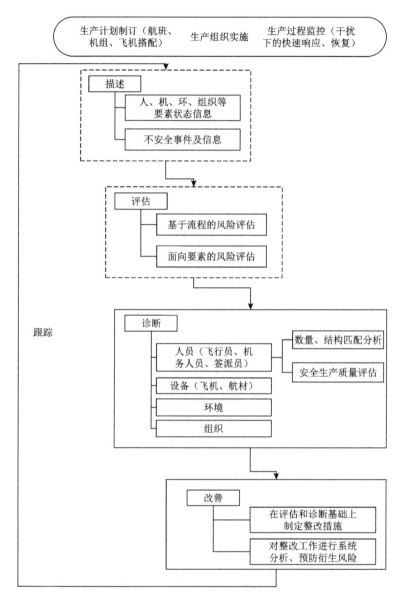

图 3.4　航空安全风险管理理论框架

2. 基于流程的风险评估方法

《航空运营人安全管理体系（SMS）审定工作实施指南》指出，航空运营人的系统和工作分析是实施风险管理的前提和基础，航空运营人应建立系统和工作分析的方法，对目前开展的运行活动进行分析，对运行活动的危险源进行识别。如前所述，运行控制中心是航班生产保障部门，主要工作是对航行情报、气象信息、机组配备、飞机维修、业载平衡等航班运行信息进行汇集、加工、分析、决策。通过对该部门业务系统和工作的梳理可以发现，运行控制中心各岗位间存在较强的关联，由于岗位间存在信息的传递和加工，安全风险在业务流程中具有一定的传导性，因此，风险严重程度的评估不仅要考虑该环节的不安全信息，还要考虑关联环节的不安全信息以及该环节在业务流程中的位置，是一个复杂的系统评估问题。

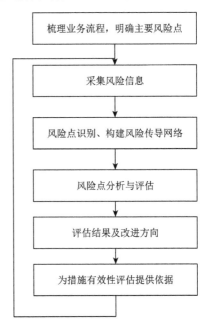

图 3.5　基于流程的风险评估实施过程

针对业务流程中存在的上述安全风险传导问题，我们通过业务流程梳理，构建风险传导网络，并从传导深度、广度等多个角度研究风险传导的刻画方法，在此基础上，度量风险的可能性和严重性，确定业务流程中需要重点关注的环节，从而实现安全关口前移，为从系统角度完善航空公司岗位建设提供科学依据。基于流程的风险评估方法在航空公司的具体实施过程如图 3.5 所示。

3. 面向要素的风险评估方法

航班生产运行的全过程主要涉及飞行员、乘务员等人的因素，飞机、机器设备等机的因素，气象、机场地形等环的因素，以及组织因素等。因素在数量和质量方面出现的问题是导致安全风险的主要原因。下面主要对人、机、环因素进行介绍。

1）人

在航空公司中，人的要素具体包括飞行员、乘务员、签派放行人员、机务维修人员、地面服务人员等。各类人员在数量匹配、操作质量方面存在的问题，将给航班生产带来一定的安全风险。以飞行员为例，作为航班安全生产的关键要素，飞行员数量是否满足生产需求、操纵品质是否达标是航空公司安全管理需要重点关注的问题。

飞行员数量配置既需要考虑春节、国庆等航班生产高峰季节飞行员数量的匹配，也需要对飞行员的培养进行长期规划，以满足未来航班生产需求。

（1）短期规划：主要针对航班生产高峰季节，通过对航班任务特征与资源投入之间关系的分析，借助网络规划模型来估计均衡意义下机队在生产高峰期能够完成的最大任务量。

（2）长期规划：飞行员长期规划是综合考虑学员、新雇员、副驾驶、机长等各技术等级的全周期管理。同时，由于存在生产计划、飞机、政策等方面的影响，在制订长期规划时还需要结合上述影响进行动态调整。研究的具体问题包括：飞行员转升规划，涉及飞行学员招生，新雇员、副驾驶、机长间的整个转升流程，是一个综合考虑航空公司机队各阶段建设的整体规划问题；飞行员保持资格训练、月指导性训练计划问题；基于飞行员不同培养模式下技术特征的飞行学员招收规划问题。

ICAO 及中国民用航空局都对飞行品质监控提出了明确要求，飞行品质监控通过收集和分析 QAR 记录的飞行过程各项参数的实时数据，监控飞行参数超限情况，挖掘飞行操作过程中存在的问题，为安全风险管理提供支持。在对飞行员超限千次率及其工作年限的关联分析中我们发现，随着工作年限的增加，超限千次率呈现如图 3.6 所示的学习曲线规律（数据点被分为三类，分别用圆圈、加号和乘号表示，圆圈表示年超限千次率较低的个体，加号表示年超限千次率居中的个体，乘号表示年超限千次率较高的个体，三条曲线分别为三种符号对应的学习曲线）。研究工作以飞行员参与飞行年限来近似衡量学习次数，以年超限千次率作为操作水平的度量，借助回归分析、聚类分析等方法，实现对飞行员操作品质的动态评估。

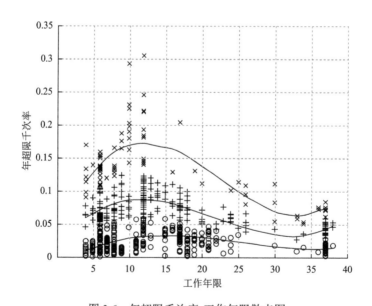

图 3.6　年超限千次率-工作年限散点图

资料来源：国内某航空公司 2005 年 2 月至 2006 年 1 月 QAR 超限记录

对于飞行品质存在问题的飞行员，对产生问题的原因做进一步诊断。飞行品质诊断分析的复杂性，一方面由于飞行过程可能受到多方面因素的影响，包括风切边等突发因素；另一方面，飞行员根据环境变化，持续控制油门、杆位等设备，对上述操作特征的描述也是诊断需要解决的问题。研究工作采用数学规划和启发式算法来寻找飞行员各方面操作，如下降率（RD）、油门（N1）、俯仰角（PITCH）等的危险区域和安全区域。图 3.7 以下降率指标分析为例对诊断思路加以说明，图中数据为分析样本（括号外）和检验样本（括号内）在某一区域内的超限占比，危险区域、安全区域、模糊区域分别采用不同底纹来表示。对应区域边界可用于指导飞行员针对性训练。

RD_0　＼　ΔRD_{20-0}	小于等于−0.55	−0.55～−0.3	大于等于−0.3	
小于193	1/19（0/3）	2/9（0/5）	无（无）	▨ 危险区域
193～600	3/10（0/3）	13/19（4/8）	2/3（2/4）	▥ 安全区域
大于等于600	无(1/1)	0/1（无）	4/4（4/5）	▧ 模糊区域

图 3.7　QAR 超限诊断分析示意图

RD_0 为 0ft 下降率，单位为 ft/min；ΔRD_{20-0} 为 20ft 到 0ft 下降率变化率，单位为 m/s^2

2）机

在航班生产各环节中，机这一要素的具体表现包括飞机、地面设备、工具器材、厂房设施等。对于机这一要素的安全管理，同样需要关注数量和质量两方面的问题。

以飞机为例，ICAO 的《安全管理手册》指出，飞行安全依赖于航空器的适航性，维修组织需要遵守与飞行操作同样严格的安全管理方法。与飞机质量有关的因素包括飞机设计、制造工艺、航空材料、维修方案等，对于航空公司来说，工作重点在于可靠性管理，以保持维修方案的有效性和实用性，保证运营安全。还应加强对飞机故障数据、维修记录等信息的规范化、结构化管理，研究定量分析方法，对飞机及其部件的故障特征进行识别，对所采取维修措施的有效性进行评估，为修订维修方案、保障飞行安全提供科学依据。

对于飞机数量，需要考虑飞机与飞行员、航班任务的协调情况，此外，通过对运力与市场需求的匹配分析，为航空公司制定合理的生产目标，为实现安全运营提供决策支持。其中的关键问题包括旅客流量分析，以及通过估计飞机、机组利用率对生产计划进行可行性论证等。

3）环

这里的环主要是指航班的运行环境，包括航路和机场的气象条件、季节、地理环境等因素。这些环境因素的状态和变化情况，会对飞行安全以及航班正常性带来巨大的影响。例如，雷雨、冰雪、大雾等恶劣天气可能导致机场关闭、航班延误，在对公司造成经济损失的同时，也威胁到飞行安全；此外，一些山区机场的复杂地形及其可能引发的强对流气流，也是飞行安全的重大隐患。因此，环境因素是研究航空安全风险时不能忽视的问题。

以天气原因导致的返航备降为例，统计结果显示，天气原因的返航备降在不同机场表现出一定的季节和时段特征。通过研究包含名义变量的多属性子集剖分问题，挖掘特定机场返航备降的频发月份和时段，加强特定机场返航备降航班重点监控，在保障安全的前提下减少不必要的返航备降，实现安全生产与经济效益的双赢。返航备降频发子集分析示意图如图3.8所示。

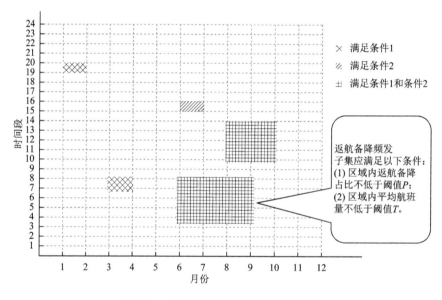

图3.8 返航备降频发子集分析示意图

航空公司 SMS 的内涵可归纳为十六个字"心中有数，关口前移；闭环运行，运筹帷幄"。"心中有数"，要对风险的大小进行量化，大量采集和利用好相关数据；此外，要加强对不同类型风险作用机理的分析。"关口前移"，要以预防为主，化被动为主动。加强对安全隐患信息的收集、挖掘和分析，形成各个环节上的自我审核、自我监督、自我完善长效机制。"闭环运行"，将"描述、评估、诊断、改善、跟踪"这一实现安全风险闭环管理的全过程，利用系统平台固化在航空公司安全管理日常工作中。"运筹帷幄"，从系统角度全面策划 SMS 风险管理工作，并运用系统的分析方法为决策提供依据。

航空公司 SMS 建设与完善是一个长期持续的工作，风险管理可采取"选择试点、解剖麻雀、推广到线、扩展到面"的基本步骤。SMS 是一个对航空公司安全生产实践、认识、再实践、再认识的反复循环、无限发展的过程，不断深化对航空公司安全管理面临问题的认识，完善并升华解决问题的理论和方法。"百年大计，安全第一"，SMS 的风险管理是航空公司持续快速、稳定发展的根基。

第二篇　基于飞行员要素的安全管理

第 4 章 飞行员配置

本章所研究的飞行员配置包括人机比估算和月最大均衡完成量估算，两者均属于对飞行员"量"的典型研究问题。其中，人机比是指机组和飞机的配比，某个机型的人机比就是指该机型每架飞机需要配置的机组数量。航空公司在实际运行中，需要根据航班生产计划、飞机日利用率、飞行员年/月/日飞行小时数分布等因素，合理估算人机比，从而达到合理的人力资源管理的目的。飞行员配置合理性主要表现在每个航线任务机组配备足够，即飞行员数量足够且技术水平达到航线要求；同时飞行员在保证安全的情况下不存在过多富余，造成该航线机组配备偏高而其他航线配备偏低，形成潜在的安全风险。

月最大均衡完成量是针对航空运输市场旺季，如黄金周和春节等，在合理预留旺季前后运力的基础上，所能安排在旺季月中的飞行员最大生产任务量。按照规定，飞行员每天/月/季度都有严格的执勤时间约束，分别为每天最大 10h、每月最大 100h 和每季度最大 270h。考虑到各个月度飞行员配置的均衡性，同时严格遵守飞行安全对执勤时间的规定，在航空运输旺季，既要考虑如何达到旺季所在月的最大经济效益，还要兼顾与前后月份任务量的均衡，从而保证飞行安全。

4.1 人 机 比

飞行员需求预测是航空公司重要的问题之一。为了满足每月航班的运输需求，航空公司需要在航班总任务约束和其他运行要求下，制订飞机排班计划和飞行员排班计划。飞行员需求预测是制订飞行员排班计划的前提，本节通过对人机比估算的研究，间接进行飞行员需求预测。合理的人机比不仅能保障航空公司的飞机数量、飞行员数量和航班总任务量的结构合理，而且能降低航空公司的人力资源成本。

将飞行任务粗略分为两类，一类为长途线路（长线），一类为短途线路（短线）。其中长线是指带有驻组的航线，一般会跨洲，单次任务飞行时间较长，机组配置多为双机组或加强组（两个机长和一个副驾驶搭配形成的机组配置）。长航线飞行员执行完远程作业后，可能无法立即返回原基地，因为在机组执勤时间约束下，飞行员不能继续执行后续航班。这种情况下，机组将驻扎在该机场进行休息，该飞机的后续航班将由原先驻扎在该地的其他机组继续执行。通常称这些临时驻扎在外基地的机组为驻组。而短线是指除了长线以外的线路，一般为国内或短程国际航线，机组配置多为单机组。

针对两类航线，基于航空公司真实数据，本节将提出一类新模型，用于估算航空公司人机比。

4.1.1 模型提出

如前所述，将航空任务分为两种类型：长途航线任务和短途航线任务。长途航线结构因子定义为式（4.1），短途航线结构因子定义为式（4.2）：

$$\alpha_{c} = \frac{t_{cj}}{t_{cf}} - 1 \qquad (4.1)$$

$$\alpha_{d} = \frac{t_{dj}}{t_{df}} - 1 \qquad (4.2)$$

其中，t_{cj} 为长航线任务的飞行员总飞行小时数；t_{cf} 为长航线任务的飞机总飞行小时数；t_{dj} 为短航线任务的飞行员总飞行小时数；t_{df} 为短航线任务的飞机总飞行小时数。

α_{c} 描述的是长航线对飞行员预测的影响，相应地，α_{d} 描述的是短航线对飞行员预测的影响。短航线结构因子可以看作操作一架飞机的机组数量，而长航线结构因子却比较复杂：不仅包括执行航班任务的机组，而且包括驻组。

基于以上分析，我们得出飞行员需求预测总公式为

$$y = \frac{\hat{n}_{p}}{\hat{n}_{f}} = \frac{(1 + k_{c}\alpha_{c} + k_{d}\alpha_{d})T_{f}}{n_{f}t_{p}}(1 + \beta) \qquad (4.3)$$

其中，y 为人机比，即飞行员机组数与飞机数的比例，是本节预测的对象；$\hat{n}_{p}$ 为一个月中按照满负荷飞行折算后的飞行员数量；$\hat{n}_{f}$ 为一个月中按照满负荷折算后的执行任务的飞机数量；k_{c} 为一个月中长航线航班飞行时间占比；k_{d} 为一个月中短航线航班飞行时间占比；α_{c}、α_{d} 定义见式（4.1）和式（4.2）；T_{f} 为所有飞机一个月的总飞行小时数；n_{f} 为一个月中实际执行任务的飞机总数；t_{p} 为飞行员的月满负荷飞行时间，一般由航空专家给定或者根据飞行员实际飞行小时数分布进行估算；β 为飞行员由于生病等原因请假而形成的人力资源损耗，本节中假设该损耗为飞行员一个月工作时间的3%。

证明：令 T_{p} 为所有飞行员总飞行小时数，T_{c} 为长航线总飞行小时数，T_{d} 为短航线总飞行小时数，则有

$$T_p = T_d(1 + \alpha_d) + T_c(1 + \alpha_c) \qquad (4.4)$$

$$T_f = T_d + T_c \qquad (4.5)$$

实际上，k_c 和 k_d 可由 T_f、T_d 和 T_c 得到

$$k_c = \frac{T_c}{T_f} = \frac{T_c}{T_c + T_d} \qquad (4.6)$$

$$k_d = \frac{T_d}{T_f} = \frac{T_d}{T_c + T_d} \qquad (4.7)$$

所以满足 $k_c + k_d = 1$。

无论航班任务由双机组还是由加强组执行，飞行员的总飞行小时数和飞机的总飞行小时数之间都存在一定的等式关系。我们有

$$T_p = T_f(1 + k_c\alpha_c + k_d\alpha_d) \qquad (4.8)$$

$$t_p \hat{n}_p = t_f \hat{n}_f(1 + k_c\alpha_c + k_d\alpha_d) \qquad (4.9)$$

$$\frac{\hat{n}_p}{\hat{n}_f} = \frac{t_f(1 + k_c\alpha_c + k_d\alpha_d)}{t_p} \qquad (4.10)$$

而 $t_f = \dfrac{T_f}{n_f}$，所以满足 $y = \dfrac{\hat{n}_p}{\hat{n}_f} = \dfrac{T_f(1 + k_c\alpha_c + k_d\alpha_d)}{n_f t_p}$。

考虑到飞行员人力资源损耗，我们在公式中引入 β，可以得到

$$y = \frac{\hat{n}_p}{\hat{n}_f} = \frac{T_f(1 + k_c\alpha_c + k_d\alpha_d)}{n_f t_p}(1 + \beta)$$

4.1.2　实例分析

为了验证人机比估算公式的实际有效性，我们以国内某航空公司为例进行实例分析。该公司的飞机不仅执行国际远程航班，而且执行国内短途航班。针对两类航班任务，我们将航线飞行小时数据分为长航线数据和短航线数据两类，并分别处理。其中输入数据包括国内航线飞行员总飞行小时数及飞机总飞行小时数、国际航线飞行员及飞机总飞行小时数，过程数据包括长航线结构因子和短航线结构因子。根据公式，估算人机比。

当飞行员的月满负荷飞行时间设为 70h 时，对比估算人机比与实际人机比发现，在每年的 6 月份和 7 月份，通过本节模型估算的人机比略高于实际人机比，考虑原因为该时期航空公司大量招聘新学员。当飞行员的月满负荷飞行时间根据

飞行员平均飞行小时设定时，6 月份的估算值明显高于实际值，同样考虑是航空公司招聘新学员引起的。

通过对航线结构因子和驻组的考虑，将长航线人机比和短航线人机比整合为一个估算公式，进而对人机比进行研究。人机比估算公式经过以上实例验证，比较符合实际情况。在航班计划和人机比都给定的情况下，航空公司根据"飞行员需求 = 人机比×飞机数量"对飞行员需求进行预测，因此，人机比估算公式是对飞行员需求的间接预估公式。

4.2　飞行员月最大均衡完成量估计

飞行员紧缺是目前我国各航空公司普遍存在的状况，由于飞行员培养周期较长，短期内该状况难以完全改观。如何利用有限的飞行员资源，最大限度地满足日益繁荣的航空市场是所有航空公司面临的问题，尤其是对于国庆、春节等所在旺季月份及其前后月份的飞行员任务，如何对其合理安排，既最大限度地满足旺季月份的市场需求，又不影响前后月份的航班生产，成为一个亟待解决的问题。

飞行员月最大均衡完成量问题是指在已知前面月份飞行员已完成飞行时间的条件下，预留未来月份的飞行时间（保证不影响未来航班任务的完成），求得飞行员在旺季月份的最大任务完成量。从飞行员排班角度来研究飞行员月最大均衡完成量是非常困难的，因为飞行员排班本身是一个复杂且困难的问题。为了便于分析和优化，本书将从中观角度对飞行员任务量安排进行研究，主要思路是根据所有飞行员的月总飞行时间分布情况，即飞行员任务特征，对飞行员进行分类；按照此分类，研究每个月度各类飞行员人数安排，来达到月生产任务均衡的目的。

4.2.1　任务特征分类

飞行员任务特征指的是飞行员月总飞行小时数的分布特征。图 4.1 显示了某航空公司某月份的飞行员飞行时间分布，X 轴表示飞行员的月总飞行时间，Y 轴表示每个月总飞行时间区间（按照一定的时间长度进行区间划分）对应的飞行员数量。从图中可以看出，飞行员在 53～80h 范围的各区间人数较多（Y 值较大），在之前和之后的各区间人数较少（Y 值较小）。根据这样的特征，我们可以考虑将飞行员分为若干类，用以研究各类飞行员数量与总航班任务小时数之间的关系。如何进行这样的分类是本节的研究内容。

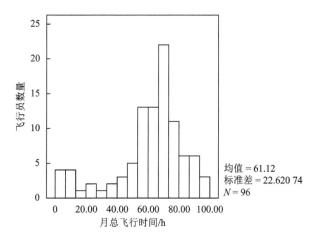

图 4.1　某航空公司某月份飞行员月总飞行时间分布

　　将飞行员的数量和飞行时间作为资源投入考虑。下面考虑如何将飞行员按照月飞行时间分成 m 个区间，飞行时间在不同区间内的数量作为资源投入变量 x_i，$1 \leqslant i \leqslant m$。然后根据每个飞行员的飞行时间判断每个飞行员所属的类别，对每个区间内的飞行员进行计数，得到各个区间内的飞行员数量。如式（4.11）所示，以航班任务总时间 y 作为因变量，将不同飞行时间区间内的人数作为自变量，利用线性回归的方法找到航班任务总时间与资源投入的关系，并用于对未来的估计：

$$y = \sum_{i=1}^{m} \overline{a}_i x_i \tag{4.11}$$

其中，$\overline{a}_i$ 为每类（区间）飞行员月平均飞行时间。在每种划分情况下都可以得到航班任务与资源投入的回归方程，同时可以计算出此回归方程对应的残差绝对值的和，我们通过求解下面的区间划分模型来得到最佳的区间划分，即飞行员分类。

$$\min\{R_m(p_1, p_2, \cdots, p_{m-1})\} \tag{4.12}$$
$$\text{s.t.} \quad 0 < p_1 \leqslant p_2 \cdots \leqslant p_{m-2} \leqslant p_{m-1} \leqslant r \tag{4.13}$$

其中，m 为划分的区间数，即飞行员分类数；R_m 为残差绝对值的和；p_i 为区间划分点；r 为中国民用航空局和航空公司规定的飞行员月最大飞行时间，如 $r = 100\text{h}$。

4.2.2　模型提出

　　在旺季月份航班任务需求会相对高一些，航空公司面临一个问题：飞行员在旺季月份最多能完成多少航班任务？在4.2.1节飞行员分类的基础上，本节将研究月最大均衡完成量问题[105]。

假设A、B、C为三个连续月份，其中B月份为旺季月份。已知飞行员人数、A月份飞行员的飞行时间、C月份航班任务总时间、飞行员分类及各类飞行员的平均月总飞行时间，考虑到每个飞行员每个季度最多能飞行270h的限制（中国民用航空局和航空公司规定），那么问题就变成了：在飞行员月/季度飞行时间上限的约束下，如何安排各类飞行员的数量（即安排每个飞行员的航班任务时间），在保障C月份航班任务能完成的情况下，使B月份飞行员能完成的航班任务时间尽可能长。以飞行员分四类（即分类区间$m=3$）为例，用网络流图（图4.2）对问题进行刻画，图中的点表示每个月份飞行员的分类，有向线表示前后月份各分类间的飞行员流动。

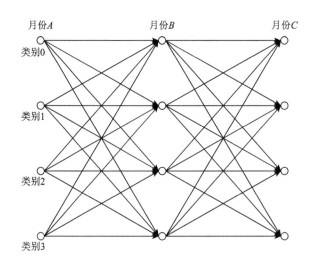

图4.2　飞行员月最大均衡完成量网络流图

1）变量列表

x_{ij}：从A月份i类转到B月份j类的飞行员数量。其中，$i=0,1,\cdots,m$，m表示A月份飞行员分类数；$j=0,1,\cdots,n$，n表示B月份飞行员分类数。

y_{jk}：从B月份j类转到C月份k类的飞行员数量。其中，$j=0,1,\cdots,n$；$k=0,1,\cdots,l$，l表示C月份飞行员分类数。

N_0：飞行员总人数。

C_{Bj}：B月份j类飞行员的月平均飞行时间。

N_{Ai}：A月份i类飞行员人数。

R_{Ck}：C月份k类飞行员占比。

c：B 月份没有飞行任务的飞行员人数。

K：B 月份第 l 类飞行员允许的最大占比。

2）数学模型

$$\max \sum_{j=0}^{n} C_{Bj} \sum_{i=0}^{m} x_{ij} \tag{4.14}$$

$$\text{s.t.} \quad \sum_{j=0}^{n} x_{ij} \leqslant N_{Ai}, \quad i=0,1,\cdots,m \tag{4.15}$$

$$\sum_{i=0}^{m} x_{ij} = \sum_{k=0}^{l} y_{jk}, \quad j=0,1,\cdots,n \tag{4.16}$$

$$\sum_{j=0}^{n} y_{jk} \geqslant N_0 R_{Ck}, \quad k=0,1,\cdots,l \tag{4.17}$$

$$\sum_{i=0}^{m-1} x_{in} + \sum_{j=0}^{n-1} x_{jl} \geqslant N_0 R_{Cl} \tag{4.18}$$

$$\sum_{i=0}^{m} x_{i0} \geqslant c \tag{4.19}$$

$$\sum_{i=0}^{m} x_{in} \leqslant K \sum_{i=0}^{m} \sum_{j=0}^{n} x_{ij} \tag{4.20}$$

$$x_{ij} \geqslant 0 \tag{4.21}$$

$$y_{jk} \geqslant 0 \tag{4.22}$$

模型目标函数即式（4.14）使 B 月份飞行员可完成的航班任务量最大化；式（4.15）确保 A 月份各类飞行员流出人数不超过该类飞行员人数；式（4.16）为流量平衡；式（4.17）使 B 月份转入 C 月份的飞行员能完成 C 月份的需求；式（4.18）和式（4.20）限制各个月份第三类飞行员数量；式（4.19）表示没有航班任务人数限制。式（4.21）和式（4.22）表示 x_{ij} 和 y_{jk} 为决策变量，二者均为正数。

对于式（4.18），由于每个飞行员每月的飞行时间不能超过 100h，每个季度的飞行时间不能超过 270h，从而任何一个飞行员都不能连续三个月属于第三类，否则会超过季度飞行小时限制。

4.2.3 实例分析

算例数据来源于脱密后的国内某航空公司 100 个月份的真实数据，基于专家经验将 100 个月份按照航班任务特征分为三组。假设每组中飞行员分为四类，则基于 4.2.2 节的模型将每一组进行飞行时间点划分：第一组的时间区间划分点为

32h 和 80h；第二组的时间区间划分点为 40h 和 67h；第三组的时间区间划分点为 26h 和 78h。三组的航班任务总时间与资源投入的关系函数分别为

$$y = 5.9x_1 + 62.6x_2 + 92.8x_3 \tag{4.23}$$

$$y = 15.8x_1 + 55.3x_2 + 83.9x_3 \tag{4.24}$$

$$y = 9.9x_1 + 59.6x_2 + 91.4x_3 \tag{4.25}$$

A、B 和 C 月份是三个连续月份，按照各自的任务特征，B 月份属于以上分组的第三组，A 月份和 C 月份属于第二组。按照时间区间划分点统计，A 月份中四类飞行员人数分别为 23、31、40 和 61 人。C 月份中四类预留飞行员人数分别为 16、29、46 和 64 人。通过 4.2.2 节的数学优化模型求解，B 月份的月最大完成任务量为 9890h。

第 5 章　飞行员品质与复训

民航是典型的高风险行业，确保飞行安全是民航工作的重中之重。保证飞行安全是一个十分复杂的系统工程，涉及人、机、环等多种因素。其中，人主要包括飞行员、机务人员和乘务员等；机是指飞机、机务；环主要是指气象环境。中国民航 50 多年来发生的二等和重大以上的百余次飞行事故中，飞行员的人为原因超过 60%，说明人为因素是影响飞行安全的第一因素。对于飞机，其制造业发展已有近百年历史，尤其是近几十年来，飞机制造技术的发展由民用运输和军事用途强烈需求所牵引，并受到世界经济和科学技术发展的推动，使飞机先进制造技术不断精化，新材料、新结构加工、成形技术不断创新，集成的整体结构和数字化制造技术构筑了新一代飞机先进制造技术的主体框架，飞机本身的安全性和可靠性已日趋成熟。而对于环境，人们往往无法直接对其做出改变，其对飞行安全的影响也往往体现在飞行员身上。当气象状况不符合安全飞行条件时，飞行员随时有权决定是否起飞、是否需要备降其他机场等。归根结底，影响飞行安全的因素中，人为因素至关重要，尤其是飞行员因素。

飞行员对飞行安全影响的两个方面，一方面是"质"，另一方面是"量"。所谓"质"，是指飞行员素质，包括飞行技术素质、理论素质、心理素质和思想素质等。飞行员各项素质，尤其是飞行技术素质的高低主要体现在其飞行操作品质上，本书依据 QAR 数据对飞行员飞行品质评估进行研究。我国的 QAR 最早于1997 年由中国民用航空总局（前中国民用航空局）开始在各运输企业实施，应用机载 QAR 飞行数据，对飞行操纵品质进行日常监控，提高各航空公司的安全运行水平。QAR 记录可以达到上千个参数，涵盖飞行员的操纵、飞机运行状态到环境各个方面，通过对 QAR 数据进行充分挖掘，分析飞行员飞行品质表现规律，从多维参数空间找出不安全风险区域（即找出多个参数分别在什么范围时，容易发生不安全事件），从而给出飞行员针对性的训练和飞行品质提升建议，达到安全关口前移的目的。

所谓"量"，是指飞行员数量，包括飞行员总量和不同技术等级的飞行员数量。一般情况下，当生产任务一定时，飞行员总量越多，每个飞行员的生产负荷越小，飞行安全性越高。

要适应经济和社会发展、应对国内飞行员需求的快速增长、保障航空安全，航空企业必须做好飞行员人力资源战略规划。考虑到国内飞行员培养的特色，民航业必须从"质"和"量"两个方面保障飞行员人力资源的培养和配置。

本章将针对飞行员的"质"，分别对飞行员品质评估和全动模拟机复训相关模型与方法进行阐述。其中，前者包括三个主要模型：飞行员学习曲线模型、风险区域划分模型和风险区域搜索模型，分别对飞行员飞行品质分类、飞行操作高风险区域划分和评估进行建模和分析。后者对飞行员复训中最典型的全动模拟机复训计划制订问题进行深入探讨。

5.1　飞行品质评估

对于飞机，飞行品质优劣是衡量飞机质量的重要因素。本书的飞行员飞行品质则是指飞行员的飞行操作品质，通过对飞行员的飞行操作品质评估来评价飞行员的驾驶技术，所采用的方法主要包括飞行员飞行品质分类方法和飞行员操作风险区域划分与搜索。前者从中观角度根据 QAR 超限千次率和飞行员的累计飞行经历时间对飞行员进行分类，通过飞行员所处的类别刻画飞行员飞行品质表现。其中，每次执行飞行任务时，飞行员在座飞行称为建立飞行经历时间（或建立飞行经历）。在座飞行的时长称为本次任务的飞行经历时间。飞行员的累计飞行经历时间是指该飞行员所有飞行经历时间的累计。后者则从微观角度，利用 QAR 记录的飞行参数数据，对飞行员操作过程触发的飞行超限所在多维空间区域进行划分和搜索，进行风险分析及评估，为飞行员飞行品质改进提供依据。

5.1.1　飞行员飞行品质分类方法

1. 问题描述

飞行员执行飞行任务是一个不断积累经验、完善飞行技术的学习过程。飞行员的飞行品质是表征飞行员技术水平的一个重要指标，往往通过 QAR 超限事件数据来体现。本节通过分析 QAR 超限事件数据随飞行员工作年限（或累计飞行经历时间）的变化规律，对飞行员飞行品质进行分类，以评价飞行员飞行技术水平。这里近似认为工作年限长的飞行员累计飞行经历时间也会长。

飞行员飞行品质与工作年限、经常飞的航线复杂度（或航班任务困难度）有关。具有相同工作年限的不同飞行员，其飞行品质具有一定的差异；不同工作年限的飞行员其经验积累和熟练程度也不同，虽然经历更丰富、业务更熟练的飞行员飞行品质表现情况通常会更好一些，但通过一定时间的经历积累后，飞行品质的变化情况也因人而异，有些年轻飞行员可能赶上并超过经验丰富的飞行员；工作年限相同的人，其中有的经常执行简单航线的任务，而有的经常执行复杂航线（飞行任务相对困难）的任务，虽然从数据上看，后者的超限千次率可能会高一些，但却不能认定后者比前者技术差。因此，不能单纯按照飞行品质（超限千次率）的高低来片面评定。

实际考虑多种因素后，飞行员飞行品质评估将变得更为复杂，飞行品质分类便成为一个高维空间分类问题。这类问题的复杂程度随维度的增加而呈指数性增长，如何降维、如何选择合适的分类方法用于高维空间的分类都是当前研究的热点和难点所在。同时，进行分析需要大量的数据支持才具备可行性。简单起见，我们先从二维空间入手，通过分析不同工作年限的飞行员 QAR 超限事件数据来进行飞行品质分类。

从飞行员工作年限与超限千次率的统计数据中看出，不同工作年限的飞行员，超限千次率的平均水平呈现先小幅度上升，继而随着工作年限的增加，超限千次率的平均水平逐渐降低，当工作年限达到一定长度时，又有小幅度上升的趋势。结合飞行专家的意见，超限千次率的这种变化规律，是由于：①飞行员在参与飞行初期，思想重视，严格遵守操作规程，因而超限千次率较低，随着一定适应期过后，思想有所放松，超限千次率略有上升，而后，随着飞行经验的积累，超限千次率逐渐降低，达到一定工作年限后，由于身体素质略有下降，超限千次率会略微上翘；②在实际飞行员排班中，排班系统或管理者会将相对困难的飞行任务安排给有经验（累计飞行经历时间长一些）的飞行员。从统计结果中看出，超限千次率的平均水平与工作年限之间的关系可近似用三次曲线描述。

2. 模型提出

下面对模型中的符号进行说明。

x：表示飞行员工龄（$x=1,2,\cdots,N$）。

n_x：表示每个工龄段对应的飞行员人数。

y_{xi}：表示第 x 个工龄段第 i 个人的 QAR 超限千次率。这里 $i=1,2,\cdots,n_x$，i 按照 QAR 超限千次率由低到高排列，$y_x=\{y_{x1},y_{x2},\cdots,y_{xn}\}$。QAR 超限千次率 = 飞行员 QAR 超限次数/飞行员起落次数，其中，起落次数是指飞行员在座执行飞机起落的次数。

$$k_{xi}^{(j)}=\begin{cases}1, & \text{第}x\text{组数据第}i\text{个值属于第}j\text{类}\\0, & \text{第}x\text{组数据第}i\text{个值不属于第}j\text{类}\end{cases}, \quad j=1,2,3$$

即将数据分为三类。$y_x^{(j)}$ 表示第 j 类数据的重心，有 $y_x^{(j)}=\sum_{i=1}^{n_x}k_{xi}^{(j)}y_{xi}\left/\sum_{i=1}^{n_x}k_{xi}^{(j)}\right.$。

$M_x^{(j)}$：表示 j 类中的点到中心的距离之和，有 $M_x^{(j)}=\sum_{i=1}^{n_x}(k_{xi}^{(j)}y_{xi}-y_x^{(j)})^2$。

进行分类时先将每个工龄段的飞行员用 k 均值（K-means）算法分为三类。K-means 算法是常用的聚类算法之一，它把对象集合 D 划分成一组聚类 $\{C_1, C_2, \cdots, C_k\}$，这里 $\bigcup\limits_{i=1}^{k} C_i = D$，其中 k 是要得到的聚类个数。该算法将一个对象最多只归于一个类，每个类都是全体对象集的一个子集。聚类的结果可以用一个隶属矩阵 $W = \{w_{ij}, 1 \leqslant i \leqslant n, 1 \leqslant j \leqslant k\}$ 来表示。

在 K-means 算法中，聚类的目标函数为 $\sum\limits_{j=1}^{k}\sum\limits_{i=1}^{n} w_{ij} d(x_i, z_j)$，其中，$x_i$ 是第 i 个对象；z_j 是第 j 个聚类中心。聚类的目的就是找到一组聚类中心和隶属矩阵，使上述目标函数值最小。为了解决这个问题，K-means 采用爬山算法，首先随机地选取 k 个初始聚类中心（聚点），把每个对象分配给离它最近的聚点，重新计算聚点，并把每个对象重新分配到最近的聚点。如果满足终止条件，则算法结束，否则用新聚类代替原聚类，循环执行这一过程，如图 5.1 所示。

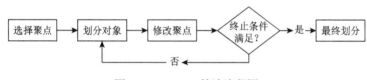

图 5.1　K-means 算法流程图

对于每一类不同工龄段的类中心用三次曲线 $f_j(x) = a_j x^3 + b_j x^2 + c_j x + d_j$ 分别进行多项式拟合，得到每一类的类中心线。拟合模型为 $\min \sum\limits_{x=1}^{N} (y_x^{(j)} - f_j(x))^2$。

3. 算法设计

飞行员分类算法步骤如下。

（1）将整理好的数据按工龄用 K-means 算法分为 3 类，这里调用 SAS 软件统计分析中的聚类分析功能，选取 K-means 算法分为 3 类（用 K-means 算法分类时应保证每个工龄段的数据点至少为 3 个）。

（2）每个工龄段的飞行员分为三类后选取每一类的类中心点进行三次曲线的回归 $f_j(x) = a_j x^3 + b_j x^2 + c_j x + d_j$，求得三条回归方程 $f_1(x)$、$f_2(x)$、$f_3(x)$。

（3）分别计算每个数据点到三条回归方程的垂直距离，找出距离最近的那条曲线 $f_j(x)$，则该点就归为第 j 类。

（4）重新计算每个工龄段各类的类中心 $y_x^{(j)} = \sum\limits_{i=1}^{n_x} k_{xi}^{(j)} y_{xi} \Big/ \sum\limits_{i=1}^{n_x} k_{xi}^{(j)}$，得到新的每个工龄段各个类的中心点。

（5）重复步骤（2）～步骤（4），经过若干次计算（一般 10 次后就会得到稳定的分类点和三次曲线）后即可将结果输出。

4. 算例分析

数据来源为国内某航空公司的真实数据，经过脱密处理，共有 400 余人参与分类，涉及的工龄为 4～38 年。将 QAR 超限千次率为 0 的飞行员单独提出作为一类，并不参与这里的分类运算。图 5.2 为 QAR 超限千次率与工作年限二维图，作为飞行员分类输入数据。

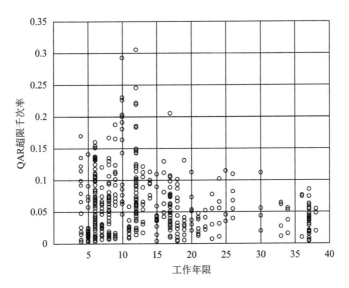

图 5.2　QAR 超限千次率-工作年限关系图

输出结果，即回归方程为

$$f_1(x) = 4.8194 \times 10^{-6} x^3 - 3.6002 \times 10^{-4} x^2 + 0.007\,516\,5x - 0.014\,633 \quad (5.1)$$

$$f_2(x) = 1.2692 \times 10^{-5} x^3 - 8.3344 \times 10^{-4} x^2 + 0.014\,227x + 0.015\,586 \quad (5.2)$$

$$f_3(x) = 2.3597 \times 10^{-5} x^3 - 0.0016 x^2 + 0.028\,323x + 0.023\,657 \quad (5.3)$$

通过飞行分类方法，不仅能对飞行员的飞行品质进行评估分类，还能通过连续多个时间段（例如，月度）的分类结果分析飞行员随着时间（月度）在各类之间的转换，提供针对性的训练建议。例如，飞行员某个月份在第二类，下个月变为第三类，则说明该飞行员飞行品质相对变差了。分析其对应的 QAR 超限指标及超限千次率，结合飞行专家的经验，可以找出该飞行员的技术短板，从而有针对性地提出训练建议，综合提升其飞行品质，达到安全关口前移、保障飞行安全的目的。

5.1.2　风险区域划分问题研究

1. 问题描述

风险区域是指容易触发某类超限事件的飞行参数取值区间组合。将 QAR 记录的飞行参数看作一个个维度，那么多个 QAR 飞行参数构成一个多维空间，风险区域就是指这个空间中容易产生风险的区域。例如，在某种外部环境下，飞行员的某种不恰当的操作往往会造成超限事件，那么本节的问题就是找出这种情况下的主要参数的取值范围，即风险区域。

QAR 等机载设备记录的飞行参数数据显示，在飞行员操作过程中，存在相当数量的超出飞行参数安全范围的操作，即飞行超限。对航空系统来说，飞行超限是非常严重的安全隐患，可能导致飞行事故等严重后果。因此，探讨如何利用 QAR 记录的飞行参数数据，对飞行员操作过程触发的飞行超限进行风险分析及评估，是安全风险管理的一项重要内容，也是本章所要研究的问题。

风险分析的目的，是建立危险源与风险事件之间的关系。在本章中，危险源是指飞行过程中，飞行员根据动态的外部环境条件，调整油门、杆位、襟翼等操作设备，实现对飞机高度、速度、航迹、姿态的综合操作。飞行员综合操作过程造成的超出飞行参数安全范围的情况，即飞行超限，是相应的风险事件。

本章主要针对飞行超限发生可能性进行评估。从航空公司安全管理角度，希望通过风险评估，得出针对具体一类飞行超限，飞行员综合操作中的危险操作和安全操作。这里危险操作指触发飞行超限可能性较大的操作，安全操作指触发飞行超限可能性较小的操作。对飞行员综合操作风险大小的划分，即本章要研究的风险区域划分问题。

对风险区域划分的研究，主要考虑两方面问题。

（1）合理的划分应该使划分后得到的区域内，QAR 记录的飞行参数数据的性质尽可能一致。性质一致是指划分得到的区域内或者全部为触发飞行超限的样本，或者全部为正常样本。在此基础上得到的飞行员综合操作的危险区域或安全区域的判断，才是有实际指导意义的。

（2）划分后的区域应包含一定数量的样本。较细的划分将提高划分后区域内样本的同质性，但也可能导致区域内的样本数量较少。对样本较少的区域，难以确定对相应飞行员综合操作风险大小的判断是否客观，是否具有一般性和代表性。

2. 模型提出

根据中国民航法定要求，民航客机必须安装 FDR 和 QAR 等机载设备，完成飞机运行全过程原始飞行参数的记录工作。航空公司对机载设备记录的飞行参数进行下载和译码，可以获得飞行品质报告、发动机性能报告，以及其他事件的译码数据报告。QAR 记录了飞机运行过程的绝大部分参数，提取数据方便快捷，借助 QAR 数据，能够及时发现飞行机组操纵、发动机工作情况以及航空器性能等方面存在的问题，其监控结果是飞行操作检查、安全评估、安全事件调查和飞机维护的重要依据。国外航空公司在多年的安全管理实践中，逐步认识到有效的安全风险缓解依赖于多种来源数据的支持，并开展了多个安全数据项目，包括航空安全行为程序（airline safety action programs，ASAP）、航空运行安全审计（line operational safety audits，LOSA）、先进资格程序（advanced qualification program，AQP）、飞行操作品质监控（flight operational quality assurance，FOQA）、航空性能测量系统（aviation performance measuring system，APMS）。通过自愿报告系统开发、飞行数据监控、飞行数据分析工具研发，人们对航空安全问题的研究从事故调查扩展到对航空系统安全隐患的风险分析。本章通过对 QAR 记录飞行参数数据的分析，研究针对具体一类飞行超限，影响因素状态空间内各子空间的风险大小。

QAR 数据是比较标准的时间序列数据，为得到影响因素的状态空间，首先需要刻画序列特征。受飞行数据采集和译码困难的制约，所获取的样本难以满足序列特征研究过程统计检验要求。对于本章研究中的具体一类飞行超限（以 LVLH 符号代替），根据飞行专家经验，重点关注无线电高度 20ft[①]至接地瞬间的飞行参数情况，因此，本书选取 20ft 飞行参数的状态值，以及 20ft 至接地瞬间部分飞行参数的变化率来描述相应序列的特征。

基于对 QAR 飞行参数序列特征的描述，采用 Logistic 回归分析，研究飞行员的各项操作中，对 LVLH 发生的可能性影响较大的因素。

如前面所述，对影响因素状态空间的划分问题是一个多目标优化问题。一方面，要考虑区域风险性质判断的准确性；另一方面，要考虑划分后的各区域的样本个数满足统计要求，即数量足够。此外，考虑到航空事故后果的严重性，对危险区域判断的准确性和对安全区域判断的准确性，给航空安全带来风险的严重程度也可能不同，例如，对飞行员的某一危险操作误判为处于安全区域，并将该结论用于指导飞行员训练，将给航班生产带来重大的安全风险。本节从上述航空公司安全管理需求出发，对多目标进行处理。

在研究影响因素状态空间划分问题的过程中，借鉴了目前数据挖掘、机器学习领域的数据分析预处理中连续属性离散化问题的研究思路。连续属性的最优离散化问题，已被证明是一个非确定性多项式（non-deterministic polynomial，NP）

---

① 1ft = 0.3048m。

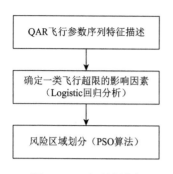

图 5.3　风险区域划分
问题研究路线

难题，因此，本节应用粒子群优化（particle swarm optimization，PSO）算法，寻找各影响因素取值区间的划分点。PSO 已经成功应用于大量困难的组合优化问题，当粒子在问题空间"飞行"时，有可能发现较理想的划分点组合。

风险区域划分问题研究路线如图 5.3 所示。

定义一组变量描述飞行数据样本，变量 X_1，$X_2,\cdots,X_n$ 表示影响飞行超限发生可能性的因素，这里主要指飞行员的各项操作；变量 Y 表示样本的性质，$Y=1$ 表示该样本为触发飞行超限的飞行数据，$Y=0$ 表示该样本为正常飞行数据。

风险区域划分模型，是对某一类飞行超限的影响因素的状态空间进行划分。划分后的危险区域，即飞行员的危险操作，是各个影响因素取值范围内某些子区间的组合，在这些区域内，$Y=1$ 的样本出现的可能性较大；划分后的安全区域，即飞行员的安全操作，也是影响因素状态空间的某些子空间，在这些区域内，$Y=1$ 的样本出现的可能性较小。

风险区域划分模型要解决的是一个多目标优化问题，在寻找合适划分点的过程中，一要保证最终划分出的危险区域和安全区域的正确率，二要考虑划分后各区域内的样本数量。由于划分后区域个数未知，以及飞行数据样本量的实际情况，对划分后区域内样本个数阈值的设定存在一定难度，因此，在本章模型中，尝试以划分后所得区域的总个数尽可能少作为优化目标之一，来近似保证各区域内满足一定样本数量。

风险区域划分模型：

$$\max\left(\sum_{i=1}^{m}\frac{M_i}{\sum_{i=1}^{m}M_i}p_i,\ \sum_{j=1}^{n}\frac{N_j}{\sum_{j=1}^{n}N_j}q_j,\ \frac{N_{obs}-(m+n)}{N_{obs}}\right) \tag{5.4}$$

对模型所用符号进行如下说明。

（1）m 和 n 分别表示危险区域和安全区域的个数。判断一个区域为危险区域或安全区域的标准是区间内触发飞行超限的样本和正常样本的比例，当触发飞行超限的样本比例高于正常样本时，该区域为危险区域，否则为安全区域。m 和 n 随影响因素状态空间划分点的变化而变化。

（2）p_i 和 q_j 分别表示危险区域和安全区域的正确率。这里，危险区域的正确率，是指 $Y=1$ 的样本的占比；安全区域的正确率，是指 $Y=0$ 的样本的占比。

（3）M_i 和 N_j 分别表示第 i 个危险区域和第 j 个安全区域内的样本数量。采用某区域样本数量在划分后相同性质区域样本总量中的占比，作为该区域正确率的权重。

（4）N_{obs} 为样本总数。

3. 算法设计

求解风险区域划分模型的详细算法步骤如下。

（1）初始化 N 个粒子的位置和速度及算法的最大迭代次数，其中，每个粒子的位置代表一个初始的影响因素状态空间的划分点向量。需要说明的是，影响因素划分点向量的取值空间为实数空间，而实际上各影响因素的取值区间是实数区间的一个子集，因此，当粒子中的一个划分点落入影响因素取值区间内时，这一划分点为有效的划分点，否则为无效的划分点。在粒子的设计中采用这种方法，目的是限制各影响因素取值区间内划分点个数的上界，使最终区域划分个数在某一界限内变化，从而更加灵活地搜索合适的划分点。

（2）根据前面的风险区域划分模型，计算第 i 个粒子当前位置的适应度值：

$$\text{fitness}_i = f(x_i), \quad i = 1, 2, \cdots, N$$

（3）评估粒子适应度值，更新第 i 个粒子最优适应度值 pbest_i 和对应位置 $p_i = (p_{i1}, p_{i2}, \cdots, p_{iD})^{\text{T}}$；种群最优适应度值 gbest，以及种群对应的最优位置 $p_g = (p_{g1}, p_{g2}, \cdots, p_{gD})^{\text{T}}$。

（4）若满足停止准则，如 gbest 达到某个阈值，或者已经达到最大迭代次数，算法终止，返回当前最优适应度值和对应的最优粒子位置；若不满足停止准则，则跳转到步骤（5）。

（5）按式（5.5）和式（5.6）更新各粒子的速度和位置，返回步骤（2）：

$$v_{id} = w \cdot v_{id} + c_1 r_1 (p_{id} - x_{id}) + c_2 r_2 (p_{gd} - x_{id}) \tag{5.5}$$

$$x_{id} = x_{id} + v_{id} \tag{5.6}$$

其中，$i = 1, 2, \cdots, N$；$d = 1, 2, \cdots, D$；w 为权重；c_1 为认知参数；c_2 为社会参数；r_1 和 r_2 为相互独立的 $[0,1]$ 间的随机数，如图 5.4 所示。

4. 算例分析

研究工作共收集着陆总重在 62 000kg 以上的飞行数样本 107 个，具体情况见表 5.1。

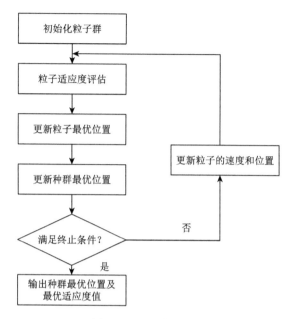

图 5.4   PSO 算法流程

表 5.1   飞行数据样本

正常样本/个	触发 LVLH 飞行超限样本/个	总计/个
65	42	107

选择数据质量较好的飞行参数，如表 5.2 所示。

表 5.2   QAR 飞行参数

飞行参数	单位
着陆总重	kg
大气温度	℃
航向	(°)
下降率	ft/min
参考速度	kn
地速	kn
空速	kn
N_1	%rpm
杆位	(°)
俯仰角	(°)

续表

飞行参数	单位
盘量	(°)
坡度	(°)
舵量	(°)
舵踏板	(°)

注：N_1 用来衡量发动机的推力，%rpm 即%round per minute，100%为全功率，30%左右表示慢车。

借助 Logistic 回归分析，筛选与飞行超限 LVLH 有较强相关性的因素。根据飞行专家的经验，对于飞行超限 LVLH，重点关注无线电高度 20ft 至接地瞬间的飞行参数变化情况，因此，选取 20ft 飞行参数的状态值，以及 20ft 至接地瞬间部分飞行参数的变化率作为 Logistic 回归分析中的自变量，如表 5.3 所示，研究影响 LVLH 发生可能性的关键因素。

表 5.3　Logistic 回归分析自变量

自变量	单位
着陆总重	kg
大气温度	℃
20ft 航向	(°)
20ft 下降率	ft/min
参考速度	kn
20ft 地速	kn
20ft 空速	kn
20ft N_1	%rpm
20ft 杆位	(°)
20ft 俯仰角	(°)
20ft 盘量	(°)
20ft 坡度	(°)
20ft 舵量	(°)
20ft 舵踏板	(°)
20ft 到 0ft 下降率变化率	m/s²
20ft 到 0ft N_1 变化率	%rpm/s
20ft 到 0ft 杆位变化率	(°)/s

使用 SAS 统计软件进行 Logistic 回归分析，采用混合逐步模型选择法（在 SAS

中混合逐步选择法从正向选择开始)，变量选择的显著性水平设为 0.1。SAS 的 Logistic 回归分析，使用 Score 统计量做加入选择，使用 Wald 统计量做删除选择。它从零模型开始，将符合标准的变量逐步加入模型。在每一步中，自动检查已经加入的变量，由于模型纳入其他变量而变为不显著，如果变量的 Wald 统计量的显著水平超过了所设的删除标准，就被删除。如果没有变量符合删除标准，那么还要在未加入的变量中，寻找符合加入标准的变量。上述过程一直持续到没有可以加入或删除的变量为止，混合逐步模型选择法的计算结果见表 5.4。

表 5.4　混合逐步模型选择法的计算结果

步骤	效果	自由度	数目	得分	Wald 统计量		变量
	变量进入/剔除		进入	卡方检验	卡方检验	p 值＞置信水平	标签
1	c18	1	1	19.0039		＜0.0001	下降率变化率
2	c20	1	2	10.8863		0.0010	N_1 变化率
3	c13	1	3	6.0974		0.0135	俯仰角
4	c6	1	4	3.6929		0.0546	下降率
5	c3	1	5	4.779		0.0288	大气温度
6	c11	1	6	5.1035		0.0239	N_1
7	c11×c11	1	7	12.5178		0.0004	
8	c3	1	6		2.5105	0.1131	大气温度
9	c20×c20	1	7	4.2634		0.0389	
10	c8	1	8	4.1532		0.0416	地速

通过混合逐步选择法，20ft 下降率、20ft 地速、20ft N_1、20ft 俯仰角、20ft 到 0ft 下降率变化率、20ft 到 0ft N_1 变化率被选入。结合数据分析结果，以及飞行专家的经验，初步判断上述因素对 LVLH 发生可能性的影响较大。使用上述因素构建区域划分模型中影响因素的状态空间。

下面对 Logistic 回归模型的建立过程予以说明，并对所建模型的有效性进行评价，Logistic 回归模型的极大似然估计结果见表 5.5。

表 5.5　Logistic 回归模型的极大似然估计结果

截距参数	自由度	估计值	标准误	Wald 统计量	
				卡方检验	p 值＞置信水平
	1	−77.7269	29.7246	6.8377	0.0089
c6	1	−0.0156	0.00543	8.2876	0.004

续表

截距参数	自由度	估计值	标准误	Wald 统计量	
				卡方检验	p 值>置信水平
c8	1	−0.1389	0.071	3.8309	0.0503
c11	1	4.3903	1.2297	12.7468	0.0004
c13	1	−2.0638	0.5913	12.1821	0.0005
c18	1	−17.2356	4.1834	16.9742	<0.0001
c20	1	2.0532	0.7667	7.1718	0.0074
c11×c11	1	−0.0427	0.012	12.5974	0.0004
c20×c20	1	0.226	0.1202	3.5386	0.06

在完成参数估计之后，需要检验估计结果是否适当，包括模型的拟合优度（goodness of fit）检验、预测准确性（predictive accuracy）检验，以及模型 χ^2 统计（model chi-square statistic）检验。

1）模型拟合优度

当连续变量纳入模型后，协变类型的数量会显著增多，于是许多协变类型只有很少的观测，偏差 D 和皮尔逊 χ^2 不再适用于拟合优度的估计。Hosmer 和 Lemeshow 提出一种对 Logistic 回归模型拟合优度的检验方法。

Hosmer-Lemeshow 检验使用统计量 $H = \sum_{g=1}^{G} \frac{(O_g - E_g)^2}{N_g \pi_g (1 - \pi_g)}$，这里 O_g、E_g、N_g 和 π_g 表示观察到的事件、预期的事件、观察数、预测的第 g 组的风险，这个统计量符合自由度为 $n-2$ 或 n 的卡方分布，其中 n 是样本数据的分组数。有研究建议在建模验证阶段，自由度是 $n-2$，模型建好之后，自由度为 n。卡方检验 p 值的计算就是特定自由度下卡方的累积分布函数（cumulative distribution function，CDF）。

将数据分成大致相同规模的 10 个组，不考虑模型中的协变类型，将观测数据根据预测概率值分为大致相同的 10 个组，如表 5.6 所示。

表 5.6　Hosmer-Lemeshow 检验分组结果

分组	总数	$Y = 0$		$Y = 1$	
		观测值	期望值	观测值	期望值
1	11	0	0.12	11	10.88
2	11	1	0.96	10	10.04
3	11	4	2.98	7	8.02
4	11	3	4.87	8	6.13
5	11	8	7.49	3	3.51

续表

分组	总数	Y = 0		Y = 1	
		观测值	期望值	观测值	期望值
6	11	9	8.87	2	2.13
7	11	11	10.2	0	0.8
8	11	10	10.65	1	0.35
9	11	11	10.88	0	0.12
10	8	8	7.98	0	0.02

在评价模型时，实际测量的是模型预测值与实际观测值之间的差别，即拟合不佳的检验（lack of fit test），因此，χ^2 检验不显著表示模型拟合数据，相反，χ^2 值统计显著表示拟合不好。Hosmer-Lemeshow 指标是一种类似皮尔逊 χ^2 统计量的指标，Hosmer-Lemeshow 拟合优度检验结果见表 5.7。

表 5.7　Hosmer-Lemeshow 拟合优度检验结果

卡方分布	自由度	p 值（Pr>ChiSq）
4.2446	8	0.8344

飞行数据样本被分为 10 组，Hosmer-Lemeshow 指标值（卡方分布）为 4.2446，自由度等于 8，$p = 0.8344$，说明统计不显著，因此，不能拒绝模型很好地拟合数据的假设，即模型较好地拟合了数据。

2）预测准确性

对 Logistic 回归模型进行预测准确性评价通常有三种方法：类 R^2 指标、预测概率与观测值之间的关联、分类表。

对于类 R^2，部分学者认为可将类 R^2 理解为变异中被解释的比例。也有学者认为，这种理解并不合适，因为似然对数根本不是一个可解释的量，他们认为类 R^2 可作为评价预测准确性的粗略近似。

分类表是将观测案例分为事件发生或不发生的频数表，通过比较预测的事件概率和设定的概率界限（cut-point），将案例分成预测事件发生或不发生。分类表通过计算正确率（percentage of correct，即被正确分类的案例数和案例总数之比）、敏感度（sensitivity，即正确预测事件发生的案例数与观测事件发生的总数之比）、指定度（specificity，即正确分类的事件未发生数与观测事件未发生的总数之比）、错误肯定率（false positive rate，即错分类为发生事件的实际未发生事件数与预测事件发生数之比）、错误否定率（false negative rate，即错分类为未发生而实际为发生事件的案例数与预测未发生事件的总数之比）五个指标来评价 Logistic 回归模型的预测准确性。实际上，这种分类表是有偏的，为了建立无偏的分类表，通常使用交叉确认或者刀切法（jackknife method）。交叉确认是判别分析中常用的一种方法，将样本数据随机地平分为两半，一半作为预测样本，另一半作为确认样本。用预测样本估计 Logistic 回归模型，用确认样本建立分类表，该方法需要保证较大的样本量。刀切法是指，在原始数据中省略一个案例，然后运行 Logistic 回归模型，计算该案例的预测概率，根据观测值和预测值进行分类，重复上述过程 n 次（n 为样本规模），它能够避免分类表的偏差，但计算非常费时，特别是原始数据包含大量观测案例时。

考虑本书飞行数据样本的情况，使用预测概率与观测值之间的关联来评价所建 Logistic 回归模型的准确性。

在使用该方法前，首先对涉及的概念进行介绍。

Logistic 回归模型的反应变量取两种可能值（0 或 1）时，观测数据对的总数等于取 0 值的频数乘以取 1 值的频数。

在一个观测数据对中，如果观测的反应值为 1 的预测事件概率大于观测反应值为 0 的预测事件概率，则定义该观测数据对为和谐的（concordant）。

在一个观测数据对中，如果观测的反应值为 1 的预测事件概率小于观测反应值为 0 的预测事件概率，则定义该观测数据对为不和谐的（discordant）。

如果一个观测数据对既不是和谐的也不是不和谐的，则称为结（tie）。

本章模型应用中观测数据对总数为 $65 \times 42 = 2730$，其中，有 92.9%为和谐的，有 7.1%为不和谐的，没有"结"存在。表 5.8 提供了四个次序相关指标 Somers'D、Gamma、Tau-a、c，它们都是根据和谐对、不和谐对、结等数据计算得到的：

$$\text{Gamma} = (nc - nd) / (nc + nd) \qquad (5.7)$$

其中，nc 为和谐对的数量；nd 为不和谐对的数量。

Gamma 计算公式的分母中没有包含结的数量，因此 Gamma 倾向于高估预测概率与反应变量状况间的联系强度。

$$\text{Somers'D} = (nc - nd) / t \qquad (5.8)$$

其中，t 为拥有不同反应值的观测数据对的总数。

Somers'D 是对 Gamma 的一种扩展，分母包括结的数量，因此，它的值总是不大于 Gamma。

$$\text{Tau-a} = (nc - nd) / (0.5n(n-1)) \qquad (5.9)$$

其中，n 为样本观测案例总数。

$$c = (nc + 0.5(t - nc - nd)) / t \qquad (5.10)$$

计算结果见表 5.8。

表 5.8　预测概率与观测值之间关联的计算结果

和谐对的百分比/%	92.9	Somers'D	0.858
不和谐对的百分比/%	7.1	Gamma	0.858
结的百分比/%	0.0	Tau-a	0.413
对数	2730	c	0.929

相对来说，如果一个模型在这些指标上取得较高的数值，则意味着有较强的预测能力；反之，如果次序相关指标数值较低，说明模型的预测能力较差。

从表 5.8 中的结果可以看出，建立的 Logistic 回归模型具有较好的预测能力，在后续章节的研究中，将使用该模型进行预测。

3）模型 χ^2 统计

为了从 Logistic 回归模型中得到有意义的解释，模型所包含的自变量应该对因变量有显著的解释能力，即所建模型必须优于零假设模型（即只包含常数项的模型）。

在 Logistic 回归分析中，使用似然比检验（likelihood ratio test）来验证 Logistic 回归模型是否统计性显著。似然比统计量近似服从 χ^2 分布。模型 χ^2 值不是关于模型对数据拟合优度的检验，而是关于自变量是否与所研究事件的对数发生比（log odds）线性相关的检验。有研究指出，比较理想的情况是，模型的 χ^2 统计性显著而拟合优度统计性不显著。

表 5.9 和表 5.10 记录了对于采用逐步模型选择方法建立的 Logistic 回归模型，评价其统计性是否显著的信息。

表 5.9　Logistic 回归模型 χ^2 统计结果（1）

模型拟合结果		
判定标准	截距	截距和协变量
AIC 信息准则	145.351	87.461
SC	148.024	111.516
$-2\log_2 L$	143.351	69.461

表 5.10　Logistic 回归模型 χ^2 统计结果（2）

假设检验：BETA = 0			
检验	卡方检验	自由度	p 值＞置信水平
似然比	73.8901	8	＜0.0001
得分	49.8069	8	＜0.0001
Wald 统计量	24.2936	8	0.0020

模型 χ^2 统计结果为 73.8901，自由度为 8（回归系数个数），结果表明模型的 χ^2 统计性显著，即模型中包含的自变量对因变量有显著的解释能力（卡方统计量用于计算频率和概率之间的差距，然后来判断假设）。

以上对所建立的 Logistic 回归模型分别从拟合优度、预测准确性、模型 χ^2 统计检验三方面进行了全面的评价，小结如下。

（1）使用 Hosmer-Lemeshow 方法评价模型拟合优度，Hosmer-Lemeshow 指标值为 4.2446，自由度等于 8，$p = 0.8344$，在评价模型时，实际测量的是模型预测值与实际观测值之间的差别，即拟合不佳的检验。因此，检验不显著，不能拒绝模型很好地拟合数据的假设，即模型较好地拟合了数据。

（2）使用预测概率与观测值之间的关联来评价模型的预测准确性，结果表明，所建 Logistic 回归模型在四个次序相关指标 Somers'D、Gamma、Tau-a、c 上取得了较高数值，意味着所建模型具有较强的预测能力。

（3）模型 χ^2 统计检验结果表明，模型的 χ^2 统计性显著，即模型中包含的自变量对因变量有显著的解释能力，所建模型优于零假设模型。

综上，模型的 χ^2 统计性显著而拟合优度方面统计性不显著，说明所建 Logistic 回归模型是比较理想的。

使用逐步模型选择方法，20ft 下降率、20ft 地速、20ft N_1、20ft 俯仰角、20ft 到 0ft 下降率变化率、20ft 到 0ft N_1 变化率被选入 Logistic 回归模型。结合数据分析结果及飞行专家经验，初步决定使用上述变量，构建区域划分问题研究中的影响因素状态空间。

在各个影响因素取值区间内，划分点的最大个数设为 3。对于上述 6 个影响因素状态空间的划分问题，使用 PSO 算法求解时，对应的粒子表达式是一个 18 维向量。粒子在一个 18 维的空间飞行，每次到达的位置表示一组划分点。

当粒子 p 到达一个新位置时，对应多维解空间上的坐标 $(x_{p1}, x_{p2}, \cdots, x_{p18})$，根据 5.1.2 节中区域划分模型的目标函数，计算粒子 p 在该位置的适应度值；与粒子自身的个体极值 pbest_p 比较，更新 pbest_p；将此次迭代各粒子的 pbest_p 与 gbest 比较，更新 gbest；若不满足停止条件，根据粒子自身的 pbest_p 和种群的 gbest，对粒子的速度进行调整，进入下一轮迭代。PSO 算法有关参数的设置情况，见表 5.11。

表 5.11　PSO 算法参数设置

参数	设置
种群规模	200
最大迭代次数	50

续表

参数	设置
惯性权重 w	0.8
认知参数 c_1	1
社会参数 c_2	1

　　采用 PSO 算法求解风险区域划分模型，管理者对目标的偏好可通过多目标权重处理来体现。根据表 5.11 中的参数设置，PSO 算法迭代结果、区域划分点及区域风险信息见表 5.12～表 5.14。

表 5.12　PSO 算法迭代结果

参数	gbest		
20ft 下降率/(ft/min)	434.631	719.969	1003.424
20ft 地速/kn	173.655	166.065	136.611
20ft N_1/%rpm	65.052	58.715	41.974
20ft 俯仰角/(°)	0.773	−0.527	5.833
20ft 到 0ft 下降率变化率/(m/s²)	−0.504	−0.216	−0.377
20ft 到 0ft N_1 变化率/(%rpm/s)	3.908	1.315	3.676

表 5.13　区域划分点

参数	最小值	第一分点	第二分点	第三分点	最大值
20ft 下降率/(ft/min)	523.470	719.969	1003.424		1017.190
20ft 地速/kn	128.625	136.611			162.882
20ft N_1/%rpm	34.963	41.974	58.715		63.275
20ft 俯仰角/(°)	−0.021	0.773			4.900
20ft 到 0ft 下降率变化率/(m/s²)	−0.798	−0.504	−0.377	−0.216	−0.037
20ft 到 0ft N_1 变化率/(%rpm/s)	−6.000				1.296

表 5.14　区域风险信息

区域编号	区域内触发飞行超限样本比例	区域样本数	区域样本数在总样本数中的比例
1	1	1	0.9%
2	1	4	3.7%

区域编号	区域内触发飞行超限样本比例	区域样本数	区域样本数在总样本数中的比例
3	1	1	0.9%
4	0.166 666 7	6	5.6%
5	0.142 857 1	7	6.5%
6	1	1	0.9%
7	1	2	1.9%
8	0	1	0.9%
9	0	1	0.9%
10	0	1	0.9%
11	0.25	4	3.7%
12	0.166 666 7	48	44.9%
13	0.461 538 5	13	12.1%
14	1	7	6.5%
15	1	3	2.8%
16	0.666 666 7	3	2.8%
17	1	2	1.9%
18	1	1	0.9%
19	1	1	0.9%

对表 5.14 中记录的区域风险信息进行如下说明。

综合考虑区域内触发飞行超限样本比例以及区域样本数，可以得出，区域 2 是一个较危险区域，该区域的 4 个样本，均为触发 LVLH 飞行超限的样本，参考表 5.13 中的区域划分点，可得到该区域对应的飞行员综合操作为：20ft 下降率为 523.470～719.969ft/min、20ft 地速为 136.611～162.882kn、20ft N_1 为 34.963～41.974%rpm、20ft 俯仰角为 0.773°～4.900°、20ft 到 0ft 下降率变化率为−0.504～−0.377m/s^2，当飞行员综合操作属于上述区域时，最终导致 LVLH 飞行超限发生的可能性较大。对于此类飞行员综合操作，应当尽量避免。

再以区域 12 为例，根据区域内触发飞行超限样本比例以及区域样本数，该区域是一个较安全的区域，参考表 5.13 中的区域划分点，可得到该区域对应的飞行员综合操作为：20ft 下降率为 719.969～1003.424ft/min、20ft 地速为 136.611～162.882kn、20ft N_1 为 41.974～58.715%rpm、20ft 俯仰角为 0.773°～4.900°、20ft～0ft 下降率变化率为−0.798～−0.504m/s^2。当飞行员综合操作属于上述区域时，触发 LVLH 飞行超限的可能性较小。

通过对飞行超限关键影响因素状态空间的划分，可以得到飞行员综合操作中的危险区域和安全区域。研究过程利用 QAR 记录的飞行参数数据，通过 Logistic 回归分析对具体一类飞行超限的关键影响因素进行识别，这里主要指飞行员的各项操作。在此基础上，研究 QAR 记录的正常飞行数据样本与触发飞行超限的飞行数据样本在关键影响因素上存在怎样的差异，也就是根据正常飞行数据样本和触发飞行超限的飞行数据样本在影响因素状态空间的分布情况，对影响因素的状态空间进行划分。从中分析出，对于具体一类飞行超限，飞行员综合操作状态空间的危险区域和安全区域。分析结果有助于提高飞行员对该类飞行超限的控制能力，从根本上减少该类飞行超限的发生，体现出安全关口前移的航空公司安全工作新理念。研究工作为航空公司安全风险分析及量化评估提供了一条新的思路。

5.1.3　风险区域搜索问题研究

1. 问题描述

5.1.2 节根据正常样本和触发飞行超限的样本在影响因素状态空间的分布情况，对空间进行了划分。通过构造风险区域划分模型，得到对于具体一类飞行超限，飞行员综合操作中的某些危险区域和安全区域。关于划分原则，一是考虑区域性质判断的准确性，二是考虑划分后各区域的样本量。

在本节中，考虑直接对影响因素状态空间进行搜索，即直接对飞行员综合操作进行搜索，从中找出满足一定样本数量的、风险最大（或最小）的飞行员综合操作区域。为实现上述搜索，需要解决两方面问题。

（1）飞行员综合操作的分布特征。

（2）飞行员综合操作与飞行超限发生可能性之间的关系。

2. 模型提出

将金融风险分析中的重要工具 Copula 函数引入航空安全风险分析，借助 Copula 函数构造针对具体一类飞行超限，影响因素的多元联合分布，分析影响因素间的相依结构。通过刻画影响因素多元联合分布，掌握飞行员综合操作的分布特征；建立 Logistic 回归模型，得到飞行员综合操作与飞行超限发生可能性之间的关系；运用蒙特卡罗模拟计算，以及 PSO 算法搜索满足一定样本数量的、风险最大（或最小）的飞行员综合操作区域。这一新的风险建模思路，一方面刻画了危险源自身出现的可能性，另一方面刻画了危险源出现后，风险事件出现的可能性。

本节研究路线如图 5.5 所示。

变量 $X_1, X_2, \cdots, X_n$ 表示影响飞行超限发生可能性的因素，这里主要指飞行员的各项操作；变量 Y 表示触发飞行超限的条件概率，$Y \geqslant 0.5$ 表示触发飞行超限，$Y < 0.5$ 表示未触发飞行超限。

借助 Copula 函数构造针对具体一类飞行超限，影响因素的多元联合分布，即飞行员综合操作的分布。建立 Logistic 回归模型，描述飞行员综合操作与飞行超限发生可能性之间的关系。在此基础上，构造风险区域搜索模型，对

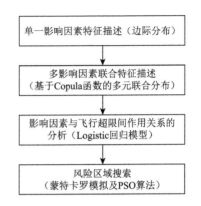

图 5.5　风险区域搜索问题研究路线

飞行员综合操作的状态空间进行搜索，得到对于具体一类飞行超限，满足一定样本数量的、风险最大（或最小）的飞行员综合操作区域，x_{lj} 和 x_{uj} 分别表示区域上下边界，$j = 1, 2, \cdots, n$。

风险区域搜索模型：

$$\max \quad (P(Y \geqslant 0.5), \quad P(x_{lj} < x_j < x_{uj})) \tag{5.11}$$

$$\text{s.t.} \quad X_j \sim F_j(x_j)，\ \ \text{令}\ u_j = F_j(x_j) \tag{5.12}$$

$$c(u_1, u_2, \cdots, u_n; \rho, v) = |\rho|^{-1/2} \frac{\Gamma\left(\dfrac{v+n}{2}\right)\left(\Gamma\left(\dfrac{v}{2}\right)\right)^n \left(1 + \dfrac{1}{v}\varsigma^{\mathrm{T}}\rho^{-1}\varsigma\right)^{-\frac{v+n}{2}}}{\left(\Gamma\left(\dfrac{v+1}{2}\right)\right)^n \Gamma\left(\dfrac{v}{2}\right) \prod\limits_{j=1}^{n}\left(1 + \dfrac{\varsigma_j^2}{v}\right)^{-\frac{v+1}{2}}} \tag{5.13}$$

$$\varsigma = (\varsigma_1, \cdots, \varsigma_n), \quad \varsigma_j = t_v^{-1}(u_j) \tag{5.14}$$

$$x_j \in \mathbb{R}, \quad j = 1, 2, \cdots, n \tag{5.15}$$

$$Y = \frac{1}{1 + e^{-\left(\alpha + \sum\limits_{q=1}^{m}\beta_q E_q\right)}}, \quad q = 1, 2, \cdots, m \tag{5.16}$$

$P(x_{lj} < x_j < x_{uj})$ 表示飞行员某综合操作区域出现的概率；$P(Y \geqslant 0.5)$ 表示在飞行员的某种综合操作下，触发飞行超限的概率；$X_j \sim F_j(x_j)$ 表示飞行员某一操作的边际分布；$c(u_1, u_2, \cdots, u_n; \rho, v)$ 表示飞行员综合操作的联合分布密度函数，$j = 1, 2, \cdots, n$；$Y = \dfrac{1}{1 + e^{-\left(\alpha + \sum\limits_{q=1}^{m}\beta_q E_q\right)}}$，$q = 1, 2, \cdots, m$ 表示飞行员综合操作与飞行超限发生可能性之间的关系。

3. 算法设计

模型目标函数涉及多元随机变量函数的概率运算，不存在简单的解析形式，因此，采用蒙特卡罗模拟来近似计算目标函数值。对于这种情况，基于梯度和二阶梯度计算的迭代算法已不适用，因此，采用 PSO 算法对模型进行求解。

PSO 主程序算法步骤如下。

（1）初始化种群规模 Num、粒子初始位置和速度及 PSO 算法最大迭代次数，其中，每个粒子的位置对应一个初始解向量。

（2）调用适值函数计算子程序，计算第 p 个粒子当前位置的适应度值 $\text{fitness}_p = f(x_p)$。

（3）评估所有粒子的适应度值，更新第 p 个粒子的最优适应度值 pbest_p 和对应位置 $p_p = (p_{p1}, p_{p2}, \cdots, p_{pD})^{\mathrm{T}}$；种群最优适应度值 gbest 和种群对应的最优位置 $p_g = (p_{g1}, p_{g2}, \cdots, p_{gD})^{\mathrm{T}}$。

（4）如果已经满足停止准则，如 gbest 达到某个阈值或者已经达到最大迭代次数，算法终止，返回最优适应度值和对应的最优粒子位置；否则跳转到步骤（5）。

（5）更新每个粒子的位置和速度，返回步骤（2）。

$$v_{pd} = w \cdot v_{pd} + c_1 r_1 (p_{pd} - x_{pd}) + c_2 r_2 (p_{gd} - x_{pd}) \tag{5.17}$$

$$x_{pd} = x_{pd} + v_{pd} \tag{5.18}$$

其中，$p = 1, 2, \cdots, \text{Num}$；$d = 1, 2, \cdots, D$；$c_1$、$c_2$ 分别为认知参数和社会参数；r_1 和 r_2 分别取两个相互独立的[0,1]范围内的随机数。

适值函数计算子程序算法步骤如下。

（1）设置最大模拟次数 N、t-Copula 函数参数 ρ 和 v，以及边缘分布函数的有关参数。

（2）计算 t-Copula 相关系数矩阵 ρ 的 Cholesky 分解矩阵 A。如果 ρ 是正定的，则存在 $n \times n$ 的矩阵，使 $\rho = AA^{\mathrm{T}}$。

（3）根据标准正态分布，模拟 n 个相互独立的随机变量 $y = (y_1, \cdots, y_n)^{\mathrm{T}}$。

（4）根据 χ_v^2 分布，模拟独立于 y 的随机变量 s。

（5）令 $w = Ay$，$z = \dfrac{\sqrt{v}}{\sqrt{s}} w$。

（6）令 $u_j = t_v(z_j)$，$j = 1, 2, \cdots, n$，则 $(u_1, \cdots, u_n) \sim C_{\rho, v}^t$。

（7）根据 $(x_1, \cdots, x_n) = (F_1^{-1}(u_1), \cdots, F_n^{-1}(u_n))$，得到连接函数为 $C_{\rho, v}^t$ 的 n 维随机向量 $(X_1, \cdots, X_n)$。

（8）根据 Logistic 回归模型 $Y = \dfrac{1}{1 + e^{-\left(\alpha + \sum\limits_{q=1}^{M} \beta_q E_q\right)}}$，$q = 1, 2, \cdots, M$，计算 Y 值。

（9）如果迭代步数已经达到最大模拟次数 N，转入步骤（10），否则返回步骤（3），继续模拟 $(x_1, \cdots, x_n)$。

（10）根据前面的风险区域搜索模型的目标函数，通过蒙特卡罗模拟计算，得到粒子的适应度值。

4. 算例分析

使用 Copula 函数构造影响因素的多元分布函数，包括两部分工作：一是估计各影响因素的边际分布函数；二是选择合适的 Copula 函数。

首先，对各影响因素的分布特征进行研究，包括 20ft 下降率、20ft 地速、20ft N_1、20ft 俯仰角、20ft 到 0ft 下降率变化率、20ft 到 0ft N_1 变化率。SAS 的 UNIVARIATE 过程提供对单个变量的统计描述及其分布类型的检验，因此，采用 UNIVARIATE 对各影响因素数据进行分析，具体内容包括计算数据的汇总统计量；绘制直方图了解数据的大致分布情况；参数估计；分布拟合情况；拟合优度检验。

以 20ft 下降率分析为例，20ft 下降率观测数据（共 107 个）汇总统计结果，见表 5.15。

表 5.15　20ft 下降率汇总统计结果

统计量	结果
均值	806.538
标准差	94.932
最小值	523.474
最大值	1017.19
极差	493.715
中位数	813.719
下四分位数	753.492
上四分位数	871.707
偏度	−0.514
峰度	0.491

偏度度量数据分布的偏斜程度，在 SAS 中：偏度大于 0，说明分布是正偏（或右偏）的；偏度小于 0，说明分布是负偏（或左偏）的；偏度的绝对值越大，分布偏斜得越厉害。

对偏度影响更大的，是分布在其中一个方向上的尾部有拉长趋势的程度，也就是说，正（负）偏度往往更多地反映出分布在右（左）方向的尾部，比在左（右）方向的尾部有拉长的趋势。

峰度度量数据向分布尾端散布的趋势，或者说数据分布尾部的厚度，在 SAS

中：峰度接近于 0，近似于正态分布；峰度为正，尾部较正态分布更粗；峰度为负，尾部较正态分布更细。

对于 20ft 下降率的 107 个观测数据，偏度为–0.514，小于 0，说明分布是负偏（或左偏）的；峰度为 0.491，大于 0，说明分布的尾部较正态分布的尾部略粗。

对 20ft 下降率的 107 个观测数据绘制直方图了解大致分布情况，如图 5.6 所示。

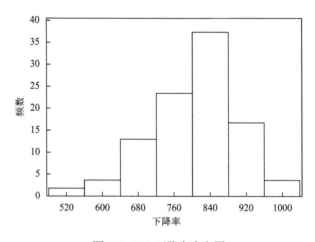

图 5.6　20ft 下降率直方图

根据直方图观察结果，选择正态分布和三参数韦布尔分布，对 20ft 下降率的分布情况进行拟合，正态分布参数估计结果见表 5.16。

表 5.16　20ft 下降率正态分布参数估计

参数	符号	估计值
均值	μ	806.538
标准差	σ	94.932

三参数韦布尔分布参数估计结果见表 5.17。

表 5.17　20ft 下降率三参数韦布尔分布参数估计

参数	符号	估计值
阈值	θ	250.227
比例	σ	594.887
形状	c	6.911

借助 SAS 的 UNIVARIATE 过程，可以观察多种概率密度曲线对观测的拟合情况。图 5.7、图 5.8 分别反映了正态分布和三参数韦布尔分布对 20ft 下降率数据的拟合情况。

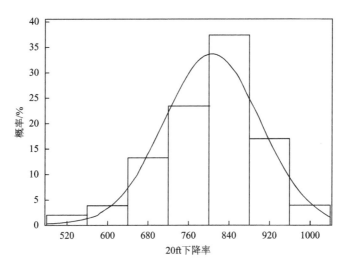

图 5.7　20ft 下降率正态分布拟合情况

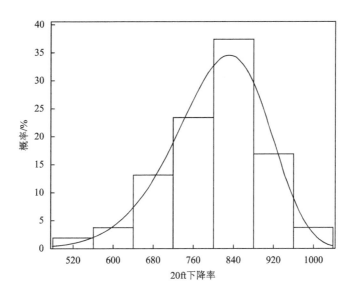

图 5.8　20ft 下降率三参数韦布尔分布拟合情况

从中可以看出，三参数韦布尔分布对 20ft 下降率数据的拟合情况优于正态分布的拟合情况。

　　分别对估计得到的正态分布和三参数韦布尔分布的拟合优度进行检验。χ^2 检验多用于大样本拟合优度检验，并且通常要求期望频次小于 5 的个数不应超过 25%，因此，考虑选择其他拟合优度检验，结果见表 5.18、表 5.19。

表 5.18　20ft 下降率正态分布拟合优度检验结果

检验	统计量		p 值	
Kolmogorov-Smirnov	D	0.063 215 32	Pr>D	>0.150
Cramer-von Mises	W-Sq	0.071 234 54	Pr>W-Sq	>0.250
Anderson-Darling	A-Sq	0.483 890 38	Pr>A-Sq	0.231

表 5.19　20ft 下降率三参数韦布尔分布拟合优度检验结果

检验	统计量		p 值	
Kolmogorov-Smirnov	D	0.035 810 67	Pr>D	>0.500
Cramer-von Mises	W-Sq	0.021 329 85	Pr>W-Sq	>0.500
Anderson-Darling	A-Sq	0.164 817 77	Pr>A-Sq	>0.500

　　根据检验结果，令显著性水平 $\alpha = 0.05$，正态分布和韦布尔分布的 p 值均大于 α，不能拒绝 H_0：数据服从该分布。然而，从 Kolmogorov-Smirnov 检验、Cramer-von Mises 检验、Anderson-Darling 检验的统计量值以及 p 值可以看出，韦布尔分布的统计量值均小于正态分布对应统计量的值，韦布尔分布的 p 值均大于正态分布对应的 p 值，这说明韦布尔分布对数据的拟合程度要优于正态分布。

　　综合上述分析结果，选择三参数韦布尔分布的估计结果作为 20ft 下降率分布特征的描述。

　　三参数韦布尔分布的分布函数为

$$F(x) = 1 - \exp\left\{-\left(\frac{x-\theta}{\sigma}\right)^c\right\}, \quad x > \theta \tag{5.19}$$

其中，$c > 0$ 称为形状参数；$\sigma > 0$ 称为比例参数；θ 称为阈值参数，记为 $X \sim$ Weibull(c, σ, θ)。

　　其密度函数为

$$f(x) = \left(\frac{c}{\sigma}\right)\left(\frac{x-\theta}{\sigma}\right)^{c-1} \cdot \exp\left\{-\left(\frac{x-\theta}{\sigma}\right)^c\right\}, \quad x > \theta \tag{5.20}$$

$$f(x) = 0, \quad x \leqslant \theta$$

　　对于 20ft 下降率，$X \sim$ Weibull(c, σ, θ)，其中，形状参数 $c = 6.911$，比例参数 $\sigma = 594.887$，阈值参数 $\theta = 250.227$。

其次，对 t-Copula 函数参数进行估计，采用分步估计方法，即先估计出边际分布函数的参数，在此基础上，对 t-Copula 函数的相关系数矩阵 ρ 以及自由度 ν 进行估计。在表 5.17 中，给出了影响因素边际分布的参数估计结果，本节将对 t-Copula 函数其余参数进行估计，步骤如下。

（1）根据表 5.18 中影响因素边际分布的估计结果，按照 $F_j(x_{ji})=u_{ji}$ 对影响因素观测数据进行概率变换，其中，$j=1,2,\cdots,n$，$i=1,2,\cdots,N$。

（2）计算 Kendall τ 相关系数矩阵，结果见表 5.20。

表 5.20　Kendall τ 相关系数矩阵

影响因素	20ft 下降率	20ft 地速	20ft N_1	20ft 俯仰角	20ft 到 0ft 下降率变化率	20ft 到 0ft N_1 变化率
20ft 下降率	1	0.139	0.046	−0.081	−0.434	−0.057
20ft 地速	0.139	1	−0.007	−0.112	−0.27	0.052
20ft N_1	0.046	−0.007	1	−0.256	0.153	−0.371
20ft 俯仰角	−0.081	−0.112	−0.256	1	−0.052	0.135
20ft 到 0ft 下降率变化率	−0.434	−0.27	0.153	−0.052	1	−0.172
20ft 到 0ft N_1 变化率	−0.057	0.052	−0.371	0.135	−0.172	1

（3）根据 $\rho=\sin\left(\dfrac{\pi}{2}\tau\right)$，计算 t-Copula 函数相关系数矩阵的估计结果 $\hat{\rho}$，见表 5.21。

表 5.21　t-Copula 函数相关系数矩阵

影响因素	20ft 下降率	20ft 地速	20ft N_1	20ft 俯仰角	20ft 到 0ft 下降率变化率	20ft 到 0ft N_1 变化率
20ft 下降率	1	0.217	0.073	−0.127	−0.631	−0.089
20ft 地速	0.217	1	−0.01	−0.174	−0.411	0.081
20ft N_1	0.073	−0.01	1	−0.391	0.238	−0.551
20ft 俯仰角	−0.127	−0.174	−0.391	1	−0.082	0.211
20ft 到 0ft 下降率变化率	−0.631	−0.411	0.238	−0.082	1	−0.267
20ft 到 0ft N_1 变化率	−0.089	0.081	−0.551	0.211	−0.267	1

（4）使用极大似然方法，估计 t-Copula 函数的自由度 ν。

$$\hat{\nu}=\arg\max_{\nu\in(2,\infty]}\left[\sum_{i=1}^{N}\log_2\left(c(U_i;\nu,\hat{\rho})\right)\right] \tag{5.21}$$

其中

$$c(u_1,\cdots,u_n;\hat{\rho},v)=|\hat{\rho}|^{-1/2}\frac{\Gamma\left(\dfrac{v+n}{2}\right)\left(\Gamma\left(\dfrac{v}{2}\right)\right)^n}{\left(\Gamma\left(\dfrac{v+1}{2}\right)\right)^n\Gamma\left(\dfrac{v}{2}\right)}\frac{\left(1+\dfrac{1}{v}\varsigma^T\hat{\rho}^{-1}\varsigma\right)^{-\frac{v+n}{2}}}{\prod\limits_{j=1}^{n}\left(1+\dfrac{\varsigma_j^2}{v}\right)^{-\frac{v+1}{2}}} \quad （5.22）$$

$$\varsigma=(t_v^{-1}(u_1),\cdots,t_v^{-1}(u_n)),\quad \varsigma_j=t_v^{-1}(u_j),\quad j=1,2,\cdots,n \quad （5.23）$$

$$U_i=(u_{1i},\cdots,u_{ni}),\quad i=1,2,\cdots,N \quad （5.24）$$

t-Copula 函数自由度 v 的估计结果为 $\hat{v}=65$。

以上分别对影响因素的边际分布以及 t-Copula 函数的参数进行了估计。参数估计结果以及影响因素与飞行超限发生可能性间的 Logistic 回归模型,将用于风险区域搜索模型求解过程的蒙特卡罗模拟计算。t-Copula 函数抽样示例如图 5.9 所示。

	c6	c8	c11	c13	c18	c20	y
1	792.269 062 44	147.804 535 34	61.403 923 571	2.118 859 985 9	−0.267 355 485	−4.608 346 924	0.001 562 715 9
2	893.043 896 5	151.526 470 55	49.012 465 974	2.929 267 216 4	−0.595 101 639	−3.662 274 601	0.406 716 898 2
3	716.394 933 1	145.240 984 47	44.014 813 344	2.778 072 477 2	−0.452 333 888	−0.583 460 59	0.915 333 181 9
4	749.599 243 86	148.301 424 78	56.842 602 885	2.951 654 168 3	−0.524 181 181	−2.283 061 818	0.731 559 614
5	...	...	...	...	...	...	...

图 5.9　t-Copula 函数抽样示例

PSO 算法的参数设置情况见表 5.22。

表 5.22　PSO 算法的参数设置

参数	设置
蒙特卡罗模拟次数	1000
种群规模	200
最大迭代次数	40
惯性权重 w	0.7
认知参数 c_1	0.3
社会参数 c_2	0.7

PSO 算法风险区域搜索结果见表 5.23、表 5.24。

表 5.23　区域边界

gbest	x_l	x_u
20ft 下降率	779.543	1038.137
20ft 地速	133.012	159.395
20ft N_1	33.461	65.420
20ft 俯仰角	2.192	4.385
20ft 到 0ft 下降率变化率	−0.503	−0.212
20ft 到 0ft N_1 变化率	−6.917	−2.139

表 5.24　区域风险信息

最优适应度	0.732
区域内触发飞行超限样本的比例	0.985
区域内样本数在总样本数中的比例	0.136

使用实际飞行数据对模型搜索结果进行检验，在收集到的 107 个飞行数据样本中，共有 7 个飞行数据样本落入该区域，其中，正常飞行数据样本 1 个（zc110），触发飞行超限的飞行数据样本 6 个（cx006、cx022、cx031、cx048、cx054、cx058）。对于实际飞行数据样本，区域内触发飞行超限样本的比例为 0.857，区域内样本数在总样本数中的比例为 0.065。

与 5.1.2 节的结果进行比较，见表 5.25。带下划线的样本表示该样本落入由风险区域搜索模型得到的、满足一定样本数量的高风险区域。

表 5.25　结果比较

区域编号	区域内触发飞行超限样本比例	区域样本数	样本号
1	1	1	cx019
2	1	4	cx009、cx014、cx024、cx056
3	1	1	cx036
4	0.166 666 7	6	zc033、zc037、zc054、zc075、zc116、cx055
5	0.142 857 1	7	zc021、zc023、zc091、zc167、zc175、zc177、cx046
6	1	1	cx038
7	1	2	cx020、cx049
8	0	1	zc184
9	0	1	zc170
10	0	1	zc185

区域编号	区域内触发飞行超限样本比例	区域样本数	样本号
11	0.25	4	zc048、zc062、zc085、cx037
12	0.166 666 7	48	zc005、zc008、zc010、zc015、zc024、zc027、zc029、zc030、zc035、zc041、zc043、zc044、zc046、zc049、zc051、zc057、zc061、zc065、zc068、zc081、zc084、zc086、zc089、zc109、zc111、zc114、zc115、zc117、zc119、zc133、zc143、zc150、zc160、zc163、zc165、zc171、zc172、zc186、zc187、zc189、cx011、cx018、cx025、cx029、cx030、cx033、cx042、cx043
13	0.461 538 5	13	zc047、zc076、zc110、zc113、zc122、zc141、zc158、cx002、cx004、cx006、cx022、cx040、cx048
14	1	7	cx012、cx032、cx047、cx051、cx052、cx054、cx058
15	1	3	cx001、cx044、cx053
16	0.666 666 7	3	zc152、cx010、cx015
17	1	2	cx026、cx031
18	1	1	cx008
19	1	1	cx050

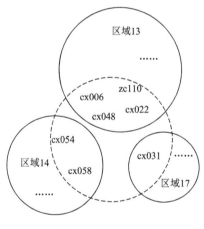

图 5.10　结果比较

从表 5.25 中可以看出，模型搜索得到的高风险区域，包含 107 个飞行数据样本中的 7 个样本，分别属于第 4 章中区域划分模型得到的三个区域。其中，zc110、cx006、cx022、cx048 属于区域 13（区域内触发飞行超限样本比例为 46.2%，该区域样本占总样本量的 12.1%）；cx054、cx058 属于区域 14（区域内触发飞行超限样本比例为 100%，该区域样本占总样本量的 6.5%）；cx031 属于区域 17（区域内触发飞行超限样本比例为 100%，该区域样本占总样本量的 1.9%），如图 5.10 所示。

风险区域搜索问题的研究通过对具体一类飞行超限影响因素的状态空间进行搜索，找出满足一定样本数量的、风险最大（或最小）的飞行员综合操作区域。

将金融风险分析中的重要工具 Copula 函数引入航空安全风险分析。运用 Copula 函数构造针对具体一类飞行超限，影响因素的多元联合分布，这里主要指飞行员的各项操作，分析影响因素间的相依结构，掌握飞行员综合操作的分布特征。通过建立 Logistic 回归模型，得到飞行员综合操作与飞行超限发生可能性之间的关系。这一安全风险建模的新思路，既考虑了飞行员综合操作出现的可能性，也考虑了飞行员综合操作对飞行超限发生可能性的影响，从而实现对具体一类飞行超限较全面的风险量化评估。

借助蒙特卡罗模拟计算以及 PSO 算法，实现对风险区域的搜索。使用实际飞行数据对模型搜索结果进行检验，结果表明了上述风险建模思路的有效性。

5.2 飞行员复训

飞行员复训是指从事航空作业的相关人员为了保持其资格和知识技能，在规定的期限内按照复训内容参加的相应岗位的周期性训练。复训包括定期地面理论复训和模拟机复训，定期地面理论复训主要由三方面内容组成：通用操作程序、航空器各系统和各系统综合训练、公司运行手册的有关内容。每位驾驶员每 6 个月在训练/检查的适宜期中，必须进行定期飞行复训和飞行熟练检查。飞行复训和飞行熟练检查必须在飞机或模拟机上进行。

定期地面理论复训由与模拟机对应的理论复训、应急生存复训、危险品运输复训和防冰除冰复训组成。其中，与模拟机对应的理论复训每 6 个月进行一次，该理论复训需在模拟机复训前完成。应急生存复训每 12 个月进行一次，危险品运输复训每 24 个月进行一次，防冰除冰复训每 12 个月进行一次。

训练/检查月：机组成员接受要求的周期性训练、要求的资格检查所在日历月。

训练适宜期：三个日历月（"训练/检查月"前一个日历月、"训练/检查月"、"训练/检查月"后一个日历月）。在此期间，机组成员必须接受定期复训、飞行熟练检查或资格检查，以保持现有资格。在训练适宜期内完成训练或检查被视为有效。

模拟机复训计划、理论复训计划、应急生存复训计划、危险品运输复训计划和防冰除冰复训计划是根据飞行员周期性复训的需求，考虑到各种训练资源的约束而制订的复训计划，用于相关部门制定决策的依据。

由于所需训练资源中的全动模拟机资源价格昂贵，且目前国内全动模拟机资源较少；训练周期要求严格；训练时机组搭配对训练效果影响大等，全动模拟机复训是所有复训中最典型的，本书将针对全动模拟机复训，开展飞行员短期训练计划制订与优化研究。

本节主要针对复训中的全动模拟机复训问题进行建模和算法设计[106]。其中，飞行员全动模拟机复训问题是指根据飞行员上次复训时间，合理制订后续复训计划，在复训时间间隔的约束下，使每个飞行员尽可能在最佳训练月复训，同时，机长和副驾驶搭配尽可能多。其中，复训时间间隔约束是指，根据中国民用航空局规定，飞行员复训时间间隔最短为 5 个月，最长为 7 个月。最佳训练月是指飞行员上次复训后的第 6 个月，即飞行员全动模拟机复训周期为 6 个月。

该问题是一个带约束的多目标分配问题，此类问题理论上是 NP 难问题[107]。首先，从训练效果和训练资源来看，飞行员复训时间间隔短，则训练资源需求大，使用成本高；复训时间间隔长，则训练效果不佳。因此，航空公司在安排全动模拟机复训时追求的一个目标就是让所有飞行员尽可能在最佳训练月复训。其次，由于全动模拟机结构完全模拟飞机的驾驶舱，分为左、右两座；其训练内容也模仿真实飞行操作，左座机长主飞，右座副驾驶辅助操作。因此，全动模拟机复训的另外一个目标是复训排班时尽可能让机长和副驾驶搭配进行训练，以达到最佳训练效果。

目前，对飞行员全动模拟机训练相关问题的研究较少。Funabiki[108]概述了全动模拟机训练历史及全动模拟机技术，并分析了全动模拟机是怎么应用在飞行员训练中的。潘邦传等[109]对全动模拟机复训问题做了探讨，以机长和副驾驶配对最大化和训练/检查月内参加复训人数最大化为目标，在此基础上建立了多目标规划问题。根据不同的目标，将问题分解为两个经典网络规划子问题，并给出了求解的方法，但所设计的算法并非多项式算法。刘文斌等[110]针对多资源约束下的飞行员全动模拟机复训问题进行刻画，并设计遗传算法进行求解，利用基因适应度对交叉、选择操作进行改进，提高种群的多样性和进化性能。Toroslu[111]研究了一类有分层次序约束的人员分配问题，证明该问题是 NP-完全问题，并设计了启发式近似算法。这两篇文献给出的算法均为近似算法，并不能保证得到最优解或非劣解。

除此之外，还有部分相关文献从硬件技术或模拟机后台编码等方面对模拟机训练进行了研究[112, 113]。

总之，以上文献从不同程度上对飞行员全动模拟机复训问题进行了探讨，针对问题难度，解决方法有待进一步研究。

对多目标规划求解的方法很多，例如，基因规划方法[114]、近似算法[115]、约束可变的组合同伦方法[116]等。这些方法在直接求解本书的模型时存在局限性。为此，本书在以往研究的基础上，对飞行员全动模拟机复训问题进行深入研究，建立双目标整数规划模型对问题进行描述；将问题分解转化为网络流问题、二部图搭配和最长路问题，设计启发式算法对问题进行求解；证明算法时间复杂度为多项式的，通过算法求解可以得到双目标整数规划的所有非劣解，并以实例验证了方法的有效性。

5.2.1 模型提出

根据飞行员上次复训月份，按照最佳训练月的定义，我们能得到每个飞行员下次复训的最佳训练月，本书研究的就是无训练资源约束下每个飞行员下次全动模拟机复训安排问题。针对该问题，构建双目标整数规划模型如下。

首先介绍模型中用到的变量。

f_{ij}：最佳训练月为 i 月份且在 j 月份参加复训的副驾驶数。

c_{ij}：最佳训练月为 i 月份且在 j 月份参加复训的机长人数。

其次介绍模型中的参数。

u_i：表示最佳训练月为 i 月份的机长人数。

v_i：表示最佳训练月为 i 月份的副驾驶人数。

下面我们给出复训周期为 n 的通用数学规划模型。

双目标整数规划（P）：

$$\min \quad \sum_{i \in T} \left| \sum_{i \in T} f_{ij} - \sum_{i \in T} c_{ij} \right| \tag{5.25}$$

$$\min \quad \sum_{i \in T} \left(\sum_{i \in T, i \neq j} f_{ij} + \sum_{i \in T, i \neq j} c_{ij} \right) \tag{5.26}$$

$$f_{ij}(i - j + 1)(j - i + 1) \geqslant 0 \tag{5.27}$$

$$c_{ij}(i - j + 1)(j - i + 1) \geqslant 0 \tag{5.28}$$

$$\sum_{j \in T} f_{ij} = u_i \tag{5.29}$$

$$\sum_{j \in T} c_{ij} = v_i \tag{5.30}$$

$$i, j \in T = \{1, 2, \cdots, n\}; \quad f_{ij}, c_{ij} \text{ 均为非负整数} \tag{5.31}$$

其中，目标函数式（5.25）使机长和副驾驶搭配数尽可能大。式（5.26）使在最佳训练月复训的人数尽可能大。式（5.27）和式（5.28）是飞行员训练时间间隔约束，即所有机长和副驾驶必须在规定时间周期内进行训练。式（5.29）和式（5.30）表示最佳训练月有复训需求的人员总数和实际复训人员总数相等。式（5.31）是复训周期和非负整数约束。

针对多目标规划问题，常规的求解方式为，先求解其中一个目标最优的非劣解，再求解其他非劣解。本书也采用这种方式，首先将双目标规划转化为网络流模型，将仅考虑目标一的双目标整数规划（P）转化为该网络流模型的最小费用最大流问题，求解原问题的初始非劣解。其次，进一步将网络流模型转化为二部图和加权路，借助二者求解原问题的其他非劣解。具体过程如下。

首先，我们构造图 5.11 所示的网络流模型。

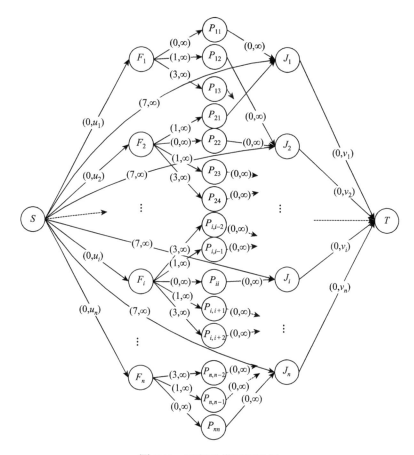

图 5.11　飞行员搭配网络图

　　其中，F_i 和 J_i 分别表示最佳训练月为 i 月份的副驾驶和机长，简称 i 月份的副驾驶和 i 月份的机长，P_{ij}，$|i-j| \leqslant 2$，表示 i 月份的副驾驶与 j 月份的机长搭配参加训练，每条有向弧上的 (x,y) 表示（费用，容量）。这里的费用根据与原问题目标的关系分为四个档次。其中，副驾驶和机长在最佳训练月搭配的弧，费用设为 0；相邻月份副驾驶和机长搭配的弧，费用设为 1；隔月的副驾驶和机长搭配的弧，费用设为 3；机长（或副驾驶）无副驾驶（或机长）搭配，需要单独训练的弧，费用设为 7。图 5.11 中每个 F_i（或 J_i）最多与 5 个 P_{ij} 连接。图 5.12 为图 5.11 的网络流图，其中 p_{ij} 表示对应有向弧上的非负流量。我们有下面的引理和定理。

　　引理 5.1　飞行员搭配网络的最小费用最大流不存在以下两种情况。

（1）$(u_i - p_{si})(v_j - p_{jt}) > 0$

（2）$p_{0j}(u_i - p_{si}) > 0$。其中，$i-2 \leqslant j \leqslant i+2$。

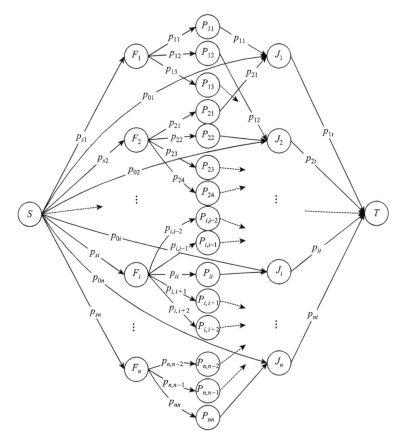

图 5.12　飞行员搭配网络流图

证明：采用反证法。

（1）假设 $(u_i - p_{si})(v_j - p_{jt}) > 0$，由于 $p_{si} < u_i$，则 $p_{jt} < v_j$，即弧 (S, F_i) 和 (J_i, T) 的流量都不饱和。可以将路径 (S, F_i, P_{ij}, J_j, T) 上的流量增加 1，此时网络流流量比原来大，与原网络流为最大流矛盾。

（2）假设飞行员搭配网络的最小费用最大流存在 $p_{0j}(u_i - p_{si}) > 0$ 的情况，其中 $i - 2 \leqslant j \leqslant i + 2$，如图 5.13 所示，则 $p_{0j} > 0$ 且 $u_i - p_{si} > 0$，弧 (S, F_i) 上流量不饱和，可以将网络流流量进行如下调整：将 p_{0j} 减少 1，并将 p_{si} 增加 1。

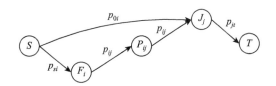

图 5.13　对于 $p_{0j}(u_i - p_{si}) > 0$ 情况

由图 5.11 可知，p_{0j} 对应费用为 7，p_{si} 费用为 0，p_{ij} 费用最大为 3，所以调整后的网络流总费用比原网络流小，且最大流量不变。这与原网络流为最小费用最大流矛盾。

总之，引理得证。

定理 5.1 飞行员搭配网络图的最小费用最大流对应规划（P）的目标函数式（5.25）最优的非劣解。

证明： 首先，飞行员搭配网络图流量约束与规划（P）的约束等价。由图 5.11 知，P_{ij} 满足 $|i-j| \le 2$，等价于式（5.27）和式（5.28）；弧 (J_i, T) 容量为 v_i，等价于规划（P）的式（5.30）；弧 (S, F_i) 容量为 u_i，等价于式（5.29）。

其次，飞行员搭配网络最小费用最大流使规划（P）目标一最优，即保证了飞行员搭配数量最大化。由图 5.11 可知，除了 (S, J_i) 对应的流量表示飞行员无搭配外，流经 P_{ij} 的流量均表示飞行员有搭配。因此，只要证明飞行员搭配网络最小费用最大流中经过 P_{ij} 的流量已达到最大即可。可以分两种情况：①对于所有满足 $u_i - p_{si} = 0$ 的 i，由于弧 (S, F_i) 都是饱和的，所以经过 P_{ij} 的流量已是最大；②对于所有满足 $u_i - p_{si} > 0$ 的 i，由引理 5.1 知，$p_{0j} = v_j - p_{jt} = 0$，则所有弧 (J_j, T) 均已饱和，其中 $i-2 \le j \le i+2$，所以经过 P_{ij} 的流量已是最大。

最后，证明在目标一最优情况下，目标二是最优的，即飞行员搭配网络最小费用最大流保障了尽可能多的飞行员在最佳训练月复训。只需证明 $\sum\limits_{i,j} p_{ij}$ 最大情况下，经过 P_{ij} 的流量无法改变即可。利用反证法，假设存在经过 P_{ij} 可以改变的情况，根据飞行员搭配网络结构，要保证 $\sum\limits_{i,j} p_{ij}$ 不变，只存在以下几种可能。

（1）满足 $|i-j| = 2$ 的 p_{ij} 减少 1，同时满足 $|i-j| = 1$ 或 0 的 p_{ij} 增加 1；或者满足 $|i-j| = 1$ 的 p_{ij} 减少 1，同时满足 $|i-j| = 0$ 的 p_{ij} 增加 1。此时，网络流总费用减少，这与原网络流为最小费用流矛盾。

（2）满足 $|i-j| = 1$ 或 0 的 p_{ij} 减少 1，同时满足 $|i-j| = 2$ 的 p_{ij} 增加 1；或者满足 $|i-j| = 0$ 的 p_{ij} 减少 1，同时满足 $|i-j| = 1$ 的 p_{ij} 增加 1。此时，网络流总费用增加，这使网络流不是最小费用最大流。

总之，飞行员搭配网络图的最小费用最大流对应规划（P）的式（5.25）最优的非劣解。令图 5.12 中的网络流为飞行员搭配网络的最小费用最大流，则有以下几种情况。

（1）每单位从 S 经 P_{ij} 流向 T 的流量对应副驾驶和机长的一个搭配，分两种情况：① $|i-j| \le 1$ 时，该搭配的两人计划在 i 月份或 j 月份进行复训；② $|i-j| = 2$ 时，该搭配的两人计划在 $(i+j)/2$ 月份进行复训。

（2）每单位从 S 直接流向 J_i 的流量表示一个未搭配的 i 月份机长，该机长计划在 i 月份单独复训或者与其他机长搭配复训。

（3）剩余未搭配飞行员全部为副驾驶，令其在最佳训练月进行单独复训或者与其他副驾驶搭配复训。

其中（2）和（3）都是现实中要尽量避免的情况。

从而，我们得到了规划（P）目标一最优的非劣解，即最大搭配数为 $\sum\limits_{i,j} p_{ij}$ 的非劣解。

在此基础上，为了便于求解规划（P）的其他非劣解，我们构造如图 5.14 所示的飞行员搭配二部图。其中，p_{ij} 表示 i 月份的机长与 j 月份的副驾驶进行搭配的人数。

显然，图 5.14 中不同月份之间只存在以下五种连接情况（图 5.15），其中所有的 $p_{kl} \neq 0$。

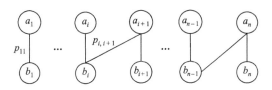

图 5.14　飞行员搭配二部图

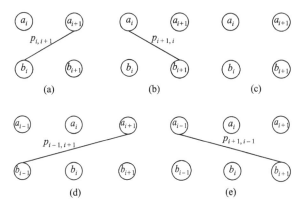

图 5.15　不同月份间飞行员搭配的五种情况

根据图 5.14 构造两种加权图如图 5.16 所示，其中当 $p_{i,i+1} > 0$，$p_{i,i+2} > 0$ 或 $p_{i-1,i+1} > 0$ 时，图 5.16 的 $l_i = 1$，否则 $l_i = -1$；当 $p_{i+1,i} > 0$，$p_{i+2,i} > 0$ 或 $p_{i+1,i-1} > 0$ 时，图 5.16 的 $l'_i = 1$，否则 $l'_i = -1$。

求解其他非劣解的过程就是降低目标一，即减少飞行员搭配数量，同时尽可能增加最佳训练月训练的机长或副驾驶人数。为了表示这个过程，我们引入下面两个定义。

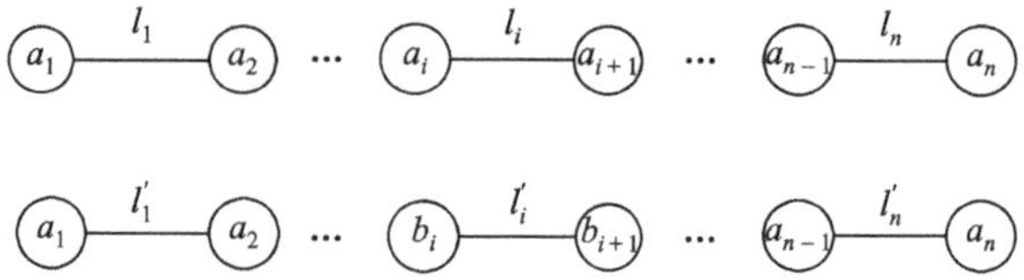

图 5.16 两种加权图

定义 5.1 在图 5.14 中，当 $1 \leqslant i \leqslant i+k \leqslant n-1$ 且 $\sum\limits_{1 \leqslant w \leqslant n} p_{wr} > 0$ 时，对所有满足 $i \leqslant s \leqslant i+k$ 的 s，进行以下操作。

（1）当 $p_{s,s+2} > 0$ 时，令 $p_{s,s+2}$ 值减少 1，即将 s 月份的副驾驶和 $s+2$ 月份的机长搭配数减少 1 个；当 $p_{s,s+1} > 0$ 且 $p_{s,s+2} = p_{s-1,s+1} = 0$ 时，令 $p_{s,s+1}$ 值减少 1，即将 s 月份的副驾驶和 $s+1$ 月份的机长搭配数减少 1 个。同时，当 $p_{s-1,s} > 0$（或 $p_{s-2,s} > 0$），$p_{s,s+1} > 0$（或 $p_{s,s+2} > 0$）且 $p_{s-1,s+1} = 0$ 时，令 p_{ss} 值增加 1。

（2）当 $p_{s,s+1} = p_{s,s+2} = p_{s-1,s+1} = 0$ 时，令 $p_{s+1,s}$ 值增加 1。

我们将以上操作称为对飞行员搭配 i 到 $i+k$ 段的正向破链，记为 $B^+(i,i+k)$，$0 \leqslant k \leqslant n-i-1$。

定义 5.2 在图 5.14 中，当 $1 \leqslant i \leqslant i+k \leqslant n-1$ 且 $\sum\limits_{1 \leqslant w \leqslant n} p_{wr} > 0$ 时，对所有 $i \leqslant s \leqslant i+k$，进行以下操作。

（1）当 $p_{s+2,s} > 0$ 时，令 $p_{s+2,s}$ 值减少 1，即将 $s+2$ 月份的副驾驶和 s 月份的机长搭配数减少 1 个；当 $p_{s+1,s} > 0$ 且 $p_{s+2,s} = p_{s+1,s-1} = 0$ 时，令 $p_{s+1,s}$ 值减少 1，即将 $s+1$ 月份的副驾驶和 s 月份的机长搭配数减少 1 个。同时，当 $p_{s,s-1} > 0$（或 $p_{s,s-2} > 0$），$p_{s+1,s} > 0$（或 $p_{s+2,s} > 0$）且 $p_{s+1,s-1} = 0$ 时，令 p_{ss} 值增加 1。

（2）当 $p_{s+1,s} = p_{s+2,s} = p_{s+1,s-1} = 0$ 时，令 $p_{s,s+1}$ 值增加 1。

我们将以上操作称为对飞行员搭配 i 到 $i+k$ 段的反向破链，记为 $B^-(i,i+k)$，$0 \leqslant k \leqslant n-i-1$。

由定义可知，对飞行员搭配进行 $B^+(i,i+k)$ 或 $B^-(i,i+k)$ 操作后，$\sum\limits_{1 \leqslant w \leqslant n} p_{wr}$ 的值减少 1，即飞行员搭配数减少 1；同时，当执行 $B^+(i,i+k)$ 时，$\sum\limits_{1 \leqslant w \leqslant n}(x_{ww} + y_{ww})$ 的值增加 $\sum\limits_{m=i}^{i+k} l_m$，即在最佳训练月参加复训的机长和副驾驶人数增加 $\sum\limits_{m=i}^{i+k} l_m$。当进行 $B^-(i,i+k)$ 时，$\sum\limits_{1 \leqslant w \leqslant n}(x_{ww} + y_{ww})$ 的值增加 $\sum\limits_{m=i}^{i+k} l'_m$，即在最佳训练月参加复训的机长和副驾驶人数增加 $\sum\limits_{m=i}^{i+k} l'_m$。

令 L 和 L' 分别表示图 5.16 中的两种加权图的最长路的长度，其中：

$$L = \max_{\substack{1 \leqslant i \leqslant n-1 \\ i \leqslant i+k \leqslant n-1}} \left\{ \sum_{m=i}^{i+k} l_m \right\} \qquad (5.32)$$

$$L' = \max_{\substack{1 \leqslant i \leqslant n-1 \\ i \leqslant i+k \leqslant n-1}} \left\{ \sum_{m=i}^{i+k} l'_m \right\} \qquad (5.33)$$

我们得出下面的定理。

定理 5.2　对于飞行员最大搭配非劣解的二部图，如果 $\sum_{1 \leqslant w \leqslant n} p_{wr} > 0$，当 $L \geqslant L'$ 时，对 L 相应的 i 和 $i+k$，执行 $B^+(i, i+k)$；当 $L \leqslant L'$ 时，对 L 相应的 i 和 $i+k$，执行 $B^-(i, i+k)$，则我们得到的二部图对应飞行员搭配数比最大搭配数少 1 的非劣解。

证明：在飞行员最大搭配非劣解基础上求解其他非劣解，必须通过拆分并重新组合已有搭配来实现。根据定义 5.1、定义 5.2 和式（5.32）、式（5.33），当 $L \geqslant L'$，对 L 相应的 i 和 $i+k$ [见式（5.32）、式（5.33）]，执行 $B^+(i, i+k)$ 时，在最佳训练月参加复训的机长和副驾驶人数会以最大量 $L = \max\limits_{\substack{1 \leqslant i \leqslant n-1 \\ i \leqslant i+k \leqslant n-1}} \left\{ \sum_{m=i}^{i+k} l_m \right\}$ 进行增加；当 $L \leqslant L'$，对 L 相应的 i 和 $i+k$ [见式（5.32）、式（5.33）]，执行 $B^-(i, i+k)$ 时，在最佳训练月参加复训的机长和副驾驶人数会以最大量 $L' = \max\limits_{\substack{1 \leqslant i \leqslant n-1 \\ i \leqslant i+k \leqslant n-1}} \left\{ \sum_{m=i}^{i+k} l'_m \right\}$ 进行增加。

同时，无论 $B^+(i, i+k)$ 还是 $B^-(i, i+k)$ 操作，都会使飞行员搭配数减少 1。

从而我们得到的是比最大匹配数少 1 的非劣解对应二部图。定理得证。

类似地，我们可以在定理 5.2 得到的新二部图的基础上，相应继续进行正向破链或反向破链操作，从而得到最大搭配数减少 2 的非劣解，减少 3 的非劣解，…，直至得到在最佳训练月参加复训人数最优的非劣解。

5.2.2　算法设计

根据以上分析，设计求解无资源约束的飞行员全动模拟机复训问题的最优化算法，其算法步骤如下。

（1）输入 a_i、b_i，$1 \leqslant i \leqslant n$。

（2）构造如图 5.12 所示的飞行员搭配网络流图，并求解其最小费用最大流，得到飞行员搭配数最大的非劣解。如果 $\sum_{1 \leqslant w \leqslant n} p_{wr} > 0$ 转步骤（3）；否则，飞行员全动模拟机复训问题存在唯一解，即最优解，转步骤（5）。

（3）对于所得非劣解，对应构造如图 5.14 所示的飞行员搭配二部图和如图 5.16 所示的两种加权图。

（4）对于飞行员搭配二部图和对应的两种加权图，根据式（5.33），当 $L \geq L'$ 时，对 L 相应的 i 和 $i+k$，执行 $B^+(i,i+k)$；当 $L \leq L'$ 时，对 L 相应的 i 和 $i+k$，执行 $B^-(i,i+k)$。得到飞行员搭配数比原非劣解少 1 的非劣解。如果此时 $\sum_{1 \leq w \leq n} p_{wr} > 0$，转步骤（3）；否则，已得到在最佳训练月复训人数最大化的非劣解，转步骤（5）。

（5）已得到所有非劣解；输出所有非劣解，停止。

由于图 5.16 中两种加权路的长度为 n，所以本算法步骤（4）中求加权路的最长路算法和正向破链（或反向破链）操作时间复杂度均为 $O(n)$，同时步骤（2）中最小费用最大流求解均存在多项式算法，因此每次求解非劣解的算法时间复杂度为多项式算法。本问题的非劣解个数不超过最大匹配个数，从而不超过机长总人数和副驾驶总人数的最大者 $m = \max \left\{ \sum_{1 \leq i \leq n} a_i, \sum_{1 \leq i \leq n} b_i \right\}$。因此，本算法的时间复杂度为多项式的。

5.2.3　实例分析

我们以 A 航空公司飞行员全动模拟机复训计划制订为例，$n=6$，各个最佳训练月的机长和副驾驶人数见表 5.26。

表 5.26　各最佳训练月的机长和副驾驶人数

人数	1	2	3	4	5	6
a_i	38	39	40	36	43	42
b_i	40	41	36	42	36	45

按照算法步骤计算如下。

（1）首先求解飞行员匹配网络流图的最小费用最大流，并构造相应的二部图，如图 5.17 所示。

由图 5.17 可知，A 航空公司飞行员最大搭配数为 238，在最佳训练月参加复训的机长和副驾驶总人数为 465，仅有 2 名 6 月份的副驾驶无法获得搭配。

（2）对应构造相应的两种加权图，如图 5.18 所示。

（3）$u = \max\{L, L'\} = \max\{2,1\} = 2 > 1$，对 R_{11} 执行操作 $B^+(1,2)$，得到飞行员搭配二部图 G_2，如图 5.19 所示。此时得到 A 航空公司飞行员搭配数为 237 的非

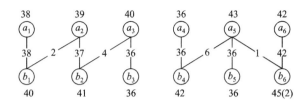

图 5.17　A 航空公司飞行员最大搭配二部图 G_1

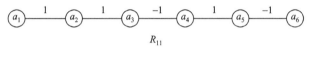

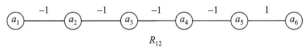

图 5.18　G_1 对应两种加权图 R_{11} 和 R_{12}

劣解，其中在最佳训练月参加复训的机长和副驾驶总人数为 465，有 4 名飞行员无法获得搭配。

（4）以此类推，可以得到 12 个非劣解，其中在最佳训练月参加复训人数最大化的非劣解如图 5.20 所示。在最佳训练月参加复训的机长和副驾驶总人数为 478，此时飞行员搭配数为 227，有 24 名飞行员无法获得搭配。

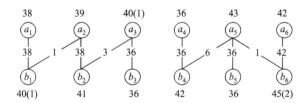

图 5.19　A 航空公司飞行员搭配二部图 G_2

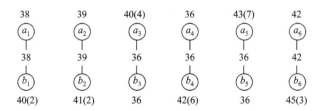

图 5.20　A 航空公司飞行员搭配二部图 G_1

本节在以往研究的基础上，对无训练资源约束飞行员全动模拟机复训问题进行探讨，构建双目标整数规划模型，对问题进行刻画。当问题规模较大时，对问题直接求解存在困难，为此，构造网络流、二部图和加权路等一系列网络规划模型，借助这些网络规划模型，给出求解飞行员全动模拟机复训计划优化问题的最优化多项式算法。以某航空公司飞行员全动模拟机复训计划制订为例，进行实例分析，说明模型和算法的有效性。

本节研究所用的方法，对于其他行业的双岗位周期性训练同样适用。同时，对于岗位超过两个的情况下的周期性训练问题，可以在本书方法的基础上进一步研究。

第 6 章　飞行员规划

随着我国国民经济持续、稳定地快速增长，民航获得了前所未有的发展时机，其规模平均每年以百分之十几的速度高速增长。随之而来的是对飞行员需求的高速增长，这与我国当前飞行员培养能力不足形成鲜明对比，同时也成为当前我国民航企业面临的主要发展瓶颈。

飞行员对飞行安全的影响有两个方面，一方面是"质"，一方面是"量"。对于"量"，一般情况下，当生产任务一定时，飞行员总量越多，每个飞行员的生产负荷越小，飞行安全性越高。而目前我国飞行员尚处于比较紧缺的阶段，飞行员数量不足，容易造成飞行安全隐患。波音公司 2014 年预测，2030 年中国将取代美国成为全球最大的航空市场，2014～2033 年中国将需新增 6020 架商用飞机，2014～2033 年，中国客机需求将占全球市场需求的六分之一。中国国内的客运量将以不低于 7.9% 的年均速度增长。根据《中国民用航空发展第十二个五年规划》，我国飞行员将由 2010 年的 2.4 万人增长到 2015 年的 4 万人（图 6.1），平均每年

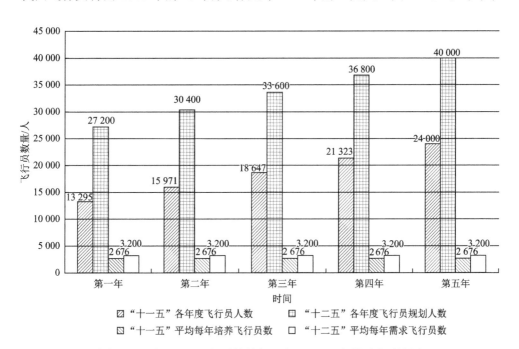

图 6.1　"十一五"飞行员培养与"十二五"飞行员需求对比图

增长 3200 余人。而我国"十一五"期间培养飞行员 1.3 万余人，平均每年培养 2600 余人。数据表明，按照原有培养速度，我国飞行员在"十二五"期间供不应求。本书研究飞行员配置规划模型与方法，其中飞行员发展规划主要是针对飞行员培养途径和培养数量优化的研究。

我国飞行员培养有着自己的特色。

（1）转升复杂、升级要求严格。为了满足不同的航线需求，航空公司往往拥有较多机型的飞机。在同一机型上，飞行员按照技术标准严格划分为多个等级，每个技术标准等级的提升需要满足严格的飞行资历要求。在不同机型之间转换同样有严格的限定标准。

（2）培养周期长。新学员培养模式和飞行员企业内部培养方式的特殊性，决定了飞行员从新学员培养至机长需要一个长期的过程。一般情况下，新学员在航校学习 4 年后进入航空公司，经过 4～6 年的飞行经历建立和飞行技术提高，当飞行资历达到一定要求后才能成为一名合格的机长。

（3）在生产中建立飞行经历。培养数量主要是考虑到机队的发展需求，培养速度既要与飞机引进时间相匹配，同时部分提高训练经历要在实际航班生产运行中建立。

（4）新学员集中毕业，造成训练资源不能均衡利用。国内航校训练资源本已严重短缺，培养速度无法满足要求，大部分训练和培养要在国外完成。加之，学员集中毕业，造成航空公司无法在短时期内集中培训，人为造成同一批次毕业的升级周期不同，导致人力资源浪费。

为了保障飞行员的技术水平，国内飞行员培养过程中需要参加各种训练，这些训练不仅是培养飞行员的途径，而且是保障飞行安全的重要手段。国内飞行员规划相关训练主要包括以下几种。

（1）新学员初始改装训练。航空公司每年都会招收很多新学员进入公司，新学员必须经过初始改装训练的理论课程、固定模拟机训练、全动模拟机训练和本场训练，达到一定的飞行技术后才能拥有飞行员资格，作为副驾驶参加实际的航班生产。

（2）升级训练。这里的升级训练包括副驾驶升级一副和一副升级机长训练。新学员成为副驾驶后，在航班生产中建立足够的飞行经历，参加升级训练，升级为一副。一副同样在获得足够的飞行经历后，参加升级为机长的训练。

（3）转机型训练。包括副驾驶转机型和机长转机型训练。不同机型的飞机构造和飞行操作不同，飞行员从一个机型转到另外一个机型，必须通过转机型训练获得转入机型的飞行执照才能参加该机型的生产。

良好的飞行培训是整个航空业朝更为安全的方向发展的重要一步。学员和经验丰富的飞行员都依靠所接受的培训来完善他们的技能和知识，并以此来保证他们自身以及乘客的安全。对飞行员的训练有些贯穿飞行员的飞行生涯，有些是阶段性的。

如图 6.2 所示的航空公司针对飞行员因素的安全管理，包括飞行员"质""量"管理两部分，其中前者主要从飞行员飞行品质评估方面对飞行员进行质量评估，后者将飞行员培养过程分为需求分析、规划与计划配置、实施监控和动态调整四部分，形成闭环管理。从整体上来说，飞行员的"量"是保障飞行员"质"的前提，而飞行员的"质"为飞行员"量"的管理提供决策依据，形成闭环管理。

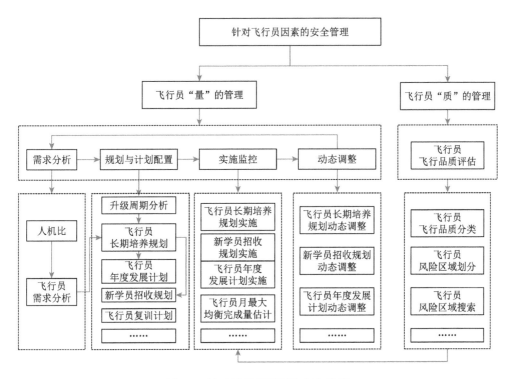

图 6.2　针对飞行员因素的安全管理

飞行员风险管理为飞行员提供训练和培养建议，飞行员通过训练提高飞行品质，从而飞行员"质"和"量"相辅相成，为飞行安全提供保障。

需求分析：这里是指飞行员的需求分析，包括机长需求分析和副驾驶需求分析。对于民航企业来说，飞行员需求来自市场，企业往往会根据对飞行运输市场的预估来制定飞机引进规划，确定每年引进飞机的机型和数量，并根据历史飞行任务的机组配置数据和当前航线结构数据，估计每个机型的人机比和副驾驶机长比，确定每个机型的每架飞机所需配备的机组数量。在此基础上，进一步确定满足未来市场需求的机长数量和副驾驶数量。

规划与计划配置：包括飞行员长期培养规划和短期训练计划两类。针对前者，由于飞行员培养是个长期过程，为了满足飞行员未来的需求，需要提前做好飞行员长期规划。民航企业一般以五年一个周期制定规划，并以此为基础，制定每年的短期训练计划，即规划的具体实施是通过年度训练计划来实现的。除了以培养飞行员为目的的短期训练计划外，还有一类短期训练是用来提高飞行员飞行品质的，如针对性提高训练，这都是训练计划配置研究的内容。

实时监控与动态调整：在规划和计划实施过程中，对相关指标进行实时监控和动态分析，当飞行员实际培养和规划、计划出现偏差，或者市场变化下飞行员需求发生变化时，需要对规划和计划进行相应的动态调整。"规划是基础，调整是关键"，没有不变的规划，当规划实施出现偏差时，只有积极有效地调整和应对才能有效完成规划的目标。

本章从飞行员培养角度对飞行员的"量"进行研究。从飞行员全职业生命周期角度，对飞行员数量相关的飞行员长期培养规划和短期训练计划进行模型和方法研究。

6.1　飞行员发展规划

飞行员发展规划是民航企业为了满足未来生产需求而制定的飞行员长期培养规划。伴随中国民航业的高速发展，航空公司正面临规模不断扩大、民航飞行员需求量快速增长与飞行员培养能力之间的瓶颈约束困扰。民航人才的紧缺，尤其是机长的紧缺，已经成为各航空公司高速发展的瓶颈，用现代科学的方法做好飞行员长期培养规划已日益凸显出重要性[117, 118]。

国内航空公司自己培养飞行员，从一个新学员进入航空公司开始，经历副驾驶，最终培养成为一个合格的机长一般需要六年以上的时间[119]，所以对飞行员发展的规划要长远考虑才能更为有效，合理制定飞行员培养的长期规划和近期计划，在遵守飞行员培训大纲要求和中国民用航空局相关规定的基础上，培养出足够多的合格机长和副驾驶成为目前以及未来极其重要的工作。

6.1 节和 6.2 节将分别从飞行员长期培养规划和短期训练计划两个方面对飞行员的"量"进行研究。

6.1.1　升级周期分析

飞行员升级周期是指飞行员从某个技术标准升级到更高技术标准的时间周期。国内航空公司的飞行员一般由公司自己培养，从新学员进入航空公司开始一步步升级，其升级阶段多且总升级周期很长。图 6.3 是民航飞行员转升级途径示

意图，飞行员最初作为新学员进入航空公司，经过初始改装训练成为最初等级副
驾驶（记为 F1 等级副驾驶），然后参加生产，积累飞行经历。当飞行经历积累到
一定量时，通过升级训练升级为高一级副驾驶或者通过转机型训练转入其他机型。
图 6.3 以两个机型为例描述了民航企业飞行员升级和转机型的过程。其中，大型
机和重型机是民航企业主营的两大类飞机机型。大型机是指最大起飞重量在 50t
以上、200t 以下的飞机。重型机是指最大起飞重量在 200t 以上的飞机。飞行员在
满足一定的条件下，可以从一个机型转到另外一个机型，称为飞行员转机型。在
同一个机型上，飞行员由低一级别升级到高一级别时所需参加的训练，称为升级
训练。由于重型机机型较大、操作复杂，一般用于飞国际航线，对重型机机长要
求要高于大型机机长。所以，航空企业往往要求重型机副驾驶不能直接升级为重
型机机长，而是先转机型到大型机，升级为大型机机长，建立足够的飞行经历后，
再转机型到重型机成为重型机机长。

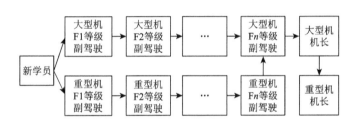

图 6.3　民航飞行员转升级途径示意图

从新学员最终成长为合格机长一般需要六年以上的时间，整个过程既有升级
途径的规定，又有升级所需飞行经历的要求。本节将针对飞行员升级周期进行分
析，研究飞行员升级在时间周期上的规律，为飞行员长期培养规划的合理制定提
供支持[120]。

1. 模型提出

按照规定，飞行员升级必须满足一定的飞行经历要求，包括累计飞行经历时
间要求、起落次数要求、外语水平要求等。由于英语水平等要求一般情况下较容
易满足，所以本节主要考虑累计飞行经历时间和起落次数两个主要指标要求。

$\rho_{\min}$ 和 $\rho_{\max}$ 表示副驾驶每周期（例如，半年或一年）建立飞行经历时间最小
值和最大值，$\varphi_{\min}$ 和 $\varphi_{\max}$ 表示副驾驶每周期建立起落次数最小值和最大值。

$g(\rho,\varphi)$：每周期飞行经历时间增加量在 $[\rho,\rho+\mu)$ 且起落次数增加量在 $[\varphi,$
$\varphi+\vartheta)$ 的副驾驶人数。其中 $\rho=\rho_{\min},\rho_{\min}+\mu,\cdots,\rho_{\max}$，$\varphi=\varphi_{\min},\varphi_{\min}+\vartheta,\cdots,\varphi_{\max}$。这
是副驾驶每周期建立飞行经历的区间分布，可以通过历史数据统计得到。其中 μ

表示 $\rho_{\max} - \rho_{\min}$、$\tau_0 - \alpha_0$ 和 $\delta_{\max} - \delta_{\min}$ 的公约数，ϑ 表示 $\varphi_{\max} - \varphi_{\min}$、$\pi_0 - \beta_0$ 和 $\gamma_{\max} - \gamma_{\min}$ 的公约数。

α_0 和 β_0 分别表示所有副驾驶累计飞行经历时间和起落次数的最小值，均为常数。

τ_0 和 π_0 分别表示副驾驶升级为机长的最低累计飞行经历时间和最低起落次数要求，均为常数。

$\delta_{\min}$ 和 $\delta_{\max}$ 分别表示副驾驶每周期飞行经历时间增加量最小值和最大值，均为常数。

$\gamma_{\min}$ 和 $\gamma_{\max}$ 分别表示副驾驶每周期起落次数增加量最小值和最大值，均为常数。

$f_t(\alpha, \beta)$ 表示第 t 年累计飞行经历时间在 $[\alpha, \alpha + \mu)$ 且起落次数在 $[\beta, \beta + \vartheta)$ 的副驾驶人数。其中，$\alpha = \alpha_0, \alpha_0 + \mu, \cdots$，$\beta = \beta_0, \beta_0 + \vartheta, \cdots$。这是副驾驶第 t 年累计飞行经历时间和起落次数的区间分布，则 $\sum_{\alpha \geq \tau_0, \beta \geq \pi_0} f_t(\alpha, \beta)$ 是第 t 年有资格升级为机长的副驾驶人数。$f_t(\alpha, \beta) \geq f_t(\alpha', \beta')$ 当且仅当 $\alpha \geq \alpha'$ 且 $\beta \geq \beta'$。

定义 6.1　飞行经历（增加量）在区间 $[\rho, \rho + \mu) \times [\varphi, \varphi + \vartheta)$ 上是指飞行经历时间（增加量）在区间 $[\rho, \rho + \mu)$ 上且起落次数（增加量）在区间 $[\varphi, \varphi + \vartheta)$ 上。

假设：每周期的副驾驶数量在每个飞行经历区间 $[\alpha, \alpha + \mu) \times [\beta, \beta + \vartheta)$ 上服从均匀分布，在每个飞行经历增加量区间 $[\rho, \rho + \mu) \times [\varphi, \varphi + \vartheta)$ 上服从均匀分布，且飞行经历增加量服从的均匀分布各周期保持不变。

飞行员的飞行经历是离散的，当区间划分较小时，可以近似认为服从均匀分布。

引理 6.1　设 (α, β) 服从 $[a_1, b_1] \times [c_1, d_1]$ 上均值为 1 的均匀分布，(ρ, φ) 服从 $[a_2, b_2] \times [c_2, d_2]$ 上均值为 1 的均匀分布，$b_2 - a_2 = b_1 - a_1$，$d_2 - c_2 = d_1 - c_1$，则 $(\alpha + \rho, \beta + \varphi)$ 服从分布：

$$f(t, r) = \begin{cases} (t - a_1 - a_2)(r - c_1 - c_2)/H, & a_1 + a_2 \leq t \leq a_1 + b_2 \text{且} c_1 + c_2 \leq r \leq c_1 + d_2 \\ (b_1 + b_2 - t)(r - c_1 - c_2)/H, & a_1 + b_2 \leq t \leq a_2 + b_2 \text{且} c_1 + c_2 \leq r \leq c_1 + d_2 \\ (t - a_1 - a_2)(d_1 + d_2 - r)/H, & a_1 + a_2 \leq t \leq a_1 + b_2 \text{且} c_1 + d_2 \leq r \leq d_1 + d_2 \\ (b_1 + b_2 - t)(d_1 + d_2 - r)/H, & a_1 + b_2 \leq t \leq a_2 + b_2 \text{且} c_1 + d_2 \leq r \leq d_1 + d_2 \end{cases}$$

$$(6.1)$$

其中，$H = (b_1 - a_1)(b_2 - a_2)(d_1 - c_1)(d_2 - c_2)$。

根据引理 6.1，可以由第 t 年的副驾驶累计飞行经历时间和起落次数区间分布求得第 $t+1$ 年的副驾驶累计飞行经历时间和起落次数区间分布。$f_0(\alpha, \beta)$ 可以统计得到，从而根据引理 6.1，可以求得所有年度的 $f_t(\alpha, \beta)$。将区间 $[\alpha_0 + i\mu, \alpha_0 + j\mu)$ 简记为 $\alpha_0(i, j)$，将区间 $[\beta_0 + i\vartheta, \beta_0 + j\vartheta)$ 简记为 $\beta_0(i, j)$。

可以得到定理 6.1。

定理 6.1　每周期各个区间 $[\alpha, \alpha + \mu) \times [\beta, \beta + \vartheta)$ 之间的副驾驶人数变动过程是一个马尔可夫过程，且转移矩阵为 $B = (b_{ijkl})$。其中，式（6.2）表示区间 $\alpha_0(i, i+1) \times \beta_0(j, j+1)$ 上副驾驶人数向区间 $\alpha_0(k, k+1) \times \beta_0(l, l+1)$ 升级的人数。

$$b_{ijkl} = \begin{cases} 0, & i > k \text{或} j > l \\ \dfrac{1}{4} g(0,0), & i = k \text{且} j = l \\ \dfrac{1}{4} \sum_{m=k-i-1}^{k-i} \sum_{n=l-j-1}^{l-j} g(\mu m, \vartheta n), & i < k \text{或} j < l \end{cases} \tag{6.2}$$

证明：因为飞行员的累计飞行经历时间逐年递增，所以当 $i > k$ 或 $j > l$ 时 $b_{ijkl} = 0$。下面证明其他两种情况。

考虑两组自由变量 (x, w) 和 (y, v)，其中 (x, w) 服从分布：

$$f(x, w) = \begin{cases} \dfrac{1}{\mu \vartheta}, & x \in \alpha_0(i, i+1) \text{且} w \in \beta_0(j, j+1) \\ 0, & \text{其他} \end{cases} \tag{6.3}$$

(y, v) 服从分布：

$$g(y, v) = \begin{cases} \dfrac{1}{\mu \vartheta}, & m\mu \leqslant y \leqslant (m+1)\mu \text{且} n\vartheta \leqslant v \leqslant (n+1)\vartheta \\ 0, & \text{其他} \end{cases} \tag{6.4}$$

根据引理 6.1，有 $(x+y, w+v)$ 服从分布：

$$h(z, o) = \begin{cases} \dfrac{(z - \alpha_0 - \mu(i+m))(o - \beta_0 - \vartheta(j+n))}{\mu^2 \vartheta^2}, & z \in \alpha_0(i+m, i+m+1) \text{且} o \in \beta_0(j+n, j+n+1) \\ \dfrac{(z - \alpha_0 - \mu(i+m))(\beta_0 + \vartheta(j+n+2) - o)}{\mu^2 \vartheta^2}, & z \in \alpha_0(i+m, i+m+1) \text{且} o \in \beta_0(j+n+1, j+n+2) \\ \dfrac{(\alpha_0 + \mu(i+m+2) - z)(o - \beta_0 - \vartheta(j+n))}{\mu^2 \vartheta^2}, & z \in \alpha_0(i+m+1, i+m+2) \text{且} o \in \beta_0(j+n, j+n+1) \\ \dfrac{(\alpha_0 + \mu(i+m+2) - z)(\beta_0 + \vartheta(j+n+2) - o)}{\mu^2 \vartheta^2}, & z \in \alpha_0(i+m+1, i+m+2) \text{且} o \in \beta_0(j+n+1, j+n+2) \end{cases} \tag{6.5}$$

分别对该分布的四个区域进行积分得

$$\int_{\alpha_0+\mu(i+m)}^{\alpha_0+\mu(i+m+1)} \int_{\beta_0+\vartheta(j+n)}^{\beta_0+\vartheta(j+n+1)} h(z, o) \mathrm{d}z\mathrm{d}o = \int_{\alpha_0+\mu(i+m)}^{\alpha_0+\mu(i+m+1)} \int_{\beta_0+\vartheta(j+n+1)}^{\beta_0+\vartheta(j+n+2)} h(z, o) \mathrm{d}z\mathrm{d}o$$

$$= \int_{\alpha_0+\mu(i+m+1)}^{\alpha_0+\mu(i+m+2)} \int_{\beta_0+\vartheta(j+n)}^{\beta_0+\vartheta(j+n+1)} h(z, o) \mathrm{d}z\mathrm{d}o$$

$$= \int_{\alpha_0+\mu(i+m+1)}^{\alpha_0+\mu(i+m+2)} \int_{\beta_0+\vartheta(j+n+1)}^{\beta_0+\vartheta(j+n+2)} h(z, o) \mathrm{d}z\mathrm{d}o = \frac{1}{4} \tag{6.6}$$

即区间 $\alpha_0(i,i+1)\times\beta_0(j,j+1)$ 上的飞行员经过飞行经历增加 $g(y,v)$，分别有占比为 $\frac{1}{4}g(m\mu,n\vartheta)$ 的飞行员落入了区间 $\alpha_0(i+m,i+m+1)\times\beta_0(j+n,j+n+1)$、$\alpha_0(i+m+1,i+m+2)\times\beta_0(j+n,j+n+1)$、$\alpha_0(i+m,i+m+1)\times\beta_0(j+n+1,j+n+2)$ 和 $\alpha_0(i+m+1,i+m+2)\times\beta_0(j+n+1,j+n+2)$ 中。换句话说，飞行员在区间之间的转移比例（概率）是常数，则飞行员在区间之间的转移人数只与原区间人数有关，因此，飞行员转移过程是一个马尔可夫过程。

对所有的 m 和 n 进行同样的计算，我们可以得到：当 $m=n=0$ 时，区间 $\alpha_0(i,i+1)\times\beta_0(j,j+1)$ 向区间 $\alpha_0(i+m,i+m+1)\times\beta_0(j+n,j+n+1)$ 转移飞行员占比为 $\frac{1}{4}g(0,0)$；当 $m>0$ 或 $n>0$ 时，区间 $\alpha_0(i,i+1)\times\beta_0(j,j+1)$ 向区间 $\alpha_0(i+m,i+m+1)\times\beta_0(j+n,j+n+1)$ 转移的飞行员人数占比为 $\frac{1}{4}\sum_{r=m-1}^{m}\sum_{s=n-1}^{n}g(\mu r,\vartheta s)$。至此，我们得到了 $b_{i,j,i+m,j+n}$ 的值，定理得证。

定理 6.1 给出了飞行员的马尔可夫转移规律，也就给出了飞行员的培养规律，其现实意义为：这是对飞行员飞行经历结构的预测，同时，也是对飞行员培养能力的预测，为未来的飞行机队实力评估提供理论支持，也为飞行员长期培养规划提供决策辅助。

当 $k\geqslant\dfrac{\tau_0}{\mu}$ 且 $l\geqslant\dfrac{\tau_0}{\vartheta}$ 时，b_{ijkl} 对应的副驾驶在下一年有资格升级为机长，记 $\bar{b}_{ij}=\sum\limits_{k\geqslant\frac{\tau_0}{\mu},l\geqslant\frac{\tau_0}{\vartheta}}b_{ijkl}$。对于每个 i，令 B_{ijkl} 表示 $k<\dfrac{\tau_0}{\mu}$ 或 $l<\dfrac{\tau_0}{\vartheta}$ 且值不为 0 的 b_{ijkl} 的集合，记 s_i 为该集合中最大下标 j。

我们可以将四维马尔可夫矩阵 B_{ijkl} 转化为二维方阵 $C_{N\times N}$：

$$C_{N\times N}=\begin{bmatrix} b_{0000} & b_{0001} & \cdots & b_{000s_0} & b_{0010} & \cdots & b_{001s_1} & b_{0020} & \cdots & b_{002s_2} & \cdots & \bar{b}_{00} \\ b_{0100} & b_{0101} & \cdots & b_{010s_0} & b_{0110} & \cdots & b_{011s_1} & b_{0020} & \cdots & b_{002s_2} & \cdots & \bar{b}_{01} \\ \vdots & \vdots & & \vdots & \vdots & & \vdots & \vdots & & \vdots & & \vdots \\ 0 & 0 & \cdots & 0 & 0 & \cdots & 0 & 0 & \cdots & 0 & \cdots & 1 \end{bmatrix}=\begin{pmatrix} B_{00} \\ B_{01} \\ \vdots \\ B_{kl} \\ \vdots \\ B_N \end{pmatrix}=\begin{pmatrix} B_1 \\ B_2 \\ \vdots \\ B_N \end{pmatrix}$$

其中，对于每个 i 有 $\sum\limits_{k=j}^{N}c_{ij}=1$，且 B_{kl} 对应于副驾驶区间 $\alpha_0(k,k+1)\times\beta_0(l,l+1)$，简称 B_{kl} 区间。B_N 区间对应于有资格升级为机长的副驾驶区间。

我们有以下定理。

定理 6.2 当 $g(0,0)=0$ 时，至多经过 $N-1$ 年，所有副驾驶都有资格升级为机长。

证明： 当 $g(0,0)=0$ 时，由定理 6.1 得 $b_{ijkl}=\dfrac{1}{4}g(0,0)=0$，即方阵对角线元素除了最后一个为 1 外其余全为 0。由定理知，当 $i>k$ 或 $j>l$ 时，$b_{ijkl}=0$，即方阵中 b_{ijij} 下方的 b_{ijkl} 全为 0。因此，方阵 $C_{N\times N}$ 是上三角矩阵，且对角线上的元素除了最后一个为 1 外，其他均为 0。

不难证明任意 N 维单位向量 $(x_1,x_2,\cdots,x_N)^{\mathrm{T}}$ 经过 $N-1$ 次 $C_{N\times N}$ 乘积后成为 N 维单位向量 $(0,0,\cdots,0,1)^{\mathrm{T}}$，其中 $x_k(1\leqslant k\leqslant N)$ 表示非负数且 $\displaystyle\sum_{k=1}^{N}x_k=1$，证明从略。

定理得证。

由定理 6.1 知，$g(0,0)$ 表示区间 $\alpha_0(0,1)\times\beta_0(0,1)$ 上的副驾驶经过一年后还落在此区间的人数比例。在实际情况当中，当 μ 和 ϑ 取值较小时，该比例为 0。从而本定理符合实际情况。

令 θ_i^{T} 表示第 i 个元素为 1，其余元素为 0 的 N 维单位向量，其中 θ_i^{T} 和 θ_i 互为转置。我们得出以下推论。

推论 6.1　（1）若 $\theta_i\times(C_{N\times N})^{L}\times\theta_j^{\mathrm{T}}\neq 0$ 且对于所有 $k<L$ 有 $\theta_i\times(C_{N\times N})^{k}\times\theta_j^{\mathrm{T}}=0$，则 B_i 区间中的副驾驶最早经过 L 年可转移到 B_j 区间。

（2）若 $\theta_i\times(C_{N\times N})^{H}\times\theta_j\neq 0$ 且对于所有 $k>H$ 有 $\theta_i\times(C_{N\times N})^{k}\times\theta_j=0$，则 B_i 区间中副驾驶最迟经过 H 年可转移到 B_j 区间。

（3）对于 $L\leqslant k\leqslant H$，经过 k 年，原 B_i 区间中的副驾驶向 B_j 区间的转移比例为 $\theta_i\times(C_{N\times N})^{k}\times\theta_j$。

证明：（1）由定理 6.2 知，转移矩阵 $C_{N\times N}$ 是上三角矩阵，且对角线上的元素除最后一个为 1 外，其他均为 0。所以，只有当 $i<j$ 时，B_i 区间中的副驾驶才可能转移到 B_j 区间。显然，$\theta_i\times(C_{N\times N})^{k}$ 表示 B_i 区间中的副驾驶经过 k 次 $C_{N\times N}$ 转移变换，即经过 k 年向各个区间转移的比例。从而，$\theta_i\times(C_{N\times N})^{k}\times\theta_j$ 即为 B_i 区间中的副驾驶经过 k 年转移到 B_j 区间的比例。若 $\theta_i\times(C_{N\times N})^{L}\times\varepsilon_j^{\mathrm{T}}\neq 0$ 且对于所有 $k<L$ 有 $\theta_i\times(C_{N\times N})^{L}\times\varepsilon_j^{\mathrm{T}}=0$，则 B_i 区间中的副驾驶经过 k 年未有人转入 B_j 区间，而经过 L 年可转入 B_j 区间。换句话说，B_i 区间中的副驾驶最早经过 L 年可转移到 B_j 区间。

（2）和（3）类似（1）可证。

推论 6.1 具体给出了每个区间上的副驾驶转移规律。

推论 6.2　当 $j=N$ 时推论 6.1 成立，则 B_i 区间中副驾驶升级机长的周期 t 满足 $L\leqslant t\leqslant H$，且经过 t 年，原 B_i 区间中的副驾驶有资格成为机长的比例为 $\theta_i\times(C_{N\times N})^{t}\times\theta_N$。

推论 6.3　当 $i=1$ 且 $j=N$ 时推论 6.1 成立，则最低飞行经历的副驾驶升级机长周期 t 满足 $L\leqslant t\leqslant H$，且经过 t 年，其有资格成为机长的比例为 $\theta_1\times(C_{N\times N})^{t}\times\theta_N$。

推论 6.2 和推论 6.3 不难由推论 6.1 得出。前者给出了每个区间上副驾驶升级机长的周期规律，后者给出了最低飞行经历副驾驶升级机长的周期规律。

2. 实例分析

以某航空公司某机型 40 名副驾驶升级机长为例，对飞行员升级周期估算模型进行验证。根据规定，该机型副驾驶升级机长要求为累计飞行经历达到 2700h 且起落次数达到 400。根据历史数据统计，该机型副驾驶最低（新学员）累计飞行经历时间为 450h，当累计飞行经历时间达到 2700h 时，其起落次数均超过 400。换句话说，该机型副驾驶只要累计飞行经历时间达到升级要求，其起落次数也会达到升级要求。因此，本书仅将飞行员累计飞行经历时间及每半年飞行经历时间增加量进行分区间考虑，即先从飞行经历时间角度对飞行员升级周期估算方法进行验证，从起落次数角度的验证可以类推。

某年年初该机型副驾驶累计飞行经历时间分布见表 6.1。

表 6.1　年初副驾驶累计飞行经历时间分布

项目	200~449h	450~699h	700~949h	950~1199h	1200~1449h	1450~1699h	1700~1949h	1950~2199h	2200~2449h	2450~2700h	2700h以上
人数	5	0	6	2	3	8	3	0	8	5	0
人数占比	0.125	0	0.15	0.05	0.075	0.2	0.075	0	0.2	0.125	0

根据该年度之前多年的历史数据统计，每周期该机型副驾驶飞行经历增加量分布见表 6.2。

表 6.2　周期副驾驶飞行经历时间增加量分布

项目	0~249h	250~499h	500~749h	750~999h
变量表示	$g(0)$	$g(1)$	$g(2)$	$g(3)$
人数占比	0	0.462	0.513	0.025

根据历史数据统计，这批副驾驶经过几年后升级为机长的人数见表 6.3。

表 6.3　这批副驾驶几年后升级为机长的人数

项目	1 年	2 年	3 年	4 年	5 年	6 年	7 年
升级为机长人数	10	18	25	33	36	39	40

根据定理 6.1，飞行员转移矩阵为 $B=(b_{ijkl})$，当仅从飞行经历时间角度考虑时，转移矩阵转化为 $B=(b_{ik})$，其中

$$b_{ik}=\begin{cases}0, & i>k\\[2mm]\dfrac{1}{2}g(0), & i=k\\[3mm]\dfrac{1}{2}\displaystyle\sum_{m=k-i-1}^{k-i}g(m), & i<k\end{cases}$$

表示区间 $[250\times i,250\times(i+1))$ 上副驾驶人数向区间 $[250\times k,250\times(k+1))$ 升级的人数。根据表 6.2，计算得到该机型副驾驶升级转移矩阵为

$$B=\begin{bmatrix}0 & 0.231 & 0.4875 & 0.269 & 0.0125 & & & & & \\ & 0 & 0.231 & 0.4875 & 0.269 & 0.0125 & & & & \\ & & 0 & 0.231 & 0.4875 & 0.269 & 0.0125 & & & \\ & & & 0 & 0.231 & 0.4875 & 0.269 & 0.0125 & & \\ & & & & 0 & 0.231 & 0.4875 & 0.269 & 0.0125 & \\ & & & & & 0 & 0.231 & 0.4875 & 0.269 & 0.0125 \\ & & & & & & 0 & 0.231 & 0.4875 & 0.2815 \\ & & & & & & & 0 & 0.231 & 0.769 \\ & & & & & & & & 0 & 1 \\ & & & & & & & & & 0\end{bmatrix}$$

表 6.1 的分布经过若干次转移矩阵运算后，其分布见表 6.4。

表 6.4　若干次转移矩阵运算后副驾驶累计飞行经历时间分布

次数	200~449h	450~699h	700~949h	950~1199h	1200~1449h	1450~1699h	1700~1949h	1950~2199h	2200~2449h	2450~2700h	2700h以上
1 次运算	0	1	2	3	4	3	4	5	4	3	11
2 次运算	0	0	0	1	2	3	3	4	4	5	18
3 次运算	0	0	0	0	0	1	2	3	3	4	27
4 次运算	0	0	0	0	0	0	0	1	2	3	34
5 次运算	0	0	0	0	0	0	0	0	1	1	38
6 次运算	0	0	0	0	0	0	0	0	0	0	40

不难看出表 6.4 的最后一列表示根据转移矩阵计算出的经过 1 年、2 年、…、6 年后这批副驾驶有资格升级为机长的人数，与表 6.3 进行对比，基本与历史统计结果相吻合。

对于 11 维单位向量 $\theta_1^{\mathrm{T}} = (1,0,\cdots,0)^{\mathrm{T}}$，$\theta_1 \times B \times \theta_{11}^{\mathrm{T}} = \theta_1 \times B^2 \times \theta_{11}^{\mathrm{T}} = 0$，$\theta_1 \times B^3 \times \theta_{11}^{\mathrm{T}} = 0$，$\theta_1 \times B^4 \times \theta_{11}^{\mathrm{T}} = 0.2$，$\theta_1 \times B^5 \times \theta_{11}^{\mathrm{T}} = 0.69$，$\theta_1 \times B^6 \times \theta_{11}^{\mathrm{T}} = 0.95$，$\theta_1 \times B^7 \times \theta_{11}^{\mathrm{T}} = 1$。

由此看出，根据转移矩阵估算，在航空公司最低飞行经历的副驾驶升级机长的周期一般为 4～7 年（且大部分为 5 年或 6 年），这与实际情况（新学员一般经过 4 年航校学习和 4～7 年航空公司培养，才能成为机长）相符。

综上，飞行员技术标准等级多、转升途径复杂等特点，给飞行员人力资源分析的研究带来困难。本书对飞行员升级周期进行研究，根据飞行员累计飞行经历时间和起落次数的增长规律，建立了飞行员升级的转移矩阵模型，并进一步分析给出飞行员升级周期估算方法，实例分析结果表明了升级周期估算方法的有效性。为中国民航飞行员的招飞和培养等人力资源规划提供了支持。

6.1.2　飞行员长期培养规划

飞行员长期培养规划就是在各类训练资源和升级资格的约束下，考虑到训练满足升级和转机型的相关规定，合理制定未来多年的新学员招飞、飞行员升级和转机型规划，使各技术等级的飞行员数量满足安全生产需求。其中训练资源包括各类硬件资源，如全动模拟机、固定模拟机、本场资源（飞机）等，还包括飞行教员资源等约束。而飞行员升级资格和转机型资格主要由飞行员累计飞行经历时间和起落次数决定，未来飞行员升级资格和转机型资格人数与目前飞行员的累计飞行经历时间和起落次数分布相关，又与未来每年升级和转机型的人数相关，对未来飞行员升级资格和转机型资格人数的预测是问题的难点，飞行员长期培养规划问题是一类特殊的人力资源规划问题。

国内航空公司的飞行员按照飞行技术标准等级从低到高分为：新雇员或 F1 等级副驾驶（简称 F1），F2 等级副驾驶（简称 F2），$\cdots$，Fn 等级副驾驶（简称 Fn）和机长。简单起见，我们统称 F1 和 F2 为副驾驶，F3，$\cdots$，Fn 统称为一副。

从航校毕业的学生，刚进入航空公司时，称为新雇员，进入航空公司后需要参加半年的初始改装训练。之后累计飞行经历升级为更高技术等级的副驾驶或机长。新雇员一般毕业于航校或选拔于普通高校，毕业于航校的新学员在校四年期间，前两年参加理论学习，后两年参加飞行实践学习。选拔于普通高校的新学员一般是大二学生，被选为飞行员的这些学生要被送往航校（一般是国际的）进行两年的飞行实践学习，同时补充飞行理论。总之，新雇员进入航空公司时，一般具有两年的飞行实践经验，累计飞行经历时间约 300h。

新雇员经过半年的初始改装训练，这期间不分机型，大约积累 200h 的飞行经历时间，通过检查，分配到各个机型成为副驾驶，故本书假设新学员成为副驾驶时累计飞行经历时间为 500h。

按照中国民用航空局和国内航空公司规定，副驾驶在所在的机型上参加航班生产，在座飞行，建立飞行经历。其中副驾驶在大型机上，当累计飞行经历时间达到 1200h 时，可升级为一副；在重型机上，当累计飞行经历时间达到 1500h 时，可升级为一副。与副驾驶类似，大型机一副累计飞行经历时间达到 2700h，并且在本机型上飞满 400 次起落时，可升级为大型机机长。重型机一副与大型机一副不同，不能直接升级为重型机机长，需要先转机型到大型机副驾驶，经过半年的恢复期，获得大型机一副资格。然后与其他大型机一副一样，积累飞行经历，达到要求后升级为大型机机长。升级重型机机长要求有大型机机长经历，所以重型机机长都是由大型机机长转机型（也是一种升级）而来的。

根据飞行员的分类，本节所研究的问题是如何在训练资源的约束下，合理安排新学员招飞，副驾驶升级一副，重型机一副转大型机副驾驶，大型机一副升级机长，大型机机长转重型机机长等，使未来飞行员满足安全生产需要。

1. 模型提出

目前国内航空公司对飞行员的需求一般按照下面的公式"飞行员需求人数 = 飞机数量×人机比"进行规划。本节所研究的飞行员长期培养规划的重点是在飞行员需求已知的基础上，对飞行员培养的规划研究，包括对新学员招飞数量、飞行员升级人数和转机型人数的规划等。

假设：每个上半年飞行员飞行经历时间增加量分布相同，每个下半年飞行员飞行经历时间增加量分布相同。

国内航空公司主要运营两类机型，即大型机和重型机。所有大型机转升比较类似，所有重型机转升比较类似，不失一般性，本书只以两个机型为例，并称之为大型机和重型机。其中，大型机升级资格考虑累计飞行经历时间和起落次数。重型机的累计飞行经历时间符合升级要求时，其起落次数一般也会达到升级要求，所以重型机的升级资格仅考虑累计飞行经历时间即可。同时，为了简单起见，重型机副驾驶和一副不再分等级考虑，统一作为一类副驾驶考虑其累计飞行经历时间变化。

以半年为周期，以 100h 作为各类分布区间长度，下面建立数学规划模型对问题进行刻画。

1）常量

D_{ijt}：第 t 半年第 i 机型第 j 级别飞行员的需求人数。其中，$i=1$ 表示大型机，$i=2$ 表示重型机。$j=0$ 表示新雇员，且 $D_{i0t}=0$。$j=1$ 表示副驾驶，$j=2$ 表示一副，$j=3$ 表示机长。本节中对所有 t 有 $1 \leqslant t \leqslant 10$。

$\bar{S}_t$：第 t 半年新雇员招收的最大人数。

Cs_{ijt}：第 i 机型第 j 级别飞行员升级费用。其中，Cs_{i0t} 表示新雇员招收费用，

随着 t 的增加而减小，表示在满足飞行员需求（生产需求）的情况下越晚招收新雇员越好。Cs_{i1t} 比较特殊，随着 t 的增加而增加且设定为负值（负费用），表示副驾驶只要满足升级要求即可升级为一副。Cs_{i3t} 表示外聘机长费用或机长缺口费用，远远大于其他费用，这与实际相符。

Cz_{ijt}：第 i 机型第 j 级别飞行员转机型费用。

Rs_{ijk}：每个第 i 机型第 j 级别飞行员升级所需第 k 类训练资源量，其中，$k=1$ 表示全动模拟机训练资源，$k=2$ 表示固定模拟机训练资源，$k=3$ 表示本场训练资源，$k=4$ 表示教员提供训练小时数。

Rz_{ijk}：每个第 i 机型第 j 级别飞行员转机型所需第 k 类训练资源量。

$\bar{R}_{itk}$：第 t 半年第 i 机型第 k 类训练资源提供总量。

Rj_{i3t}：第 t 半年第 i 机型第 j 级别飞行员退休人数。

$X_0(\alpha)$、$x_0(\alpha)$：$t=0$ 时即飞行员长期培养规划期初，重型机副驾驶、一副对应于累计飞行经历时间划分的人数分布函数和密度函数。其中，$x_0(\alpha)$ 表示重型机上累计飞行经历时间在区间 $[\alpha,\alpha+99]$ 上副驾驶或一副人数，且将累计飞行经历时间在 2700h 以上的所有飞行员归于一个区间[2700,2799]。

$P(\alpha,\gamma)$：累计飞行经历时间在区间 $[\alpha,\alpha+99]$ 上重型机副驾驶、一副人数在上半年内飞行经历时间增加量区间 $[\gamma,\gamma+99]$ 上的分布。

$Q(\alpha,\gamma)$：区间 $[\alpha,\alpha+99]$ 上重型机副驾驶、一副人数在下半年内飞行经历时间增加量区间 $[\gamma,\gamma+99]$ 上的分布。

$Y_0(\alpha,\beta)$、$y_0(\alpha,\beta)$：$t=0$ 时即初始时间，大型机副驾驶、一副对应于累计飞行经历时间和起落次数区间划分的飞行员人数分布函数和密度函数。其中，$y_0(\alpha,\beta)$ 表示大型机上累计飞行经历时间在 $[\alpha,\alpha+99]\times[\beta,\beta+99]$ 上的副驾驶或一副人数，类似地，将累计飞行经历时间在 2700h 以上的所有飞行员归于一个区间 $[2700,2799]\times[400,499]$。$X_0(\alpha)$、$x_0(\alpha)$、$Y_0(\alpha,\beta)$、$y_0(\alpha,\beta)$ 统称为人员结构。

$P(\alpha,\beta,\gamma,\delta)$：区间 $[\alpha,\alpha+99]\times[\beta,\beta+99]$ 上的所有大型机副驾驶、一副在他们的上半年内飞行经历时间和起落次数增加量区间 $[\gamma,\gamma+99]\times[\delta,\delta+99]$ 上的分布。

$Q(\alpha,\beta,\gamma,\delta)$：区间 $[\alpha,\alpha+99]\times[\beta,\beta+99]$ 上的所有大型机副驾驶、一副在他们的下半年内飞行经历时间和起落次数增加量区间 $[\gamma,\gamma+99]\times[\delta,\delta+99]$ 上的分布。

$\bar{T}_{2t}/\underline{T}_{2t}$：第 t 个半年重型机一副有资格转机型的最高/最低累计飞行经历时间，不失一般性，我们假设 $\underline{T}_{2t}=1800$，这样重型机一副转到大型机后，在随后一年的飞行任务中，大约能累计 900h 的飞行经历时间，累计飞行经历时间都会达到 2700h 以上，满足升级机长的资格。

2）决策变量

$X_t(\alpha)$：第 t 个半年重型机副驾驶、一副对应于累计飞行经历时间划分的人数分布。

$Y_t(\alpha,\beta)$：第 t 个半年大型机副驾驶、一副对应于累计飞行经历时间和起落次数区间划分的飞行员人数分布。

s_{ijt}：第 t 个半年第 i 机型第 j 级别升为第 $j+1$ 级别飞行员人数，其中，$j=0$ 时，表示第 $t-1$ 个半年新学员招飞人数。

f_{ijt}：第 t 个半年第 i 机型第 j 级别飞行员人数。

z_{ijt}：第 t 个半年第 i 机型第 j 级别飞行员转机型的人数。

l_{i3t}：第 t 个半年第 i 机型机长缺口人数。

3）数学模型

$$\min \sum_{t=1}^{10}\sum_{i=1}^{2}\sum_{j=0}^{2}\mathrm{Cs}_{ijt}s_{ijt} + \sum_{t=1}^{10}\sum_{i=1}^{2}\sum_{j=2}^{3}\mathrm{Cz}_{ijt}z_{ijt} + \sum_{t=1}^{10}\sum_{i=1}^{2}\mathrm{Cs}_{i3t}l_{i3t} \tag{6.7}$$

$$\text{s.t.} \quad f_{i3t} + l_{i3t} \geqslant D_{i3t}, \quad i=1,2 \tag{6.8}$$

$$\sum_{j=1}^{3} f_{ijt} + l_{i3t} \geqslant \sum_{j=1}^{3} D_{ijt}, \quad i=1,2 \tag{6.9}$$

$$f_{ijt} = f_{i,j,t-1} + s_{i,j-1,t} - s_{ijt} + z_{3-i,j,t} - z_{ijt}, \quad i=1,2; j=1,2 \tag{6.10}$$

$$f_{i3t} = f_{i,3,t-1} + s_{i2t} - z_{i3t} - \mathrm{Rj}_{i3t}, \quad i=1,2 \tag{6.11}$$

$$\sum_{i=1}^{2}\sum_{j=0}^{2} s_{ijt}\mathrm{Rs}_{ijk} + \sum_{i=1}^{2}\sum_{j=1}^{3} z_{ijt}\mathrm{Rz}_{ijk} \leqslant \overline{R}_{itk}, \quad k=1,2,3,4 \tag{6.12}$$

$$\sum_{i=1}^{2} s_{i0t} \leqslant \overline{S}_t \tag{6.13}$$

$$s_{1jt} \leqslant \sum_{u=5}^{11}\sum_{v\geqslant 0} y_{t-1}(100u,50v) - s_{1,0,t-1} - \sum_{u=5}^{11}\sum_{v\geqslant 0} y_t(100u,50v) + s_{10t}, \quad j=1,2 \tag{6.14}$$

$$s_{2jt} \leqslant \sum_{u=5}^{14} x_{t-1}(100u) - s_{2,0,t-1} - \sum_{u=5}^{14} x_t(100u) + s_{20t} \tag{6.15}$$

$$z_{22t} \leqslant \sum_{u=\underline{T}_{2t}/100}^{\overline{T}_{2t}/100} x_{t-1}(100u) \tag{6.16}$$

$$\sum_{\tau=1}^{t} s_{13\tau} \leqslant \sum_{u\geqslant 27}\sum_{v\geqslant 8} y_{t-1}(100u,50v) \tag{6.17}$$

$$Y_t = Y_{t-1}B_{uvw\xi} + S_{10t} + Z_{2,2,t-1} \tag{6.18}$$

其中，$Y_t = \begin{pmatrix} y_t(500,0) & y_t(500,50) & \cdots \\ y_t(600,0) & y_t(600,50) & \cdots \\ \vdots & \vdots & \end{pmatrix}$；$B_{uvw\xi} = (b_{uvw\xi})$。

而且，当 $t = 1, 3, 5, 7, 9$ 时：

$$b_{uvw\xi} = \begin{cases} 0, & u > w \text{ 或 } v > \xi \\ \dfrac{1}{4} p(400+100u, 400+100v, 0, 0), & u = w \text{ 且 } v = \xi \\ \dfrac{1}{4} \sum\limits_{n=\xi-v-1}^{\xi-v} p(400+100u, 400+100v, 0, 50n), & u = w \text{ 且 } v < \xi \\ \dfrac{1}{4} \sum\limits_{n=w-u-1}^{w-u} p(400+100u, 400+100v, 100m, 0), & u < w \text{ 且 } v = \xi \\ \dfrac{1}{4} \sum\limits_{n=w-u-1}^{w-u} \sum\limits_{n=w-u-1}^{w-u} p(400+100u, 400+100v, 100m, 50n), & u < w \text{ 且 } v < \xi \end{cases}$$

$$(6.19)$$

当 $t = 2, 4, 6, 8, 10$ 时：

$$b_{uvw\xi} = \begin{cases} 0, & u > w \text{ 或 } v > \xi \\ \dfrac{1}{4} q(400+100u, 400+100v, 0, 0), & u = w \text{ 且 } v = \xi \\ \dfrac{1}{4} \sum\limits_{n=\xi-v-1}^{\xi-v} q(400+100u, 400+100v, 0, 50n), & u = w \text{ 且 } v < \xi \\ \dfrac{1}{4} \sum\limits_{n=w-u-1}^{w-u} q(400+100u, 400+100v, 100m, 0), & u < w \text{ 且 } v = \xi \\ \dfrac{1}{4} \sum\limits_{n=w-u-1}^{w-u} \sum\limits_{n=w-u-1}^{w-u} q(400+100u, 400+100v, 100m, 50n), & u < w \text{ 且 } v < \xi \end{cases}$$

$$(6.20)$$

由于

$$S_{10t} = \begin{pmatrix} s_{10t} & 0 & \cdots \\ 0 & 0 & \cdots \\ \vdots & \vdots & \end{pmatrix}, \quad Z_{2,2,t-1} = \begin{pmatrix} \cdots & 0 & 0 \\ \cdots & 0 & 0 \\ \cdots & 0 & z_{2,2,t-1} \end{pmatrix}, \quad X_t = X_{t-1} A_{uv} - Z_{2,2,t-1}^{\mathrm{T}} + S_{20t} \quad (6.21)$$

其中

$$X_t = (x_t(500), x_t(600), \cdots, x_t(400+100u), \cdots), \quad A_{uv} = (a_{uv})$$

而且，当 $t = 1, 3, 5, 7, 9$ 时：

$$a_{uv} = \begin{cases} 0, & u > v \\ \dfrac{1}{2} p(400+100u, 0), & u = v \\ \dfrac{1}{2} \sum\limits_{w=v-u-1}^{v-u} p(400+100u, 100w), & u < v \end{cases} \quad (6.22)$$

当 $t = 2, 4, 6, 8, 10$ 时：

$$a_{uv} = \begin{cases} 0, & u > v \\ \dfrac{1}{2} q(400+100u,0), & u = v \\ \dfrac{1}{2} \sum_{w=v-u-1}^{v-u} q(400+100u,100w), & u < v \end{cases} \quad (6.23)$$

有 $S_{20t} = (s_{20t}, 0, 0, \cdots)$ ，$Z_{2,2,t-1}^{\mathrm{T}} = (0, 0, \cdots, z_{2,2,t-1})$ 。

模型中所有表示人数的变量均为非负整数。

该模型是一个较复杂的整数规划模型，其中规划的目标是使转升级和机长缺口总费用最小。

式（6.8）和式（6.9）表示大型机所有飞行员满足生产需求。其中式（6.8）表示机长满足生产需求，式（6.9）表示副驾驶、一副和机长总人数满足总人数需求，意味着机长可以行使副驾驶职责，即当副驾驶、一副缺少而机长有富余时，机长可以代替副驾驶、一副参加航班生产。

式（6.10）和式（6.11）表示各机型上副驾驶、一副和机长人数变化（升级和转机型）。

式（6.12）表示各类训练所需资源满足资源总量约束。

式（6.13）表示每半年新学员招飞数量满足最大招飞数量。式（6.14）表示大型机副驾驶升级一副人数满足升级资格人数约束。式（6.15）表示重型机副驾驶升级一副人数满足升级资格人数约束。式（6.16）表示重型机一副转机型资格人数。式（6.17）表示大型机一副升级机长人数满足升级资格人数约束。

式（6.18）表示大型机副驾驶、一副每半年累计飞行经历时间和起落次数变化情况，即副驾驶、一副在各个累计飞行经历时间和起落次数区间之间转移的规律。其中 Y_t 表示第 t 半年各个累计飞行经历时间和起落次数区间中的人数分布，$B_{uvw\xi}$ 为转移矩阵，S_{10t} 表示每半年新学员对副驾驶的补充，$Z_{2,2,t-1}$ 表示每半年重型机一副转机型到大型机一副在各个累计飞行经历时间和起落次数区间中的人数分布。

式（6.21）表示重型机副驾驶、一副每半年累计飞行经历时间和起落次数变化情况，即副驾驶、一副在各个累计飞行经历时间区间之间转移的规律。其中 X_t 表示第 t 半年各个累计飞行经历时间区间中的人数分布，A_{uv} 为转移矩阵，S_{20t} 表示每半年新学员对副驾驶的补充，$Z_{2,2,t-1}^{\mathrm{T}}$ 表示每半年重型机一副转机型到大型机一副在各个累计飞行经历时间区间中的人数分布。

注：每半年各机型上退休的一副和机长是已知的，在统计飞行员在各个累计飞行经历时间和起落次数区间上的分布时不予以统计，即退休的或将退休的一副不计入 X_t 和 Y_t 中，只计入一副和机长人数当中。

2. 实例分析

我们通过现有的工具软件对数学规划模型直接进行求解。以国内某航空公司的实际数据为背景，经过数据脱密处理后（表 6.5～表 6.13），进行飞行员五年的转升规划计算。

注：以下所有表格中缺失值均为 0。

表 6.5　$t=0$ 时的大型机副驾驶、一副人员结构：$Y_0(\alpha,\beta)$

累计飞行经历时间/h	起落次数累计								
	0~49	50~99	100~149	150~199	200~249	250~299	300~349	350~399	400及以上
500~599	3	3	4						
600~699	1		2						
700~799		3	6	3					
800~899		1	7	5					
900~999			1	2	1				
1000~1099			2	2	4				
1100~1199			2	3	3	2			
1200~1299				1	2	2			
1300~1399					4				
1400~1499				1	2	3			
1500~1599									
1600~1699				2	0	6	4		
1700~1799	1		1		1	4	3		
1800~1899				1	3	4	1		
1900~1999									
2000~2099	1				2	2	1	3	
2100~2199	3					0	4	4	
2200~2299						1	4	3	1
2300~2399									
2400~2499						1	2	3	2
2500~2599							1	1	4
2600~2699									7
2700 及以上									
合计	9	7	25	20	22	25	20	14	14

表 6.6　$t=0$ 时的重型机副驾驶、一副人员结构：$X_0(\alpha)$

序号	区间	
	累计飞行经历时间 α /h	初始时间飞行员人数 $x_0(\alpha)$
1	500～599	2
2	600～699	2
3	700～799	3
4	800～899	2
5	900～999	0
6	1000～1099	3
7	1100～1199	0
8	1200～1299	1
9	1300～1399	3
10	1400～1499	2
11	1500～1599	3
12	1600～1699	4
13	1700～1799	5
14	1800～1899	3
15	1900～1999	3
16	2000～2099	2
17	2100～2199	4
18	2200～2299	1
19	2300～2399	2
20	2400～2499	3
21	2500～2599	
22	2600～2699	
23	2700 及以上	

表 6.7　每半年（算例中上下半年分布按同样处理）大型机副驾驶、一副累计飞行经历时间和起落次数分布：$P(\alpha,\beta,\gamma,\delta)=Q(\alpha,\beta,\gamma,\delta)$

(α,β)	(γ,δ)										
	0, 0	100, 0	200, 0	200, 50	300, 50	300, 100	300, 150	400, 50	400, 100	400, 150	400, 200
500～1100, 0	0.3	0.2		0.2	0.1	0.2					
500～1100, 50	0.2	0.2	0.1	0.2	0.2	0.1					
500～1100, 100	0.2	0.2	0.2		0.2	0.2					

(α,β)	(γ,δ)										
	0，0	100，0	200，0	200，50	300，50	300，100	300，150	400，50	400，100	400，150	400，200
500~1100，150	0.1	0.2		0.2	0.1	0.3	0.1				
500~1100，200	0.1	0.1	0.2		0.2	0.3	0.1				
500~1100，250	0.1	0.2	0.1	0.2	0.3		0.1				
500~1100，300		0.3	0.1	0.1	0.2	0.2	0.1				
500~1100，350		0.2	0.2		0.2	0.2	0.1		0.1		
500~1100，400			0.3		0.2	0.3			0.2		
1300~2600，0				0.2	0.2		0.2	0.1	0.1		
1300~2600，50			0.1	0.2	0.1	0.3		0.1	0.2		
1300~2600，100			0.1	0.1	0.1	0.2	0.2	0.2	0.1		
1300~2600，150			0.1		0.2	0.3	0.2	0.1	0.1		
1300~2600，200				0.2		0.2		0.3	0.2	0.1	
1300~2600，250			0.1	0.1	0.1	0.3		0.2		0.2	
1300~2600，300				0.2	0.2	0.2	0.1	0.1	0.2		
1300~2600，350				0.2	0.3	0.1	0.2	0.2			
1300~2600，400			0.1	0.2	0.3	0.2		0.2			

表 6.8　每半年重型机副驾驶、一副累计飞行经历时间增加量分布：$p(\alpha,\gamma)=q(\alpha,\gamma)$

α	γ				
	0	100	200	300	400
500~1400	0.2	0.2	0.3	0.1	0.2
1500~2600	0.1	0.1	0.2	0.3	0.3

表 6.9　各机型一副和机长每半年的需求人数和退休人数

t	机型	机长需求人数	机长退休人数	副驾驶需求人数	副驾驶退休人数
1	大型机	170	1	177	0
	重型机	66	2	75	0
2	大型机	178	0	178	1
	重型机	75	2	83	2
3	大型机	185	2	185	0
	重型机	85	5	89	3

续表

t	机型	机长需求人数	机长退休人数	副驾驶需求人数	副驾驶退休人数
4	大型机	194	1	194	1
	重型机	92	1	94	1
5	大型机	199	2	200	0
	重型机	99	3	99	0
6	大型机	204	0	204	0
	重型机	107	2	107	1
7	大型机	212	2	214	2
	重型机	113	3	113	1
8	大型机	225	1	228	0
	重型机	120	1	122	1
9	大型机	231	2	234	2
	重型机	126	3	130	1
10	大型机	240	1	241	0
	重型机	133	1	136	1

表 6.10　单个飞行员参加各类训练对各种训练资源的需求量 （单位：h）

项目	Rs_{i11}	Rs_{i21}	Rs_{i31}	$Rz_{ij1}(1 \leqslant j \leqslant 2)$	Rz_{i31}
需求量	40	20	30	20	20
项目	Rs_{i12}	Rs_{i22}	Rs_{i32}	$Rz_{ij2}(1 \leqslant j \leqslant 2)$	Rz_{i32}
需求量	10	10	10	15	15
项目	Rs_{i13}	Rs_{i23}	Rs_{i33}	$Rz_{ij3}(1 \leqslant j \leqslant 2)$	Rz_{i33}
需求量	20	15	15	15	20
项目	Rs_{i14}	Rs_{i24}	Rs_{i34}	$Rz_{ij4}(1 \leqslant j \leqslant 2)$	Rz_{i34}
需求量	70	45	55	50	55

注：Rz_{ijk} 表示每个第 i 机型第 j 级别飞行员转机型所需第 k 类训练资源量

表 6.11　每半年的各种资源总量限制　（单位：h）

项目	1	2	3	4	5	6	7	8	9	10
$\overline{R}_{tr1}$	5200	4900	5100	5500	5100	5000	5200	5100	5500	5400
$\overline{R}_{tr2}$	1500	1500	1500	1500	1500	1500	1500	1500	1500	1500
$\overline{R}_{tr3}$	2500	2500	2500	2500	2500	2500	2500	2500	2500	2500

续表

项目	1	2	3	4	5	6	7	8	9	10
$\bar{R}_{1t4}$	8800	8600	8700	8600	8500	8600	8800	8500	8800	8800
$\bar{R}_{2t1}$	5200	4900	5100	5500	5100	5000	5200	5100	5500	5400
$\bar{R}_{2t2}$	1500	1500	1500	1500	1500	1500	1500	1500	1500	1500
$\bar{R}_{2t3}$	2500	2500	2500	2500	2500	2500	2500	2500	2500	2500
$\bar{R}_{2t4}$	8800	8600	8700	8600	8500	8600	8800	8500	8800	8800

表 6.12　各项训练费用表 （单位：万元）

项目	Cs_{i0t}	Cs_{i2t}	$Cz_{i1t}=Cz_{i2t}$	Cz_{i3t}	Cs_{i3t}
费用值	$30-0.1t$	$10-0.1t$	$10-0.1t$	$15-0.1t$	$100-0.1t$

表 6.13　重型机—副转机型参数表

项目	1	2	3	4	5	6	7	8	9	10
$\bar{T}_{2t}$	27	27	27	27	27	27	27	27	27	27

　　将以上数据代入模型，利用软件计算得到表 6.14～表 6.16 的结果。

表 6.14　重型机—副转机型累计飞行经历时间区间限制表

项目	1	2	3	4	5	6	7	8	9	10
$\underline{T}_{2t}$	21	21	23	22	22	23	22	23	22	23

表 6.15　机长规划表

t	机型	机长需求人数	期初人数	升级增加人数	转机型减少人数	退休人数	期末人数	平衡状态	机长缺口
1	大型机	170	166	16	11	1	170	0	
	重型机	66	57	11		2	66	0	
2	大型机	178	170	18	11	0	177	−1	1
	重型机	75	66	11		2	75	0	
3	大型机	185	177	20	15	2	180	−5	5
	重型机	85	75	15		5	85	0	
4	大型机	194	180	23	8	1	194	0	
	重型机	92	85	8	0	1	92	0	

续表

t	机型	机长需求人数	期初人数	升级增加人数	转机型减少人数	退休人数	期末人数	平衡状态	机长缺口
5	大型机	199	194	17	10	2	199	0	
	重型机	99	92	10		3	99	0	
6	大型机	204	199	15	10	0	204	0	
	重型机	107	99	10		2	107	0	
7	大型机	212	204	19	9	2	212	0	
	重型机	113	107	9		3	113	0	
8	大型机	225	212	22	8	1	225	0	
	重型机	120	113	8	0	1	120	0	
9	大型机	231	225	17	9	2	231	0	
	重型机	126	120	9		3	126	0	
10	大型机	240	231	18	8	1	240	0	
	重型机	133	126	8	0	1	133	0	

表 6.16　副驾驶、一副规划表

t	机型	副驾驶需求人数	期初人数	新学员增加人数	升级减少人数	退休人数	重型机转大型机人数	期末人数	平衡状态	副驾驶升级一副
1	大型机	177	168	36	16	0	10	198	21	13
	重型机	75	71	14		0	10	75	0	5
2	大型机	178	198	10	18	1	11	200	22	10
	重型机	83	75	21		2	11	83	0	7
3	大型机	185	200	10	20	0	6	196	11	10
	重型机	89	83	15		3	6	89	0	6
4	大型机	194	196	18	23	1	8	198	4	17
	重型机	94	89	14		1	8	94	0	9
5	大型机	200	198	11	17	0	8	200	0	16
	重型机	99	94	13		0	8	99	0	7
6	大型机	204	200	13	15	0	8	204	0	18
	重型机	107	99	15		1	6	107	0	5
7	大型机	214	204	23	19	2	8	214	0	20
	重型机	113	107	15		1	8	113	0	9

t	机型	副驾驶需求人数	期初人数	新学员增加人数	升级减少人数	退休人数	重型机转大型机人数	期末人数	平衡状态	副驾驶升级一副
8	大型机	228	214	30	22	0	6	228	0	12
	重型机	122	113	16		1	6	122	0	7
9	大型机	234	228	17	17	2	8	234	0	16
	重型机	130	122	17		1	8	130	0	8
10	大型机	241	234	19	18	0	6	241	0	19
	重型机	136	130	13		1	6	136	0	11

算例分析：通过计算所得的结果我们可以看出，机长在第2、第3个半年出现缺口，尤其是第3个半年缺口最大，出现缺口的原因是飞行员需求增长速度快与新飞行员培养不足形成反差，对累计飞行经历时间和起落次数较多的一副储备不足，以至于在需求量较大时无法及时训练出满足生产的机长。

之后几个半年的机长和副驾驶都不存在缺口，说明前五个阶段对新学员的招飞规划和飞行员转升规划都比较合理，使副驾驶和飞行资历比较高的一副储备充足，完全可以满足生产的需要。

模型结果的副驾驶、一副规划表中，前几个阶段副驾驶出现大于需求量的情况，是因为飞行员从新学员升级到机长需要长期的过程，前面几个阶段副驾驶数量出现盈余，正是为后面阶段提供足够多的机长做准备。

综上，本节抓住决定飞行员升级资格的实质，研究了飞行员的累计飞行经历时间和起落次数的变化规律，借助这些变化规律，将飞行员转升规划问题描述成整数规划问题。在飞行员需求变化趋势稳定的情况下，飞行员排班水平逐年不变，飞行经历时间和起落次数逐年呈规律性变化，根据此变化，飞行员累计飞行经历时间和起落次数区间中的人数变化遵循马尔可夫规律。

6.2 飞行员年度训练计划

年度训练计划就是合理安排每个飞行员参加各类型的训练内容，在保证完成全年的训练任务的前提下，使每月参加生产的飞行员数量尽可能保障生产安全（训练和生产安全的协调）并且使每个飞行员训练总时间跨度尽可能小（希望每个飞行员尽可能快地完成训练，减少训练对飞行生产的影响）。

国内航空公司飞行员每年要参加很多类型的训练，以提高飞行技术和保持飞行资格，进而保障飞行生产安全。飞行员训练主要包括以下类型：新学员初始改装训练、副驾驶升级一副训练、一副升级机长训练、副驾驶转机型训练、机长转机型训练、针对性提高训练、模拟机定期复训等。每个类型的训练又包括全动模拟机训练、地面训练（包括理论训练、固定模拟机训练和应急生存训练等）、本场训练等训练内容。根据中国民用航空局规定，对于某些训练类型，其训练内容有先后序要求。例如，新学员初始改装训练中地面训练必须在本场训练前完成；一副升级机长训练中全动模拟机训练必须在本场训练前完成；等等（本节模型仅以这两个先后要求为例）。除训练内容先后序要求外，对于参加某些训练类型的每个飞行员来说，该类训练总的时间跨度要保证在一定的时间约束内。例如，副驾驶升级一副、一副升级机长、副驾驶转机型、机长转机型，因为参加这些类型训练期间，飞行员无法参加生产，所以我们在制订飞行员训练计划时，还必须考虑到训练带来的飞行员运力减员的情况，即要做好训练和生产的协调，从而保证生产安全。

6.2.1　模型提出

为了便于描述，本节引进以下参数符号。

假设有七类训练类型，每种训练类型有三个训练内容。

$I = \{1,2,3,4,5,6,7\}$：训练类型的集合。$i=1$ 表示新学员初始改装训练，$i=2$ 表示副驾驶升级一副，$i=3$ 表示一副升级机长，$i=4$ 表示副驾驶转机型，$i=5$ 表示机长转机型，$i=6$ 表示针对性提高训练，$i=7$ 表示模拟机定期复训，$i \in I$。

$J = \{1,2,3\}$：训练内容的集合。$j=1$ 表示全动模拟机训练，$j=2$ 表示地面训练，$j=3$ 表示本场训练，$j \in J$。

a_{1i}：上半年参加第 i 类训练的人数，$i \in I$。这个人数由转升训练规划结果得到，在本节中是已知的。

a_{2i}：上下半年所有参加第 i 类训练的人数，$i \in I$。这个人数同样由转升训练规划结果得到。

b_{ijkl}：0-1 变量。参加第 i 类训练的第 k 个飞行员在第 l 月是否参加第 j 种训练内容，$i \in I$，$j \in J$，$1 \leqslant k \leqslant a_i$，$1 \leqslant l \leqslant 12$，$a_i$ 为参加第 i 类训练的人数。$b_{ijkl}=1$ 表示肯定，$b_{ijkl}=0$ 表示否定。

sp_i：第 i 类训练最大时间跨度。

ffs_i：参加第 i 类训练的每位飞行员所需全动模拟机资源量，单位为 h。

ftd_i：参加第 i 类训练的每位飞行员所需固定模拟机资源量，单位为 h。

pln_i：参加第 i 类训练的飞行员每人所需本场资源量，单位为 h。

tch_{ij}：参加第 i 类训练的第 j 种训练内容的飞行员每人所需教员资源量，单位为 h。

$\mathrm{S\_ffs}_l$：全动模拟机资源每月提供总量，单位为 h。

S_ftd$_l$：固定模拟机资源每月提供总量，单位为 h。

S_pln$_l$：本场资源每月提供总量，单位为 h。

S_tch$_l$：教员资源每月提供总量，单位为 h。

Tsk$_l$：每月生产任务小时总数。

N_plt：公司内所有副驾驶、一副和机长总人数。

Ensure$_l$：每月生产安全保障度。因为安全保障度与月生产任务小时数负相关，与参加生产的人数正相关，所以我们可以简单地令

$$\text{Ensure}_l = \frac{\text{N\_plt} - \sum_{kl}\sum_{i=2}^{6}\dfrac{b_{ijkl}}{\text{Tsk}_l}}{\text{N\_plt}} \tag{6.24}$$

其中，$2 \leqslant i \leqslant 6$，也就是说影响生产的训练类型不包括新学员初始改装训练和模拟机定期复训。

单机型年训练规划模型——模型（Ⅰ）：

$$(1)\ \max\min_l\text{Ensure}_l = \max_{ijk}\min_l\frac{\text{N\_plt} - \sum_{kl}\sum_{i=2}^{6}\dfrac{b_{ijkl}}{\text{Tsk}_l}}{\text{N\_plt}} \tag{6.25}$$

$$(2)\ \min\sum_{i\in I, 1\leqslant k\leqslant a_{2i}}\left(\max_{j\in J}\left(l\sum_{l=1}^{12}b_{ijkl}\right) - \min_{j\in J}\left(l\sum_{l=1}^{12}b_{ijkl}\right)\right) \tag{6.26}$$

s.t.

$$\sum_{1\leqslant k\leqslant a_{2i}}\sum_{l=1}^{6}b_{ijkl} = a_{1i}, \quad i\in I, j\in J \tag{6.27}$$

$$\sum_{1\leqslant k\leqslant a_{2i}}\sum_{l=1}^{12}b_{ijkl} = a_{2i}, \quad i\in I, j\in J \tag{6.28}$$

$$\sum_{l=1}^{12}b_{ijkl} = 1, \quad i\in I, j\in J, 1\leqslant k\leqslant a_{2i} \tag{6.29}$$

$$\sum_{j\in J}b_{ijkl} \leqslant 1, \quad i\in I, j\in J, 1\leqslant k\leqslant a_{2i}, 1\leqslant l\leqslant 12 \tag{6.30}$$

$$\sum_{l=1}^{12}lb_{12kl} < \sum_{l=1}^{12}lb_{13kl}, \quad 1\leqslant k\leqslant a_{21} \tag{6.31}$$

$$\sum_{l=1}^{12}lb_{31kl} < \sum_{l=1}^{12}lb_{33kl}, \quad 1\leqslant k\leqslant a_{23} \tag{6.32}$$

$$\max_{j\in J}\left(l\sum_{l=1}^{12}b_{ijkl}\right) - \min_{j\in J}\left(l\sum_{l=1}^{12}b_{ijkl}\right) \leqslant \text{sp}_i - 1, \quad i\in I, 1\leqslant k\leqslant a_{2i} \tag{6.33}$$

$$\sum_{i\in I}\left(\text{ffs}_i\sum_{1\leqslant k\leqslant a_{2i}}b_{i1kl}\right) \leqslant \text{S\_ffs}_l, \quad 1\leqslant l\leqslant 12 \tag{6.34}$$

$$\sum_{i \in I} \left(\text{ffs}_i \sum_{1 \leq k \leq a_{2i}} b_{i2kl} \right) \leq \text{S\_ffs}_l, \quad 1 \leq l \leq 12 \tag{6.35}$$

$$\sum_{i \in I} \left(\text{ffs}_i \sum_{1 \leq k \leq a_{2i}} b_{i3kl} \right) \leq \text{S\_ffs}_l, \quad 1 \leq l \leq 12 \tag{6.36}$$

$$\sum_{i \in I} \sum_{j \in J} \left(\text{tch}_{ij} \sum_{1 \leq k \leq a_{2i}} b_{ijkl} \right) \leq \text{S\_tch}_l, \quad l \leq k \leq 12 \tag{6.37}$$

$$b_{ijkl} \text{ 为 0-1 变量} \tag{6.38}$$

式（6.25）即本模型的第一个目标函数，使飞行员数量对生产的安全保证度尽可能高；式（6.26）为第二个目标函数，使每个飞行员完成所有训练内容的时间跨度尽可能小；式（6.27）和式（6.28）表示各个月份的训练任务量满足上下半年的训练需求；式（6.29）表示参加各个训练类型的飞行员对每项训练内容只参加一次；式（6.30）表示每个飞行员在每月至多参加一种训练内容；式（6.31）和式（6.32）表示飞行员参加的训练内容满足先后序关系；式（6.33）表示飞行员参加每类训练满足总的时间跨度约束；式（6.34）～式（6.37）表示所有训练使用的训练资源满足每月的总量约束。

本模型是双目标 0-1 整数规划问题，直接求解比较困难，我们对模型进行了等价转化。

首先，模型针对的是飞行员个体，当飞行员规模非常大时，模型变量数量庞大，模型复杂度很高。为了降低模型复杂度，我们将飞行员归类考虑。

我们令 a_{iuvw}^1、a_{iuvw}^2、a_{iuvw}^3、a_{iuvw}^4、a_{iuvw}^5、a_{iuvw}^6（$1 < u < v < w \leq 12$）分别表示参加第 i 种类型的训练的飞行员分别在第 u、第 v、第 w 月参加以下训练内容的人数。

（1）全动模拟机训练、地面训练、本场训练。

（2）全动模拟机训练、本场训练、地面训练。

（3）地面训练、全动模拟机训练、本场训练。

（4）地面训练、本场训练、全动模拟机训练。

（5）本场训练、全动模拟机训练、地面训练。

（6）本场训练、地面训练、全动模拟机训练。

其中由于训练内容先后序的要求，在本模型中有 $a_{1uvw}^2 = a_{1uvw}^5 = a_{1uvw}^6 = a_{3uvw}^4 = a_{3uvw}^5 = a_{3uvw}^6 = 0$。

其次，对于模型的目标函数（1）：

$$\min_l \text{Ensure}_l = \max_{ijk} \min_l \frac{\text{N\_plt} - \sum_{kl} \sum_{i=2}^{6} \dfrac{b_{ijkl}}{\text{Tsk}_l}}{\text{N\_plt}} = 1 - \frac{1}{\text{N\_plt}} \min_{ijk} \max_l \sum_{kl} \sum_{i=2}^{6} \frac{b_{ijkl}}{\text{Tsk}_l}$$

不考虑其他约束时，我们可以将式（6.25）改进成下面的等价形式，即模型（Ⅰa）：

$$\min\ X \tag{6.39}$$

$$\text{s.t.}\quad \sum_{kl}\sum_{i=2}^{6}\frac{b_{ijkl}}{\text{Tsk}_l}\leqslant X \tag{6.40}$$

下面我们将模型（Ⅰ）转化成下面两个模型。

模型（Ⅱa）：

$$\min\ X \tag{6.41}$$

$$\min\sum_{m=1}^{6}\sum_{i\in I}\sum_{1<u<v<w\leqslant 12}(w-u)a_{iuvw}^{m} \tag{6.42}$$

s.t.

$$\frac{1}{\text{Tsk}_l}\sum_{m=1}^{6}\left(\sum_{vw}a_{ilvw}^{m}+\sum_{uw}a_{iulw}^{m}+\sum_{uv}a_{iuvl}^{m}\right)\leqslant X \tag{6.43}$$

$$\sum_{i\in I}\left(\text{ffs}_i\sum_{\substack{1<u<v<w\leqslant 12\\w-u\leqslant \text{sp}_i}}(a_{iuvw}^{1}+a_{iuvw}^{2}+a_{iuvw}^{3}+a_{iuvw}^{4}+a_{iuvw}^{5}+a_{iuvw}^{6})\right)\leqslant \text{S\_ffs}_l \tag{6.44}$$

$$\sum_{i\in I}\left(\text{ftd}_i\sum_{\substack{1<u<v<w\leqslant 12\\w-u\leqslant \text{sp}_i}}(a_{iuvw}^{1}+a_{iuvw}^{2}+a_{iuvw}^{3}+a_{iuvw}^{4}+a_{iuvw}^{5}+a_{iuvw}^{6})\right)\leqslant \text{S\_ftd}_l \tag{6.45}$$

$$\sum_{i\in I}\left(\text{pln}_i\sum_{\substack{1<u<v<w\leqslant 12\\w-u\leqslant \text{sp}_i}}(a_{iuvw}^{1}+a_{iuvw}^{2}+a_{iuvw}^{3}+a_{iuvw}^{4}+a_{iuvw}^{5}+a_{iuvw}^{6})\right)\leqslant \text{S\_pln}_l \tag{6.46}$$

$$\sum_{i\in I}\left(\text{tch}_{i1}\sum_{\substack{1<u<v<w\leqslant 12\\w-u\leqslant \text{sp}_i}}(a_{iuvw}^{1}+a_{iuvw}^{2}+a_{iuvw}^{3}+a_{iuvw}^{4}+a_{iuvw}^{5}+a_{iuvw}^{6})\right)$$

$$+\sum_{i\in I}\left(\text{tch}_{i2}\sum_{\substack{1<u<v<w\leqslant 12\\w-u\leqslant \text{sp}_i}}(a_{iuvw}^{1}+a_{iuvw}^{2}+a_{iuvw}^{3}+a_{iuvw}^{4}+a_{iuvw}^{5}+a_{iuvw}^{6})\right)$$

$$+\sum_{i\in I}\left(\text{tch}_{i3}\sum_{\substack{1<u<v<w\leqslant 12\\w-u\leqslant \text{sp}_i}}(a_{iuvw}^{1}+a_{iuvw}^{2}+a_{iuvw}^{3}+a_{iuvw}^{4}+a_{iuvw}^{5}+a_{iuvw}^{6})\right)$$

$$\leqslant \text{S\_tch}_l \tag{6.47}$$

$$\sum_{\substack{1<u<v<w\leqslant 6\\w-u\leqslant \text{sp}_i}}a_{iuvw}^{m}=a_{1i} \tag{6.48}$$

$$\sum_{\substack{1<u<v<w\leqslant 6\\w-u\leqslant \text{sp}_i}}a_{iuvw}^{m}=a_{2i} \tag{6.49}$$

$$a_{1uvw}^{2}=a_{1uvw}^{5}=a_{1uvw}^{6}=a_{3uvw}^{4}=a_{3uvw}^{5}=a_{3uvw}^{6}=0 \tag{6.50}$$

$1 < u < v < w \leq 12$, $1 \leq l \leq 12$ 且 u、v、w、l、m、a_{iuvl}^{m} 均为非负整数。 (6.51)

模型（IIb）：

$$\min M \tag{6.52}$$

$$\sum_{1 \leq k \leq a_i} b_{i1kl} = \sum_{\substack{1 < u < v < w \leq 12 \\ w-u \leq \mathrm{sp}_i}} (a_{iuvw}^1 + a_{iuvw}^2 + a_{iuvw}^3 + a_{iuvl}^4 + a_{iuvw}^5 + a_{iuvl}^6) \tag{6.53}$$

$$\sum_{1 \leq k \leq a_i} b_{i2kl} = \sum_{\substack{1 < u < v < w \leq 12 \\ w-u \leq \mathrm{sp}_i}} (a_{iulw}^1 + a_{iuvl}^2 + a_{ilvw}^3 + a_{iuvl}^4 + a_{iuvl}^5 + a_{iulw}^6) \tag{6.54}$$

$$\sum_{1 \leq k \leq a_i} b_{i3kl} = \sum_{\substack{1 < u < v < w \leq 12 \\ w-u \leq \mathrm{sp}_i}} (a_{iuvl}^1 + a_{iulw}^2 + a_{iuvl}^3 + a_{iulw}^4 + a_{ilvw}^5 + a_{ilvw}^6) \tag{6.55}$$

b_{i1kl} 为 0-1 整数变量， M 为任给常数 (6.56)

模型（IIa）中式（6.41）和式（6.42）等价于模型（I）的目标函数。目标函数式（6.42）使飞行员训练时间跨度尽可能小。式（6.44）～式（6.47）是每月的训练资源约束。式（6.48）和式（6.49）是各个月份参加各种训练的飞行员总数等于上下半年计划训练总人数。式（6.50）相当于对初始改装训练和一副升级机长训练的训练内容先后序进行约束。

模型（IIb）中目标函数是不起作用的，只要找到本模型的可行解即可。式（6.53）、式（6.54）和式（6.55）分别保证飞行员在满足先后序和最大训练时间跨度约束下能够将所有训练内容安排完成。

通过解决模型（IIa），然后将结果代入模型（IIb）并解决，我们实际上解决了模型（I）。

注 1：以上模型是通用于所有机型的模型。

注 2：模型中每类训练均按照三个训练内容进行考虑，实际中可能出现有些训练类别只有一种训练内容或两种训练内容的情况，只要对模型稍做修改即可，这里不再赘述。

注 3：模型中对训练内容先后序关系仅举两个例子，在实际当中存在训练内容先后序关系更多的情况，对于模型算法来说，序关系越多，算法求解规模越小，求解越容易。

6.2.2 算法设计

（1）输入制订训练计划的年度，引用飞行员转升训练规划模型，得到转升训练规划对应年度的规划结果，即参加各类转升训练的人数。

（2）将转升训练规划对应的上下半年机长和副驾驶、一副人数代入模拟机复训计划制订模型，求得全年的模拟机复训计划。

（3）将上下半年的模拟机复训计划结果（即每月参加模拟机复训的人数）、

转升训练规划对应年度的结果（即转升训练规划人数）和针对性提高训练人数，输入模型（Ⅱa），使用两阶段法求得该模型的第一个目标最优的解。

（4）将此解代入模型（Ⅱb）求解，若模型（Ⅱb）得到的解满足式（6.22），则此解为模型（Ⅰ）的非劣解。

（5）判断第二个目标是否最优，若是，则找到了所有非劣解，转步骤（6）；否则，使用两阶段法，朝着第二个目标更优的方向求解模型（Ⅱa），转步骤（4）。

（6）输出所有非劣解，终止。

算法说明：以上算法步骤最终求出了问题的所有非劣解，但在实际当中，决策者往往仅采用其中的一种作为飞行员训练年计划的指导。所以可以将步骤（4）加上决策者的判断，当所得非劣解为满意解时，终止，否则继续步骤（5）。

6.2.3　算例分析

我们以某机型一年数据为例进行模型算法验证，并假设他们的模拟机复训计划结果如表 6.17 所示。

表 6.17　复训计划结果

项目	1月	2月	3月	4月	5月	6月	7月	8月	9月	10月	11月	12月
机长人数	28	33	29	30	28	29	29	33	29	31	30	28
副驾驶、一副人数	32	35	33	34	34	32	31	33	33	33	34	32

其他输入数据如表 6.18～表 6.22 所示。

表 6.18　各类转升训练人数

参训人数	新学员初始改装	副驾驶升级一副	一副升级机长	副驾驶转机型	针对性提高训练
上半年参训人数	25	27	20	6	27
下半年参训人数	32	29	23	8	22

表 6.19　单个飞行员参加各个训练内容时对各类资源的需求量参数　（单位：h）

项目	ffs_1	ffs_2	ffs_3	ffs_4	ffs_5	ffs_6
需求量	40	20	30	20	20	6
项目	ftd_1	ftd_2	ftd_3	ftd_4	ftd_5	ftd_6
需求量	10	10	10	15	15	0
项目	pln_1	pln_2	pln_3	pln_4	pln_5	pln_6
需求量	20	15	15	15	20	0

续表

项目	tch_{11}	tch_{21}	tch_{31}	tch_{41}	tch_{51}	tch_{61}
需求量	40	20	30	20	20	6
项目	tch_{12}	tch_{22}	tch_{32}	tch_{42}	tch_{52}	tch_{62}
需求量	10	10	10	15	15	0
项目	tch_{13}	tch_{23}	tch_{33}	tch_{43}	tch_{53}	tch_{63}
需求量	20	15	15	15	20	0

表 6.20　各类训练资源月提供总量　　　　　　（单位：h）

项目	1 月	2 月	3 月	4 月	5 月	6 月	7 月	8 月	9 月	10 月	11 月	12 月
全动模拟机资源	900	900	900	900	900	900	900	900	900	900	900	900
固定模拟机资源	500	500	500	500	500	500	500	500	500	500	500	500
本场资源	600	600	550	550	500	600	650	550	600	500	600	600
教员资源	1600	1600	1600	1600	1400	1600	1600	1500	1500	1400	1600	1600

表 6.21　各个月份生产任务小时数

项目	1 月	2 月	3 月	4 月	5 月	6 月	7 月	8 月	9 月	10 月	11 月	12 月
生产任务小时	1000	1000	1000	1000	1000	1000	1000	1000	1000	1000	1000	1000

表 6.22　每类训练最大时间跨度表

训练类别	初始改装训练	副驾驶升级一副	一副升级机长	副驾驶转机型	针对性提高训练
最大时间跨度/月	4	3	4	4	3

其中，模拟机复训只考虑全动模拟机训练，所以时间跨度就是一个月，对此单独处理。

这里我们限定每种训练的训练内容先后关系为：$a_{1uvw}^{k}=0$ 对所有 $k \neq 3$；$a_{2uvw}^{k}=0$ 对所有 $k \neq 1$；$a_{3uvw}^{k}=0$ 对所有 $k \neq 4$；$a_{4uvw}^{k}=0$ 对所有 $k \neq 2$；$a_{6uvw}^{k}=0$ 对所有 $k \neq 6$。

按照以上算法步骤计算得到如下解：

$$a_{1123}^{3}=12, \quad a_{1234}^{3}=1, \quad a_{1345}^{3}=2, \quad a_{1456}^{3}=9, \quad a_{1567}^{3}=0, \quad a_{1678}^{3}=5, \quad a_{1789}^{3}=8$$

$$a_{1,8,9,10}^{3}=0, \quad a_{1,9,10,11}^{3}=7, \quad a_{1,10,11,12}^{3}=13$$

$$a_{2123}^{1}=9, \quad a_{2234}^{1}=2, \quad a_{2345}^{1}=3, \quad a_{2456}^{1}=13, \quad a_{2567}^{1}=5, \quad a_{2678}^{1}=2, \quad a_{2789}^{1}=15$$

$$a_{2,8,9,10}^{1}=0, \quad a_{2,9,10,11}^{1}=0, \quad a_{2,10,11,12}^{1}=7$$

$$a_{3123}^2 = 12, \quad a_{3234}^2 = 0, \quad a_{3345}^2 = 0, \quad a_{3456}^2 = 8, \quad a_{3567}^2 = 0, \quad a_{3678}^2 = 0, \quad a_{3789}^2 = 8$$

$$a_{3,8,9,10}^2 = 0, \quad a_{3,9,10,11}^2 = 3, \quad a_{3,10,11,12}^2 = 12$$

$$a_{4123}^2 = 1, \quad a_{4234}^2 = 0, \quad a_{4345}^2 = 1, \quad a_{4456}^2 = 4, \quad a_{4567}^2 = 0, \quad a_{4678}^2 = 0, \quad a_{4789}^2 = 8$$

$$a_{1,8,9,10}^2 = 0, \quad a_{1,9,10,11}^2 = 0, \quad a_{1,10,11,12}^2 = 0$$

$$a_{6123}^6 = 14, \quad a_{6234}^6 = 0, \quad a_{6345}^6 = 0, \quad a_{6456}^6 = 12, \quad a_{6567}^6 = 0, \quad a_{6678}^6 = 0, \quad a_{6789}^6 = 8$$

$$a_{6,8,9,10}^6 = 0, \quad a_{6,9,10,11}^6 = 0, \quad a_{6,10,11,12}^6 = 14$$

该算例结果对应于第二个目标最优,从表 6.23 看,结果中每月参加训练的人数比较均匀,对应于所有月份生产任务小时数比较相近的情况。这与实际情况相符,为了比较好地保障生产安全,达到了参加训练人数与生产任务小时的协调。

表 6.23　各个训练内容人数统计表

项目	1月	2月	3月	4月	5月	6月	7月	8月	9月	10月	11月	12月
固定模拟机训练人数	13	25	17	16	26	17	18	24	15	13	24	12
全动模拟机训练人数	21	14	19	24	15	19	28	8	19	25	13	14
本场训练人数	15	13	22	16	17	23	13	22	23	18	18	20
复训人数	60	68	62	64	62	61	60	66	62	64	64	60
合计	109	120	120	120	120	120	119	120	119	120	119	106

综上,飞行员自进入航空公司就没有间断过训练,各项训练计划对于航空公司来说非常重要,制订一个好的计划不仅能使飞行员尽快参与到生产当中,而且使飞行安全得到保障。训练的计划制订是系统性的,航空公司根据需求制订新学员招飞计划,新学员进入航空公司后经过初始改装训练,成为副驾驶,随后几年内累计飞行经历时间和起落次数进一步积累,经过副驾驶升级一副和一副升级机长训练,副驾驶先后成为一副和机长。自从新学员成为副驾驶开始,每半年要参加一次模拟机复训,进行飞行技术检查,从而得以保持飞行资格。除此之外,根据飞行员在生产中的表现,针对不同的技术特点,飞行员必须参加针对性的训练,发扬优点,改正缺点。以上所有训练必须在年度训练计划中制订,不仅要考虑到训练资源的约束,而且要考虑训练与生产之间的协调。

第三篇　机务安全管理模型与方法

航空公司机务部门的运作是围绕飞机这个要素展开的，它的运作目标就是通过监控飞机和机队的运行情况，派出合适的飞机执行相应任务。它的安全管理目标是确保参加生产的飞机是安全的，影响飞机安全的五大要素是人、机、料、法、环，人指的是参与质量管理、工程技术管理、维修计划与控制、航材管理、维修培训等各类业务和管理的人员；机指的是辅助飞机参与生产和飞机维修与保养所需的各种工具设备，包括电瓶、信号发生器、安全阀测试仪等；料指的是辅助飞机参与生产和飞机维修与保养所需的各种器材，包括消耗件、时寿件、周转件等；法指的是保障安全生产和维修与保养的各种规章制度，具体体现在维修方案、手册、指令、工作单卡，以及质量管理、工程技术管理、维修计划与控制、航材管理、维修培训等与安全管理和操作方面有关的资料中；环指的是飞机参与生产和飞机维修与保养所处的环境，包括起降机场的天气、维修工作环境等。

具体而言，五大要素渗透在航空公司机务部门的主要职能中，这些职能包括：质量管理，即人员岗位资格评估及授权、自我质量审核、单机档案适航性状态监控、质量监督管理、航材检验、规章和手册管理、适航事务管理；工程技术管理，即可靠性管理，飞机退租、销售和移交，发动机/加速处理器（accelerated processing unit，APU）管理，技术资料管理，特殊运行管理，工程管理与评估；维修计划与控制，即维修方案、维修计划、维修生产控制、维修技术、工具管理、维修综合；航材管理，即航材计划管理，航材飞机停场（airplane on ground，AOG）管理，航材订货、租赁、送修，航材销售，附件控制，航材仓储和运输；维修培训，即培训大纲管理、培训计划管理、人员技术档案管理。

在航空公司实践中，机务部门影响安全的主要管理科学问题可以归纳为如下几个方面。

（1）飞机健康状态监控：飞机/机队性能排序、部件可靠性分析、故障与重复性故障的诊断分析。

（2）维修方案调整辅助分析：维修方案调整辅助分析（计划维护项目的控制参数分析）、适航指令执行计划评估、维修方案打包。

（3）安全保障能力评估：基于不同检查方法得到数据的风险分析，航材保障能力评估、基地/机场安全保障能力评估，人员配置、有资质人员发展规划。

（4）航材管理策略：航材配置、布局、订货策略决策辅助分析。

本篇的主要内容安排如下：第7章介绍重复性故障诊断方法，包括故障分布及影响分析、季节与故障的相关分析、重复性故障诊断分析；第8章介绍航材库存布局，包括相关研究述评、航材随机需求估计、发动机库存优化、多基地周转件库存优化；第9章介绍适航指令计划管理辅助分析，包括航材评估、维修机会评估；第10章介绍安全检查多源信息统计与可靠性分析。

第7章　重复性故障诊断方法

重复性故障指在一个给定的周期内经过多次排故后仍出现的相同故障。在某大型航空公司，定义为同一架飞机在十五个日历日内经过三次（含）以上排故后仍出现的相同故障。重复性故障很大程度上会对航班正常性造成影响，所以有必要对重复性故障进行研究。

因为故障是重复性故障的基础，所以在研究重复性故障之前先对故障进行研究。当一个系统的状态偏离正常状态时，称系统发生了故障，此时系统可能完全也可能部分地失去其功能。故障诊断就是寻找故障原因的过程，包括状态检测、故障原因分析及趋势预测等内容。

故障检测与诊断技术的发展至今经历了三个阶段。第一阶段由于机器设备比较简单，主要依靠专家或维修人员的感觉器官、个人经验及简单仪表就能胜任故障的诊断与排除工作。第二阶段是以传感器技术、动态测试技术为手段，以信号分析和建模处理为基础的现代诊断技术，在工程中已得到了广泛的应用。近年来，由于机器设备日趋复杂、智能化及光机电一体化，传统的诊断技术已经很难适应，随着计算机技术、智能信息处理技术的发展，诊断技术进入了它的第三个发展阶段——信号分析、建模与知识处理相融合的智能诊断技术阶段[121]。

概括来说，现有的故障检测与诊断（fault detection and diagnosis，FDD）方法可以分为以下三大类：①基于解析模型的 FDD 方法；②基于信号处理的 FDD 方法；③基于知识的 FDD 方法[122]。基于解析模型的 FDD 方法，是以现代控制理论和现代优化方法为指导，以系统的数学模型为基础，利用 Luenberger 观测器、等价空间方程、卡尔曼滤波器、参数模型估计与辨识等方法产生残差，然后基于某种准则对残差进行分析与评价。该方法由于能与控制系统紧密结合，是实现监控、容错控制、系统修复与重构等的前提，所以得到了高度重视。根据残差的产生方式可细分为状态估计诊断法、参数估计诊断法和一致性检验诊断法等，但在工程实践中，获得系统精确模型的困难性限制了其使用范围和效果。基于信号处理的 FDD 方法，利用信号模型，如相关函数、频谱等，提取方差、幅值、频率等特征值的方法来进行故障诊断，应用较多的有各种谱分析方法、时间序列特征提取方法、自适应信号处理方法、信息融合方法等。这种方法不需要对象的准确模型，因此实用性强。基于知识的 FDD 方法是根据人们长期的实践经验和大量故障信息而设计出的一套智能计算机程序，诊断对象作为一个有机整体被研究，以知识处理技术为基础，诊断问题致力于通过模拟领域专家在推理过程中控制和运用各种诊断知识的行为获得解决。近几年，基于经验规则、基于结构和行为、基于范例、基于模糊逻辑和基于人工神经网络等五种智能诊断模型在智能故障诊断领域中研究和应用较多[123, 124]。该方法不需要对象的精确数学模型。

对于复杂系统的故障诊断，由于其功能单元很多，各个单元及其组合部件都可能产生不同的故障，巨大的数量使得很难对其进行精确的状态描述和完整模拟各种故障情况。如果采用传统的推理检测方法进行系统故障诊断，难以实时、准确地判别出故障原因，同时复杂系统内部相互制约的因素很多，一个故障的形成往往是众多因素造成的结果，而各因素之间既存在十分复杂的联系，又各自对最终故障贡献的"权重"十分模糊。因此，无法用精确的状态模型进行表示，而如果采用一些常用的简化方法进行处理，又不能如实反映出复杂系统的本身特性，这使得近年来基于知识的智能故障诊断系统成为复杂系统故障诊断领域中引人注目的发展方向之一，应用前景也更为广阔。

智能故障诊断系统的基本思想一般可以这样来表述：设被检测对象全部可能发生的状态（正常和故障）组成状态空间 S，可观测特征取值范围的全体构成特征空间 Y。当系统处于某一状态 s 时，系统具有确定特征 y，即存在映射 $g: SY$；反之，一定的特征也对应某确定状态，即存在映射 $f: YS$。故障诊断的目的就是试图依据可测量的特征向量来判断系统处于何种状态，也就是找出映射 f。系统状态的特征信号一般来说具有两种表现形式，一种是以能量形式表现出来的特征信号，如振动、温度和电压等；另一种是以物态形式表现出来的特征信号，如烟雾等。通过征兆提取装置输出的征兆来识别系统的状态，这是整个诊断过程的核心。

智能诊断中的"智能化"主要体现领域专家知识在诊断过程中的干预行为，即在对故障信号进行检测与处理的基础上，结合领域知识和人工智能技术进行诊断推理，应用到诊断过程中的领域专家知识主要可分为浅知识和深知识，浅知识以启发性经验知识为主；深知识则以诊断对象的系统模型知识为核心。在复杂系统故障诊断中，两者互为补充，缺一不可。对一个实用高效的智能诊断系统而言，诊断知识的获取、诊断结论的可靠性和系统解释功能是衡量智能诊断系统性能的几个关键方面。

目前，智能故障诊断技术只提供了解决问题的通用框架，而针对各诊断领域不易寻求统一的方法。因此，我们针对民航重复性故障数据的特点，从故障的分布及对航班的影响、与季节/服役时间的关系、重复性故障的判断这三个方面，来探寻重复性故障诊断的辅助分析方法。

7.1　故障分布及影响分析

航班的不正常事件包括延误、取消、返航和备降、换机、滑回等，影响航班正常性的因素主要有天气原因、航空管制、机械故障、旅客原因、飞机调配等。航班不正常事件对航班的正常性生产有很大的影响，由于故障是导致航班不正常的一个主要原因，因此有必要将故障与航班不正常联系起来，找出不同维度下的故障数据对航班正常性的影响。

首先，将故障网数据和航班不正常数据进行关联；其次，筛选出关联起来的数据，即这些数据可看作由机械故障导致的航班不正常数据，统计不同航空运输协会（Air Transport Association，ATA）章节的（重复性）故障导致的航班不正常事件的次数和平均延误时间；再次，统计重复性故障导致的航班不正常事件占故障导致的航班不正常事件的比例；最后，筛选出具有重复标识的关联数据，统计重复性故障的重复次数以及导致航班不正常的次数，并统计其平均延误时间。

以国内某航空公司 2006～2010 年 737NG 机型飞机的故障网数据和航班不正常数据为例，对关联后的数据进行统计。

1）不同 ATA 章节（重复性）故障对应的航班不正常事件的次数和平均延误时间的统计

由图 7.1 可知，在所有与故障相关的航班延误中，ATA 34 章故障的延误次数最多。

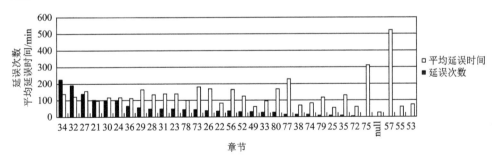

图 7.1　按航空运输协会章节统计的与故障相关的航班延误次数及平均延误时间

由图 7.2 可知，在所有与重复性故障相关的航班延误中，ATA 34 章故障的延误次数最多，ATA 77 章故障的平均延误时间最长。

2）不同章节重复性故障对应的航班不正常事件占故障对应的航班不正常事件的比例统计

根据统计结果，ATA 74 章重复性故障对应的航班不正常事件占故障对应的航班不正常事件的比例最高，约 31%。

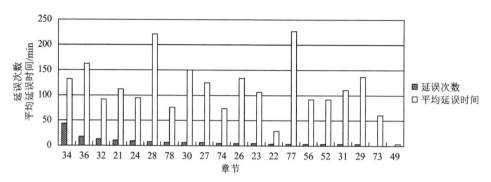

图 7.2　按航空运输协会章节统计的与重复性故障相关的航班延误次数及平均延误时间

3）故障重复次数对应航班不正常事件的次数及平均延误时间统计

由图 7.3 可知，在所有与故障有关的航班延误中，重复次数为 2 次的故障导致的航班延误次数最多，7 次的故障导致的平均延误时间最长。

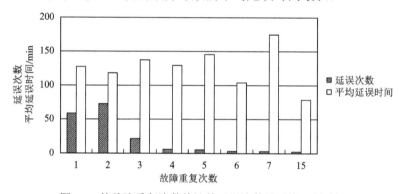

图 7.3　按故障重复次数统计的延误次数及平均延误时间

7.2　季节与故障的相关分析

飞机故障通常会受到服役时间、季节等因素的影响，航空公司在分析各机队重复性故障数量时，以真实时间作为解释变量，重复性故障数量作为响应变量，来分析重复性故障数量随时间的走势。这种分析方法存在一定的不足，因为在各机队内，飞机的服役时间参差不齐，而且根据机务人员的经验，服役时间长的飞机，故障数量较多（若不考虑检修的影响），重复性故障的数量就会受到影响；某些故障随季节不同，分布也存在差异，因此，将各个季节的故障单独拿出来分析，将能更好地反映故障数量随服役时间的走势。

为了刻画这种趋势，首先，计算某一机型的飞机在一个时间段内的服役时间，服役时间 = 故障发生时间−飞机交付时间。其次，得出服役时间内对应的故障数量，将在相同服役时间内发生的故障进行加总求和。再次，计算出在服役时间内对应的飞机的数量。最后，根据上面得到的结果计算：平均每架飞机故障数量＝飞机故障/飞机架数，然后再以服役时间作为解释变量，平均每架飞机故障数量作为响应变量作图。对于不同季节每架飞机故障数量的计算，只需将服役时间按照季节进行划分即可。

以国内某航空公司 2005～2010 年 737NG 系列 ATA 21 章空调系统的数据为例，平均每架飞机故障数量随服役时间走势图如图 7.4 所示。

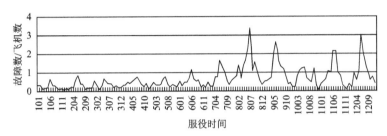

图 7.4　平均每架飞机故障数量随服役时间的走势图

"107" 表示某次故障发生在飞机服役第一年的 7 月份

根据一般经验，将 3、4、5 月定义为"春季"，6、7、8 月定义为"夏季"，9、10、11 月为"秋季"，12 月及次年的 1、2 月为"冬季"。这里的月份体现在故障发生"月"。因此，平均每架飞机在各个季节故障数量随服役时间走势图如图 7.5～图 7.8 所示（只选取了服役时间为 1～7 年的数据）。

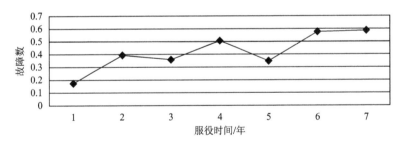

图 7.5　春季故障数量随服役时间走势图

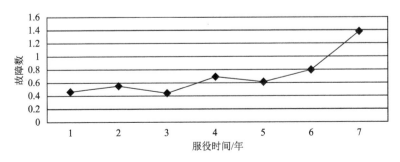

图 7.6　夏季故障数量随服役时间走势图

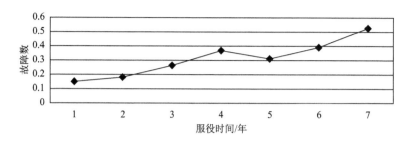

图 7.7　秋季故障数量随服役时间走势图

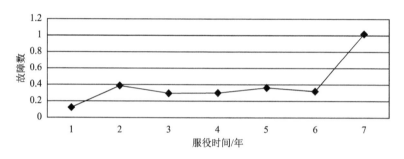

图 7.8　冬季故障数量随服役时间走势图

由此可见，随着服役时间的增加，各个季节的故障数量都有一定的上升趋势。

7.3　重复性故障诊断分析

若要实现基于故障现象与故障历史记录定位故障部件的功能，我们应首先解决故障现象与故障部件的对应问题。为了能基于故障现象与故障历史记录推荐解决方法，我们应首先定义什么是解决方法。

通过观察历史数据我们发现故障现象与故障部件之间存在一对多的关系；另外，实际经验表明，若单以故障现象、故障历史记录作为航空设备故障诊断的依据也是不可取的。因此，相比于精确诊断，我们更倾向于给出可能造成该故障的子系统与部件的范围。

为此，我们将某类故障现象记为 A，用"观察到该故障现象后，对某故障部件（记为 B）进行了处理，同样的故障现象再次发生的时间间隔大于 15 天的故障记录数"除以"观察到该故障现象后，对任意部件进行了处理，同样的故障现象再次发生的时间间隔大于 15 天的故障记录总数"作为对"该故障现象是由某部件故障导致的概率"的估计，记为 $P(A|B)$。在故障诊断时，我们会根据该故障记录中识别出故障现象的种类数的倒数作为故障现象发生的概率，记为 $P(A)$，以

及该故障的完整历史记录中故障部件 B 的处理次数除以对任意部件进行处理的总次数作为故障部件处理的概率，记为 $P(B)$，调整上述估计值 $P(A|B)$，即采用贝叶斯公式 $P(B|A) = \dfrac{P(A|B)P(B)}{P(A)}$，表示发生故障现象 A 时对故障部件 B 处理后有效的概率。

进而，我们从中整理出该估计值不为零的故障部件，作为"疑似故障部件清单"。然后，我们将解决方法定义为对某故障部件执行了某故障处理动作。在推荐解决方法时，我们会提供执行了该解决方法后，该故障现象再次出现的平均间隔时间、间隔时间的标准差、故障有效处理比例等值，制成"解决方法推荐表"作为参考。

以国内某航空公司 2005～2010 年 737NG 系列 ATA 21 章 31 节空调子系统的故障数据为例，故障现象为"压力异常"的疑似故障部件清单如图 7.9 所示。

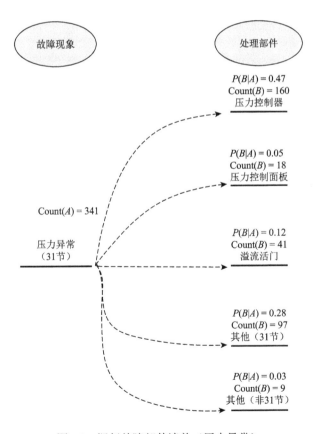

图 7.9　疑似故障部件清单（压力异常）

由图 7.9 可知，ATA 21 章 31 节"压力异常"故障现象，疑似故障部件有压力控制器、压力控制面板、溢流活门等，相应的处理有效概率为 47%、5%、12%。

相应的解决方法推荐表如表 7.1 所示。

表 7.1 压力异常的解决方法推荐表

测试			更换			对串			复位		
平均间隔时间/min	平均	55.47	平均间隔时间/min	平均	111.93	平均间隔时间/min	平均	94.18	平均间隔时间/min	平均	76.33
	标准误差	9.36		标准误差	23.20		标准误差	39.47		标准误差	55.32
	中位数	11.00		中位数	26.00		中位数	24.50		中位数	40.00
	众数	1.00		众数	1.00		众数	1.00		众数	N/A
	标准差	118.05		标准差	202.27		标准差	230.16		标准差	95.81
	方差	13 936.85		方差	40 913.85		方差	52 975.48		方差	9 180.33
	峰度	15.46		峰度	10.66		峰度	26.57		峰度	N/A
	偏度	3.65		偏度	3.04		偏度	4.94		偏度	1.46
	区域	806.00		区域	1 140.00		区域	1 325.00		区域	181.00
	最小值	0.00		最小值	1.00		最小值	1.00		最小值	4.00
	最大值	806.00		最大值	1 141.00		最大值	1 326.00		最大值	185.00
	求和	8 819.00		求和	8 507.00		求和	3 202.00		求和	229.00
有效率		0.43	有效率		0.66	有效率		0.65	有效率		0.67
观察数		159	观察数		76	观察数		34	观察数		3

由此可见，有效率较高的解决方法为复位、更换及对串。

第8章　航材库存布局

航材是航空器材的简称，是指航空器上的机载设备、动力装置、零部件和其他航空材料等，为保证飞机安全、航班正常运行而进行维护、维修所需要更换的备件。航材按其维修性可分为消耗件和周转件。消耗件指的是在其使用过程中，发生故障后无法再次使用（即一次性使用件），或经济上不值得修理，或者修理费用大于购买费用 70%的航材。周转件是指当出现故障后可以进行修理并能恢复使用状态的航材，大多数为高价件，因此周转件又称为高价周转件，种类虽然不多，但占用大量库存资金。

航材布局是指将航空公司订购的某种航材全部分布于各个基地中，并且在航空公司正常航班运行过程中，当某个基地的飞机发生此类航材故障需要进行拆换时，拆下的航材就需要进行送修，在修理厂修好之后可返回到各个基地，如果该基地库存中有此类航材，则直接换上航材；如果该基地没有可用备件，可从其他基地调配航材，或从外公司租借航材，当可调用基地或可租借的外公司都存在时，优先考虑可调用基地，当无其他可调用基地或者可租借的外公司时，可进行紧急订货。从外公司租借的航材需要归还。航材布局方案指的是某种航材在航空公司各个基地中的库存量集合。

航材成本可以分解成航材采购成本、航材存储成本、航材缺件成本、航材调配成本和航材租借成本。

航材采购成本包括航材采购过程中发生的固定成本和变动成本，如航材单价、运输装卸费、采购人员差旅费、紧急订货等，一般受航材的采购数量、采购时机和选择的航材供应商等因素影响。航材存储成本是指航材从入库到出库期间发生的与该航材相关的全部成本，包括航材占用资金的利息、航材报废和损坏成本、分摊到该航材的管理人员的薪酬、航材库中的设备使用成本、资源消耗成本、航材库租金等。航材缺件成本是指由于生产部门要求领用航材而航材部门无法提供导致飞机停场、延误对航空公司的信誉和将来的业务造成的损失、造成航班延误或取消的直接经济损失等。航材调配成本是指将航材从一个基地调配至另一个基地产生的全部成本，包括航材的包装成本和运输成本等。航材租借成本是指由于各基地均无可用备件，需要从其他航空公司租借航材而产生的成本。

与航材库存布局有关的时间：航材调配时间是指从发出航材调配/租借申请开

始到飞机能够执行航班的时间。航材送修时间是指从航材拆下开始直至航材修好返回仓库的时间。航材拆换间隔时间是指连续两次拆换的间隔时间。航材供给响应时间是指从航材拆下开始到换上航材所需时间。

航材调用或租借的选择原则：当某基地存储航材不足而发生缺件时，需要从其他基地调用航材或从外公司租借航材，而从不同基地调用航材或从外公司租借航材时需要的时间和发生的调用成本各不相同，因此还需要对从哪个基地调用航材或从外公司租借航材做出选择。一般以下几个方面作为选择航材调用或租借的原则。

（1）优先原则。当本公司其他基地和外公司都满足航材调用或租借条件时，优先选择本公司的其他基地进行航材调用。

（2）航材调用或租借需要的时间。当从其他基地调用航材时，需要考虑其他基地到该基地的航班情况，即到达该基地时间最早的航班；当从外公司租借航材时，一方面需要考虑外公司到该基地的航班情况，另一方面还需要考虑租借航材在管理流程（申请、审批等）上所花费的额外时间。

（3）航材调用或租借产生的成本。当某个基地所执行调用任务的航班装载货物量已满时，需要考虑将一些货物卸下或等候下一航班运送所带来的成本；通过外公司进行航材租借时，还需要考虑租借成本；在一定时间内能够从其他基地调来航材或从外公司租借航材，就不会对航班的正常运营产生影响，否则将造成飞机停场，由此带来航空公司的信誉和将来的业务损失，造成航班延误或取消的直接经济损失。

送修件的返回原则：当某基地的飞机发生航材故障需要进行拆换时，拆下的航材需要送到维修厂进行修理，送修的航材修理好之后返回原则一般可以从以下几个方面考虑。

（1）这次发生故障时如果更换到飞机上的航材属于本公司所属基地的，那么修好后的航材返回到发生故障的基地。若已知各个基地的飞机使用该航材的可靠性状态，则可根据目前时刻的可靠性情况返回到需要该航材较为紧迫的基地。

（2）这次发生故障时如果更换到飞机上的航材是从外公司租借的，那么修好后的航材需归还外公司。

衡量航空公司航材管理水平的两个重要指标是库存成本和航材保障水平（航材保障率）。航材保障率是指在一定时间内航材库存量能够满足航材需求的百分比，即航材保障率 = 领到航材的次数/领取航材的次数×100%。

如果一个航空公司航材部门的库存资金较少，并且航材保障水平较高，那么该航空公司的航材管理水平较高；反之，航材管理水平较低。但是航材保障水平越高，必然增加库存资金的需求。

因此，航材管理的目的就是在高航材保障率与低库存水平之间寻求一个平衡点，使之既能及时地供给航材，保证一定的航材保障率，同时又要最大限度地降低库存，减少资金占用。

航材库存管理的特点之一是航材品种繁多，所包含的零备件种类数以万计，库存数量极其庞大，这也是对航材难以实施有效控制的一个重要原因。据统计，A300、A310、A320 三种型号的飞机，其库存中有 2 万多种航材，其中标准件有 9000 多项；B737-300/500 型飞机，其库存航材就有 5000 多种。由于每种航材在数量、价值、重要性上各不相同，因此需要将它们进行合理的分类，实行有重点、有针对性的控制，才能进行有效的管理。

航材库存管理的另一个特点是需求的不确定性，因为航材在使用过程中，故障发生的时点不容易预测，这是由飞机故障发生的随机性造成的，即航材在每一次飞行中都有可能发生故障，有的航材直到飞机退役时都不会发生故障。需求的不确定性导致航材的储备量难以精确估计，一方面如果存储量难以满足维护和维修的需要，一旦发生航材缺件的情况，将造成飞机停场、航班延误或取消，会影响航空公司的正常运营，给航空公司带来经济损失或使其信誉受损；另一方面如果存储量过多，会造成库存积压，占用大量资金，使航空公司资金周转水平降低。

8.1 相关研究述评

8.1.1 航材需求估计

在制定航材库存策略、构建库存模型时，首先需要估计出航材在未来一段时间内的需求量，因此对航材需求的准确估计显得十分重要。航空公司在实际生产运营中对航材的需求来源于两个方面：一是随机性需求，指由于飞机随机故障引起的非计划维修工作而导致的航材消耗；二是确定性需求，用于飞机计划性维修。航材的确定性需求，可以根据航空公司维修单位中飞机计划性维修项目的工单确定。但是航材的随机性需求具有随机性，即飞机发生故障时间的不确定性，需要通过合适的模型和方法进行估计。

目前国外的文献并未对此问题做更深入的研究，只是假设航材的需求服从一定的分布规律（如泊松分布、指数分布等），而国内有大量的文献给出了航材需求的模型和方法，大体上可以分为三类：一是基于航材消耗或备件发生故障服从泊松分布、正态分布、韦布尔分布等分布规律，进而估算出在一定保障水平下航材的需求量。这类方法的优点在于计算简单、快捷，但是较理想化，未能结合实际航材故障的特性，有可能会导致预测偏差较大。二是基于可靠性和维修性理论，建立航材需求预测模型，并得到航材需求量。这类方法能够较好地反映实际维修特点，但是需要大量的历史数据支持，并且计算较为烦琐。三是根据实际航材消耗数据，通过参数估计和假设检验的方法，得到其分布规律，然后再求出在一定航材保障率下的航材需求量。这种方法是建立在模型理论数据与实际样本数据之间统计分析基础上的定量评估方法，检验效果较好。

根据备件的使用特性，这里分别对循环件、非循环件和消耗件建立备件需求量的计算模型，但并未给出具体的算例。针对循环件、非循环件假设航材拆换满足泊松分布，循环件需求量 S 的计算公式见式（8.1）：

$$\sum_{i=0}^{S} \frac{\lambda_R^i}{i!} e^{-\lambda_R} \geqslant \alpha, \quad \lambda_R = \frac{\mathrm{UN} \cdot \mathrm{AN} \cdot \mathrm{FH} \cdot \mathrm{TAT}}{\mathrm{MTBR} \cdot T} \tag{8.1}$$

其中，UN 为单机安装数；AN 为飞机架数；FH 为单机在时间间隔 T 内的平均飞行小时数；MTBR 为航材平均拆换间隔时间；TAT 为送修平均周转时间；α 为航材保障率。非循环件需求量 S 的计算公式见式（8.2）：

$$\sum_{i=0}^{S} \frac{\lambda_R^i}{i!} e^{-\lambda_R} \geqslant \alpha, \quad \lambda_R = \frac{\mathrm{UN} \cdot \mathrm{AN} \cdot \mathrm{FH}' \cdot T}{\mathrm{MTBR} \times 365} \tag{8.2}$$

其中，FH′为单机年平均飞行小时数。

针对消耗件，假设需求服从正态分布，这类航材占用资金少，使用量较大，需求量 R 的计算公式见式（8.3）：

$$R = f \sigma_N \sqrt{T_g + T_j} + f' N_C \sigma_R \tag{8.3}$$

其中，N_C 为单月消耗平均值；σ_N 为消耗量标准差；T_g 为库存检查周期；T_j 为交货期；σ_R 为交货期标准差；f、f'为由 α 查正态分布表得到的安全系数。

针对航材的库存管理，通过分析航材的分类（周转件、消耗件）和消耗规律（确定性、随机性），本章提出了航材库存管理的基本原则，即分类管理、适时适地择优采购，论述了确定性航材库存和随机性航材库存的策略。确定性航材在一定时期内的合理需求量取决于该时期内飞机的维修级别、维修频次以及每次维修航材的消耗数量；而飞机的维修级别与维修频次可以根据航空公司飞机的维修方案以及飞机的利用率、飞行小时和起落数等确定，每次维修航材消耗的数量取决于该次维修所包含的例行工卡数量及每份例行工卡所需耗费的航材数量。随机性航材的需求量需要针对不同航材的需求特征及不同航材的保障目标采用不同的分析模型。有的航材消耗量是离散型随机变量，其分布函数遵循二项分布或泊松分布；有的航材消耗量是连续型随机变量，其分布函数遵循指数分布、正态分布或均匀分布。文献[125]以泊松分布为例说明如何建立航材消耗分析的数学模型，但未给出具体的算例。

下面运用 ABC（activity based classification）分类法对航材进行分类优化，使航材控制更有针对性和目的性；针对不同类航材的消耗规律和特点，分别采取不同控制策略和方法，建立了基于泊松分布的 A 类航材（高价周转件和非周转件）库存优化模型，其中高价周转件的需求量 K 计算公式见式（8.4），高价非周转件的需求量 K 计算公式见式（8.5）：

$$\sum_{i=0}^{K} \frac{(\lambda_t)^i}{i!} e^{-\lambda_t} \geqslant \alpha, \quad \lambda_t = \mathrm{UN} \cdot \mathrm{AN} \cdot \mathrm{FH}'' \cdot \mathrm{MURR} \cdot \mathrm{TAT} \tag{8.4}$$

$$\sum_{i=0}^{K} \frac{(\lambda_t)^i}{i!} e^{-\lambda_t} \geqslant \alpha, \quad \lambda_t = \mathrm{UN} \cdot \mathrm{AN} \cdot \mathrm{FH}'' \cdot \mathrm{MURR} \cdot T \tag{8.5}$$

其中，FH'' 为单机每天平均飞行小时数；MURR 为平均非计划拆换率。

利用时间序列法对主要参数（非计划拆换率 MURR）进行预测，从 A 类航材中随机抽出一种航材（空调组件）进行实例分析，结果表明通过库存需求优化，可以使库存量下降 25% 和库存总成本降低 16.22%。建立经济批量订货模型对 B 类航材（消耗件）进行库存优化，并从中随机抽出一种航材进行算例分析，结果表明通过优化，可以使年平均库存量下降 22.7% 和库存总成本降低 20.52%。

针对周转件，按其不同的使用特点、消耗规律和寿命分布建立相应的需求预测模型。对于有固定维修周期的周转件（如时控件），计算公式见式（8.6）：

年度平均拆换次数(年消耗量 / 年需求量) = 飞机数量×单机安装数量

×日飞行小时数×360 / 维修间隔时间

$$\tag{8.6}$$

对于因为飞机故障引起的非计划维修动作而导致的随机性航材消耗的周转件，在年拆换次数未知时，可参考波音公司提供的平均非计划拆换时间（mean time between unscheduled removals，MTBUR），计算公式见式（8.7）：

年度平均拆换次数 = 飞机数量×单机安装数量×日飞行小时数×360 / MTBUR

$$\tag{8.7}$$

如果已积累了一定的周转件使用数据，可以通过历史数据用简单移动平均法或加权移动平均法来求得年度拆换次数。在已知周期内的平均拆换次数（平均消耗量）m、航材需求服从泊松分布时，航材备件数量 D 计算公式见式（8.8），航材需求服从正态分布时，航材备件数量 X 计算公式见式（8.9），航材需求服从韦布尔分布时，航材备件数量 S 计算公式见式（8.10）：

$$\sum_{x=0}^{D} \frac{m^x}{x!} e^{-m} \geqslant \alpha \tag{8.8}$$

$$X = m + \sigma\sqrt{m} \tag{8.9}$$

σ 为根据航材保障率查标准正态表得到的安全系数。

$$S = \left(\frac{u_\alpha k}{2} + \sqrt{\left(\frac{u_\alpha k}{2} \right)^2 + \frac{t}{E}} \right)^2, \quad k = \sqrt{\frac{\Gamma\left(1 + \frac{2}{\beta}\right)}{\Gamma\left(1 + \frac{2}{\beta}\right)^2} - 1}, \quad E = \eta \times \Gamma\left(1 + \frac{1}{\beta}\right) \quad (8.10)$$

其中，β 为形状参数；η 为位置参数；t 为更换周期；α 为航材保障率；u_α 为航材保障率均值。

在可靠性和维修理论中，有一个重要的概念就是故障率，它定义为在时刻 t 工作着的产品到 $t + \mathrm{d}t$ 的单位时间内发生故障的条件概率，记为 $\lambda(t)$，它是时间的函数。有些产品的故障率曲线的形状是两头高、中间低，像浴盆，所以称为浴盆曲线，是典型的故障率曲线。如图 8.1 所示，产品的故障率随时间的变化大致可以分为三个阶段：早期故障期、偶然故障期、损耗故障期。

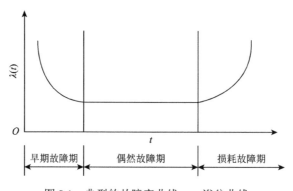

图 8.1　典型的故障率曲线——浴盆曲线

航空技术装备的故障率曲线大致可以分为 6 种基本类型，如图 8.2 所示。图中的横坐标表示使用时间 t，纵坐标表示故障率 $\lambda(t)$。从图中可以看出，A 曲线为典型的浴盆曲线，有明显的损耗期；B 曲线也有明显的损耗期，具有明显损耗期的设备，如飞机的轮胎、机轮的刹车片、活塞式发动机的气缸、涡轮喷气发动机的压缩叶片以及飞机结构上的所有元件等，通常具有机械磨损、材料老化、金属疲劳等特点。C 曲线没有明显的损耗期，但是随着使用时间的增加，它的故障率也随之增加，如涡轮发动机等。D、E、F 曲线没有损耗期。没有损耗期的设备，如飞机液压系统、空调系统等附件，发动机部件、附件，以及电子设备等。其中具有损耗特性的航空技术装备（A、B 曲线）仅占整个装备的 6%，具有典型浴盆曲线（A 曲线）的仅占 4%，没有明确损耗期的（C 曲线）占 5%，以上三项共占 11%，而 89% 的设备则没有损耗期（D、E、F 曲线）。

本节将航材作为研究对象，应用以可靠性为中心的维修理论和计算方法等基础理论，建立了各类航材需求预测基本模型。按照 6 种故障率曲线把航材分为五大类：

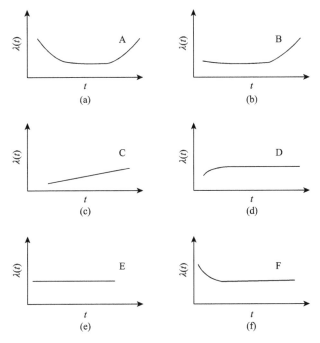

图 8.2　航空技术装备的 6 种故障率曲线

Ⅰ类为 F 曲线；Ⅱ类为 D、E 曲线；Ⅲ类为 C 曲线；Ⅳ为 B 曲线；Ⅴ类为 A 曲线。若航材的故障分布函数已知，则可知故障率随时间的函数，通过描绘其曲线确定所属类型；若航材故障分布函数未知，则可通过历史故障数据，计算各时间段的经验故障率，然后用极大似然估计、线性（非线性）回归、多项式最小二乘法等拟合故障率曲线，判别其所属类型的航材，分别计算早期故障率函数、偶然故障期故障率和损耗故障期故障率函数。然后针对需要预防维修的航材，根据维修理论知识确定各类航材的需求周期，这里的需求周期是指对航材进行定期检测、定期维护的时间间隔，计算出需求周期的需求量和非需求周期的需求量；对于不需要进行预防维修的航材，则采用泊松需求流模型进行计算。通过以上对航材需求规律的分析，并根据各类航材的特点应用不同阶段的需求预测基本模型，建立各类航材相应的需求预测模型。并对Ⅰ类、Ⅱ类、Ⅳ类航材进行算例分析，分别计算在规定时刻内的需求量。

根据 6 种故障率曲线给出相应的故障分布模型[126]，对于 A 曲线（浴盆曲线），其分布函数见式（8.11）、分布密度函数见式（8.12）、故障率函数见式（8.13）：

$$F(t;\eta,\beta)=1-\exp\left(1-\exp\left(\frac{t}{\eta}\right)^{\beta}\right),\quad t\geqslant 0,\eta>0,\beta>1 \tag{8.11}$$

$$f(t;\eta,\beta)=\exp\left(1-\exp\left(\frac{t}{\eta}\right)^{\beta}\right)\exp\left(\frac{t}{\eta}\right)^{\beta}\frac{\beta t^{\beta-1}}{\eta^{\beta}} \tag{8.12}$$

$$\lambda(t;\eta,\beta) = \frac{f(t)}{1-F(t)} = \exp\left(\frac{t}{\eta}\right)^{\beta}\frac{\beta t^{\beta-1}}{\eta^{\beta}} \tag{8.13}$$

对于 B 曲线，其分布函数见式（8.14）、分布密度函数见式（8.15）、故障率函数见式（8.16）：

$$F(t;\eta,\beta) = 1 - \exp\left(1 - \exp\left(\frac{t}{\eta}\right)^{\beta}\right), \quad t \geqslant 0, \eta > 0, \beta > 1 \tag{8.14}$$

$$f(t;\eta,\beta) = \exp\left(1 - \exp\left(\frac{t}{\eta}\right)^{\beta}\right)\exp\left(\frac{t}{\eta}\right)^{\beta}\frac{\beta t^{\beta-1}}{\eta^{\beta}} \tag{8.15}$$

$$\lambda(t;\eta,\beta) = \frac{f(t)}{1-F(t)} = \exp\left(\frac{t}{\eta}\right)^{\beta}\frac{\beta t^{\beta-1}}{\eta^{\beta}} \tag{8.16}$$

对于 C 曲线，其分布函数见式（8.17）、分布密度函数见式（8.18）、故障率函数见式（8.19）：

$$F(t;a,b) = 1 - \exp\left(-\int_{0}^{T}(at+b)\mathrm{d}t\right) \tag{8.17}$$

$$f(t;a,b) = (at+b)\exp\left(-\int_{0}^{T}(at+b)\mathrm{d}t\right) \tag{8.18}$$

$$\lambda(t;a,b) = at+b \tag{8.19}$$

其中，a 为斜率；b 为截距。

对于 D、E、F 曲线，其分布函数见式（8.20）、分布密度函数见式（8.21）以及故障率函数见式（8.22）：

$$F(t;\theta) = 1 - \exp\left(-\frac{t}{\theta}\right) \tag{8.20}$$

$$f(t;\theta) = \frac{1}{\theta}\exp\left(-\frac{t}{\theta}\right) \tag{8.21}$$

$$\lambda(t;\theta) = \frac{1}{\theta} \tag{8.22}$$

其中，θ 为平均故障时间。

通过实际故障数据的参数估计和模型检验来确定符合该故障数据的故障率曲线，并假设航材故障为系列随机点、故障后用备用件替换、当航材为可修件时维修方式为最小维修（修复如旧）、计算更换复杂系统的故障次数满足更换新件但不影响系统故障特性条件下采用非齐次泊松过程计算航空备件的需求量和剩余平均寿命。非齐次泊松过程是泊松分布的推广，允许泊松过程中的到达强度 λ 是 t 的函数。那么在航材保障率 α 一定的前提下，在（0, T）内备件数量 N 的计算公式见式（8.23）：

$$\sum_{i=0}^{N} \frac{\left(\int_0^T \lambda(t)\mathrm{d}t\right)^i}{i!} \mathrm{e}^{-\int_0^T \lambda(t)\mathrm{d}t} \geqslant \alpha \tag{8.23}$$

并进行了算例分析，表明计算航空备件需求量时，不能简单假设航空备件的故障分布仅服从理想的指数分布，对于满足最小维修的可修件来说，则可应用非齐次泊松过程来计算需求量。

基于 6 种故障率曲线特性，依据可靠性理论建立相应的故障分布模型[127]。通过分析历史故障数据，采用参数估计和假设检验来确定设备所属的故障率曲线特性。引入维修度 q 的概念，表示设备故障经维修后恢复的程度，当 $q = 0$ 时，对应为更新过程（修复如新）；当 $q = 1$ 时，对应的是非齐次泊松过程（修复如旧）；当 q 落在 $(0, 1)$ 区间内时，代表着维修介于新旧之间，大多数可修件属于这种情况，而广义更新过程恰能反映这种特性；当 $q>1$ 时，表示修复比旧差，当 $q<0$ 时，表示改善维修水平或采用新技术，可使修复后状态比新好，这两种情况比较少。本节以两参数韦布尔分布为例，应用广义更新过程对维修度进行参数估计，之后通过蒙特卡罗方法计算在满足该维修度条件下一定时间段内发生的平均故障数，用来预测不可修件和可修件的需求量。通过实例证明用此方法预测航空备件需求量能反映实际维修特点，也是可行的。通过三种维修方式的比较，一般维修可克服理想假设（指数分布）的缺点，在可靠性的基础上反映维修情况，该方法不仅操作性强，而且精度得到较大的提高。

以对飞行安全有着重要影响和价格昂贵的周转件为研究对象，应用维修度概念，在广义更新过程的基础上改进了比例危险模型（proportional hazard model，PHM），建立了反映周转备件寿命及运行环境、维修历史等协变量参数变化趋势的预测模型，通过实际故障数据进行参数估计，并在蒙托卡罗仿真的基础上计算设定时间段内周转备件的数量。通过实例计算和比较表明，协变量对故障次数有较大的影响，而且通过对完全维修与一般维修两种维修方式进行比较，考虑维修度后的一般维修能够反映实际情况，对航空公司的备件采购决策具有一定的指导意义和参考价值[128]。

常用的参数估计法有概率图纸法、极大似然估计法等，对分布模型进行有效性检验的常用方法有概率图纸法、皮尔逊 χ^2 检验法和 Kolmogorov-Smirnov 检验法。以某航空公司波音 737CL 机队的副翼作动器（副翼 PCU）实际使用数据为例，采用极大似然估计法确定正态分布的参数，采用 K-S 检验法进行分布检验，得到副翼 PCU 使用数据的最佳分布模型为正态分布，故其失效率是随附件使用时间的增加而递增的，故障模式应属损耗导致的性能衰退，并和实际使用情况进行比较，验证了其有效性[129]。

8.1.2　航材库存布局优化

航材库存布局具有两个方面的含义，一方面指的是航材库的选址，即考虑在多种因素下如何选择最佳的航材存放地点（航材库）；另一方面指的是航材备件数量的分配，即在已知有多个航材库（维修基地）的情况下，如何将采购的航材合理地分配到各个航材库中。

目前关于航材库的选址的研究主要是空军航材库的选址，而对于民用航空航材库选址的研究相对较少。这类文献的研究主要是从候选航材库的自身条件（如安全情况、交通条件、地理环境、建设费用等）及在物流保障中所起的作用（接受后方基地的物资和满足空军机场需求）等方面来考虑如何选择最佳的一个或多个航材库。采用的模型和方法主要有：根据航材物流多阶响应的时间约束和流量限制，建立 0-1 整数规划模型；建立评价指标，通过专家评估等手段，运用模糊物元分析法得到候选航材库的综合排序等。由于航空公司的维修基地较为固定，暂不考虑航空公司航材库选址的问题。

航材备件数量的分配类似于资源分配问题，是将一定数量的航材备件分配到各个航材库中使总的航材成本或其他目标函数最小。目前关于此类问题国内外的研究相对较少。在目标函数的选取上，主要考虑两个方面：一是航材库存成本（订购、存储、缺货、调运等与库存有关的成本）；二是备件保障效能（停飞时间、备件短缺数、满足率）。求解方法大多采用启发式算法（如遗传算法、多目标进化算法等）。一些研究是基于航材发生故障服从指数分布或均匀分布，估算出航材在一段时间内的平均需求量，结果往往与实际需求量有一定的偏差，进而导致航材分配模型的结果也会存在偏差。

假设航材为周转件，航空公司有多个航站，其中一些航站具备此航材维修能力，一些航站点有加入星空联盟的其他航空公司入驻，通过对由于航材发生故障导致的飞机平均延误时间进行分析和计算，建立了一个航材分配模型[130]。文献[130]给出了求解该模型的一种遗传算法，通过实例分析，对该算法中涉及的参数（如种群数量、迭代次数等）进行了对比分析，讨论了遗传算法中一些重要参数对求解结果的影响程度。

$$\min D(X) \tag{8.24}$$

$$\sum_{i=1}^{S} x_i = N \tag{8.25}$$

$$x_i \geqslant 1, \quad \forall i \in P_p \tag{8.26}$$

$$x_i = 0, \quad \forall i \in P_A \tag{8.27}$$

$$x_i = 0, \quad \forall i \in \bar{M} \tag{8.28}$$

其中，$D(X)$ 表示延误的期望损失；x_i 表示在第 i 个航站中航材的数量；N 表示所有航站航材总量；S 表示航站总数；P_p 表示该航空公司能够提供航材的航站集合；P_A 表示该航空公司参与国际航空技术援助组织的航站集合；$\bar{M}$ 表示对该航材不提供库容的航站集合。

针对航材为周转件的情况，假设存在一个有多个机场和一个修理中心的网络，已知总的周转件数量、发生的故障率以及修理周期服从均匀分布，当航材发生故障时替换的航材可以来自本机场、附近机场，也可以来自修理中心等，文献[131]分析了在不同情况下所产生的成本，设定多个目标函数：总的存储和调运成本最小、所有机场的平均航材保障率最大和最小的航材保障率最大，建立了一个多目标的航材分配模型，并给出了一种关于多目标进化算法的求解方法和步骤。通过一个算例表明对于航材备件分配问题，这种方法从理论上可以找到低成本和高服务水平下的一个库存和调运方案[131]。

在对航空公司的航材成本构成进行分析时，主要包括航材采购成本、存储成本和缺件损失。文献[132]提出了航空公司航材布局的两种方案：一是为每个基地配备足量的该种航材；二是不为每个基地配备足量的该种航材，当某基地出现航材缺件时通过其他基地调用来解决；最终都要满足该种航材的保障率要求。并针对第二种方案建立了消耗件航材的布局优化模型：

$$\min \sum_{i \in I} \left(\bar{c}_i (s_i^t + x_i^t) + \sum_{j \in I, j \neq i} (a_{ij}^t z_{ij}^t + b_j^t v_{ij}^t) \right) \tag{8.29}$$

$$\sum_{i \in I} x_i^t \leqslant M^t \tag{8.30}$$

$$\sum_{j \in I} z_{ij}^t = y_i^t, \quad i \in I \tag{8.31}$$

$$s_i^t + x_i^t - \sum_{j \in I, j \neq i} z_{ji}^t + y_i^t \geqslant r_j^0 d_i^t, \quad i \in I \tag{8.32}$$

$$\sum_{i \in I} y_i^t = \sum_{i \in I} \sum_{j \in I, j \neq i} z_{ji}^t, \quad i, j \in I, i \neq j \tag{8.33}$$

$$\sum_{i \in I, i \neq i} z_{ji}^t \leqslant s_i^t + x_i^t, \quad j \in I \tag{8.34}$$

$$v_{ij}^t \geqslant \left(1 - \frac{T_j^0}{T_{ij}^t} \right) u_{ij}^t \tag{8.35}$$

$$x_i^t, y_i^t, z_{ij}^t \geqslant 0 \text{ 且为整数}, \quad u_{ij}^t, v_{ij}^t = 0 \text{ 或 } 1, \quad i, j \in I, i \neq j \tag{8.36}$$

其中，I 为航空公司的基地集合；T_j^0 为基地 j 航材缺失时允许的调用航材时间；d_i^t 为预测出的基地 i 第 t 航季航材拆换数量；M^t 为第 t 航季可供分配的航材件数；s_i^t 为第 t 航季初基地 i 存储的航材件数；x_i^t 为第 t 航季为基地 i 存储的航材件数；y_i^t 为第 t 航季基地 i 存储的航材总件数，z_{ij}^t 为第 t 航季基地 i 从基地 j 调入的航材件数；$u_{ij}^t = 1$ 表示第 t 航季基地 i 从基地 j 调入航材，否则 $u_{ij}^t = 0$，$s_i^{t+1} = s_i^t + x_i^t - \sum_{j \in I, j \neq i} z_{ij}^t + y_i^t - d_i^t$；$\bar{c}_i$ 为基地 i 每件航材每航季的存储成本；r_j^0 为基地 j 规定的航材发付率；T_{ij}^t 为第 t 航季基地 i 从基地 j 调入航材所需时间；$v_{ij}^t = 1$ 表示第 t 航季基地 i 从基地 j 调入航材且 $T_{ij}^t > T_i^0$，否则 $v_{ij}^t = 0$；a_{ij}^t 为第 t 航季基地 i 从基地 j 调入航材所需费用；b_j^t 为第 t 航季基地 j 不能及时提供航材产生的飞机停场费用。

通过案例分析，在预测出各基地的航材需求量后，在规定的航材保障率下，与航空公司现采用的第一种航材布局方案的航材总成本进行对比，得出了采用优化布局后航材总成本较少的结论，为航空公司的航材在各基地间的合理布局提供了决策支持。这里，未考虑向其他航空公司借用航材的情况[132]。

上述所提到的模型和方法针对航材需求的随机性，通过一定假设和理论推导得到了航材在未来一段时间内的平均需求量，并将此作为已知的确定参数加入模型中，并不能很好地与航空公司的实际需求相吻合，有时会造成很大的误差。

8.1.3　航材库存优化

航材备件库存经历了一个从单级库存到多级库存的过程。多级库存描述的是具有后方保障基地的系统，航空基地作为第一等级，而后方仓库成为第二等级，如果后方有多层保障仓库，那么则成为多级库存系统。

单级库存模型研究较多，最早是从确定型单基地库存的经济订货批量（economic order quantity，EOQ）模型开始，针对一个可修库存系统，在假设这个系统的维修能力无限并且系统在运行过程中不允许缺货的条件下，建立一个经济订货批量模型，故障部件批量维修并且维修数量一定，构建一个最优化维修成本订货模型。随后的扩展包括：对维修能力无限这个假设进行了拓展，该模型假设了有限的维修能力，同时在不允许缺货的情况下来确定最优订货数量，从而达到最低的库存成本；允许缺货的库存优化模型；平均需求率大于平均维修率的情况下批量订货的最优库存模型；在不允许缺货的条件下的一个多周期动态规划模型；针对成本较高、故障率较低的可修件库存问题，在不同补货策略条件下对库存成本进行优化的仿真技术；以航空公司飞机的可用度为优化目标的备件库存优化模型；考虑具有紧急订货策略的库存模型。

多级库存理论的研究始于 1966 年提出的空军可修备件多级管理方法[133]，即 METRIC（multi echelon technique for recoverable item control）模型，该模型基于以下假设。

（1）故障部件能否在基地维修与基地库存量和单个部件的维修工作量无关，只与维修基地的维修能力有关。

（2）基地之间部件失效率是相互独立的。

（3）部件的修复时间也是相互独立的。

（4）当航空公司基地无备件时，后方仓库可向所属基地补给备件，但各个基层级之间不允许备件横向供给。

（5）每个保障等级的备件库存对策为 $(s-1, s)$，即报废一个部件补充一个新备件。

（6）每次部件失效的发生都是由单部件引起的。

（7）该优化模型在稳态下进行（即系统中飞机数量和所处环境不再发生变化）。

该模型针对装备上的各项备件在允许最大缺件的约束下，计算各个基地的最优库存量。即建立的优化模型：

$$\min{}_{i=1}^{I} c_i \sum_{j=0}^{J} s_{ij} \tag{8.37}$$

$$\text{s.t.} \quad \sum_{i=1}^{I} \text{EBO}(s_{ij}) \leqslant b_j \tag{8.38}$$

其中，$\text{EBO}(s_{ij})$ 为缺件的期望值；b_j 为最大允许缺件数量；s_{ij} 为第 i 种部件第 j 个基地的库存量；c_i 为库存成本系数。

METRIC 模型每给出一个备件短缺数就对应一个最优费用，它给出了一条备件短缺数与费用之间的曲线，曲线上的每一个点对应于一种备件短缺约束下的最优配置方案；但是其模型假设条件的限制比较严格。随后的拓展包括：采用负二项分布替代泊松分布来描述基层期望缺货值的 VARI-METRIC 模型；维修时间已知的批量订货模型；允许横向调运的多级库存模型。

此外，航空发动机作为重要的高价件，其故障影响到飞机的安全性。目前对航空发动机的研究主要集中在：分析失效的物理理论以及用可靠性及生存模型对故障状态进行刻画；基于飞行寿命的飞行任务分配问题。

库存优化模型的求解算法可以分为精确算法和仿真算法。精确算法有边际效益分析法、拉格朗日乘数法等。仿真算法有基于 GPSS 仿真、框图建模方法、基于系统动力学的仿真。对于多目标库存优化模型的求解算法主要有遗传算法、仿真＋优化算法。

由于仿真理论的发展和各种优秀仿真软件的出现，近年来国内外将仿真技术用于库存系统领域的研究逐渐增多。因此对于数学建模和求解比较困难的随机需求的库存模型，用仿真方法是一个很好的途径。

8.2　航材随机需求估计

研究航材在多个基地间的库存量布局问题，首先要根据以往的各基地的航材消耗情况，估计出未来一段时间内的需求量。而航材的消耗与飞机故障发生的状况和飞机维修计划的安排有关，即航材消耗有以下两种情况：一是确定性消耗，用于飞机计划性维修的航材消耗，如各类 A 检、C 检中明确规定需使用的航材或时控件的计划性更换等，这类维修工作的航材保障，具有确定性和计划性；二是随机性消耗，是飞机随机故障引起的非计划维修工作而导致的航材消耗，受很多随机因素影响，如飞机循环数、飞行小时、天气条件、机组操作水平等，使航材的需求具有随机性。由于航空公司各基地拥有的机队规模不同、飞行地域不同等，同种航材在各基地的需求量也会有所不同，因此在进行航材随机需求估计时需要分别计算各基地的航材需求量。航材库存管理的一个重要任务就是保障这类随机性航材的需求。本节结合数理统计的知识，对航材的随机需求估计进行初步探索。

8.2.1　问题描述

已知：航空公司有 I 个基地，基地 i 拥有的飞机架数为 F_i，各基地历史的航材拆换间隔时间数据，各基地规定的航材保障率 P_i。

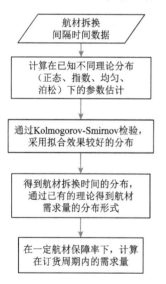

图 8.3　航材随机需求
估计技术路线

求：航材拆换间隔时间服从的分布规律以及各基地在未来一段时间内的航材需求量。

8.2.2　研究方法

在已有航材拆换间隔时间数据的基础上，根据假设服从的理论分布（正态、指数、均匀、泊松分布等）进行参数估计，对其进行 Kolmogorov-Smirnov 检验，选择通过检验并且拟合度最好的分布，即为该航材拆换间隔时间的理论经验分布，这是关于航材需求时间的分布情况。下一步要根据此分布的形式通过概率论和数量统计的方法转化成关于航材一段时间 T 内需求量的分布形式，然后就可以计算出在一定航材保障率下，航材在订货周期内的需求量。技术路线如图 8.3 所示。

1. 参数估计

参数估计问题分为点估计和区间估计。点估计指的是已知总体 X 的分布函数的形式，但有一个或多个参数未知，借助于总体 X 的一个样本来估计总体未知参数的值。区间估计指的是对于未知参数，除了求出点估计外，还估计出一个范围及可信程度。

常用的点估计方法有矩估计法和最大似然估计法，在统计问题中往往先使用最大似然估计法，在最大似然估计法使用不方便的时候，再使用矩估计法。

由费希尔引进的最大似然估计法，就是固定样本观测值 $x_1, x_2, \cdots, x_n$，在参数 θ 取值的可能范围 Θ 内挑选使似然函数 $L(x_1, x_2, \cdots, x_n; \theta)$ 达到最大的参数 $\hat{\theta}$，作为参数 θ 的估计值，即取 $\hat{\theta}$ 使：

$$L(x_1, x_2, \cdots, x_n; \hat{\theta}) = \max_{\theta \in \Theta} L(x_1, x_2, \cdots, x_n; \theta) \tag{8.39}$$

已知样本值 $x_1, x_2, \cdots, x_n$，若总体 X 为离散型分布，其概率分布形式见式（8.40）：

$$P\{X = x\} = p(x; \theta), \quad \theta \in \Theta \tag{8.40}$$

其中，θ 为待估计的参数；Θ 是 θ 可能取值的范围，那么其似然函数为

$$L(\theta) = \prod_{i=1}^{n} p(x_i; \theta), \quad \theta \in \Theta \tag{8.41}$$

若总体 X 为连续型分布，其概率密度函数为 $f(x; \theta), \theta \in \Theta$，其中 θ 为待估计的参数，Θ 是 θ 可能取值的范围，那么其似然函数为

$$L(\theta) = \prod_{i=1}^{n} f(x_i; \theta), \quad \theta \in \Theta \tag{8.42}$$

θ 的最大似然估计 $\hat{\theta}$ 可以从式（8.43）求得

$$\frac{\mathrm{d}}{\mathrm{d}\theta} \ln L(\theta) = 0 \tag{8.43}$$

2. 分布假设检验

对分布模型进行有效性检验的常用方法有皮尔逊 χ^2 检验法、Kolmogorov-Smirnov 检验法。χ^2 检验法是在对数据按其取值范围进行分组后计算频数的基础上，考察每个区间的实际频数与理论频数的差异是否显著，一般适用于大样本情况，并且依赖于区间的划分。Kolmogorov-Smirnov 检验法是检验单一样本是否来自某一特定分布的方法，它是以样本数据的累计频数分布与特定理论分布比较，若两者间的差距很小，则推论该样本取自某特定分布族。它不依赖于区间划分，适用于小样本情况，故在实际使用中应用最多。

对于大量数据，分布假设检验的方法可以使用传统的 χ^2 检验，而使用小样本数据检验连续函数时，需要采用 Kolmogorov-Smirnov 检验。

假设母体分布已知：

$$H_0 : F(t) = F_0(t) \tag{8.44}$$

Kolmogorov-Smirnov 检验法的具体计算步骤如下。

（1）从母体抽取容量为 n 的子样，并将子样观测值按由小到大的次序排列。

（2）算出经验分布函数：

$$F_n(t) = \begin{cases} 0, & t < t_1 \\ \dfrac{n_i(t)}{n}, & t_1 \leqslant t < t_i \\ 1, & t \geqslant t_i \end{cases} \qquad (8.45)$$

（3）在原假设下，计算每个观测值 $t = t_i$ 处的理论分布函数 $F(t_i)$ 的值。

（4）算出每个观测值 $t = t_i$ 处经验分布函数与理论分布函数的差的绝对值 $|F_n(t_i) - F(t_i)|$，由此绝对值算出统计量的值：

$$D_n = \max_{1 \leqslant i \leqslant n} |F_n(t_i) - F(t_i)| \qquad (8.46)$$

（5）给出显著性水平 $\bar{\alpha}$，由临界表查出临界值 D_0：

$$P(D \geqslant D_0) = \bar{\alpha} \qquad (8.47)$$

若算出的 $D_n \geqslant D_0$，则拒绝原假设 H_0；反之则接受原假设 H_0，并认为原假设的理论分布函数与子样数据拟合得很好。

3. 航材需求量估计方法

下面具体介绍一种航材拆换时间与航材需求量的关系。

定理 8.1　如果航材的拆换间隔时间 t 服从均值为 $1/m$ 的指数分布且相互独立，则在规定周期 T 内的航材需求量 x 概率分布服从均值为 mT 的泊松分布。

证明： 航材拆换间隔时间 t 服从指数分布的概率密度函数为

$$\exp(t) = m\mathrm{e}^{-mt}, \quad t \geqslant 0 \qquad (8.48)$$

在时间 T 内航材需求量 x 服从泊松分布的形式为

$$p(x) = \frac{(mT)^x}{x!}\mathrm{e}^{-mT}, \quad x = 0, 1, 2, \cdots \qquad (8.49)$$

首先证明当 $x = 0$ 时该定理成立。当 $x = 0$ 时，表示在时间 T 内无需求，即在 T 以后发生下一次拆换，那么其概率为

$$\int_T^\infty m\mathrm{e}^{-mt}\mathrm{d}t = \mathrm{e}^{-mT} = p(0 \mid mT), \quad T \geqslant 0 \qquad (8.50)$$

现在要证明的是，如果在任一时间 t 发生 x 次需求的概率服从泊松分布，且拆换间隔时间服从指数分布并相互独立，那么在任一时间 T（$T \geqslant t$）内发生 $x+1$ 次需求的概率也服从泊松分布：

$$\int_0^T p(x \mid mt) m\mathrm{e}^{-m(\tau-t)}\mathrm{e}^{-m(T-\tau)}\mathrm{d}t = \int_0^T \frac{(mt)^x}{x!}\mathrm{e}^{-mt} m\mathrm{e}^{-m(\tau-t)}\mathrm{e}^{-m(T-\tau)}\mathrm{d}t$$

$$= \frac{m^{x+1}}{x!}\mathrm{e}^{-mT}\int_0^T t^x\mathrm{d}t = \frac{(mT)^{x+1}}{(x+1)!}\mathrm{e}^{-mT} = p(x+1 \mid mT)$$

$$(8.51)$$

第一个表达式是时间为 T，需求量为 $x+1$ 时的泊松概率，也就是时间为 t，发生 x 次需求，时间 $\tau \geqslant t$ 发生一次需求以及最后 $T-\tau$ 时无需求的概率。

我们已经证明，在拆换间隔时间服从指数分布并相互独立的条件下，当 $x=0$ 时，需求量服从泊松分布，又证明了如果对任意 x 成立，对 $x+1$ 也成立，通过数学归纳法就可以得出该定理成立。

8.2.3　算例分析

下面以某航空公司 737NG 机型所有飞机上主轮胎在某段时间内的拆换间隔时间数据为例，研究消耗件的随机需求规律。

主轮胎的拆换间隔时间数据分别为 32 天、41 天、42 天、44 天、112 天、115 天、116 天、124 天、126 天、150 天、158 天、172 天、211 天、213 天、216 天、218 天、237 天、239 天、239 天、254 天、256 天、261 天、265 天、275 天、277 天、330 天、351 天、361 天、362 天、373 天、378 天、382 天、455 天、528 天、570 天、571 天、577 天、651 天、671 天、704 天、719 天、720 天、770 天、811 天、816 天、891 天、896 天、1046 天、1049 天、1066 天、1082 天、1099 天、1155 天、1164 天、1179 天、1236 天、1289 天、1318 天、1598 天。

通过以上数据，画出航材的拆换间隔时间的频率直方图，见图 8.4。

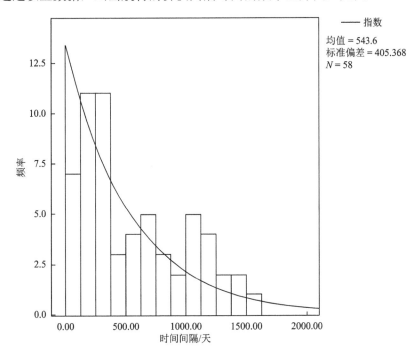

图 8.4　航材拆换间隔时间的频率直方图

通过 SPSS 软件对航材拆换间隔时间数据进行 Kolmogorov-Smirnov 检验，结果如表 8.1～表 8.4 所示。

表 8.1　单样本 Kolmogorov-Smirnov 检验结果（一）

参数		时间间隔
N		58
正态参数[①,②]	均值	543.603 4
	标准差	405.368 49
最极端差别	绝对值	0.189
	正	0.189
	负	−0.108
Kolmogorov-Smirnov Z		1.443
渐近显著性（双侧）		0.031

注：①检验分布为正态分布。
②根据数据计算得到。

表 8.2　单样本 Kolmogorov-Smirnov 检验结果（二）

参数		时间间隔
N		58
正态参数[①,②]	极小值	41.00
	极大值	1598.00
最极端差别	绝对值	0.315
	正	0.315
	负	−0.017
Kolmogorov-Smirnov Z		2.403
渐近显著性（双侧）		0.000

注：①检验分布为均匀分布。
②根据数据计算得到。

表 8.3　单样本 Kolmogorov-Smirnov 检验结果（三）

参数		时间间隔
N		58
Poisson 参数[①,②]	均值	543.6034
最极端差别	绝对值	0.552

续表

参数		时间间隔
最极端差别	正	0.552
	负	−0.379
Kolmogorov-Smirnov Z		4.201
渐近显著性（双侧）		0.000

注：①检验分布为泊松分布。

②根据数据计算得到。

表 8.4　单样本 Kolmogorov-Smirnov 检验结果（四）

参数		时间间隔
N		58
指数参数[①, ②]	均值	543.6034
最极端差别	绝对值	0.134
	正	0.071
	负	−0.134
Kolmogorov-Smirnov Z		1.024
渐近显著性（双侧）		0.245

注：①检验分布为指数分布。

②根据数据计算得到。

假设检验的结果表明对于给定的显著性水平 $\bar{\alpha} = 0.05$ ，只有指数分布的 P 值（$P = 0.245$）大于 $\bar{\alpha}$ 。因此可以判断出该样本服从指数分布。

对指数分布的参数进行极大似然估计，似然函数为

$$L(t_1, t_2, \cdots, t_n; \theta) = \prod_{i=1}^{n} \theta e^{-\theta_i}, \quad \theta \geqslant 0 \tag{8.52}$$

求方程 $\dfrac{\mathrm{d}}{\mathrm{d}\theta} \ln L(\theta) = 0$ ，可得估计值：

$$\hat{\theta} = \frac{n}{\displaystyle\sum_{i=1}^{n} t_i} = 0.001\,869 \tag{8.53}$$

因此单个轮胎的拆换间隔时间数据 t 服从参数 $\hat{\theta} = 0.001\,869$ 的指数分布，概率密度公式为

$$f(t) = 0.001\,869 e^{-0.001\,869t}, \quad t \geqslant 0 \tag{8.54}$$

航材拆换间隔时间的实际分布与理论分布拟合结果见图 8.5。

由于一架飞机上总共有 4 个主轮胎，每个轮胎发生故障的间隔时间是相互独

立的，因此每架飞机在一个时间周期 T 内的需求量 x 满足参数为 $4\times0.001869\times T$ 的泊松过程，即

$$p(x)=\frac{(0.007\,476T)^x}{x!}\mathrm{e}^{-0.007\,476T},\quad x=0,1,2,\cdots \tag{8.55}$$

假设订货时间周期 $T=2$（年），那么每架飞机的需求量 x 满足参数为 $2\times4\times0.001869$ 的泊松过程，即

$$p(x)=\frac{(0.007\,476T)^x}{x!}\mathrm{e}^{-0.007\,476T},\quad x=0,1,2,\cdots \tag{8.56}$$

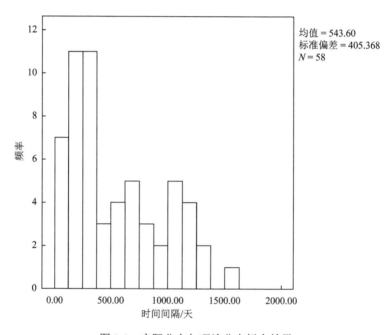

图 8.5　实际分布与理论分布拟合效果

因此在给定的航材保障率 $\alpha=95\%$ 下航材需求量 S 应满足：

$$\sum_{x=1}^{S}\frac{(0.014\,952)^x}{x!}\mathrm{e}^{-0.014\,952}\geqslant0.95 \tag{8.57}$$

通过计算可得 $S=10$（件），即在订货时间周期 2 年内，航材的需求量为 10 件。

8.3　发动机库存优化

8.3.1　研究背景

我国民航业处于较快的扩张和发展中，在对航空公司机队管理时，高价件经

常出现由于使用时间相近而造成一段时间集中故障送修的情况。集中送修高价件不仅增加了航空公司的财务压力、部件的周转压力以及租件的压力，同时飞机也面临停场的危机，给航空公司的正常运营和声誉造成很大的影响。由于高价件的购置成本比较昂贵并且其可靠性较高，航空公司在购置高价备件时需要综合考虑多方面的影响，对高价备件库存进行优化。

高价件的使用流程与常用周转件一样是购买—库存—使用—维修—库存的流程，如图 8.6 所示。那么从使用流程上分析高价件，其库存水平不仅与初始购置数量有关，也与使用、维修有很密切的关系。所以优化机队的高价件的库存成本需要多方面考虑，使成本处于一个较为稳定的水平。本节以高价件——发动机为例来进行研究，下面从发动机的维修、使用等方面对影响发动机库存水平的因素进行介绍。

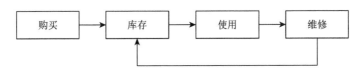

图 8.6 发动机使用流程

1. 发动机寿命及可靠性

寿命：发动机使用阶段的寿命极为重要，寿命是衡量发动机使用时限的指标，发动机寿命分为技术寿命、在翼寿命与累计在翼寿命等。技术寿命（technological life）是指发动机从出厂的使用时间算起，或经过翻修后恢复使用功能，到极限状态前的工作时间。在翼寿命（life on wing）是指发动机从本次装机在翼时间开始到观测或者记录的时间为止中间所经历的时间，也称为在翼时间（time on wing），一般在翼时间的单位为飞行小时或者飞行循环。累计在翼寿命（life since new）是指发动机从出厂装机开始，到观测或者记录的时间为止所经历的时间，也称为累计在翼时间（time since new）。

可靠性：发动机可靠性指标一直受到航空公司的重视。可靠可以定义为"一个项目在规定的状态和规定的时间内执行规定的功能而没有发生故障的概率"，也称为可靠度、可信赖性或者稳定性，用 $R(t)$ 表示，如果一个部件按照所期待的情形可靠地进行工作，那么该部件就是"可靠的"。可靠性是用概率来表示的，具有不确定性。目前国内航空公司使用的发动机可靠性指标主要有机组报告故障率、非计划拆换率、MTBUR、确认故障率、平均故障时间（mean time between failure，MTBF）等。这些数据一般用于对运营中的发动机可靠性水平进行监控，但对于分析实际运行中发动机发生故障的概率及发动机寿命，平均故障间隔时间是一个重要指标。平均故障间隔时间为 $t_{BF} = \dfrac{1}{N_0} \displaystyle\sum_{i=1}^{N_0} t_i$，其中 N_0 为发动机发生故障的总次数，t_i 为第 i 次故障的间隔时间。非计划拆换率指发动机在 1000 个飞行小时因为发动机提前拆换，所发生的故障次数。

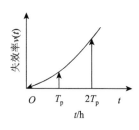

图 8.7　失效率随使用
时间走势

随着使用时间及维修次数的增加，大量的不确定的外部运行环境和内部损伤因素都会造成发动机的性能减退。其直接影响是随着不同维修情况的增加，发动机的失效率会有上升趋势，即发动机故障间隔时间会有下降趋势，上述的趋势可以用下面的图进行表示，见图 8.7。

发动机计划维修：发动机计划维修是相对于非计划维修而言的，非计划维修是发动机由于自身可靠性而发生故障的情况。发动机计划维修是按照维修大纲对发动机进行监控，以便对故障进行监控和预防。目前为止，对发动机的维修管理主要采取以下三种方式：定时维修、视情维修和状态监控。除此之外，适航指令为了保持机队的适航性，制定有关发动机强制性预防与纠正措施，对发动机进行维护或维修的活动也会产生发动机拆换的可能性；服务通告中对可能涉及发动机适航性和安全性的通告，要求用户立即采取行动，或者在使用和维修过程中发现问题，根据部件的使用性和经济性对发动机进行拆换。

2. 发动机使用及更换策略

在发动机使用流程中，发动机的使用情况同样也是影响发动机备件数量的重要因素。发动机可靠性是其使用时间的函数，所以计划使用时间决定了发动机非计划拆换的时间，若发动机使用计划安排不当，也会导致在某一段时间内发动机使用时间相近，从而容易导致发动机集中更换而发生备件不足的情况。若安排好使用计划，计划一段时期内发动机飞行小时数或者飞行循环数，使其能够在备件的允许范围内进行非计划更换，则会避免此类问题的发生。

发动机故障后需要对发动机进行更换，若备件库中有大于一个发动机备件，那么如何选择更换的发动机备件也会对未来机队故障是否集中发生产生影响。我们在介绍发动机可靠性时提过，发动机的故障率随着维修次数的增加而增大，所以对更换发动机的选择，直接影响了机队整体发动机的使用计划。所以，发动机的更换策略也是影响备件库存储备的重要因素。

3. 梯次使用

本节研究发动机的梯次管理，现阶段航空公司采取的措施主要是利用备用发动机拉动梯次，将在翼时间相近的发动机用备用发动机进行主动换发，换发后拉开了各发动机的在翼时间从而避免了故障的集中发生，同时也要将发动机的集中故障数量控制在较低的水平，在公司能够控制的范围内。从航空公司对机队和高价件的梯次使用来看，本节对梯次使用进行定义：由于备件资源和维修资源的限制，飞机/附部件通过调整其使用计划和更换（送修）计划，使飞机/附部件的维修拉开一定的距离，从而使机队部件维修所需资源在现有备件数量和最大能提供的维修资源的范围内。

综上，将发动机的使用流程中影响发动机备件库存量的因素总结为三个主要的因素，分别为与发动机可靠性相关的发动机使用计划、故障后的发动机更换策略及为拉梯次而采取的主动更换发动机措施。

8.3.2　问题描述

基于梯次使用的发动机备件库存优化问题，可以描述为以下数学模型：在已知机队规模（假设每架飞机有多台发动机）、发动机单次送修成本、平均维修时间、发动机在翼时间、发动机可靠性函数、主动换发成本、机队飞行计划（飞行小时数）、发动机租借费用的条件下，求备用发动机数量、发动机所在飞机的飞行计划（飞行小时数）及主动换发时间，使航空公司机队发动机管理的送修成本、换发成本、购置备件发动机的成本、租借发动机成本以及紧急订货成本最低。

该模型基于以下假设。

（1）机队为相同型号飞机的集合，其中发动机也是相同型号的，适用于机队中的任何飞机。

（2）假设发动机的可靠性函数已知，是在翼时间和维修次数的函数。

（3）机队中各个发动机的故障是相互独立的，单位时间内（一段较小的时间）由于发动机可靠性较高，一台发动机故障次数不超过一次，任何一台发动机故障时飞机均不能起飞，需要更换发动机。

（4）发动机故障更换时，可以选择一种更换策略，本节的更换策略为更换备件库中较新的发动机。

（5）主动更换发动机时刻的确定：当机队发动机使用时间相近时，很容易发生集中故障，采用主动更换发动机的策略，对于机队发动机使用时间是否相近，本节使用标准差来进行度量，标准差反映组内个体间的离散程度，则机队发动机使用时间相近可理解为 a 台发动机的在翼时间标准差小于 b，此时机队发动机进行主动更换。

（6）若基地无发动机备件，当发生故障，租借其他基地/公司的发动机。

（7）若其他公司也无备件发动机，对发动机进行紧急订货，紧急订货的成本相对较高。

（8）若基地有库存备件则将租借备件换下，返还给租借基地，修好的备件如有租借备件，也返回给租借基地。

下面对模型进行介绍。

1）符号说明

I 表示机队中飞机的集合，$i \in I$；J 表示每架飞机的发动机集合，$j \in J$；T 表示库存优化的时间周期，$t \in T$；Δt 表示时间周期 T 内的一个单位时间；r 表示发动机维修次数，$r \in \mathbb{N}^+$；$D(t, t+\Delta t)$ 表示 t 时刻到 $t+\Delta t$ 时刻单位时间内的机队飞行计划（飞行小时数）；C 表示在 T 时间周期内产生的库存总成本；$\mathrm{Re}(t)$ 表示 t 时刻机队共租借发动机的个数；M 表示最多可租借发动机的数量；C_j 表示紧急订货成本；$J(t)$ 表示在 t 时刻紧急订货的数量；T_r 表示发动机送修周期；C_o 表示购置单个发动机成本；C_r 表示发动机的单次送修成本；C_e 表示发动机单次主动更换成本；C_l 表示单个发动机单位时间的租借费用；$f(t, r)$ 为发动机故障率函数，是关于在翼时间和维修次数的函数，由于在上述讨论中发动机的故障率随着使用时间的增加而增大，发动机平均故障间隔时间随着维修次数的渐增而呈现下降的趋势。在对发动机研究的文章中，发生过一次故障后，通常认为该系统能"恢复如新"或者"恢复如旧"。"恢复如新"状态下发动机故障间隔时间是相互独立的随机变量，"恢复如旧"状态下发动机连续故障是相关的。实际中，系统被维修后，系统的状态经常位于两种状态之间，即新旧之间，为了表示这种状态，本节将故障率函数用维修次数表示，维修次数越多，其可靠性能越差。

$L_{ij}(t, r)$ 表示 t 时刻飞机 i 维修 r 次的第 j 个发动机的在翼时间，$i \in I, j \in J$，$r \in \mathbb{N}^+, t \in I$；$\mathrm{Ft}_{ij}(t, r)$ 表示 t 时刻飞机 i 的维修 r 次的第 j 个发动机是否发生故障，

$$\mathrm{Ft}_{ij}(t, r) = \begin{cases} 1, & t \text{ 时刻飞机 } i \text{ 的维修 } r \text{ 次的第 } j \text{ 个发动机发生故障} \\ 0, & \text{否则} \end{cases}$$

$X(t, r)$ 表示在 t 时刻机队维修 r 次发动机发生故障的数量，其空间集合为 $\{0, 1, \cdots, JI\}$，记为 $\{X(t, r), t \in T\}$，则用 $E\left(\sum_{r \in \mathbb{N}^+} X(t, r)\right)$ 表示 t 时刻机队的发动机发生故障的期望值。

下面介绍决策变量。

k 表示初始备用发动机数量，由于资金限制，备件发动机最大数量为 K，$0 \leqslant k \leqslant K$，$k, K \in \mathbb{N}^+$；$U_i(t, t+\Delta t)$ 表示飞机 i 从 t 时刻到 $t+\Delta t$ 时刻单位时间内的飞行计划（飞行小时数）；$H_{ij}(t)$ 表示飞机 i 的第 j 个发动机在 t 时刻进行主动更换，其中：

$$H_{ij}(t) = \begin{cases} 1, & t \text{ 时刻飞机 } i \text{ 的第 } j \text{ 个发动机主动更换} \\ 0, & \text{否则} \end{cases}$$

2）模型

最小化库存成本 = 备件成本 + 故障更换送修成本

　　　　　　　　 + 主动更换成本 + 租借成本 + 紧急订货成本

$$\min C = C_o k + \sum_{r \in T} \left(C_r E \left(\sum_{r \in \mathrm{N}^+} X(t,r) \right) + C_e \sum_{i \in I} \sum_{j \in J} H_{ij}(t) \right) + \mathrm{Re}(t) C_l + J(t) C_j \quad （8.58）$$

约束条件如下。

（1）机队飞机需要满足计划飞行任务，对每架飞机进行任务分配，是决策变量 $U_i(t)$ 的限制条件：

$$\sum_{i \in I} U_i(t, t + \Delta t) = D(t, t + \Delta t), \quad t \in T \quad （8.59）$$

（2）若 $L_{ij}(t + \Delta t, r)$ 表示 $t + \Delta t$ 时刻飞机 i 维修 r 次的第 j 个发动机的在翼时间，发动机从 t 时刻经过了 Δt 时间即一个单位时间的飞行计划，发动机在翼时间与计划飞行任务的关系等式如下：

$$L_{ij}(t + \Delta t, r) = L_{ij}(t, r) + U_i(t, t + \Delta t), \quad t \in T \quad （8.60）$$

（3）发动机故障是在翼时间和维修次数的函数，发动机所在飞机的飞行任务直接影响了发动机的在翼时间，那么发动机故障数量与飞行任务建立起了间接的联系，则 t 时刻发动机故障数量的期望值用 $E\left(\sum_{r \in \mathrm{N}^+} X(t,r) \right)$ 表示，具体计算见后面的式（8.74）。t 时刻故障的发动机 $\mathrm{Ft}_{ij}(t,r) = 1$ 的数量与期望值 $E\left(\sum_{r \in \mathrm{N}^+} X(t,r) \right)$ 相等：

$$\sum_{r \in \mathrm{N}^+} \sum_{i \in I} \sum_{j \in J} \mathrm{Ft}_{ij}(t,r) = E\left(\sum_{r \in \mathrm{N}^+} X(t,r) \right) \quad （8.61）$$

（4）主动更换的限制条件，当 a 台发动机的在翼时间标准差小于 b 时，即有 a 台发动机，若用 $(i^1, j^1), \cdots, (i^a, j^a)$ 表示 a 台发动机的标识。考虑到更换成本，如果一台发动机在上一时刻进行了更换，在 t 时刻不进行主动更换，则其关系式可用下面的公式进行表示：

$$H_{ij}(t) = \begin{cases} 1, & \sqrt{\sum_{(i',j')=(i^1,j^1)}^{(i^a,j^a)} L_{(i',j')}(t,r) - \dfrac{1}{a} \sum_{(i',j')=(i^1,j^1)}^{(i^a,j^a)} (L_{(i',j')}(t,r))^2} \leqslant b \\ & \text{且} H_{(i,j)}(t - \Delta t) + \mathrm{Ft}_{(i,j)}(t - \Delta t, r) = 0 \\ 0, & \text{否则} \end{cases}, (i,j) \in \{(i^1,j^1), \cdots, (i^a,j^a)\}$$

$$（8.62）$$

（5）主动更换和故障更换不能同时进行。若某一时间内发动机进行了故障更换或者维修，则在此时不能采取主动更换措施，对决策变量 $H_{ij}(t)$ 进行约束：

$$H_{ij}(t) + \mathrm{Ft}_{ij}(t,r) \leqslant 1, \quad i \in I, \quad j \in J \tag{8.63}$$

（6）购置备件不能超过基地的计划购置上限，对决策变量 k 进行约束：

$$k \leqslant K \tag{8.64}$$

（7）各时刻发动机租借总数量不能超过最大可租借数量：

$$\mathrm{Re}(t) \leqslant M, \quad t \in T \tag{8.65}$$

数学模型为

$$\min C = C_o k + \sum_{r \in T} \left(C_r E\left(\sum_{r \in \mathbb{N}^+} X(t,r) \right) + C_e \sum_{i \in I} \sum_{j \in J} H_{ij}(t) \right)$$
$$+ \mathrm{Re}(t)C_l + J(t)C_j \tag{8.66}$$

s.t.

$$\sum_{i \in I} U_i(t, t+\Delta t) = D(t, t+\Delta t), \quad i \in I, t \in T \tag{8.67}$$

$$L_{ij}(t+\Delta t, r) = L_{ij}(t,r) + U_i(t, t+\Delta t), \quad i \in I, j \in J, t \in T \tag{8.68}$$

$$\sum_{r \in \mathbb{N}^+} \sum_{i \in I} \sum_{j \in J} \mathrm{Ft}_{ij}(t,r) = E\left(\sum_{r \in \mathbb{N}^+} X(t,r) \right), \quad i \in I, j \in J, t \in T \tag{8.69}$$

$$H_{ij}(t) = \begin{cases} 1, & \sqrt{\sum_{(i',j')=(i^1,j^1)}^{(i^a,j^a)} L_{(i',j')}(t,r) - \dfrac{1}{a} \sum_{(i',j')=(i^1,j^1)}^{(i^a,j^a)} (L_{(i',j')}(t,r))^2} \leqslant b \\ & \text{且} H_{(i,j)}(t-\Delta t) + \mathrm{Ft}_{(i,j)}(t-\Delta t,r) = 0 \\ 0, & \text{否则} \end{cases}, (i,j) \in \{(i^1,j^1),\cdots,(i^a,j^a)\}$$

$$\tag{8.70}$$

$$H_{ij}(t) + \mathrm{Ft}_{ij}(t,r) \leqslant 1, \quad i \in I, j \in J, t \in T \tag{8.71}$$

$$k \leqslant K \tag{8.72}$$

$$\mathrm{Re}(t) \leqslant M, \quad t \in T \tag{8.73}$$

上述模型中设置 $f(t,r)$ 为发动机故障率函数，下面从概率的角度来分析在 t 时刻发动机故障与飞行任务之间的关系。

由上述 $X(t,r)$ 表示在 t 时刻机队维修 r 次发动机发生故障的数量，其空间集合为 $\{0,1,\cdots,JI\}$，记为 $\{X(t,r), t \in T\}$，在 t 时刻由于每一台发动机是固定的，那么该发动机的维修次数也是固定的，在本节中将发动机的维修次数看作已知的，那么依据全概率公式得到 t 时刻发动机发生故障的期望值为

$$E\left(\sum_{r\in\mathbb{N}^+} X(t,r)\right) = 0\times P\left(\sum_{r\in\mathbb{N}^+} X(t,r)=0\right) + 1\times P\left(\sum_{r\in\mathbb{N}^+} X(t,r)=1\right)$$
$$+\cdots+JIP\left(\sum_{r\in\mathbb{N}^+} X(t,r)=JI\right) \tag{8.74}$$

其中

$$P\left(\sum_{r\in\mathbb{N}^+} X(t,r)=0\right) = \prod_{i\in I}\prod_{j\in J}\left(1-\int_0^{L_{ij}(t,r)} f(t,r)\mathrm{d}t\right) \tag{8.75}$$

$$P\left(\sum_{r\in\mathbb{N}^+} X(t,r)=1\right) = \sum_{i_0\in I}\sum_{j_0\in J}\left(\int_0^{L_{i_0j_0}(t,r)} f(t,r)\mathrm{d}t\times\prod_{i\neq i_0}\prod_{j\neq j_0}\left(1-\int_0^{L_{ij}(t,r)} f(t,r)\mathrm{d}t\right)\right) \tag{8.76}$$

$$P\left(\sum_{r\in\mathbb{N}^+} X(t)=2\right)$$
$$= \sum_{i_0,i_1\in I}\sum_{j_0,j_1\in J}\left(\int_0^{L_{i_0j_0}(t,r)} f(t,r)\mathrm{d}t\int_0^{L_{i_1j_1}(t,r)} f(t,r)\mathrm{d}t\prod_{\substack{i\neq i_0\\i\neq i_1}}\prod_{\substack{j\neq j_0\\j\neq j_1}}\left(1-\int_0^{L_{ij}(t,r)} f(t,r)\mathrm{d}t\right)\right) \tag{8.77}$$

$$\cdots$$

$$P\left(\sum_{r\in\mathbb{N}^+} X(t,r)=JI\right) = \prod_{JI}\left(\int_0^{L_{ij}(t,r)} f(t,r)\mathrm{d}t\right) \tag{8.78}$$

则对于维修过 r^0 次的部件，t 时刻发生故障的期望值为

$$E(X(t,r^0)) = 0\times P(X(t,r)=0) + 1\times P(X(t,r^0)=1)$$
$$+\cdots+S^0 P(X(t,r^0)=S^0) \tag{8.79}$$

其中

$$P(X(t,r^0)=0) = \prod_{i\in I}\prod_{j\in J}\left(1-\int_0^{L_{ij}(t,r^0)} f(t,r^0)\mathrm{d}t\right) \tag{8.80}$$

$$P(X(t,r^0)=1) = \sum_{i_0\in I}\sum_{j_0\in J}\left(\int_0^{L_{i_0j_0}(t,r')} f(t,r')\mathrm{d}t\prod_{i\neq i_0}\prod_{j\neq j_0}\left(1-\int_0^{L_{ij}(t,r^0)} f(t,r^0)\mathrm{d}t\right)\right) \tag{8.81}$$

$$\cdots$$

$$P(X(t,r^0)=S^0) = \prod_{JI}\left(\int_0^{L_{ij}(t,r^0)} f(t,r^0)\mathrm{d}t\right) \tag{8.82}$$

8.3.3　算法设计

上述模型发动机故障是随机的，并且在进行主动更换决策时也和故障数据相关，模型的目标不能够直接进行计算，所以需要对其进行仿真求解。本节的决策变量比较多，解的空间巨大，并且变量之间相互影响。对算法进行调研发现，目前为止解决该类问题较好的方法是协同进化算法（coevolution）。协同进化算法分为不同

的类型：例如，用于优化问题的协同进化遗传算法（cooperative evolutionary genetic algorithm，CGA）、多模式共生进化算法，该算法将决策变量分为几组，称为模式，不同模式采用不同的进化方式，再将这些模式组成完整解来计算适应度的值。

本节多模式共生进化算法分为两个模式，其中，模式 x 与备件数量 k，以及计算发动机主动更换时刻的条件值 a 和 b 有关，另一个模式 y 为机队中飞机的飞行计划。

该算法的流程图如图 8.8 所示。

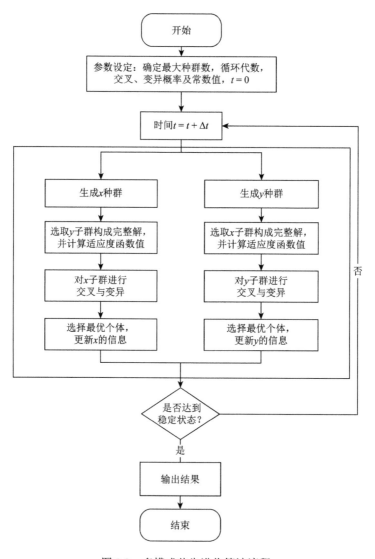

图 8.8　多模式共生进化算法流程

多模式共生进化算法步骤如下。

（1）参数初始化设置。确定模式 x 和 y 的初始种群 px、py，循环代数 Nx、Ny，交叉概率 pcx、pcy，变异概率 pmx、pmy，以及进化终止条件。

步骤（1）对模式 x 和 y 分别进行进化。

①编码，生成初始种群。对于模式 x 用矢量 (k, a, b) 表示，分别代表备件数量、发动机数量、标准差 b；模式 y 用矩阵 $U[1, T]$ 表示，代表在周期 T 内飞机的飞行计划。

②对各模式仿真计算适应度函数。x 模式适应度计算时需要从 y 种群选出个体构成问题的一个完整解，y 模式适应度函数的计算同理。设定仿真次数 N，每次仿真的过程如图 8.9 所示。

a. 在 t 时刻判断维修部件是否有维修好的，若没有，则进行下一步，若有，再判断维修好的部件中是否有租借的部件，若没有租借的部件，则修好部件入库，若有，则将租借的部件返还给租借的基地。

b. 如果库存中有备件，判断在翼部件中是否有租借的部件，如果有，则将租借的部件用库存备件进行更换。

c. 对机队飞机分配任务，判断飞机发动机是否故障，判断条件为发动机在翼时间是否大于故障间隔时间，若大于则飞机故障，进行步骤 e，若没有故障，进行步骤 d。

d. 判断发动机是否主动更换，判断条件为是否有 a 台发动机在翼时间方差小于 b，若是，则主动更换，进行步骤 e，否则进行步骤 d。

e. 判断库存是否有备件，若有，则用库存备件中维修次数较少的备件更换故障部件，若没有，则进行租借，若租借数量不足，则进行紧急订货。

f. 重复上述步骤，直至仿真周期结束。

③对适应度函数排序，选择本模式最好的解。

④对种群进行交叉和变异操作。

x 模式在种群中按照轮盘赌算法选择进行交叉的个体，所谓的轮盘赌算法是对于单目标优化问题而言，每一个种群对应一个适应度函数，将适应度函数的值转化为选择的概率值，适应度越优，选择的概率越大。以 pcx 的概率决定是否进行交叉操作，若进行交叉操作，在 x 中用轮盘赌算法生成两个交叉位置，将两个个体中两个交叉位置中间的染色体进行交叉。

x 模式以 pmx 的概率决定是否进行变异操作，若进行变异，由于 (k, a, b) 有取值范围的限制，依据下面的规则进行变异：个体 (k, a, b) 随机选择变异的位置，若变异的位置为 1，即发动机备件个数变化，则新染色体 $k' = k + \mathrm{randint}(1, 1, [k, K-k])$，

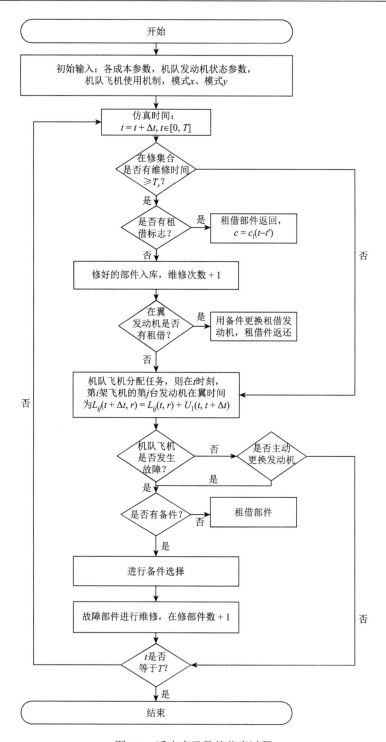

图 8.9　适应度函数的仿真过程

randint 为随机生成值为$[-k+1, K-k]$的整数的函数，k'的变异范围为 $0\sim K$。同理，若变异位置为 2，新染色体 $a' = a + \text{randint}(1,1,[-a,\ IJ-a])$，$a$ 的变异范围为 $0\sim IJ$；若变异位置为 3，新染色体 $b' = b + (2\times \text{rand}(1)-1)\times b$，$b$ 的变异范围为 $0\sim 2b$。

　　y 模式在种群中按照轮盘赌算法选择进行交叉的个体，以 pcy 的概率决定是否进行交叉操作，若进行交叉操作，在 x 中随机生成两个交叉位置，将两个个体中两个交叉位置中间的染色体进行交叉。

　　由于飞行任务分配中各个任务是固定的，不能对其变异，所以对 y 模式不进行变异操作。

　　⑤将产生的子代和父代合并，再对其进行排序，选择本模式最好的解，将模式最好的解代入另一个模式适应度的计算中。

　　（2）判断是否达到终止运行条件，如果是，则结束循环，否则进行步骤（1）的第②步继续对模式 x 和 y 进行进化。

　　（3）结束算法，输出结果。

8.3.4　算例分析

　　首先由于发动机故障拆换的记录以及发动机相关数据都难以获取，本节借鉴已有研究的发动机数据，发动机故障率服从参数为（6027.639，2.196）的韦布尔分布，由于本节假设发动机故障率随着维修次数的增加而改变，所以维修 r 次的发动机的故障率函数为

$$f(t,r)=\begin{cases} \dfrac{2.196}{6027.639\times(1-r/100)}\left(\dfrac{t}{6027.639\times(1-r/100)}\right)^{2.196-1}\times e^{-\left(\frac{t}{6027.639\times(1-r/100)}\right)^{2.196}}, & t\geq 0 \\ 0, & t<0 \end{cases}$$

（8.83）

即参数为 $(6027.659\times(1-r/100),2.196)$ 的韦布尔分布，当韦布尔形状参数不变时，只改变故障间隔时间的期望值。

　　首先我们设计一个较简单的例子来说明上述算法的准确性，仿真模拟周期 $T=12$ 月，基地中有 $I=2$ 架飞机，每架飞机有 $J=2$ 台发动机，每台发动机的在翼状态如表 8.5 所示。购置单个发动机成本为 $C_o=500$ 万元，发动机单次送修成本为 $C_r=15$ 万元，发动机单次换发成本为 $C_e=1$ 万元，紧急订货成本为 $C_j=550$ 万元。

表 8.5　每台发动机在翼状态

飞机号	发动机号	维修次数	在翼时间/飞行小时数	随机故障时间/飞行小时数	剩余时间/飞行小时数
1	1	2	2400	5308	2908
1	2	2	2450	5472	3022
2	3	2	2000	6051	4051
2	4	1	1330	8710	7380

首先，初始时机队在 12 个月的飞行任务如表 8.6 所示。

表 8.6　机队 12 个月的飞行任务

周期	飞机 1 飞行小时数	飞机 2 飞行小时数	周期	飞机 1 飞行小时数	飞机 2 飞行小时数
$t=1$	285	270	$t=7$	285	270
$t=2$	285	270	$t=8$	270	285
$t=3$	285	270	$t=9$	270	285
$t=4$	270	285	$t=10$	285	270
$t=5$	270	285	$t=11$	285	270
$t=6$	285	270	$t=12$	285	270

下面我们来分析主动更换发动机的策略对库存总成本的影响，在 12 个月内，采用主动更换策略最终总成本为 516 万元，最优解为（1，2，149.8），即一个备用发动机，当 2 台在翼发动机的剩余飞行小时数标准差小于 149.8 时，主动更换一台在翼发动机。在 12 个月内发生如下情况：一次主动更换、一次故障更换。其发生过程如表 8.7 和表 8.8 所示。

表 8.7　主动更换 $t=1$ 时发动机状态

飞机号	发动机号	维修次数	在翼时间/飞行小时数	随机故障时间/飞行小时数	剩余时间/飞行小时数
1	**5**	**0**	**285**	**9923**	**9638**
1	2	2	3085	5772	2687
2	3	2	2270	6051	3781
2	4	1	1600	8710	7110

由于初始发动机剩余寿命的方差为 46.65，在 149.8 之内，所以对第一台发动机进行主动更换，在 $t=1$ 时的状态就变为如表 8.7 所示的状态。

当 $t=11$ 时，发动机状态变为如表 8.8 所示，2 号发动机在 $t=12$ 时进行更换。

表 8.8　主动更换 $t = 11$ 时发动机状态

飞机号	发动机号	维修次数	在翼时间/飞行小时数	随机故障时间/飞行小时数	剩余时间/飞行小时数
1	5	0	3075	9923	6848
1	**2**	**2**	**5525**	**5772**	**247**
2	3	2	5030	6051	1021
2	4	1	4360	8710	4350

若不采用主动更换的措施，下面我们来对比机队发动机的更换情况，在 12 个月内的情况如下：在 $t = 10$ 时，会有表 8.9，第一架飞机上的两台发动机都即将发生故障。

表 8.9　无主动措施 $t = 10$ 时发动机状态

飞机号	发动机号	维修次数	在翼时间/飞行小时数	随机故障时间/飞行小时数	剩余时间/飞行小时数
1	**1**	**2**	**5190**	**5308**	**118**
1	**2**	**2**	**5240**	**5772**	**532**
2	3	2	4760	6051	1291
2	4	1	4090	8710	4620

在 $t = 11$ 时会有编号为 1 的发动机发生故障，在 $t = 12$ 时会有编号为 2 的发动机发生故障，由于只有一台备用发动机并且发动机的维修周期为 3 个单位时间（3 个月），此刻在不提供租借发动机的情况下，需要紧急订货，那么花费的总成本为 1065 万元。对比两种情况下的总成本，主动更换发动机的策略能够节约 50%以上的费用。

调整飞机任务，也能够避免发动机同时发生故障，但只能避免所属不同飞机的发动机的故障的同时发生（同一架飞机的飞行任务相同，但可以通过主动更换，将在翼时间相近的发动机更换到不同飞机上）。本算例在 100 次故障仿真条件下，将发动机在各个月的飞行任务调整为如表 8.10 所示，任务调整减少了本周期内的故障发生次数，同时也拉开了发动机之间的剩余寿命的距离。

表 8.10　调整后机队 12 个月的飞行任务

周期	飞机 1 飞行小时数	飞机 2 飞行小时数	周期	飞机 1 飞行小时数	飞机 2 飞行小时数
$t = 1$	270	285	$t = 3$	270	285
$t = 2$	285	270	$t = 4$	270	285

周期	飞机1飞行小时数	飞机2飞行小时数	周期	飞机1飞行小时数	飞机2飞行小时数
$t=5$	270	285	$t=9$	270	285
$t=6$	285	270	$t=10$	270	285
$t=7$	285	270	$t=11$	285	270
$t=8$	270	285	$t=12$	270	285

8.4　多基地周转件库存优化

8.4.1　问题描述

一个具有 I 个基地的航空公司，每个基地都有一个备件仓库，用于储存备件，且每个基地都能对部件进行维修。由于飞机部件成千上万，并且结构较为复杂，本节以一种可修部件为研究对象进行研究。本节假设：各基地可修件需求不同，但均服从泊松分布，若我们将时间无限细分，则在单位时间内认为只有不多于一个基地的部件发生故障，且维修基地的维修能力不限，假设维修成本远远低于库存成本，基地间备件的故障和维修时间相互独立。当某一基地的部件发生故障时，故障部件被移除，并更换上备件，更换部件可能产生以下几种情况。

（1）若本基地库存中有备件，则部件故障后立即更换本基地备件。故障部件被送到维修基地，维修后的部件返回到本基地。

（2）若本基地无备件，其他基地有备件，则通过调运其他基地的备件来满足本基地的需求。在基地之间进行调运时，选择调运距离最短的基地进行备件的调运。同时，故障部件返回给借调的公司进行维修。基地之间调运会产生备件调运费用和调运时间。

（3）若本基地无备件，其他基地也无备件，则向外公司进行租借。故障部件修好后返回给租借基地。租借备件会产生租借成本和租借时间。

通过上述调运原则，I 个基地之间构成了一个多基地备件服务网络，下面根据上述假设构建模型。

8.4.2　参数设计

1. 参数定义

I 为航空公司的基地数量，$i=1,2,\cdots,I$；λ_i 为基地 i 的备件需求率，$i=1$,

$2, \cdots, I$；s_i 为基地 i 备件的初始库存量，$i = 1, 2, \cdots, I$，为决策变量；$1/\mu_i$ 为基地 i 平均维修时间；L_{ij} 为基地 i 和基地 j 之间的调运距离，其中 $i = 1, 2, \cdots, I$；$j = 1, 2, \cdots, i-1, i+1, \cdots, I$；$T^M$ 为单位距离所需调运时间；T_i^A 为基地 i 平均允许更换备件时间，$i = 1, 2, \cdots, I$；cl 为单位备件单位距离的调运成本；co 为单位备件购置成本；cs 为单位备件存储成本；ce 为单位备件租借成本；$\hat{C}$ 为计划购置备件的资金成本。

如下参数为航空公司的 I 个基地构成的服务网络达到平衡时的情况，即外界环境和网络内部均稳定。

ψ_i^l 为平衡时基地 i 库存中有 l 个备件的概率；β_i 为平衡时基地 i 的备件需求能够被自身库存满足的概率；α_i 为平衡时基地的备件需求能通过基地间调运满足的概率；θ 为平衡时航空公司的备件需求通过租借备件满足的概率，由于本公司各基地之间的备件能通过调运得到满足，所以 θ 也为每个基地租借外公司备件的概率；由于一个基地出现备件故障，发生且只发生上述三种情况，所以 $\beta_i + \alpha_i + \theta = 1$。

2. 模型分析

本节假设各基地可修件需求不同，那么对于不同的库存方案，每个基地的自身满足概率 β_i 及调运满足概率 α_i 不同，租借备件的概率 θ 是由航空公司整体库存水平决定的，所以航空公司各基地是相同的。对上述参数，我们进行如下讨论。

首先从单个基地的备件需求入手，当基地 i 有库存时，基地 i 的需求率为 λ_i，还需要加上其他基地由基地 i 调运而增加的需求。当一个基地需要从其他基地进行调运时，若其他基地均有备件，以调运距离最短为原则，本节中暂不考虑间接调运的问题。用 φ_i^j 表示单位时间内，基地 j 从基地 i 的调运需求。下面我们以三个基地为例来说明各个基地之间的参数关系。图 8.10 展示了三个基地构成的调运网络图，三个基地之间的距离关系为 $L_{12} < L_{23} < L_{13}$。

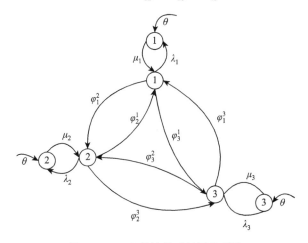

图 8.10　三个基地构成的网络系统

以基地 1 为例，对上述网络中的各个参数进行分析。

首先，基地 1 没有库存而其他基地有库存，需要从其他基地进行调运（基地 2 或者 3）的需求为 $\alpha_1\lambda_1$。由于 $L_{12}<L_{23}<L_{13}$，那么基地 1 从基地 2 调运的概率为

$$P(2\,|\,(\overline{1}\cap(2\cup3)))=\frac{P(2\cap\overline{1}\cap(2\cup3))}{P(\overline{1}\cap(2\cup3))}=\frac{\beta_2}{\beta_2+\beta_3-\beta_2\beta_3} \tag{8.84}$$

基地 1 需要从基地 3 调运的概率为

$$P(\overline{2}\cap3\,|\,(\overline{1}\cap(2\cup3)))=\frac{P(\overline{2}\cap3\cap\overline{1}\cap(2\cup3))}{P(\overline{1}\cap(2\cup3))}=\frac{(1-\beta_2)\beta_3}{\beta_2+\beta_3-\beta_2\beta_3} \tag{8.85}$$

类似地，可以得到三个基地之间的调运概率如表 8.11 所示。

表 8.11　基地无库存时从其他基地调运概率

基地	1	2	3
1	—	$\dfrac{\beta_2}{\beta_2+\beta_3-\beta_2\beta_3}$	$\dfrac{(1-\beta_2)\beta_3}{\beta_2+\beta_3-\beta_2\beta_3}$
2	$\dfrac{\beta_1}{\beta_1+\beta_3-\beta_1\beta_3}$	—	$\dfrac{(1-\beta_1)\beta_3}{\beta_1+\beta_3-\beta_1\beta_3}$
3	$\dfrac{(1-\beta_2)\beta_1}{\beta_1+\beta_2-\beta_1\beta_2}$	$\dfrac{\beta_2}{\beta_1+\beta_2-\beta_1\beta_2}$	—

在已知上述调运概率的情况下，我们考虑如下的情景，当基地 1 有库存时，单位时间内对基地 1 的库存需求 g_1 包括本基地部件故障产生的需求 λ_1 再加上其他基地（2 或者 3）没有备件时需要从基地 1 调运的那部分需求。

由表 8.11 可知，基地 2 从基地 1 调运的概率为 $\dfrac{\beta_1}{\beta_1+\beta_3-\beta_1\beta_3}$，则在 T 时间内，基地 2 从基地 1 调运的需求为 $\lambda_2T\alpha_2\dfrac{\beta_1}{\beta_1+\beta_3-\beta_1\beta_3}$，在 T 时间内，基地 1 只有在 β_1T 这部分时间内有库存，所以在单位时间内，基地 2 从基地 1 调运的需求为 $\varphi_1^2=$

$\dfrac{\lambda_2T\alpha_2\dfrac{\beta_1}{\beta_1+\beta_3-\beta_1\beta_3}}{\beta_1T}=(1-\beta_2)\lambda_2$；同理，基地 3 从基地 1 调运的概率为 $\dfrac{(1-\beta_2)\beta_1}{\beta_1+\beta_2-\beta_1\beta_2}$，

则在单位时间内，基地 3 从基地 1 调运的需求为 $\varphi_1^3=\dfrac{T\dfrac{(1-\beta_2)\beta_1}{\beta_1+\beta_2-\beta_1\beta_2}\alpha_3\lambda_3}{\beta_1T}=$

$(1-\beta_2)(1-\beta_3)\lambda_3$。

基地 1 有库存时，在单位时间内基地 1 的库存需求为 $g_1=\lambda_1+\varphi_1^2+\varphi_1^2$。

当基地 1 没有库存时，对基地 1 的库存需求 h_1 包括本基地部件故障产生的需求减去本基地从其他基地调运的需求。

在 T 时间内，基地 1 库存不为正数的时间为 $(1-\beta_1)T$，在这段时间内本基地部件故障产生的需求为 $(1-\beta_1)T\lambda_1$，本基地向其他基地调运的需求为 $T\lambda_1\alpha_1$，所以单位时间内基地 1 的库存需求为 $h_1 = \dfrac{(1-\beta_1)T\lambda_1 - T\lambda_1\alpha_1}{(1-\beta_1)T} = \dfrac{\lambda_1\theta}{1-\beta_1}$。

所以，当有 I 个基地时，当基地 i 有库存时，需求率为

$$g_i = \lambda_i + \sum_{j=1, j\neq i}^{I} \varphi_i^j \tag{8.86}$$

首先将基地 j 到其余 $I-1$ 个基地的距离进行排序，若基地 j 到基地 i 距离最短，即 $L_{ij} < L_{mj}, m\in[1,I], m\neq i,j$，则有

$$\varphi_i^j = (1-\beta_j)\lambda_j \tag{8.87}$$

若基地 $L_{nj} < L_{ij} < L_{mj}, m\in[1,I], m\neq i,j,n$，则有

$$\varphi_i^j = (1-\beta_n)(1-\beta_j)\lambda_j \tag{8.88}$$

$$\cdots$$

若基地 $L_{mj} < L_{ij}, m\in[1,I], m\neq i,j$，则有

$$\varphi_i^j = \prod_{k=1, k\neq i}^{I-1} (1-\beta_k)\lambda_j \tag{8.89}$$

当基地 i 没有库存，即库存为 0 或者为负时，需求率为

$$h_i = \lambda_i\theta / (1-\beta_i) \tag{8.90}$$

定义 ψ_i^l 为基地 i 库存中有 l 个备件的概率，在稳态下，分析 ψ_i^l 的值，下面对库存状态进行分析，稳态下库存的流量是平衡的，从图 8.11 中通过流量方程可以得到：

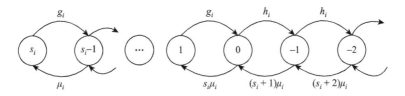

图 8.11　基地 i 库存状态转换

$$\psi_i^{s_i} g_i = \psi_i^{s_i-1} \mu_i \tag{8.91}$$

$$\psi_i^{s_i-k}(g_i + k\mu_i) = \psi_i^{s_i-k+1} g_i + \psi_i^{s_i-k-1}(k+1)\mu_i, \quad k=1,2,\cdots,s_i-1 \tag{8.92}$$

$$\psi_i^0(h_i + s_i\mu_i) = \psi_i^1 g_i + \psi_i^{-1}(s_i+1)\mu_i \tag{8.93}$$

$$\psi_i^{s_i-k}(h_i + k\mu_i) = \psi_i^{s_i-k+1} h_i + \psi_i^{s_i-1}(k+1)\mu_i, \quad k=s_i+1, s_i+2,\cdots \tag{8.94}$$

解上述方程，可以得到

$$\psi_i^{s_i-k} = \psi_i^0 \frac{s_i! \mu_i^{s_i-k}}{k! g_i^{s_i-k}}, \quad k = 1, 2, \cdots, s_i - 1 \tag{8.95}$$

$$\psi_i^{s_i-k} = \psi_i^0 \frac{s_i! \mu_i^{s_i-k}}{k! h_i^{s_i-k}}, \quad k = s_i + 1, s_i + 2, \cdots \tag{8.96}$$

其中

$$\frac{1}{\psi_i^0} = \sum_{k=0}^{s_i-1} \frac{s_i! \mu_i^{s_i-k}}{k! g_i^{s_i-k}} + \sum_{k=s_i}^{\infty} \frac{s_i! h_i^{s_i-k}}{k! \mu_i^{s_i-k}} \tag{8.97}$$

从流量平衡方程我们知道了平衡时基地库存的概率，由于上述需要求得的参数都与 β_i 有关，所以只需要求得 β_i，就能够推出其余参数的值，β_i 的值为

$$\beta_i = \sum_{l=1}^{s_i} \psi_i^l \tag{8.98}$$

8.4.3 模型提出

本节将库存总成本最小化和飞机按时起飞率最大化作为多基地航材备件调运库存优化模型的目标，下面按照备件调运的规则和参数设计建立在 T 时间内的如下模型。

（1）库存总成本目标，包括各基地备件购置成本、库存的存储成本、横向调运成本和租借外公司成本。

其中，备件购置成本 $= \text{co} \sum_{i=1}^{I} s_i$；基地单位时间的存储成本只与库存量有关，单位时间内基地的库存受到备件需求和备件补充的影响，所以库存存储成本 $= \text{cs} \sum_{i=1}^{I} \sum_{j=1}^{s_i} (j\psi_i^j)$；当某一基地备件不足而需要从其他基地调运时，在调运过程中会产生调运成本，调运成本与调运距离呈正比例关系，则单位时间内备件调运成本 $= \text{cl} \sum_{j=1}^{I} \sum_{i=1}^{I} \varphi_j^i L_{ij}$；当基地库存不足，而其他基地也没有库存，需要租借外公司的备件时，租借的成本 $= \text{ce} \sum_{i=1}^{I} \frac{\lambda_i \theta}{1-\beta_i}$；则在 T 时间内产生的库存总成本最小化目标为

$$\min \quad \text{co} \sum_{i=1}^{I} s_i + T \left(\text{cs} \sum_{i=1}^{I} \sum_{j=0}^{s_i} (j\psi_i^j) + \text{cl} \sum_{j=1}^{I} \sum_{i=1}^{I} \varphi_j^i L_{ij} + \text{ce} \sum_{i=1}^{I} \frac{\lambda_i \theta}{1-\beta_i} \right) \tag{8.99}$$

（2）飞机按时起飞率。飞机按时起飞率是指当基地备件不足时需要从其他基

地调运所用时间或者进行紧急订货所用时间不大于基地 i 平均允许更换备件时间的概率。

用 p_{ij} 表示备件由基地 i 调运至基地 j 飞机能正常起飞的概率，则 $p_{ij} = p(L_{ij}T^M \leqslant T_i^A)$，$p_{i0}$ 表示通过租借备件使飞机能正常起飞的概率，则飞机按时起飞率最大化目标为

$$\max \ \left(\sum_{i=1}^{I}\lambda_i\beta_i + \sum_{i=1}^{I}\sum_{j=1,j\neq i}^{I}\varphi_i^j p_{ij} + \sum_{i=1}^{I}\lambda_i\theta p_{i0}\right)\bigg/ \sum_{i=1}^{I}\lambda_i \tag{8.100}$$

约束条件如下。

（3）由于采购基金的限制，所购备件资金不能高于计划值，即

$$co\sum_{i=1}^{I}s_i \leqslant \hat{C} \tag{8.101}$$

（4）备件数量的正整数性约束：

$$s_i \in \mathbb{N}^+, \quad i = 1, 2, \cdots, I \tag{8.102}$$

8.4.4　算法设计

8.4.3 节建立了双目标随机的且有约束的整数规划模型，在基地较多时，用解析方法求解存在一定的困难。多目标模型求解传统的做法是将多目标问题转化为单目标，如加权法、约束法和目标规划法等，但是由于各目标的权重难以度量，很难保障转化的准确性。

非支配排序的遗传算法 II（non dominated sorting genetic algorithm II，NSGA-II）算法是求解多目标优化问题较好的算法，该算法在一般的进化算法基础上采用了排挤机制和保留精英种群的策略，克服了求解过程中易陷入局部最优的问题。本节基于多基地可修航材库存问题设计 NSGA-II 算法，对多基地的库存方案问题进行优化。仿真遗传算法步骤如下。

（1）参数设置。设置最大种群规模 $N_{\max}$、最大种群代数 Gen、初始种群数量 pop。

（2）编码，生成初始种群。对分配到各基地的航材数量进行编码，用矢量 $S = \{s_1, s_2, \cdots, s_I\}$ 来表示，其中 $s_1, s_2, \cdots, s_I$ 都为整数，且满足 $co\sum_{i=1}^{I}s_i \leqslant \hat{C}$。随机生成 pop 个初始可行解，设精英种群为 $E_0 = \varnothing$。

（3）仿真计算适应度函数。设定仿真次数 N，每次仿真时，在周期 T 内，依据航材失效的指数分布产生 V_1 个故障时刻，即 FT_i，$i = 1, 2, \cdots, V_1$，同时根据维修时间产生修好时刻，即 RT_i，$i = 1, 2, \cdots, V_2$，则有时间序列 T_i，$i = 1, 2, \cdots, V_1 + V_2$。

运行中若基地发生故障，则根据部件调运规则，选择航材来源，来源基地库存量减 1，并根据所需要的调运时间判断飞机是否按时起飞，然后计算此刻的调运成本、此刻与上次故障时刻（或修好时刻）之间发生的库存成本、飞机按时起飞率；若修好航材，返回航材基地的库存量加 1；计算此刻与上次故障时刻（或修好时刻）之间发生的库存成本。订货周期结束后计算航材总成本及飞机按时起飞率。N 次仿真后，计算航材总成本及飞机按时起飞率的平均值作为个体的适应度函数。为了提高运行效率，每个个体的适应度函数将保留在此过程中，当进行下次仿真过程时首先判断该个体之前是否出现过，若是，则直接返回此适应度函数结果。

（4）对适应度函数排序，计算聚集距离。对 $\forall p \in P$，S_p 代表劣于 p 的个体集合，n_p 代表优于 p 的个体数。$n_p = 0$ 的所有个体 p 构成了 Pareto 最前沿 $H_1 = \{p \mid n_p = 0\}$。令 $p = P \setminus H_1$，则 $\forall p \in P$，重新计算 n_p，$H_2 = \{p \mid n_p = 0\}$，依次计算至每个个体都被包含在每个 H_i 中，$i = 1, 2, \cdots$。

对同一前沿个体，按照不同目标进行大小排序，则个体 q 的聚集距离 $F_i(d_q)$ 一般为与其同一前沿的其他个体的对角线距离的均值：

$$F_i(d_k) = F_i(d_k) + (f_m(d_{k+1}) - f_m(d_{k-1})) / (f_m^{\max} - f_m^{\min}) \quad （8.103）$$

其中，$F_i(d_k)$ 表示第 i 个前沿中个体 k 的聚集距离；m 表示第 m 个目标函数；$f_m(d_{k+1})$、$f_m(d_{k-1})$ 分别表示第 $k+1$、$k-1$ 个体第 m 个目标函数的值；$f_m^{\max}$、$f_m^{\min}$ 表示第 m 个目标函数的最大值和最小值。聚集距离保证了群体选择时个体的多样性及有效性。

（5）选择父代种群。每个 Pareto 前沿上，按照每个个体的聚集距离用聚集比较算子（$\prec_n$）对个体进行比较，对于个体 p 和 q，如果 $p_{\text{rank}} < q_{\text{rank}}$ 或者 p 和 q 在同一 Pareto 前沿上，$F_i(d_p) > F_i(d_q)$，则认为 $p \prec_n q$，距离较大者被选中的概率较大，作为遗传算法的父代群体。

（6）交叉和变异。依据交叉概率，选择父代种群，并两两配对，以一个随机位进行对换得到新的后代。

$$c_{1,k} = \frac{1}{2}((1 - \beta_k)p_{1,k} + (1 + \beta_k)p_{2,k}) \quad （8.104）$$

$$c_{2,k} = \frac{1}{2}((1 + \beta_k)p_{1,k} + (1 - \beta_k)p_{2,k}) \quad （8.105）$$

其中，$c_{i,k}$ 为第 i 组中的第 k 个子代；$p_{i,k}$ 为选择的父代；β_k 为从随机数生成的密度样本。

$$p(\beta) = \frac{1}{2}(\eta_c + 1)\beta^{\eta_c}, \quad 0 \leqslant \beta \leqslant 1 \quad （8.106）$$

$$p(\beta)=\frac{1}{2}(\eta_c+1)\frac{1}{\beta^{\eta_c}}, \quad \beta>1 \tag{8.107}$$

由于染色体总量及整数的约束，需要对交叉产生的不满足条件的染色体进行调整，对不满足整数要求的染色体取整，然后判断是否满足总量约束，如果不满足，则随机（rand）产生一个染色体位置，调整该染色体状态（值），如此重复直至该个体满足条件。例如，在总量小于等于 6 的约束下，两个父代染色体为：S1 = (1, 3, 0, 1)，S2 = (1, 2, 1, 2)。若随机位为 2，则新的子代染色体为 S1′ = (1, 2, 0, 1)，S2′ = (1, 3, 1, 2)，通过计算得 S2′ 不满足约束，因此由于 4 个位置都不为 0，所以随机产生一个位置，不妨设为 2，则将该位置所在的值减去 1，得到 S3 = (1, 2, 1, 2)，再判断，满足约束。

依据变异概率：

$$c_k=p_k+(p_k^{\mathrm{u}}-p_k^{\mathrm{l}})\delta_k \tag{8.108}$$

其中，c_k 为子代；p_k 为父代；p_k^{u}、p_k^{l} 分别为父代中的上、下限；δ_k 为服从下面多项分布的变量：

$$\delta_k=(2r_k)^{\frac{1}{\eta_m+1}}-1, \quad r_k<0.5 \tag{8.109}$$

$$\delta_k=1-(2(1-r_k))^{\frac{1}{\eta_m+1}}, \quad r_k\geqslant0.5 \tag{8.110}$$

r_k 是[0, 1]的均匀分布。例如，需变异的后代染色体为 S1 = (1, 2, 0, 1)，若两个随机位为 2，3，则新的后代为 S1 = (1, 0, 2, 1)。

（7）选择精英种群。将产生的子代和父代合并，再对其进行非劣排序，选择前 $N_{\max}$ 个染色体作为下一代的父种群，并判断是否继续迭代计算。

（8）终止运行条件。当运行代数达到最大种群数时，终止运行。

（9）输出结果。输出最终精英种群及适应度函数的值。

8.4.5　算例分析

本节以某航空公司三个基地的某可修件在 2003 年 6 月～2012 年 2 月的 232 条数据为实例，该部件的故障间隔时间服从指数分布，如图 8.12 所示，对这三个基地的该备件进行布局，来检查模型的使用性。

三个基地的需求率、基地间航线距离、基地间调运按时起飞的概率见表 8.12～表 8.14，仿真周期为 5000 飞行小时，单位备件成本 co = 20 万元，租借备件费用 ce = 1 万元，单位存储成本 cs = 0.001 万元，三个基地最多购置 $\hat{C}$ / co = 15 个备件，三个基地的平均维修时间 $1/\mu_i$ = 30h。

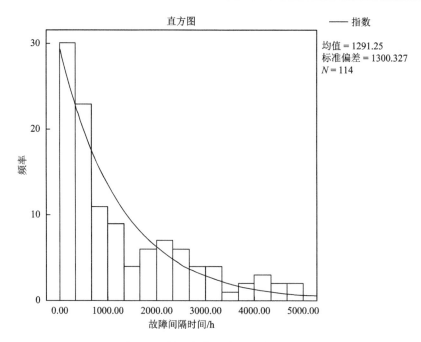

图 8.12　某可修件故障间隔时间分布

表 8.12　各基地航材需求率

基地	1	2	3
飞机数量	48	18	27
航材需求率	0.0371 73	0.013 94	0.020 91

表 8.13　基地间航线距离与调运成本　（单位：km（万元））

基地	1	2	3
1	0（0）	120（0.168）	1640（2.3）
2	120（0.168）	0（0）	1530（2.15）
3	1640（2.3）	1530（2.15）	0（0）

表 8.14　基地间调运按时起飞的概率

基地	1	2	3	租借
1	1	0.9	0.7	0.7
2	0.9	1	0.5	0.7
3	0.7	0.5	1	0.7

根据上述算法，模拟仿真次数 $N=1000$ ；种群规模 pop $=100$ ，遗传代数 Gen $=100$ ，变异概率 $P_m=0.5$ 。

用 MATLAB 2008a 软件按照算法流程进行编程实现，得到如下库存方案，如表 8.15 所示。

表 8.15　Pareto 库存方案

方案	基地 1	基地 2	基地 3	成本/万元	按时起飞率
方案 1	1	2	1	288.65	97.492%
方案 2	3	1	2	300.5527	97.671%
方案 3	3	2	2	353.5297	98.397%

由表 8.15 可知，达到较高的按时起飞率的同时总的库存成本也相应地增加。

下面我们根据理论分析对其库存成本和按时起飞率进行分析，我们以方案 2 为例。初始方案为（3，1，2），我们通过仿真得到在这种方案下三个基地通过自身满足的概率 $\beta_1=0.8961$、$\beta_2=0.6433$、$\beta_3=0.8728$，那么三个基地之间单位时间内的调运需求概率关系通过表 8.12 可以得到，在其基础上乘以需求可得到调运需求的期望值，同时租借需求为 $\lambda_i \theta/(1-\beta_i)$，结果如表 8.16 所示。也能得到各基地库存中有 l 个备件的概率，如表 8.17 所示。

表 8.16　单位时间基地之间的调运需求和租借需求期望值　（单位：台）

基地	1	2	3	租借
1		0.003 862 2	0.001 377 6	0.005 796
2	0.004 972 3		0.000 516 6	0.000 637
3	0.000 948 7	0.007 458 5		0.002 663

表 8.17　各基地库存的状态概率

ψ_i^l	基地 1	基地 2	基地 3
1	0.204 14	0.643 3	0.337 028
2	0.365 23	0	0.535 771 5
3	0.326 72	0	0

单位时间的调运需求和租借需求分别与调运成本和租借成本相乘可得到单位时间总的调运成本和租借成本，各基地有库存时库存期望乘以库存成本得到单位时间的库存成本。所以，可得总成本为 299.8642 万元，按时起飞率为 96.3%。对结果进行对比可知，与仿真结果具有一致性。

同时，为了说明模型的实用性，将本节的结果与传统库存理论模型进行对比，在相同的参数下，三个基地在满足98%以上的保障率下，各个基地的库存情况如表8.18所示。

表8.18　传统库存模型下各基地库存量

基地	基地1	基地2	基地3
备件数量	5	3	3

通过比较可知，在相同保障率水平下，对非计划拆换部件进行存储，本模型较传统模型节约50%左右的备件购置成本。

同时，模型中参数的设计对结果有很大的影响，通过仿真实验分析调运成本、租借成本等参数对其他参数的敏感性。

在其他参数不变，只变动调运成本参数的情况下，各基地的调运概率随着成本的增加在逐渐下降，当调运成本高到一定程度时，调运概率会下降为0，同时基地总库存量会随着调运成本的增加而增加，这说明当调运成本增加到一定程度时，增加库存备件是经济的，如表8.19和图8.13所示。

表8.19　不同调运成本下的调运概率及库存总成本

调运成本	基地1	基地2	基地3	三个基地总库存
0	0.769	0.391	0.084	3
0.1cl	0.178	0.349	0.332	4
cl	0.087	0.337	0.108	6
2cl	0.078	0.082	0.023	8
5cl	0.022	0.062	0.003	10

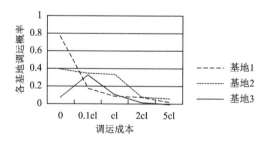

图8.13　不同调运成本下各基地调运概率的对比

在其他参数不变，只变动租借成本参数的情况下，公司的总租借概率随着租借成本的增加在逐渐下降，当租借成本达到一定值时，租借概率下降为 0。同时基地总库存量会随着租借成本的增加而增加，这说明当租借成本增加到一定程度时，增加本公司的库存备件是经济的，如表 8.20 和图 8.14 所示。

表 8.20　不同租借成本下的租借概率及总库存量

租借成本	租借概率	三个基地总库存
0.1ce	0.2313	3
0.5ce	0.1113	4
ce	0.0164	5
2ce	0.0014	8
5ce	6.17×10^{-6}	11
10ce	0	12

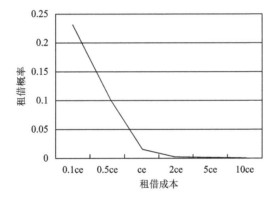

图 8.14　不同租借成本下的租借概率对比

第9章　适航指令计划管理辅助分析

适航性（简称适航，airworthiness）是民用航空器的一种特有属性。"民用航空器的适航性是指航空器包括其部件及子系统整体性能和操作特性在预期运行环境和使用限制下的安全性和物理完整性的一种品质。这种品质要求航空器应始终保持其型号设计和始终处于安全运行状态。"通过该定义，航空器处于适航状态必须满足以下两个条件：一是航空器必须始终符合其型号设计要求；二是航空器必须始终处于安全运行状态。

民用航空产品按照适航标准进行设计、审定和制造，在其投入实际运营和维修过程中，会出现失效、故障、缺陷和其他不安全状况，这就产生了大量的信息，这些信息称为持续适航信息。在持续适航信息中，涉及安全的部分，经适航当局评审后，制定有关的强制性纠正和预防性措施，向公众公布，这类持续适航信息就是适航指令，也称为强制性持续适航信息。需要说明的是，各国对适航指令的简称并不统一，美国联邦航空管理局（Federal Aviation Administration，FAA）称它为 AD，法国民用航空总司称它为 CN，我国发布的适航指令称为 CAD。

我国颁发的适航指令应包括的内容有：①编号；②标题；③适用范围（涉及民用航空产品的型号、序号）；④参考文件（文件的类别、发文单位、编号、颁发日期）；⑤原因、措施和规定；⑥生效日期；⑦颁发日期；⑧联系人信息。

适航指令是中国民用航空局对民用航空产品的强制性要求，航空器的所有人和使用人必须执行，所以适航指令的管理是维修工程中的重要工作，在其过程中出现的任何错误都是人们无法接受的。

适航指令管理流程图如图9.1所示。

本节主要研究维修基地收到 EO 后，生产计划的制订和调整的过程。

由于适航指令必须在规定时间内完成，否则相关飞行器不可以正常使用，所以航空公司维修基地收到适航指令对应的工程文件后需要制订合理的适航指令执行计划，保证相关飞行器在规定时间内完成适航指令对应的内容。由于维修基地维修任务种类繁多，如定检维修、发动机维修等，所以航空公司在制订适航指令的执行计划时，往往结合现有的其他维修计划，根据维修任务的特点和时间要求，将适航指令结合其他维修任务（如定检）执行，这样可以降低维修成本，提高工作效率。

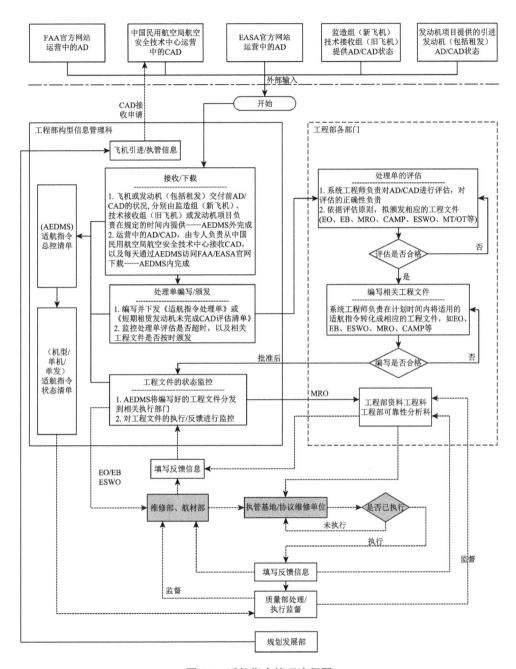

图 9.1　适航指令管理流程图

EASA 为欧洲航空安全局（European Aviation Safety Agency）；EO 为工程指令（engineering order）；EB 为工程通告（engineering bulletin）；MRO 为维修、修理和大修（maintenance，repair & overhaul）；CAMP 为持续适航维修方案（continuous airworthiness maintenance program）；ESWO 为发动机车间工作指令（engine shop work order）；MT/OT 为维修方针/大修方针（maintenance tack/overhaul tack）

　　航空公司可以通过降低成本提高利润。我国飞机的维修成本占航空公司运营总成本的 10%～20%，而发达国家这一数据在 7%左右。一个合理有效的航空公司维修计划可以降低飞机的维修成本、降低飞机事故水平、提高飞机的利用率、减少飞机因不能按期维修而带来的经济损失、提高公司的竞争力。民用飞机维修系统是一个十分复杂而庞大的系统，相对于其他交通工具的维修而言，飞机维修有更高的要求。这是因为飞机维修对可靠性的要求更高，且飞机维修计划的影响因素更多，如航材因素、AD/CAD/EO 因素、即时航班因素，以及突发故障等。如果不进行科学的规划和控制，势必影响整个机队飞机的维修效率，甚至影响飞机的安全运行。因此，如何结合国内航空企业的现状及特点，加强维修生产计划控制、充分利用资源、确保维修质量、提高维修生产效率和降低维修成本，是飞机维修行业所面临的紧迫课题。如何通过对航空公司维修生产计划的制订与控制来降低成本，这是目前我国所有航空公司面临的重要问题，也是增加航空公司竞争力的关键所在。

　　从 1986 年开始，截止到 2009 年底，中国民用航空局已针对在中国注册的民用航空器共颁发了 6502 份适航指令。由于适航指令必须强制执行，作为飞机维修内容中非常重要的部分，通过制订科学合理的适航指令执行计划，既能保证适航指令按期完成，又可以有效地降低航空公司维修基地成本。目前我国各航空公司在制订适航指令执行计划时普遍采用人工、半人工编制计划，在机队规模较小、维修场地充足、航材供应充足等条件下，采用人工、半人工的编制计划方法可以在较短时间内制订出可以实施的维修计划。但是随着近年国内航空市场不断扩大，各航空公司机队规模不断壮大，不同的适航指令对航材、场地、工具设备、人员需求不断变化，传统的人工、半人工的维修计划编制方法，已经不能够在较短时间内制订出科学合理的适航指令维修计划。考虑航空公司市场竞争的加剧，如何在短时间内制订出科学合理的适航指令维修计划，使得既满足适航指令要求，又充分节省维修成本、提高维修效率是本节将要研究的问题。

　　在上述背景下研究适航指令执行计划优化问题的重要意义主要有以下几点。

　　（1）降低适航指令超期的风险。适航指令要求在规定时间内完成，如果不能完成，相关的飞机将不再适航直至适航指令完成为止，所以如果适航指令执行超期，可能会造成航班取消，必将给航空公司和社会造成极大的经济损失。传统人工、半人工的维修计划编制方法由于不能有效综合各飞机航班、定检安排和场地、航材等信息，极易造成计划不能按期执行，导致适航指令超期。本节希望通过制订适航指令执行计划模型，综合考虑航材、场地、人员等信息，制订行之有效的适航指令执行方案，降低适航指令超期的风险。

　　（2）节省计划制订时间。在适航指令周期长、机队数量多、维修工作复杂等情况下，由于在适航指令实际执行过程中，需要考虑航材、人员、场地等信息，如果仅通过人工、半人工的方法制订维修计划，制订过程会非常复杂，相关技术人员需要浪费极大的人力才能够完成。而本节将采用适航指令执行计划模型，通过计算机智能能够在短时间内解决数据的处理工作，并形成有效的适航指令执行计划。

（3）降低适航指令执行成本。传统人工、半人工的适航指令维修计划制订方法，得到的只是在计划制订时能够执行的可行方案，很容易出现某些飞机单独停场来执行适航指令的情况，飞机的单独停场将造成极大的损失，其中包括航班损失和维修人员的加班损失。本节通过提供模型算法制订适航指令执行计划方案，努力降低飞机单独停场执行适航指令的次数，有效降低适航指令执行成本。另外通过计算机智能制订的执行计划，可以降低人工制订执行计划的成本，以及适航指令实施过程中的计划调整成本。

适航指令执行时，一般都需要航材、场地、工具设备等资源，如果资源准备不足，在机队适航指令执行过程中可能会出现资源不足造成适航指令不能按照执行计划执行的情况甚至造成适航指令的延期执行，这将造成极大的损失，包括经济损失和其他损失。所以在适航指令执行计划制订前，确保适航指令执行时所需资源充足是很有必要的。

维修基地在形成适航指令执行计划前，通常会对现有资源的可满足状况进行初步评估。如果初步评估的现有资源不能满足要求，则会提前进行资源的补充。例如，如果在此阶段航材不能满足需求，则可以通过增加订货等方法增大航材的供应量。但是受到实际执行过程中很多不确定因素的影响，在这一阶段很难精确地计算出实际所需的资源量，尽管如此，适航指令所需资源的预评估仍是必要的，相对充分的现有资源能够形成更加合理的适航指令执行计划，由于对 AD 执行影响较大的资源主要有航材和维修机会资源，而且相比人员、工具设备，上述两种资源更容易受到执行当天具体情况的影响，这两种资源的确定性较高，本节针对这两种资源进行预评估。

航材分为高价周转件和消耗件。高价周转件是指飞机在正常情况下维修和经常更换的价值比较高、有时间限制、有序号进行跟踪管理、可以进行多次修复保用的另附件。另外，必备件或称保险件也包括在高价周转件范围之内，这类航材一般是飞机主要大型成套的价值较高、不经常使用而又必须准备的另附件。周转件的一个重要的属性是具有周转周期。航材周转周期是指在航材为周转件的飞机实际维修工程中，周转件不是直接现场维修，而是将周转件从飞机上卸下后送修到厂家等维修机构进行维修，周转件从被卸下飞机、维修完成并返回维修基地的期望时间为该周转件的维修周期。消耗件是只使用一次，技术上不可以修理至可用状态或因修理成本过高不予修理的航空器材，包括一般消耗类、标准件、器材包、原材料、化工品和时空消耗类。

　　关于维修机会，根据内容的不同 EO 的执行分为结合航线维修、定期检修和安排单独停场三种情况，一个 EO 可以结合的一次航线维修或者定期检修称为一次维修机会。航线维修是指按照航线工作单的要求对航空器进行的例行检查和按照相应飞机、发动机维护手册在航线进行的故障和缺陷的处理，包括按照最低设备清单（minimum equipment list，MEL）和构型缺损清单（configuration defect list，CDL）保留故障和缺陷。航前/航后、过站属于航线维修例行工作。定期检修包括例行工作和非例行工作，其中例行工作汇总清单中应包括持续适航维修方案（continuous airworthiness maintenance program，CAMP）中要求的所有项目；非例行工作汇总清单应包括结合此次定检应完成的其他维修工作，包括适航指令、EO、附件更换指令等。

　　不失一般性，将航材分为高价周转件和非高价周转件，将维修机会分为可以结合的航线维修和可以结合的定期检修。

　　本节首先评估航材可满足状况，然后评估维修机会可满足状况，最后评估航材和维修机会综合可满足状况。在航材评估部分，由于消耗件的可满足状况可以通过航材需求量和航材可供量的关系比较出来，所以在这一部分只针对周转件进行评估。维修机会评估部分将计算出适航指令可以结合的维修机会。在航材和维修机会综合评估部分，将会考虑在航材为周转件、维修机会是定检的情况下，评估现有航材和维修机会是否满足维修要求。

9.1　航　材　评　估

　　适航指令执行计划的航材评估部分是通过计算适航指令所需航材满足需求程度评估适航指令的可执行性。在制订具体的适航指令执行计划前通过评估航材的满足程度，可以事先采取必要的措施（如增加航材订货量）来降低航材不足造成适航指令不能按期完成的风险。本节假设适航指令执行时不受维修场地、维修工具设备和维修人员的约束。

　　适航指令所需航材为周转件时，每件周转件的总周转次数要受到周转周期和适航指令规定时间的影响，通常需要计算周转件的总周转量，然后用求出的总周转量与需要执行该适航指令的飞机数进行比较并给出比较结果。

9.1.1　问题描述

　　在计算周转件最大可用次数之前，需要明确周转件的周转原理。图 9.2 为一件周转件在一段时间内的周转示意图。

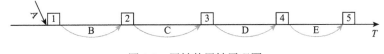

图 9.2　周转件周转原理图

在图 9.2 中：飞机 1 进行维修时，卸下编号为 B 的周转件，装入编号为 A 的现有周转件，周转件 B 送修理厂家进行维修，经过维修后 B 周转件返回维修基地，飞机 2 进行维修，卸下编号为 C 的周转件，装入编号为 B 的周转件，周转件 C 送修理厂家进行维修……相邻两架飞机执行时间差要大于周转件的周转周期。

后面还会用到执行串的概念，从某周转件开始到该维修任务完成为止的相关飞机维修序列构成该周转件的执行串。如图 9.2 中，飞机序列[1, 2, 3, 4, 5]构成周转件 A 的执行串。

理解周转件的周转原理后，下面通过计算求周转件航材总周转量。

已知：M^0 为周转件总需求量；m 为周转件数量；T 为 AD 执行期限，以 AD 生效日期为准，即为 AD 截止时间与 AD 生效日期的时间差；t 为航材周转周期；t_s 为飞机执行 AD 的停场时间，最短为 1 天，不足 1 天按 1 天计算；t_p 为航材延误时间，该时间为航材初次可用时间与 AD 生效日期的时间差，若不存在航材延误则为 0。

求周转件总周转量 M，并根据 M 和 M^0 的关系判断航材是否满足需求。

9.1.2　模型提出

首先，计算单件周转件的最大周转量。

（1）根据图 9.2，相邻两架飞机执行 AD 时，第一架飞机执行完到第二架飞机执行开始的时间间隔至少为 t，由于飞机执行 AD 的停场时间为 t_s，所以相邻两架飞机开始执行 AD 的时间间隔至少为 $t+t_s$。

（2）第一架飞机执行安排时间越早，则该周转件周转次数越大，所以在日期 $T-t_p$ 安排第一架飞机时，单件周转件总周转次数最大。

（3）安排好第一架飞机后，其后所有飞机都是尽早安排，即相邻两架飞机的时间间隔确定为 $t+t_s$。

（4）单件周转件的计算公式为 $\left\lfloor \dfrac{T-t_s-t_p}{t+t_s} \right\rfloor +1$，该公式表示在日期 $T-t_p$ 安排第一架飞机执行，每过 $t+t_s$ 天安排后面的飞机执行时，周转件的周转次数。

其次，计算周转件的总周转量：

$$M = 周转件数目 \times 周转件周转次数 = m\left(\left\lfloor \dfrac{T-t_s-t_p}{t+t_s} \right\rfloor +1 \right) \tag{9.1}$$

通过式（9.1）可以计算当前周转周期和周转件数量下，周转件的总周转量，对于维修基地计划部门，计算出总周转量后，通常还需要明确以下内容，以便制订出合理的适航指令生产计划，使得既满足航材需要，又可以有效降低航材的库存成本。

A：现有航材量下，满足需求的周转周期。

B：现有周转周期下，满足需求的航材量。

C：给定航材量下，满足需求的周转周期。

D：给定周转周期下，满足需求的航材量。

这些可以通过对式（9.1）的变更来计算：

$$\text{A：} \quad t \leqslant \frac{m(T - t_s - t_p)}{M^0 - m} - t_s \tag{9.2}$$

$$\text{B：} \quad m \geqslant \frac{M^0}{\left\lfloor \dfrac{T - t_s - t_p}{t_s + t} \right\rfloor + 1} \tag{9.3}$$

$$\text{C：} \quad t \leqslant \frac{m'(T - t_s - t_p)}{M^0 - m} - t_s \tag{9.4}$$

$$\text{D：} \quad m \geqslant \frac{M^0}{\left\lfloor \dfrac{T - t_s - t_p}{t_s + t'} \right\rfloor + 1} \tag{9.5}$$

其中，m' 和 t' 分别为给定的航材量和周转周期。

9.1.3　算例分析

对 CFM56-7 发动机 HMU 改装的执行计划进行评估。

已知：所需航材数目，该工作涉及发动机 200 台，经确认需要改装的发动机为 $M^0 = 100$ 台，执行期限为 $T = 12.5$ 月，航材数量为 $m = 9$，停场时间为 $t_s = 1$ 天，航材周转周期为 $t = 2.5$ 月。

求：航材是否满足需求，若不满足该如何调整。

1）求解过程

（1）计算航材总周转量 M：

$$M = m \left(\left\lfloor \frac{T - t_s - t_p}{t + t_s} \right\rfloor + 1 \right) = 9 \left\lfloor \frac{12.5 - \dfrac{1}{30}}{2.5 + \dfrac{1}{30}} \right\rfloor + 9 = 45 \tag{9.6}$$

（2）判断当前航材量和周转周期下航材能否满足需求，45＜100，航材不能满足需求。

（3）计算当前航材量下，满足需求的周转周期：

$$t \leqslant \frac{m(T - t_s - t_p)}{n - m} - t_s = 1.24(月) \tag{9.7}$$

计算当前周转周期下，满足需求的航材量：

$$m \geqslant \frac{n}{\left\lfloor \dfrac{T - t_s - t_p}{t_s + t} \right\rfloor + 1} = 20 \tag{9.8}$$

计算给定航材量下，满足需求的周转周期（给定航材量为 15）：

$$t \leqslant \frac{m(T - t_s - t_p)}{n - m} - t_s = 2.21(月) \tag{9.9}$$

计算给定周转周期下，满足需求的航材量（给定周转周期为 1.5 月）：

$$m \geqslant \frac{n}{\left\lfloor \dfrac{T - t_s - t_p}{t_s + t} \right\rfloor + 1} = 11 \tag{9.10}$$

2）结果分析

在该算例中，首先计算出当前周转件数量和周转周期下，航材是不能满足需求的，然后分别给出了现有航材量下满足需求的周转周期、现有周转周期下满足需求的航材量、给定航材量下满足需求的周转周期、给定周转周期下满足需求的航材量这四个值，方便计划制订者进行进一步的决策。

9.2　维修机会评估

维修基地安排 EO（根据 AD 生成的工程文件）执行时，由于单独安排飞机停场执行 EO 会造成大量的停场损失，所以一般会安排 EO 结合已经确定的其他维修任务执行，通过维修工作的组合可以有效地节省维修费用。在实际操作中，已确定的其他维修机会分为航线维修和定检维修。某架飞机执行 EO 的一个可以结合的航线维修和定检维修称为该飞机执行该 EO 的一次维修机会。

AD 执行计划的维修机会评估是评估 AD 涉及的所有飞机在 AD 执行期限前可利用的维修机会是否能够满足需求。不同的 AD 人力工时、停场时间的不相同，造成了有些 AD 可以结合航线维修执行，有些 AD 可以结合定检维修执行，有些 AD 只能单独停场。可结合的定检又分为 A、C、D 检，其中两次 A 检的时间间隔较短，C 检次之，D 检最长，所以相对来说航线维修的机会充足，A 检次之，D 检最少。EO 执行的原则是尽量结合定检维修或者航线维修执行，不能结合的才要单独停场执行。由于可结合航线维修执行的 EO 飞机的维修机会比较多，所以本节不考虑这种情况的 EO。本节通过估算机队在 AD 周期内维修机会的数目，求出大体上每架飞机可结合的定检的数目。

本节假设 EO 不受航材约束，即不需要航材或航材充足，随时都有航材库存。

9.2.1　问题描述

已知：T 为 EO 的执行期限；t_p 为 EO 的延迟时间，即从 AD 生效日期到 EO 最早可以开始日期的时间差；t_A 为该 EO 对应飞机 A 检的周期；t_C 为该 EO 对应飞机 C 检的周期；t_D 为该 EO 对应飞机 D 检的周期。

求：该机队单架飞机的期望维修机会 $E(A)$、$E(C)$、$E(D)$。

9.2.2　模型提出

单架飞机维修机会的计算公式如下：

$$E(A) = \frac{T - t_p}{t_A} \tag{9.11}$$

$$E(C) = \frac{T - t_p}{t_C} \tag{9.12}$$

$$E(D) = \frac{T - t_p}{t_D} \tag{9.13}$$

根据以上公式可以初步估算出每架飞机的不同定检的维修机会次数。

9.2.3　算例分析

现有某 AD 对应的机队，已知：执行期限 T 为 23 个月，单机停场 t_s 为 3 天，需结合 C 检完成，737NG 飞机 C 检周期 t_C 为 23 个月。

求：飞机结合 C 检的维修机会。

1）求解过程

计算单架飞机结合 C 检的维修机会：

$$E(C) = \frac{T - t_p}{t_C} = 1 \tag{9.14}$$

2）结果分析

经过初步评估，每架飞机有一次维修机会，具体执行计划时，可以安排每架飞机到其 C 检中执行该 AD。

第10章 安全检查多源信息统计与可靠性分析

航空机务安全信息是机务安全管理和风险管理的数据基础。航空机务部门的安全评估离不开安全信息的分析和评价。

危险源是安全评估的重要对象。机务安全管理体系（AC-145-15）对危险源的定义为：有可能导致人员受到伤害、感染疾病或死亡，或者系统、设备或财产遭到破坏或受损，或者环境受到破坏的任何现有的或潜在的状况。航空公司机务安全管理系统对危险源的描述有一套规范的、分类明确的标准。危险源分类标准是针对危险源的性质而言的，如未按规定牵引飞机、未按规定进行信息报告、漏做工作单项目、文件不在现场等。

安全信息具有多源性和抽查性。多源性是指航空机务的安全信息具有多种获取渠道，如监督检查、审核、安全检查、强制报告、自愿报告等渠道。其中，监督检查、审核、安全检查等都是有计划、有组织的抽查过程，收集到的安全信息反映抽查到的对象的安全状况，具有抽查性。根据是否具有抽查性，可将信息源分为检查类和报告类，相应的安全信息分为检查类安全信息和报告类安全信息。

与报告类安全信息相比，检查类安全信息不是安全状况的全貌，只能通过抽查结果反映全貌，且不同统计周期内，各类检查的检查频次不同，同一个统计周期内检查类数据之间不可加，检查类序列数据不可比，为检查类安全信息的统计分析工作增加了难度。因此，检查类数据的统计分析方法如何解决数据可比性成为机务安全管理首要解决的问题。

空中客车公司的统计资料显示，航空公司的运营成本中，飞机的维修费用占到了约13%的比例，仅次于资产折旧费用和燃油费用。因此，飞机的故障发生情况一直都是航空公司重点关注的对象，而且故障发生频率也是航空公司衡量维修质量的指标之一。根据专家经验，一般情况下，机队的故障情况会随机队运行时间而增多，但具体的数量关系仍未得到研究，这也为维修质量的评价等工作带来了困难。为此，需要将某一机队（由同一机型的所有飞机组成）中所有的同类部件作为对象，对机队中该类部件构成的整体，考察其可靠度以及故障发生情况随机队运行时间的变化规律，以反映出各部件本身固有的可靠性对整体故障情况的影响。

10.1　安全检查多元信息分析

多源性数据信息的综合处理的研究集中在数据融合领域。数据融合是指将来自多种途径的、反映同一研究对象的多种数据信息通过数据处理的方法进行综合处理，进而得到更能反映研究对象本质的可靠结论。根据研究目的和所需处理的数据反映对象的特征，数据融合可以分为两类：一类是待处理数据，是针对研究对象某一相同的特征指标，利用不同手段获得的观测数据，数据融合的目的是综合处理这些数据，以得到研究对象该特征更加合理的指标值；另一类是待处理数据反映研究对象多种特征指标，数据融合的目的是将隐含在不同指标内部的信息进行综合，从而对研究对象的对象类型、物体识别等整体性质进行研究。本节研究的问题属于第一类数据融合问题。数据融合起源于传感器多源数据的处理。常用的数据融合算法分为三类：基于统计理论的融合方法、基于信息论的融合方法以及基于认识模型的融合方法。具体的数据融合方法有基于综合支持度的数据融合法、概率权方法、变异系数法，以及针对多传感器多特征观测值的概率融合法、距离测度法等方法，均是针对第一类多传感器数据融合问题的综合支持度数据融合方法，有的以统计距离定义不同传感器之间的融合度，有的提出利用方差加权的融合度的倒数定义支持矩阵，其特征向量值大小作为综合支持度的依据，不需要假设正态分布的测量误差。但有些文献针对多信息源的网络安全评估问题，提出关联分析多个监测设备的日志信息进行安全态势评估，而不是根据单一设备的检测结果评估，从而提高安全评估准确度。有学者提出了均值估计误差的随机加权法，将观测数据视作随机变量，是处理多源信息的数据融合的一种方法。该方法将服从 Dirichlet 分布的随机的权向量加在样本观测值上得到样本均值的加权平均，进而得到 $D_n = \sum V_i X_i - \bar{X}$，用该统计量的分布模拟均值估计误差的分布，并将该统计量与 Bootstrap 统计量进行比较，证明了大样本下该方法适用于大部分常用的总体分布。有学者针对工程检测过程中采用多种方法检测同一物理特征的实际问题提出了将多源信息的加权数据融合方法，该方法采用最大似然原理推导出权重为各种信息来源的精度（方差）倒数占所有来源的方差倒数之和的百分比，证明了该加权数据融合方法估计量的无偏性和有效性，并用实例指出该方法比传统算术平均法有更高的估计精度。有学者将总体均值的随机加权估计法应用到多传感器数据融合领域。针对小样本多源数据融合的情形，相应地有随机加权结合贝叶斯估计法和随机加权最大熵法等。目前少有学者研究具有抽查性的安全信息的多源数据融合问题。

机务的检查是抽样检查的过程，不同检查采用的抽样方法不同。通过检查可以判断某些危险源是否存在以及发生频次如何。对检查类安全信息的分析实际上是利用检查类安全信息分析通过检查发现的危险源发生的可能性。危险源发生的可能性采用相对频数的概念，即某事件发生的概率等于一系列相同的试验中该事件出现的比例。

以危险源"器材未按规定摆放"为例。一次检查结果包含一组数据，即抽查的器材数量和未按规定摆放的器材数量，如某次监督检查中检查了现场的 10 个器材，发现 1 个不符合摆放规定。不同类型的检查采用的抽样方法不同，如简单随机抽样、分层抽样、序贯抽样等。每种检查都将得到危险源"器材未按规定摆放"的发生比例（发生概率）情况。如采用简单的算术平均法估计某个周期内该危险源发生的可能性，将会使估计精度在某些情况下低于利用一次检查结果的估计精度，有可能导致对安全状况的误判，综合估计能够充分利用现有信息防范由于采用部分检查结果做出偏颇的误判。

本节针对多源性抽查的安全信息，对不同检查给予一定的抽样假设，通过模拟仿真方法研究同一总体在多个抽样量下采用不同抽样方法实施检查得到的样本比例对总体比例的估计方差，利用仿真数据计算不同信息源的权重，从而得到加权综合估计模型，并以机务检查实际数据进行算例分析。

10.1.1　问题描述

已知危险源的不同检查类型的抽查次数及发生次数，分析危险源发生的可能性。

10.1.2　模型提出

1. 基本假设

将危险源"器材未按规定摆放"记为事件 A，$X_i = \begin{cases} 1, & A\text{发生} \\ 0, & A\text{不发生} \end{cases}$（$i = 1, 2, \cdots, N$），则 $X_i \sim b(1, p)$，$X = \sum_{i=1}^{N} X_i$，则 $X \sim b(N, p)$。

检查是抽样检查的过程，将一次检查视作一次抽样，抽查的器材数量即样本数量为 n，则样本为 $x_1, x_2, \cdots, x_n$，检查发现事件 A 发生的次数为 n_1，通过样本比例 $p = \dfrac{n_1}{n}$ 对总体中事件 A 的发生比例进行估计。对于本例，总体中事件 A 发生与否服从 0-1 分布，总体比例等于总体均值。

研究的总体为被检查单位（可大至整个公司，也可以小至一个部门）的所有器材，总数量为 N，研究的特征为危险源"器材未按规定摆放"，总体中器材未按规定摆放的比例信息未知，为待估计参数。记 X 为总体中器材未按规定摆放的数量，已知检查的抽查过程为不放回抽样，假设满足以下条件。

（1）一个评价周期内，该危险源的安全状况比较稳定。

（2）器材之间摆放符合规定情况相互不受影响。

（3）危险源"器材未按规定摆放"随机发生。

（4）假设总体中器材的数量很大，抽样量也很大。

（5）被抽取到的器材未按规定摆放的状态均可以被检查人员发现。

假设检查过程有以下三种情形。

（1）简单随机抽样情形：检查人员随机抽查范围内的所有器材，记录事件 A 的发生次数，以抽查结果中事件 A 的发生比例估计该检查范围内事件 A 的发生比例。

（2）分层随机抽样情形：检查范围内有两个区域，分别为航线维修现场和航线车间，根据专家经验和历史数据分析得知，航线维修现场和航线车间相比，航线维修现场受天气和气候的影响较大，工作环境相对恶劣，器材摆放容易出现不符合规范的情况，因此，在抽查时，对航线维修现场和航线车间分别采用随机抽查的方法，将两个区域的检查结果综合起来估计该检查范围中事件 A 的发生比例。

（3）序贯抽样情形：检查人员在检查范围内采用随机抽查的方法，先抽查一个器材，根据抽查结果决定是否继续抽查，如此反复，直至满足某些条件或达到规定的时间限制，再利用抽查结果估计检查范围中事件 A 的发生比例。

2. 抽样估计量

简单随机抽样和分层随机抽样的推断估计量比较成熟，下面着重介绍序贯估计量。

序贯抽样是为节约试验成本和满足试验周期需要而产生的一种抽样方法。序贯抽样是指在抽样时，不事先规定总的抽样个数（观测或试验次数），而是先抽取少量样本，根据其结果，再决定停止抽样还是继续抽样、抽多少，如此，直至决定停止抽样为止。序贯分析研究的对象是"序贯抽样方案"及如何用该抽样方案得到的样本进行统计推断。序贯抽样与经典统计抽样方法的差异为：前者抽样量为变量，后者为固定量。

序贯抽样常应用于产品验收试验中，与传统的抽样方法相比，序贯抽样可节约样本量，对于费时费力以及费用昂贵的试验过程有极其重要的价值。武器的试验分析与评估常采用"试试看看，看看试试"的检验方法，这种检验方法属于序贯分析方法。序贯估计是序贯分析的另一个重要内容，其含义是用序贯方法来估计总体特征值。Stein 提出了两阶段序贯抽样过程，即 Stein 双子样抽样，由此产生了 Stein 两阶段序贯估计方法的应用。

对简单随机抽样、分层随机抽样和序贯抽样三种抽样方法的推断估计量总结如表 10.1 所示。

表 10.1　三种抽样方法估计量

抽查方法	均值	均值的方差	置信区间宽度
简单随机抽样	p	$\dfrac{1-f}{n-1}p(1-p)$	$2t_{1-\alpha/2}(n-1)\sqrt{\dfrac{(1-f)p(1-p)}{n-1}}$
分层随机抽样 （总体分 L 层）	$\displaystyle\sum_{h=1}^{L}W_h p_h$	$\displaystyle\sum_{h=1}^{L}W_h^2(1-f_h)$ $\cdot\dfrac{p_h(1-p_h)}{n_h-1}$	$2t_{1-\alpha/2}(n-1)$ $\cdot\sqrt{\displaystyle\sum_{h=1}^{L}W_h^2(1-f_h)\dfrac{p_h(1-p_h)}{n_h-1}}$
序贯抽样 （采用 Stein 双子样序贯估计法）	p	$\dfrac{s^2}{n_0+m}$	$2t_{1-\alpha/2}(n-1)\dfrac{s}{\sqrt{n_0+m}}$ n_0 为第一阶段抽样量，m 为第二阶段抽样量，$n=n_0+m$，s 为第一阶段样本方差

注：$f=\dfrac{n}{N}$ 为抽样比，$1-f$ 为有限总体校正系数；α 为显著性水平；n 表示样本量；$t_{1-\alpha/2}(n-1)$ 为自由度为 $n-1$、置信度为 $1-\dfrac{\alpha}{2}$ 的 t 分布上侧分位数。

3. 加权估计方法

工程检测中的加权数据融合方法是研究检测对象多个检测值的融合方法，基于该方法，本章问题可描述成多源信息的总体比例均值的综合估计问题。设有 m 种信息源，第 i 种信息源检查出的危险源 H 的发生比例为 p_i，当总体容量和每次检查的抽查量均很大时，$p_i\sim N\left(p,\dfrac{p_i(1-p_i)}{n_i}\right)$，其中，$p$ 是指一个评价周期内该被检查单位中危险源 H 的发生比例。因此，该评价周期内各次检查对应的总体均值是相同的，因采用的抽样方法不同，各次检查的方差 $D(p_i)$ 不同，根据随机加权法，各次检查的权重为

$$w_i=\frac{\dfrac{1}{D(p_i)}}{\displaystyle\sum_{i=1}^{m}\dfrac{1}{D(p_i)}}$$

4. 抽样估计的仿真分析

加权数据融合方法中的权重由各信息源的方差给定。总体方差未知时，采用大量仿真次数下的样本方差作为总体方差的无偏估计。在一定的置信水平下，均

值的估计方差和估计精度（置信区间宽度）与抽样量相关，不同的抽样量对应的置信区间宽度会有差异，为比较三种抽样方法的估计精度，本节采用 MATLAB 仿真方法，获取多个抽样量下均值的估计方差和估计精度值。

仿真之前需要对序贯抽样进行特别说明。本节序贯抽样估计方法采用 Stein 双子样序贯估计法，预先设定第一阶段抽样样本量，根据样本表现与预设的估计精度做比较，得出满足预设估计精度的第二阶段的抽样样本量，最终的估计精度往往小于预设的估计精度。由于序贯抽样的样本量是变量，且双子样序贯估计法中第一阶段抽样量不同，总抽样量也会有差异。为得出序贯抽样在特定抽样量下的估计精度，本章对序贯抽样过程进行了模拟仿真，通过改变第一阶段抽样量 n 和估计精度 L 得到不同序贯抽样在多个抽样量下的估计精度值。第一阶段样本量常取最优样本量的 1/2 或 1/3。

仿真过程在 MATLAB 中实现，对仿真算例做出如下假设。

（1）三种方法均针对同一总体而言。

（2）样本 $n \geqslant 30$ 时为大样本，样本中事件 A 出现的次数近似服从正态分布。

（3）总体方差未知，区间估计时采用 t 分布统计量。

仿真参数设置如下：总体总量 $N = 1000$，抽样样本量 $n = 30, 40, 50, 100, 200$，事件 A 出现的次数服从二项分布 $B(n, p)$，p 为预设的总体比例，$p = 0.13$，总体分两层，层规模比例为 2∶3，N_1、N_2 分别为两个子总体的容量，分别为 400 和 600，各层抽样量相同，为 $n/2$，各层权重为各层容量占总体容量的比例，记为 W_1、W_2，因总体比例等于子总体比例的加权和，所以子总体的总体比例分别为 $p_1 = 0.1$，$p_2 = 0.15$。

简单随机抽样和分层随机抽样采用区间估计方法，显著性水平为 $\alpha = 0.05$，采用双侧分位数检验统计量为 $t_{1-\alpha/2}(n-1)$。

仿真次数为 $M = 500$。

仿真输出结果：三种抽样方法下，样本比例估计值 $\hat{p}$ 的 M 次仿真的均值，样本比例估计值 $\hat{p}$ 的方差的 M 次仿真的均值，估计区间宽度 $\hat{L}$ 的 M 次仿真的均值，估计区间宽度 $\hat{L}$ 的 M 次仿真的最大值、最小值。

仿真结果见表 10.2。

表 10.2　三种抽样方法推断估计仿真结果分析

样本量	抽样方式	估计值均值	估计方差均值	估计精度均值	估计精度上限	估计精度下限
	srs	0.131 1	0.000 38	0.083 9	0.101 0	0.063 8
$n = 200$	sts	0.130 0	0.000 45	0.076 5	0.096 4	0.047 3
	ss	0.130 0	0.000 51	0.046 5	0.048 1	0.044 8
$n = 100$	srs	0.128 0	0.001 0	0.125 1	0.159 2	0.082 5

样本量	抽样方式	估计值均值	估计方差均值	估计精度均值	估计精度上限	估计精度下限
$n=100$	sts	0.129 3	0.000 8	0.113 9	0.144 3	0.045 6
	ss	0.132 2	0.000 9	0.061 3	0.061 5	0.061 2
$n=50$	srs	0.132 6	0.002 2	0.185 5	0.260 7	0.078 2
	sts	0.130 5	0.001 8	0.162 4	0.231 0	0.000 0
	ss	0.128 4	0.001 8	0.087 1	0.086 6	0.087 5
$n=40$	srs	0.128 8	0.002 7	0.200 0	0.288 8	0.096 3
	sts	0.129 6	0.002 3	0.177 3	0.260 5	0.000 0
	ss	0.130 1	0.002 1	0.099 0	0.100 0	0.098 7
$n=30$	srs	0.129 1	0.003 8	0.239 1	0.352 7	0.000 0
	sts	0.132 8	0.003 0	0.209 6	0.323 1	0.000 0
	ss	0.124 7	0.002 9	0.123 9	0.125 0	0.122 8

注：srs、sts、ss 分别表示简单随机抽样、分层随机抽样和序贯抽样

仿真结果分析：

（1）n 越大，估计精度值越小，估计精度越高。

（2）相同的抽样量下，估计精度高低比较结果为：序贯抽样＞分层随机抽样＞简单随机抽样。

（3）总体上，简单随机抽样对均值的估计方差大于分层随机抽样。

（4）当抽样量低于 50 时，三种抽样方法对均值的估计方差大小比较为简单随机抽样＞分层随机抽样＞序贯抽样。

（5）相同的抽样量下，三种方法对样本均值的估计值相近。

表 10.2 中估计方差均值将作为加权综合估计模型中权重的依据。

10.1.3　算例分析

本节以某航空机务部门的数据背景为例，主要展示加权估计方法在航空机务多源性抽查安全信息分析中的应用。2011 年某月该航空维修单位对航线部门分别进行了 1 次安全检查、1 次内部审核和 28 次监督检查，分析其中危险源"器材未按规定摆放"的发生率，假定各次检查的抽样量均为 30，各次检查结果见表 10.3。

表 10.3　2011 年某月航线部门检查结果（示例）

检查类型	样本不符合比例	检查类型	样本不符合比例	检查类型	样本不符合比例
监督检查	0.17	监督检查	0.20	监督检查	0.17
监督检查	0.07	监督检查	0.17	监督检查	0.17

检查类型	样本不符合比例	检查类型	样本不符合比例	检查类型	样本不符合比例
监督检查	0.13	监督检查	0.17	监督检查	0.23
监督检查	0.17	监督检查	0.17	监督检查	0.20
监督检查	0.20	监督检查	0.17	监督检查	0.10
内部审核	0.23	监督检查	0.17	监督检查	0.00
监督检查	0.07	监督检查	0.17	监督检查	0.17
监督检查	0.17	安全检查	0.17	监督检查	0.20
监督检查	0.07	监督检查	0.10	监督检查	0.07
监督检查	0.17	监督检查	0.13	监督检查	0.13

注：本例数据取自总体不符合比例为 0.14、方差为 0.06 的正态分布仿真数据

内部审核过程选择序贯抽样法进行，安全检查选择简单随机抽样法进行，监督检查则将航线部门分为两个区域，选择分层随机抽样进行。以仿真分析中抽样量为 30 时的估计方差的仿真值作为本例的权重依据。根据仿真结果可知，综合估计 2011 年某月危险源"器材未按规定摆放"发生率时，信息源内部审核、安全检查和监督检查的权重分别为 0.0429、0.0414、0.0327（28 次监督检查权重相同）。

通过加权估计后，该机务航线部门危险源"器材未按规定摆放"的发生率计算的结果约为 0.15，其含义是该月该机务航线部门所有器材中有 15%的比例摆放不符合规定，即该部门危险源"器材未按规定摆放"发生可能性为 15%。如果仅用 30 次检查中某几次检查结果对该部门的安全状况进行评估，从数据上可以看出，90%的检查结果对该危险源的发生可能性的评估偏差高于加权估计值。

同理，其他的危险源均可以通过该模型得出综合加权估计下的发生可能性。加权估计后，危险源的发生可能性在统计上是可比的，通过对所有危险源的发生可能性进行排序，就可以得到该单位中发生率较高的危险源，更准确地进行安全评估。

综上，航空机务安全信息的多源性和抽查性导致传统的危险源可能性统计数据不可比，本节结合多源信息加权融合方法提出了机务多源性和抽查性信息分析的加权估计方法，并指出多源性主要体现在检查时抽查方法的差异上，利用统计抽样推断估计的思想采用 MATLAB 模拟仿真得到多个抽样量（不小于 30）下三种抽样方法的估计精度和估计方差仿真均值，以实际问题数据为例进行了算例分析，结果表明，加权估计方法能够很好地解决危险源可能性评估不可比问题，同时能够更准确地反映客观情况。

10.2　可靠性分析

"系统"通常定义为"由一群相关元件组成的一种组织体，借由这个组织体的

运作,以达成特定的目的";在日本 1967 年制定的 JIS(Japanese industrial standards)中,"系统"是指"许多组成要素保持有机的秩序,向同一目的行动的东西";我国科学家钱学森在 1978 年提出,"系统"即"相互作用和相互依赖的若干组成部分合成的具有特定功能的有机整体"。机队中各架飞机上的同类部件,它们共同为了机队的正常运行而工作,因此,某一机队中所有的同类部件构成的整体可以看作一个系统,此时系统的目的或特定功能定义为机队飞行任务的正常执行。在航空公司对飞机的日常维护工作中,为节约时间、最大限度地减少对正常运营的影响,当飞机上某部件出现故障时,维修人员通常采用的维修方式是更换维修,即直接从部件储备库中取出新部件,来对故障部件进行替换。对于在航行过程中出现的故障,若该故障对正常运营的影响足够小,则在飞机返回基地后及时进行更换维修,否则需返航或选择附近机场备降以进行维修。例如,波音 737NG 机队所有飞机的轮胎或空客 A320 机队所有飞机上的某类阀门,一旦在某时刻有一个甚至多个部件出现故障,必须及时进行更换,以使飞机恢复正常。即对于某一机队中所有的某类部件构成的系统,其中任何一个部件出现故障,都必须及时进行更换维修,否则将影响机队飞行任务的执行,从该角度考虑,本节的系统与串联系统的定义"组成系统的所有单元中任一单元失效就会导致系统失效的系统"一致,可以认为是串联而成的,本节对串联系统的定义进行拓展,引入"广义串联系统"的定义。前面所说的系统符合广义串联系统的定义,分析此广义串联系统的可靠性,能够反映某一机队该类部件的整体可靠性状况以及相应的故障情况。

　　组成飞机的部件有一些特殊性,其中一个重要的特殊性就是部件分为周转件和消耗件。上述分类是按照部件维修性的不同进行划分的,具体含义如下:消耗件是指在使用过程中,发生故障后在技术上不能进行修理的零部件(即只能一次性使用),或者是价格低廉不值得修理的航材,或者是修理费大于市场价 70% 的航材;周转件是指当出现故障后经修理可以恢复到可用状态的部件,航空维修中的周转件,大多为价格较高的部件,其种类虽然不多,但却占用大量资金。周转件的修理次数可以是无限的,因其具有可修复性,故处于可用或不可用的状态时都具有一定的经济价值。对于机队中的某类周转件,在机队刚投入运营时,它们都是全新的,但随着机队运行时间的推移,失效部件会通过维修更换为新部件,导致同类周转件的使用时间、维修次数发生变化,从而使机队范围内该类周转件的整体故障情况的确定变得困难,而这正是本节希望解决的问题。

　　现有的可靠性研究大多针对直接进行修理或由消耗件构成的系统。其中,假设部件失效时间或修理时间服从指数分布,利用指数分布的"无记忆性",将系统的运行过程刻画为马尔可夫过程或更新过程,利用相关理论进行可靠性指标的计算。分析 n 个完全相同部件构成的系统,考虑部件失效后,使用完全相同部件更换和不同类部件进行更换的情况,得到了系统内部件的平均年龄最终趋于一个常数的结论。分析系统内部件平均年龄稳态值、过渡时间与部件服役年龄期望值、标准差的关系，并对由多类部件构成的系统进行可靠性分析，运用系统可靠性随运行时间而衰减的经验公式，假设系统可靠性指标与系统的维修次数存在函数关系。

本节以航空为背景，引入周转件以及备件集合的概念，在给定部件失效分布的前提下，研究各时刻系统内部件的构成，分析系统可靠性指标随系统运行时间的变化规律[134]。备件集合的作用是当系统中的部件失效时，从备件集合中取出新部件更换至系统中，并储存修复的失效部件。系统可靠度以及系统部件更换率的定义及表达式见 10.2.2 节。

10.2.1　问题描述

本节以周转件构成的系统为研究对象，当系统中的部件失效时，将备件集合中的部件更换至系统中，将失效部件修复后放入备件集合。已知周转件的失效时间分布、备件集合大小，对各时刻系统内部件使用时间和维修次数的构成建立数学模型，并计算分析系统可靠度、系统部件更换率随系统运行时间的变化规律。

为描述由周转件所构成系统的部件更换率、系统可靠度变化情况，现做如下假设。

（1）系统由 n 个完全相同的周转件构成，该系统符合广义串联系统的定义，同时在初始时刻购置 m 个备件以供更换，这 m 个备件与 n 个系统内的部件完全相同，在足够长的时间内，不再购置备件。

（2）系统内每个部件失效都是随机独立事件，部件存放在备件集合期间不会失效。

（3）部件失效类型为疲劳失效，且维修过相同次数（包括维修 0 次，即没有维修过）的部件的失效时间分布密度函数是相同的，均为截尾正态分布，失效后及时从备件集合中选择维修次数最少的新部件进行更换，更换下来的部件维修一次，变为新部件，放入备件集合。

（4）新部件的失效时间期望和标准差只与维修次数有关，与部件失效前的使用时间无关，且部件可进行维修的次数足够多。

正态分布的概率密度函数为 $f(x)=\dfrac{1}{\sqrt{2\pi}\sigma}\mathrm{e}^{-\frac{(x-\mu)^2}{2\sigma^2}}$，$-\infty<x<\infty$，式中 μ、σ 分别为期望和标准差。但部件的失效时间是一个非负随机变量，所以假设部件失效时间服从截尾正态分布，密度函数为 $f(x)=\dfrac{1}{a\sigma\sqrt{2\pi}}\mathrm{e}^{-\frac{(x-\mu)^2}{2\sigma^2}}$，其中 $0\leqslant x<\infty$，$-\infty<\mu<\infty$，$0<\sigma<\infty$，式中 $a>0$，为"正规化常数"，保证 $\int_0^\infty f(x)=1$。

部件分为两部分：系统中的部件和备件集合中的部件。当系统中的部件失效时，用备件集合中的部件进行更换，并将原失效部件维修一次后，放入备件集合。

记 $q_{k\Delta t}(t_i, j)$ 为系统中 t_i 时刻、维修过 j 次并且使用时间为 $k\Delta t$ 的部件占系统中部件总数的比例,其中 $k, i, j \in \mathbb{N}$, $q_0(t_i, j)$ 表示 t_i 时刻用来更换失效部件的、维修过 j 次的部件占系统部件总数的比例, t_0 时刻比较特殊,此时系统刚开始运行,不存在失效部件,所以 $q_0(t_0, j)$ 表示全体部件, $r_{\text{fail}}(t_i, j)$ 为系统中 t_i 时刻、维修过 j 次的失效部件占系统部件总数的比例。

记 $p(t_i, j)$ 为备件集合中 t_i 时刻、维修过 j 次的备件占系统部件总数的比例。

记备件集合的大小为 α,它是一个常数,在初始时刻给定(这里令备件集合大小为一个比值,为备件集合中部件的数量与系统内部件的数量之比)。

假设部件失效时间服从正态分布, $\mu(j)$、$\sigma(j)$ 分别代表维修过 j 次的部件所服从正态分布的期望和标准差, $f_j(x)$ 表示维修过 j 次的部件的失效时间所服从正态分布的概率密度函数; $q_{\max}$ 指给定系统的系统部件更换率最大值。

不失一般性,假设时间从 0 时刻开始,时间离散,以 Δt 为时间间隔。

本节在传统串联系统定义的基础上,引入如下概念。

定义 10.1(广义串联系统)　一个系统中的单元中只要有一个失效,该系统的功能就无法正常实现的系统为广义串联系统。

本节将部件失效时间的期望 μ、标准差 σ 和备件集合大小 α 作为已知量,对每个时刻 $t_i = i\Delta t$,系统内未失效部件在部件使用时间 $k\Delta t$ 和维修次数 j 两个维度上的占比 $q_{k\Delta t}(t_i, j)$、系统内失效部件的占比 $r_{\text{fail}}(t_i, j)$ 以及备件集合内的部件在维修次数 j 上的占比 $p(t_i, j)$ 建立模型,以刻画系统内部件构成的变化规律。系统部件的失效情况用系统可靠度与系统部件更换率来刻画。

10.2.2　模型提出

1. 系统和备件集合的部件使用时间、维修次数构成模型

在开始时,系统中所有部件的使用时间都为 0,即在 $t_0 = 0$ 时:

$$q_0(t_0, 0) = 1 \tag{10.1}$$

$$r_{\text{fail}}(t_0, 0) = 0 \tag{10.2}$$

在备件集合中:

$$p(t_0, 0) = \alpha \tag{10.3}$$

当 $t_1 = \Delta t$ 时,系统中:

$$q_{\Delta t}(t_1, 0) = q_0(t_0, 0)\left(1 - \int_0^{\Delta t} f_0(x)\mathrm{d}x\right) \tag{10.4}$$

$$r_{\text{fail}}(t_1, 0) = q_0(t_0, 0)\int_0^{\Delta t} f_0(x)\mathrm{d}x \tag{10.5}$$

$$q_0(t_1, 0) = r_{\text{fail}}(t_1, 0) \tag{10.6}$$

在备件集合中：

$$p(t_1,1) = r_{\text{fail}}(t_1,0) \tag{10.7}$$

$$p(t_1,0) = \alpha - r_{\text{fail}}(t_1,0) \tag{10.8}$$

利用数学归纳法可得，在 $t_n = n\Delta t$ 时，若 $n = 2k$，$k \in \mathbb{Z}^+$，系统中：

$$q_{n\Delta t}(t_n,0) = q_0(t_0,0)\left(1 - \int_0^{n\Delta t} f_0(x)\mathrm{d}x\right) \tag{10.9}$$

$$q_{(n-1)\Delta t}(t_n,0) = q_0(t_1,0)\left(1 - \int_0^{(n-1)\Delta t} f_0(x)\mathrm{d}x\right) \tag{10.10}$$

$$\begin{cases} q_{(n-2)\Delta t}(t_n,1) = q_0(t_2,1)\left(1 - \int_0^{(n-2)\Delta t} f_1(x)\mathrm{d}x\right) \\ q_{(n-2)\Delta t}(t_n,0) = q_0(t_2,1)\left(1 - \int_0^{(n-2)\Delta t} f_0(x)\mathrm{d}x\right) \end{cases} \tag{10.11}$$

$$\vdots$$

$$\begin{cases} q_{\Delta t}\left(t_n, \dfrac{n-2}{2}\right) = q_0\left(t_{n-1}, \dfrac{n-2}{2}\right)\left(1 - \int_0^{\Delta t} f_{\frac{n-2}{2}}(x)\mathrm{d}x\right) \\ q_{\Delta t}\left(t_n, \dfrac{n-4}{2}\right) = q_0\left(t_{n-1}, \dfrac{n-4}{2}\right)\left(1 - \int_0^{\Delta t} f_{\frac{n-4}{2}}(x)\mathrm{d}x\right) \\ \qquad\qquad\qquad\qquad\vdots \\ q_{\Delta t}(t_n,1) = q_0(t_{n-1},1)\left(1 - \int_0^{\Delta t} f_1(x)\mathrm{d}x\right) \\ q_{\Delta t}(t_n,0) = q_0(t_{n-1},0)\left(1 - \int_0^{\Delta t} f_0(x)\mathrm{d}x\right) \end{cases} \tag{10.12}$$

$$\begin{cases} r_{\text{fail}}\left(t_n, \dfrac{n-2}{2}\right) = q_0\left(t_{n-2}, \dfrac{n-2}{2}\right)\int_{\Delta t}^{2\Delta t} f_{\frac{n-2}{2}}(x)\mathrm{d}x \\ \qquad\qquad\qquad + q_0\left(t_{n-1}, \dfrac{n-2}{2}\right)\int_0^{\Delta t} f_{\frac{n-2}{2}}(x)\mathrm{d}x \\ \qquad\qquad\quad = \sum_{i=1}^{2} q_0\left(t_{n-i}, \dfrac{n-2}{2}\right)\int_{(i-1)\Delta t}^{i\Delta t} f_{\frac{n-2}{2}}(x)\mathrm{d}x \\ r_{\text{fail}}\left(t_n, \dfrac{n-4}{2}\right) = \sum_{i=1}^{4} q_0\left(t_{n-i}, \dfrac{n-4}{2}\right)\int_{(i-1)\Delta t}^{i\Delta t} f_{\frac{n-4}{2}}(x)\mathrm{d}x \\ \qquad\qquad\qquad\qquad\vdots \\ r_{\text{fail}}(t_n,1) = \sum_{i=1}^{n-2} q_0(t_{n-i},1)\int_{(i-1)\Delta t}^{i\Delta t} f_1(x)\mathrm{d}x \\ r_{\text{fail}}(t_n,0) = \sum_{i=1}^{n} q_0(t_{n-i},0)\int_{(i-1)\Delta t}^{i\Delta t} f_0(x)\mathrm{d}x \end{cases} \tag{10.13}$$

$$
\left\{
\begin{array}{l}
q_0(t_n, 0) = p(t_{n-1}, 0) \\
\qquad\qquad - \max\left\{0, p(t_{n-1}, 0) - \displaystyle\sum_{j=0}^{\frac{n-2}{2}} r_{\mathrm{fail}}(t_n, j)\right\} \\[2ex]
q_0(t_n, 1) = p(t_{n-1}, 1) \\
\qquad\qquad - \max\left\{0, p(t_{n-1}, 1)\right. \\
\qquad\qquad\qquad \left. - \max\left\{0, \displaystyle\sum_{j=0}^{\frac{n-2}{2}} r_{\mathrm{fail}}(t_n, j) - p(t_{n-1}, 0)\right\}\right\} \\[2ex]
\qquad\qquad\qquad\qquad \vdots \\[1ex]
q_0\left(t_n, \dfrac{n-2}{2}\right) = p\left(t_{n-1}, \dfrac{n-2}{2}\right) \\
\qquad\qquad - \max\left\{0, p\left(t_{n-1}, \dfrac{n-2}{2}\right)\right. \\
\qquad\qquad\qquad \left. - \max\left\{0, \displaystyle\sum_{j=0}^{\frac{n-2}{2}} r_{\mathrm{fail}}(t_n, j) - \displaystyle\sum_{j=0}^{\frac{n-4}{2}} p(t_{n-1}, j)\right\}\right\} \\[2ex]
q_0\left(t_n, \dfrac{n}{2}\right) = p\left(t_{n-1}, \dfrac{n}{2}\right) \\
\qquad\qquad - \max\left\{0, p\left(t_{n-1}, \dfrac{n}{2}\right) - \max\left\{0, \displaystyle\sum_{j=0}^{\frac{n-2}{2}} r_{\mathrm{fail}}(t_n, j) - \displaystyle\sum_{j=0}^{\frac{n-2}{2}} p(t_{n-1}, j)\right\}\right\} \\[2ex]
\qquad\quad = \max\left\{0, \displaystyle\sum_{j=0}^{\frac{n-2}{2}} r_{\mathrm{fail}}(t_n, j) - \displaystyle\sum_{j=0}^{\frac{n-2}{2}} p(t_{n-1}, j)\right\}
\end{array}
\right.
\tag{10.14}
$$

备件集合中：

$$
p(t_n, 0) = p(t_{n-1}, 0) - q_0(t_n, 0) \tag{10.15}
$$

$$
p(t_n, 1) = p(t_{n-1}, 1) - q_0(t_n, 1) + r_{\mathrm{fail}}(t_n, 0) \tag{10.16}
$$

$$\vdots$$

$$p\left(t_n, \frac{n-2}{2}\right) = p\left(t_{n-1}, \frac{n-2}{2}\right) - q_0\left(t_n, \frac{n-2}{2}\right)$$
$$+ r_{\text{fail}}\left(t_n, \frac{n-4}{2}\right) \tag{10.17}$$

$$p\left(t_n, \frac{n}{2}\right) = p\left(t_{n-1}, \frac{n}{2}\right) - q_0\left(t_n, \frac{n}{2}\right)$$
$$+ r_{\text{fail}}\left(t_n, \frac{n-2}{2}\right) \tag{10.18}$$

$n = 2k-1(k \in \mathbb{Z}^+)$ 时的情形与 $n = 2k(k \in \mathbb{Z}^+)$ 时类似，在此略去。

2. 备件集合大小 α

备件集合大小 α 为一个常数，作为输入参数出现，本节研究 α 的确定方法。在部件失效时间分布已知的前提下，系统部件更换率的变化曲线就随之确定了，可知系统部件更换率的最大值由部件失效时间分布的参数决定。利用全新件更换的系统部件使用时间构成模型，基于数据模拟的方法，可以得到 $q_{\max}$ 与 μ、σ 的关系，用此 $q_{\max}$ 来近似周转件构成系统的部件更换率最大值。进一步在 $q_{\max}$ 的基础上确定备件集合大小 α。分别构造长度为 n 的均值序列和相同长度的标准差序列，对每对均值、标准差，根据使用全新件更换的系统的部件更换率计算公式，计算出一段时间内的系统部件更换率，并进一步获得对应的系统更换率最大值，即得到三个序列：$\mu(i)$，$\sigma(i)$，$q_{\max}(\mu(i),\sigma(i))(i=1,2,\cdots,n)$。将 μ、σ 作为自变量，$q_{\max}$ 作为因变量，进行回归分析。取 $n = 500$，使用全新件更换的系统的运行时间取 $t = 100$，利用随机数生成器得到 500 个数对 $(\mu(i),\sigma(i))$，$i = 1,2,\cdots,500$，将每个数对 $(\mu(i),\sigma(i))$ 代入使用全新件进行更换的系统的部件更换率计算公式，得到相应的 $q_{\max}(\mu(i),\sigma(i))$，$i = 1,2,\cdots,500$。

有研究得出，使用全新件进行更换维修的系统，时刻 t_n 的系统部件更换率为

$$q_0(t_n) = q_0(t_0)\int_{(n-1)\Delta t}^{n\Delta t} f(x)\mathrm{d}x + q_0(t_1)\int_{(n-2)\Delta t}^{(n-1)\Delta t} f(x)\mathrm{d}x$$
$$+ \cdots + q_0(t_{n-2})\int_{\Delta t}^{2\Delta t} f(x)\mathrm{d}x + q_0(t_{n-1})\int_0^{\Delta t} f(x)\mathrm{d}x \tag{10.19}$$

且 $q_0(t_0) = 1$，$f(x)$ 在 $[0, +\infty)$ 连续，再利用积分中值定理，可得

$$q_0(t_1) = q_0(t_0)\int_0^{\Delta t} f(x)\mathrm{d}x$$
$$= 1 \cdot f(\xi_1)\Delta t$$
$$= f(\xi_1)\Delta t \tag{10.20}$$

其中，$0 \leqslant \xi_1 \leqslant \Delta t$。

$$q_0(t_2) = q_0(t_0)\int_{\Delta t}^{2\Delta t} f(x)\mathrm{d}x + q_0(t_1)\int_0^{\Delta t} f(x)\mathrm{d}x$$
$$= f(\xi_2)\Delta t + f(\xi_1)\Delta t \cdot f(\xi_1)\Delta t$$

$$= f(\xi_2)\Delta t + f^2(\xi_1)(\Delta t)^2$$
$$= f(\xi_2)\Delta t + o(\Delta t) \tag{10.21}$$

其中，$\Delta t \leqslant \xi_2 \leqslant 2\Delta t$。

以此类推，利用数学归纳法，可求得

$$q_0(t_n) = f(\xi_n)\Delta t + o(\Delta t) \tag{10.22}$$

其中，$(n-1)\Delta t \leqslant \xi_n \leqslant n\Delta t$。

故 $q_0(t_n)$ 在 $f(\xi_n)\Delta t$ 最大时取得 q_{max}，而 $f(x)$ 在 $\mu \in [(n-1)\Delta t, n\Delta t]$ 时取得最大，用 $f(\mu)$ 近似代替 $f(\xi_n)$ 的最大值，可得

$$
\begin{aligned}
q_{max} &= \max_{n \in \mathbb{Z}^+}(q_0(t_n)) \\
&= \max_{n \in \mathbb{Z}^+}(f(\xi_n)\Delta t + o(\Delta t)) \\
&\approx f(\mu)\Delta t \\
&= \frac{1}{\sqrt{2\pi}\sigma} e^{-\frac{(\mu-\mu)^2}{2\sigma^2}} \cdot \Delta t \\
&= \frac{\Delta t}{\sqrt{2\pi}} \cdot \frac{1}{\sigma}
\end{aligned}
\tag{10.23}
$$

进而可知，q_{max} 与 $\frac{1}{\sigma}$ 呈线性相关关系，通过对数据的分析，印证了上述结论，进行回归拟合，可得回归方程为 $q_{max} = 0.0202 + \dfrac{0.3008}{\sigma}$，回归残差图如图 10.1 所示，回归统计量如表 10.4 所示。

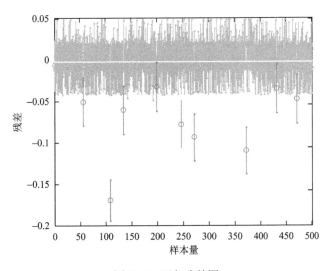

图 10.1　回归残差图

表 10.4　统计量

R^2 值	F 值	p 值	误差方差
0.970 4	16 315.670 3	0.000 0	0.000 2

综上，可使用回归方程 $q_{\max} = 0.0202 + \dfrac{0.3008}{\sigma}$ 确定备件集合的大小，由于周转件构成的系统的部件更换率略高，且现实中的系统部件更换率会出现误差，所以令备件集合大小为 $\alpha = 1.2 q_{\max}$。

3. 系统可靠度和系统部件更换率

可靠度定义为产品在规定的条件下和规定的时间内，完成规定功能的概率。按照定义，串联系统的可靠度为

$$R(t_n) = \prod_{i=0}^{n} \prod_{j \in J_q(t_n)} \left(1 - \int_0^{i\Delta t} f_j(x)\mathrm{d}x\right)^{q_i(t_n, j)N} \tag{10.24}$$

为避免出现随着系统内部件数目的增加，系统可靠度趋于零的情况，定义本节的系统可靠度如下：

$$\begin{aligned}
R(t_n) &= \sqrt[N]{R'(t_n)} \\
&= \sqrt[N]{\prod_{i=0}^{n} \prod_{j \in J_q(t_n)} \left(1 - \int_0^{i\Delta t} f_j(x)\mathrm{d}x\right)^{q_i(t_n, j)N}} \\
&= \prod_{i=0}^{n} \prod_{j \in J_q(t_s)} \left(1 - \int_0^{i\Delta t} f_j(x)\mathrm{d}x\right)^{q_i(t_n, j)}
\end{aligned} \tag{10.25}$$

失效率定义为工作到某时刻 t 时尚未失效（故障）的产品，在该时刻 t 以后的下一个单位时间内发生失效（故障）的概率。通常，串联系统的失效率定义为构成系统的各个部件失效率之和，本节沿用文献中的概念，定义各个时刻失效部件总数占系统部件总数的比例为系统部件更换率。若系统失效率定义为各部件失效率的平均值，则系统失效率与系统部件更换率相等，因此系统失效率与系统部件更换率之间是倍数关系，在本节中，只讨论系统部件更换率，不讨论系统失效率。

系统部件更换率是一个重要指标，它可以反映出在给定部件的失效时间分布后，随着系统运行时间的增加，每个时刻有较大比例的部件需要更换。我们假定没有维修过的全新部件失效时间服从正态分布 $N(\mu_0, \sigma_0)$，且 $\mu_0 = 7$，$\sigma_0 = 1$。维修过的部件的失效时间分布与部件损坏前的使用时间无关，仅与维修次数有关，且部件失效时间的期望值、标准差与部件维修次数的关系分别为 $\mu(j) = \mu_0 - 0.05j$，$\sigma(j) = \sigma_0 + 0.015j$，$j = 1, 2, 3, \cdots$（在上述假设下，当 j 足够大时，$\mu(j)$ 会小于 0，但这里只讨论一定时间内的情况，不涉及 $\mu(j) < 0$ 的情况。为避免 $\mu(j) < 0$，

可改变上面的函数形式）。取 $\Delta t = 1$，$t = 300\Delta t = 300$，将 σ_0 代入回归方程 $q_{\max} = 0.0202 + \dfrac{0.3008}{\sigma}$，可得 $q_{\max} = 0.3210$，则 $\alpha = 1.2 q_{\max} = 1.2 \times 0.3210 = 0.3852 \approx 0.40$。

代入递推式，得到系统可靠度和部件更换率随系统运行时间的变化情况，如图 10.2 和图 10.3 所示。

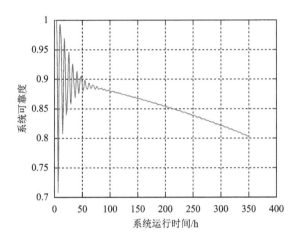

图 10.2　系统可靠度随运行时间走势图

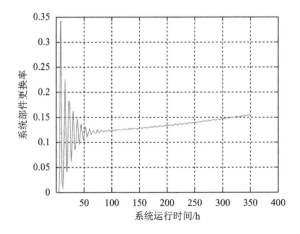

图 10.3　系统部件更换率随运行时间走势图

与使用全新件更换的情形不同，经过足够长的运行时间后，随使用时间增加，系统部件更换率有增加的趋势。从时刻 0 开始，随着系统运行时间的增加，会有小部分部件逐渐失效，而运行至部件失效时间的期望值附近，会有大量部件失效并更换为新部件，从而导致系统部件更换率的下降。随时间增加，将重复该过程。

在一定运行时间后，由于系统内部件的运行时间、维修次数构成多样化，系统部件更换率的振荡逐渐减弱，并趋于一个稳定值。但随着运行时间增加，系统内部件的维修次数逐渐增加，即部件的失效时间期望逐渐减小，标准差增大，即部件更容易失效，所以系统部件更换率会随运行时间而增大。系统可靠度的变化情况与系统部件更换率一致，仅走势与系统部件更换率相反，因为系统可靠度为部件可靠度的乘积，而系统部件更换率为和的形式，所以系统可靠度的变化幅度更大。

另外，系统部件更换率的增长与备件集合的大小有关，图 10.4 反映了备件集合的大小对系统部件更换率走势的影响。图 10.4 中的 Δt、t 分别为 1 和 350。

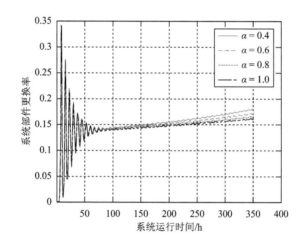

图 10.4　不同 α 对应的系统部件更换率走势对比图

由图 10.4 可看出，随着备件集合的扩大，系统部件更换率的增长速度变缓。这是因为当 α 设置得足够大，即备件数量足够多时，备件集合中部件的维修次数总体上增加会较缓慢，系统部件更换率的变化更接近使用全新部件更换的情形，$\alpha \rightarrow +\infty$ 时，与使用全新件更换的系统一致。当 $\alpha = 1$ 时，即配备与系统中部件数量相等的备件集合，该情况下，即使某时刻系统部件全部失效，也可以通过更换使系统恢复运行。但现实中极少发生系统所有部件全部失效的情况，而且周转件通常价格较高，一次性购置需要较多费用，存储大量备件也需要较高的存储成本，所以，结合使用全新部件更换情形下的系统部件更换率的变化情况，根据系统部件更换率的最高值来确定备件集合大小是合理的。

在本节的假设下，系统运行一段时间后，系统部件更换率会一直上升，最终超过备件集合大小，本节不讨论该情形，但可以通过逐渐增加备件集合大小来避免。

上述计算结果，如系统部件更换率，实质上是系统部件更换率的期望值，实际发生值会存在一定的偏差。为使计算结果更好地为实际所用，现进行仿真实验，以得到各时刻系统部件更换率的分布。设系统满足问题描述中的所有假设，各输入参数如下。

系统内的部件数为 $n=1000$；全新部件所服从正态分布的参数为 $\mu(0)=15$，$\sigma(0)=2$；维修过 i 次的部件，所服从正态分布的参数为 $\mu(i)=15-0.15i$，$\sigma(i)=2+0.015i$，$i \in \mathbb{Z}^{+}$；系统运行时间为 $t=400$；$\alpha=1.2\times(0.0202+0.3008/2)=1.2\times0.1706\approx0.20$，即备件集合有 200 个部件；输出结果为每时刻系统部件更换率。

本实验通过生成部件的失效时间，得到各时刻的系统部件更换率。运行结果如图 10.5 所示，其中白色虚线为系统部件更换率的期望值，实线区域通过 500 次离散仿真实验得到。

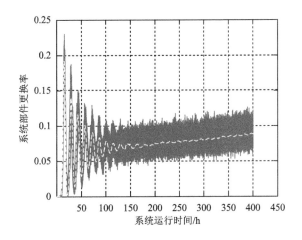

图 10.5 系统部件更换率仿真实验结果

在每个时刻，有 500 个通过实验得到的系统部件更换率，利用这些数据可以得到每个时刻系统部件更换率的分布图，进而可以对某时刻系统部件更换率的可能值进行估计，或评估实际发生的系统部件更换率是否合理。某些时刻的系统部件更换率分布直方图如图 10.6 所示。

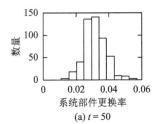

(a) $t=50$

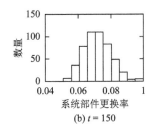

(b) $t=150$

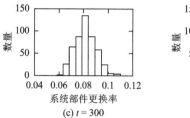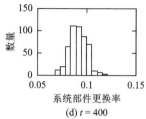

(c) t = 300　　　　　　　　　　　　(d) t = 400

图 10.6　　t = 50,150,300,400 时系统部件更换率的分布直方图

10.2.3　实例分析

分别以航空公司某机队的部件 A 和部件 B 为例进行分析。这两类部件均为周转件，可进行多次维修。航空公司通常根据机队规模，采购一定比例的部件作为备件进行储备。根据专家经验，这两类部件的主要失效类型为疲劳失效。现对某机队所有的部件 A 和部件 B 的拆换记录进行分析。

以某机队所有飞机的部件 A 拆换数据作为统计分析对象，选取 2008 年 1 月 1 日～2011 年 12 月 31 日的故障数据为对象，并结合该机型飞机相应时间段的飞行小时，进行统计分析（以月为横轴单位，且更换率经过变换处理），得到平均每架飞机每飞行小时的部件 A 的更换率，如图 10.7 所示。

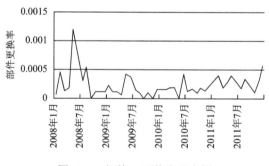

图 10.7　部件 A 更换率示意图

为更好地观察趋势，现对部件 A 的更换率走势线进行三个月的移动平均，可得如图 10.8 所示的移动平均线。

在图 10.8 显示的时间段内，部件 A 的更换率在开始阶段呈现大幅振荡，但随着时间的推移，振荡幅度减弱，同时部件更换率有上升趋势。这与周转件构成系统的部件更换率的变化规律一致。部件 A 的更换率在 2008 年附近有大幅振荡，是由于航空公司在 2006 年和 2007 年两年引进了大批新飞机，根据分析可知，当

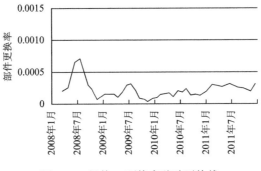

图 10.8　部件 A 更换率移动平均线

系统中使用时间较短的全新部件占较大比例时，系统部件更换率会有较大的波动。该实例验证了模型的正确性。除上述部件 A，我们还对其他失效类型为疲劳失效的部件进行了分析，结果都验证了模型结论的正确性。

部件 B 的更换率走势以及移动平均线如图 10.9 和图 10.10 所示，2008～2010 年的波动较大，但波动呈减小趋势，在 2010 年后，部件 B 的更换率呈上升趋势，验证了结论的正确性。

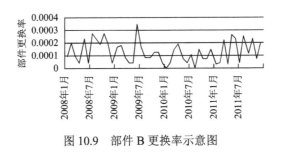

图 10.9　部件 B 更换率示意图

图 10.10　部件 B 更换率移动平均线

本节将一个机队范围内的一类相同周转件看作一个系统，通过建立每个时刻系统内部件的使用时间和维修次数的分布模型，对系统的可靠度、部件更换率随系统运行时间的变化规律进行了研究，得到了系统可靠度随系统运行时间的增加而降低、系统部件更换率随运行时间的增加而增加的结论，该结论与专业维修人员多年的经验一致，并得到了实际数据的验证，为专家经验提供了理论支撑。其他种类部件（如可进行有限次维修的部件、有最长使用时间限制的时控件等）构成的系统的可靠性分析应作为今后的研究方向，并考虑存在送修时间，即修复失效部件需要一定时间，无法立刻修复并补充至备件集合中，以及存在报废的可能性，力求更贴合现实。此外，在本节的假设下，系统运行的初期，系统可靠性会出现大幅度振荡，这是由于所有部件从同一时刻开始运行，会有很大比例的部件在期望失效时间同时失效。随着系统运行时间的推移，失效部件被新部件替换，系统内部件的比例结构逐渐稳定，使可靠性的振荡逐渐减小。若在不影响生产计划的前提下，将所有的部件分批次使用，则可以保证不会有大量的部件同时失效，以达到减小系统可靠性初期振荡的目的。

第四篇　运控安全管理模型与方法

第 11 章　基于流程的风险管理

本章将围绕运控签派放行流程中的信息加工过程，分别介绍基于风险传导性的信息加工流程风险评估方法、基于投入产出的风险传导的风险评估方法、基于业务流程的信息质量 Go-flow 风险评估及改善模型，以及基于风险传导的航班飞行计划中燃油计算的风险评估方法。

随着学界和业界在风险管理领域研究和实践的不断深入，风险传导问题因其普遍存在性、重要性逐渐成为研究的热点。从研究对象所属领域来看，目前对风险传导的研究主要集中在金融风险管理、企业运营风险管理、供应链风险管理、项目风险管理等方面，包括对风险传导机理的研究，以及对风险传导的定量分析，具体如下。

（1）经济、金融风险传导研究。随着世界经济一体化进程的不断加快，全球各经济体之间的联系也日渐紧密，金融风险在各经济体之间的传导现象也日益引起国内外学者的关注。1997 年东南亚经济危机以及 2008 年次贷危机的发生使学者对经济危机传导现象的研究更加深入。目前，对经济、金融风险传导的研究主要是利用计量经济学、统计学的模型和方法研究各经济体之间、经济体内部细分市场之间的风险传导机制、度量方法和应对策略。银行操作风险的传导效应是目前经济、金融风险传导的另一个热点。由于银行操作风险发生概率低、隐蔽性强、通过业务流程进行传导的特性明显，因此，对操作风险中的传导性的研究也就日益成为研究的焦点。关于金融风险传导的研究，方法多以实证研究为主，对理论方面的研究，主要是对金融风险传导的机制、传导方式进行概念性的探讨，模型化定量研究较为缺乏。

（2）企业风险传导研究。对企业风险传导的研究主要是研究企业之间以市场行为为载体的风险传导现象，研究方法主要是借鉴金融风险传导方面的研究，但由于企业间风险表现形式多样，传导性难以量化，目前仍是以定性研究风险传导内涵、机理、载体、传导路径等方面为主。邓明然和夏喆[135]研究了企业风险传导的风险源、传导路径和载体、传导链与传导网络、风险阈值等关键传导要素，旨在揭示企业风险传导的特征和基本规律，探讨基于传导的风险管理策略。通过研究，对企业风险传导可以从狭义和广义两个方面进行描述：从狭义上讲，如果将企业看成一个系统，当受到内部或外部不确定因素干扰时，初始时刻在某一点的偏差会依附风险传导载体，或传递到企业生产经营的不同层次的多个方面，导致企业经营目标发生较大偏离。从广义上来讲，在企业之间，由于利益链条存在，相关企业之间也会存在风险传导关系，一个企业发生风险进而会影响整个企业网络中的其他企业，形成企业间的风险传导。从企业职能部门风险传导的研究来看，主要集中在营销风险传导和财务风险传导的研究上。

项目管理也是企业运营管理的一个重要方面，华北电力大学李存斌教授研究团队将项目基础风险定义为风险元，提出风险元传递理论。该理论的核心思想是当项目基础风险变量随机波动时，项目目标也往往随之波动，即风险在项目中传导，并着重研究了其在网络计划类项目中的传递机理、项目评价方法，结合图形评审技术（graphic evaluation and review technique，GERT）算法进行了应用[136]。

综合企业风险传导性研究可以看出，目前对企业风险传导性的研究，一方面从宏观层面研究企业风险传导的机理、形式等，以定性研究为主；另一方面，在微观层次上，对企业具体职能部门风险传导进行研究，如企业营销风险、财务风险传导性的研究，并借鉴金融风险传导相关理论，针对具体问题，建立模型，评估风险传导性。由于研究对象的局限性，这些评估方法的扩展性较为欠缺。

（3）供应链风险传导研究。供应链是由上下游多个企业组成的企业网络，某个企业发生风险，如产量波动、质量问题等都会通过供应链影响到其他企业。可以看出，供应链风险传导是企业风险传导的特殊形式，近年来，供应链风险逐步引起人们的重视，但对供应链风险传导性的研究仍然较少。

综上所述，风险传导性的研究日渐引起人们的重视，然而目前的研究仍处于探索阶段，重点是针对金融风险领域的风险传导研究。由于目前的研究主要针对具体的研究领域和研究对象，因此还缺乏具有普适性的风险传导性描述、分析方法，有待进一步的研究。此外，对于航空安全风险管理，由于安全目标本身难以刻画，安全风险低概率、高损失、作用关系复杂的特点，航空公司无法照搬金融风险、供应链风险管理等领域在风险管理过程中形成的较为成熟的评估方法。

纵观国际航空业的发展历程，航空安全管理经历了"机械"、"人因"和"组织"三个阶段。由于技术水平的制约，在航空业发展初期，航空安全管理主要是在航空事故发生后，从机械角度分析事故产生的原因，采取措施，防止类似事故再次发生。随着航空业的快速发展和航空技术的进步，在20世纪70年代，人们逐步认识到人为差错因素在航空安全中的重要作用，航空安全管理转而关注如何通过降低人为差错来提高安全水平，航空安全管理也进入人因阶段。至20世纪80年代，航空安全管理进入组织阶段，更加关注导致航空事故发生的更深层次的因素，如组织因素和管理因素。国内外对航空安全风险管理的研究集中在航空安全风险的评估与分析方面，具体包括以下几点。

1）航空安全状况评估

安全状况评估是航空公司安全风险管理的基础。进行安全状况评估的目的包括两个方面：一是准确掌握航空公司运行的安全状态；二是及时发现航空公司运行中存在的问题，找出运行过程中存在的缺陷，有针对性地采取措施，提高安全管理水平。目前航空公司安全状况直接评价指标有百万飞行小时重大事故率、事故征候万时率以及一定起降次数的事故率、事故征候率等。目前主要利用数理统计方法、经济学方法来分析这些安全性指标，以期反映航空公司的安全水平。然而由于航空事故发生率低，样本之间的不一致性较大，特别是针对具体的航空公司，利用上述指标难以真实反映航空公司的安全状态。

鉴于此，构建综合安全指标，利用安全指标本身数值大小及其变化趋势来表征航空公司安全状态的变化成为可行的解决方法。目前所使用的定量或半定量的方法主要有层次分析方法（analytic hierarchy process，AHP）、模糊评估理论以及网络分析法（analytic network process，ANP）等。目前对航空公司的安全评估使用的数据基础主要是航空事故、事故征候等不安全事件，对航空风险的评估不仅要用到航空事故这些数据，而且需要尽可能广泛地使用运行过程中的其他安全数据，如安全报告、飞机运行状态数据等，然而如何将这些数据量化、标准化、同质化是使用前需要解决的问题。

鉴于航空事故影响因素众多、相互关系复杂，具有较大的随机性和波动性，目前主要采用随机泊松过程、灰色马尔可夫预测模型等方法，对航空事故发生可能性进行预测。

2）航空安全风险分析

航空安全风险分析与评估是航空风险管理的重要内容，目的是通过评估安全风险的后果严重性和发生可能性，找出主要风险因素，进而才能有针对性地采取相应的风险缓解方法。航空安全风险管理的核心目标是将以往的"被动安全"转变为"主动安全"，提高安全管理水平。而要实现这一目标，需要有合适的风险分析工具，能够对安全风险进行准确的评估。目前，对航空安全风险进行分析主要以定性以及半定量的分析方法为主，定量方法较少。主要使用的方法包括风险矩阵分析（risk matrix analysis，RMA）方法、故障树分析方法、概率风险评估（probabilistic risk assessment，PRA）、贝叶斯信念网络（Bayesian belief networks，BBN）以及模糊专家系统等。

风险矩阵分析方法来源于项目管理中的风险识别和评估，是由美国空军电子系统中心的采办工程小组于 1995 年提出的，主要考察项目需求与技术可能两方面，以此来分析、辨识项目是否存在风险，并根据操作人员的历史经验从风险发生可能性和后果严重程度两个方面对风险进行评估，确定风险等级。该方法相对简单，易于操作，目前在航空安全风险管理中运用较为广泛。但是对于航空安全风险而言，风险表现形式多样、事故发生概率低、后果严重程度高，这使得利用风险矩阵很难准确地对风险进行评价。

故障树分析是一种用于分析系统可靠性、安全性以及进行风险评价的分析工具。该方法将系统故障的形成原因按照树状逐级细化，一直追溯到引起系统发生故障的全部原因，并用逻辑关系将这些因素和系统故障联系起来，进而利用概率论方法计算故障发生概率。在航空安全风险评估中，将航空事故或事故征候作为顶事件，构建针对顶事件的故障树，利用历史数据中此类航空事故记录，计算每条路径发生的概率，进而得到事故发生的可能性，并分析哪些因素是导致事故发生的最主要因素。然而航空事故发生的低概率性以及航空事故的复杂性限制了此方法的应用。

概率风险评价方法是对复杂系统进行定量分析的方法，主要应用在核能、化工、航空航天等领域。这种方法基于事故场景的思想，分析实际系统，能够明确地描述系统的危险状态及潜在事故可能的发生和发展过程，计算各种因素导致事故发生的概率，进而确定需要重点关注的风险因素，采取相应措施。有学者运用此方法分析航空事故和事故征候风险发生的概率，计算发生概率的数据基础是历史不安全事件记录，但是此方法使用起来较为复杂，作为航空公司日常安全风险评估工具缺乏适用性。

贝叶斯信念网络提供了一种描述并量化不确定性下的因果关系的概率框架，借助图论来定义因素间的作用关系，然后通过贝叶斯概率理论构造条件概率来量化这些关系。针对样本数据不足这一限制条件，以专家意见（belief）作为量化概率的数据基础，本质上是一种混合建模方法。

还有利用模糊专家系统，描述风险因素以及风险因素之间的关系，用来评估一次航班运行的安全风险。此外，利用历史数据刻画风险发生概率时，应将影响发生概率因素的变化考虑进来，进行修正。

3）人为差错风险分析

统计数据表明，75%的航空事故都是人为原因造成的，对人为差错风险的分析是当前航空安全风险管理的一个热点。近年来，在人因分析研究过程中，研究者提出多种模型，包括 REASON 模型、SHEL（软件、硬件、环境、人）模型、人因分析与分类系统、蝴蝶结（bow-tie）模型等，其中人因分析与分类系统应用相对更为广泛。人因分析与分类系统是基于 REASON 模型提出的一种用于调查和分析航空事故中人为因素的方法，该方法是 FAA 进行军用飞行航空事故调查分析的成果，取得成功后逐渐在商用航空、通用航空领域得到推广。除此之外，以二次样条函数作为基准风险方程的比例风险模型（proportional hazard model），用来定量评估人为差错导致航空事故或事故征候的风险。另外，人因分析方法也广泛应用于对机务维修中的人为差错风险的评估。

通过对当前航空安全风险管理现状研究的综述，可以看出航空风险评估与分析是航空风险管理研究的热点，然而由于航空风险的复杂性以及发生低概率、高损失性，目前尚无具有普适性的评估方法，以有效对航空公司面临的不同种类、不同层次的风险进行评估和分析，因此构建适宜的航空安全风险评估方法是当前亟待解决的问题，也是各航空公司在 SMS 建设中需要解决的关键问题。

11.1　基于风险传导性的信息加工流程风险评估方法及应用

11.1.1　问题描述

信息加工流程的风险管理是日常管理的重要方面，也是信息正确传递、降低不必要损失的重要保障。风险传导性因其普遍存在性、重要性逐渐引起人们的重视，成为研究的热点。

通过对不同领域风险传导性现状的研究，可以发现风险传导性的共性特征以及存在的难点主要体现在以下三个方面。

（1）面向的是信息的加工过程，信息经过各操作的加工和整合，产出就是加工后的信息组合。产出信息不准确，就会影响信息使用者正常完成任务，甚至带来重大损失。

某一工作环节出现差错，会造成该环节输出的信息出现差错，进而影响后续需要使用该信息的工作环节的准确性，导致风险从上一个工作环节传导至下一个工作环节，表现出显著的风险传导性。但是，由于信息加工过程不同于制品业产品的生产制造，在加工过程中出现的差错若被后续操作及时发现，一般不会带来明显的损失。对于企业而言，没有带来明显损失的不安全信息一般不作为不安全信息处理。然而在某些行业，如航空业，有显著损失的不安全事件很少发生。而根据冰山理论，重大损失是发生在众多没有后果的不安全操作的基础上的。因此在评估信息加工流程风险时，需要同时考虑这两类不安全信息。本节将带来确定损失的不安全信息称为不安全事件，将没有带来损失的不安全信息称为不安全信息。

（2）风险之间具有传导性，处在源头的风险点和中间风险点的严重程度是不同的。组成信息加工流程的多个工作环节可以看成一个个风险点，信息加工流程就是由这一系列风险点形成的风险传导路径。当根据不安全信息评估流程中风险点的严重程度时，需要考虑风险点的传导性。不安全信息的发生过程可以理解为流程上一系列风险点按照一定的逻辑顺序发生的过程，其中的逻辑顺序是由具体的流程决定的，这表现为风险的传导性。在不同位置的风险点对最终后果是否发生的影响程度不同，因此在对流程风险点进行评估时，需要考虑风险点之间的传导关系。

（3）不安全信息的后果或者潜在后果具有不同的严重程度等级。对于没有导致实际严重后果发生的不安全信息，难以确定各风险点对导致后果发生的影响程度，这是风险评估问题的共同难点。

综上所述，信息加工流程是指信息需要经过多个工作环节的处理才能完成，使信息输入经过流程变成输出的全过程。由多个工作环节组成的信息加工流程中某一工作环节出现差错，会造成该环节输出的信息出现差错，进而影响后续需要使用该信息的工作环节的准确性，导致错误信息从上一个工作环节传导至下一个工作环节，最终造成任务不能完成甚至出现重大损失。这就是信息加工流程的风险，它表现出显著的风险传导性。

本章针对信息加工流程的风险管理问题，提出一种考虑风险传导性、以不安全事件和不安全信息作为数据基础的风险评估模型，对流程中各操作单元（节点）的风险点进行评估，确定哪些风险点的严重程度更高而需要重点关注，从而有助于确定流程中的关键风险因素，进而采取有效措施加以消除或缓解风险的产生。

11.1.2　评估方法

1. 变量说明

1）风险点

风险点是指对流程中各操作单元的不正常情况的描述，包括两个方面的因素，一方面是操作人员自身原因造成输出结果不正确、不完整或未能及时输出；另一方面是由该操作以外的因素造成的，如作为加工对象的输入信息不准确、及时、有效或完整，这里输入的信息可能来自流程上的前序操作，也可能来自系统外部。风险点同时也包括对设备设施有效性的描述。

风险点发生类型分为三种，一是自身因素或流程外因素导致其发生，在风险传导路径上表现为风险源，即风险传导路径上最初发生的风险点；二是其他风险点的发生而导致该风险点发生，此时该风险点在风险传导路径上表现为中间风险点；三是直接导致不安全事件发生的风险点，即风险传导路径尾端的风险点。评估各风险点的严重性时，需要考虑风险点在风险传导路径中的位置。

2）风险点严重程度

（1）风险源严重程度。当一个风险点作为风险源发生时，如果没有被后续工作环节发现，就会导致不安全事件的发生。然而由于风险源不会直接导致后果事件的发生，而是通过信息加工流程影响后续工作环节进而影响信息加工的正常运行。后续工作环节对该风险源产生的风险具有一定的"查错"能力，因此风险源发生以后，并非每次都会导致不安全事件发生，因此衡量该风险源的严重程度时需要考虑这种"查错"能力，显然，该风险源引发的风险被后续工作环节发现的比例越高，该风险源的严重程度就会相应越低。因此，风险源严重程度是指以该风险可能会导致的某种后果的严重程度为标准，综合考虑后续工作环节对该风险的"拦截"能力后的一种严重程度指标。风险源严重程度就是衡量风险点作为风险源发生后导致某种后果发生的期望严重程度。

（2）中间风险点严重程度。风险源对最终后果的影响是通过使至少一条风险传导路径形成通路来实现的，假设风险点 i 为该条路径上的一个节点（风险传导路径上的风险点），中间风险点严重程度定义为风险源 k 产生的风险传导到风险点 i，风险点 i 发生对导致最终后果发生的贡献程度，记为 A_i^k。根据中间风险点的定义，一条风险传导路径上的所有风险点的贡献度等于最终后果的严重程度，假设风险在风险点 i 处就被拦截，那么风险源表现出的严重程度就是该条路径上风险点 i 之前已经发生的中间风险点的严重程度之和。

（3）风险点整体严重程度。风险点的整体严重程度是指综合考虑考察时间段内一个风险点作为风险源和中间风险点的严重程度后的整体严重程度，即整体严重程度来自两个方面，一是作为风险源表现出的严重程度，二是作为其他所有风险源的中间风险点所表现的中间风险点严重程度。风险点的整体严重程度是该风险点作为风险源的严重程度和作为中间风险点严重程度的加权和。

（4）风险点综合严重程度。一个风险点虽然可能具有比较高的整体严重程度，但是如果这个风险点发生的可能性很小，即发生的次数很少，那么其综合的严重程度可能并不会比那些整体严重程度较低但发生的相对可能性比较高的风险点的综合严重程度高，所以风险点综合严重程度是考虑风险点重复度后的严重程度，以 R_i 表示风险点 i 的综合严重程度。

2. 研究思路

对流程风险点的评估需要分析每一条不安全事件或不安全信息记录中的后果或潜在后果及其严重性、风险源、风险传导路径，并且将严重程度等级相同的后果以及潜在后果归为一类。如果风险被及时发现，那么需要确定是在哪一环节被发现的，最后以上述信息为数据基础，针对特定的后果或者潜在后果，评估与其相关的风险点的相对严重性的大小，确定需要重点关注的风险点。

首先以某一类不安全事件和不安全信息为研究对象，针对特定的后果或潜在后果，计算其对应的风险传导网络中相关风险点作为风险源和中间风险点的相对严重程度，考虑风险点分别作为风险源和中间风险点的发生次数分布，计算风险点的整体严重程度。在此基础上，考虑风险点发生的可能性即重复度，得出该后果或潜在后果下，各相关风险点的综合相对严重程度，这时，即可得到针对该后果或潜在后果相关风险点的相对严重程度排序，从而确定关键风险点，为风险应对提供决策依据。

3. 模型假设

假设 1：一条风险传导路径上所有中间风险点的严重程度之和等于该后果或潜在后果的严重程度。

假设 2：一条风险传导路径上，中间风险点位置越靠近最终后果或潜在后果，其严重程度越高。

假设 3：其他条件都相同时，风险源引发的风险被后续操作环节越早发现，其相对严重程度越低。

假设 4：其他条件都相同时，风险源引发的风险被发现的比例越高，其严重程度越低。

假设 5：考察时间段内，其他条件都相同时，一个风险点发生得越频繁，其严重程度应相对越高。

4. 严重程度计算

1）中间风险点和风险源严重程度评估

在评估风险点严重程度时，首先需要确定要分析的后果或潜在后果及其严重等级。以某一潜在后果为例，以 C 表示该后果或潜在后果的严重程度。类似地，其他后果或潜在后果的严重等级可以用 $A, B, \cdots$ 依次表示。根据中间风险点严重程度的定义，一条路径上所有风险点严重程度之和为潜在后果的严重程度。根据风险传导的"深度原理"，一条风险传导路径上，后续中间风险点的严重程度大于前序风险点严重程度，即满足按路径的偏序关系。实际上中间风险点虽然都是由同一差错引起的，很多情形下，后续操作并不具有完全查错能力，或者没有查错的职责，因此考虑利用将同一路径上风险点严重程度差异最小化为目标函数，来求解中间风险点的严重程度。

综上所述，利用下述模型求解中间风险点的严重程度：

$$\min_{A_j^k} \sum_i \sum_j I(i,j)(A_i^k - A_j^k)^2 \tag{11.1}$$

$$I(i,j) = \begin{cases} 1, & \text{风险点} j \text{为风险点} i \text{的紧后风险点} \\ 0, & \text{其他情形} \end{cases} \tag{11.2}$$

s.t. $\quad A_j^k - A_i^k \geq \delta > 0$ ，$\forall$ 风险点 i，风险点 j 为其紧后风险点 $\tag{11.3}$

$$\sum_i A_i^k(l) = A \tag{11.4}$$

$$A_i^k \geq 0, \quad \forall i \tag{11.5}$$

其中，A_i^k 为 k 类事件的风险点 i 的严重程度；A_j^k 为 k 类事件的风险点 j 的严重程度。

该优化模型的目标函数为相邻中间风险点的严重程度差的平方和最小，其中

δ 为调整参数，表示两相邻中间风险点严重程度的最小差值；式（11.3）表示中间风险点满足的偏序关系；式（11.4）为一条路径上所有中间风险点贡献度之和等于事件最终结果严重程度的约束条件。

2）不同传导模式下中间风险点及风险源严重程度计算

（1）串联模式。单条路径串联模式根据是否有中间风险点，分为两种情形。

情形 1：无中间风险点时的风险源严重程度的计算。

传导路径描述：传导路径上除风险源发生以外，无其他风险点被触发，如图 11.1 所示，其中风险源为风险点 $k \in K$，n_k 为其考察时间段内，作为风险源发生的次数。

图 11.1　单条路径串联模式
情形 1 示意

中间风险点严重程度计算：这种传导路径下，没有中间风险点，不需要计算中间风险点的严重程度。

风险源严重程度计算：风险点 k 被触发以后，将可能直接影响信息加工处理过程，此时风险源的严重程度等于潜在后果的严重程度，假设潜在后果的严重程度为 A，则有 $B_k = A$。

情形 2：存在中间风险点的单条路径串联模式。

传导路径描述：传导路径上，风险源 k 之后有 m 个中间风险点，其中 $m \geqslant 1$，传导路径如图 11.2 所示。

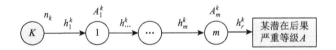

图 11.2　单条路径串联模式情形 2 示意

中间风险点严重程度计算：中间风险点的严重程度为下述优化模型的最优解，即

$$\min_{A_i}[(A_2^k - A_1^k)^2 + (A_3^k - A_2^k)^2 + \cdots + (A_m^k - A_{m-1}^k)^2] \qquad (11.6)$$

$$\text{s.t.} \quad A_{i+1}^k - A_i^k = \delta \geqslant 0, \quad i = 1, 2, \cdots, m \qquad (11.7)$$

$$\sum_{i=1}^{m} A_i^k = A \qquad (11.8)$$

$$A_i^k \geqslant 0, \quad \forall i \qquad (11.9)$$

在图 11.2 中，n_k 表示风险源 k 发生的总次数，即针对该潜在后果，以风险点 k 为风险源的不安全信息（不包括不安全事件）发生次数；h_1^k 表示被风险点 1 所在操作发现的次数；此时只有风险源 k 实际发生，风险源严重程度为 $B_1^k = 0$；h_2^k 表示被风险点 2 所在操作发现的次数，此时风险源严重程度 $B_2^k = A_1^k$；h_i^k 表示被风险点 i 所在工作环节发现的次数，此时风险源严重程度 $B_i^k = A_1^k + \cdots + A_{i-1}^k$。$h_r^k$ 表

示风险已经传出信息加工过程，被其他过程发现或最终后果已经实际发生，此时风险源严重程度为 $B_r^k = A_1^k + \cdots + A_m^k = A$，在这种情形下，我们就认为此时风险源 k 的严重程度就已经等于 A。

n_k 与 h_i^k 满足如下关系：

$$n_k = \sum_{i=1}^{m} h_i^k + h_r^k \tag{11.10}$$

风险源严重程度计算：风险源 k 的严重程度为式（11.11）计算的结果：

$$B_k = \frac{h_1^k}{n_k} B_1^k + \cdots + \frac{h_i^k}{n_k} B_i^k + \cdots + \frac{h_r}{n_k} B_r^k$$

$$= \frac{h_1^k}{n_k} \cdot 0 + \cdots + \frac{h_i^k}{n_k} (A_1^k + \cdots + A_{i-1}^k) + \cdots + \frac{h_r^k}{n_k} A \tag{11.11}$$

（2）并联模式。并联路径根据是否含有公共路径，分为两种情况，一是不含有公共路径的并联模式；二是含有公共路径的模式。无公共路径的情形实际上可以看作含有公共路径情形的特殊情况，因此本节将重点介绍含有公共路径的情形。对于含有公共路径的情形，根据公共路径的位置，分为两种情况，下面将分别介绍。

并联情景 1：风险源只有一个后续风险点，并联路径分支在中间风险点上。

路径描述：风险源 k 触发的风险可以通过多条路径影响最终后果的发生，但是风险源只有一个紧后风险点，中间风险点可以有多个后续风险点，在风险传导路径网络中表现为风险源与紧后风险点之间的边为多条传导路径的公共路径，如图 11.3 所示。

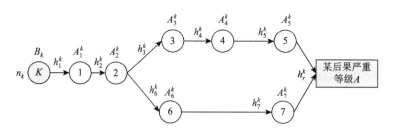

图 11.3　并联情景 1 风险传导路径示意图

中间风险点严重程度计算：中间风险点严重程度为下述优化模型的最优解，即

$$\min_{A_i} \sum_i \sum_j I(i,j)(A_i^k - A_j^k)^2 \tag{11.12}$$

$$I(i,j) = \begin{cases} 1, & 风险点 j 为风险点的紧后风险点 \\ 0, & 其他情形 \end{cases} \tag{11.13}$$

$$A_3^k - A_2^k \geqslant \delta > 0 \tag{11.14}$$

$$A_2^k - A_1^k \geqslant \delta > 0 \tag{11.15}$$

$$A_5^k - A_4^k \geqslant \delta > 0 \tag{11.16}$$

$$A_6^k - A_5^k \geqslant \delta > 0 \tag{11.17}$$

$$A_7^k - A_6^k \geqslant \delta > 0 \tag{11.18}$$

$$A_1^k + A_2^k + A_3^k + A_4^k + A_5^k = A \tag{11.19}$$

$$A_1^k + A_2^k + A_6^k + A_7^k = A \tag{11.20}$$

$$A_i^k \geqslant 0, \quad \forall i \tag{11.21}$$

风险源严重程度计算：风险在不同位置被发现时，风险源严重程度如式（11.22）～式（11.29）所示，即

$$B_1^k = 0 \tag{11.22}$$

$$B_2^k = A_1^k \tag{11.23}$$

$$B_3^k = A_1^k + A_2^k \tag{11.24}$$

$$B_4^k = A_1^k + A_2^k + A_3^k \tag{11.25}$$

$$B_5^k = A_1^k + A_2^k + A_3^k + A_4^k \tag{11.26}$$

$$B_6^k = A_1^k + A_2^k \tag{11.27}$$

$$B_7^k = A_1^k + A_2^k + A_6^k \tag{11.28}$$

$$B_r^k = A_1^k + A_2^k + A_6^k + A_7^k = A \tag{11.29}$$

其中，h_i^k 表示的含义与前面情形表示的含义相同，计算的方法也相同。风险源严重程度 B_k 利用式（11.30）计算：

$$
\begin{aligned}
B_k &= \frac{h_1^k}{n_k} B_1^k + \frac{h_2^k}{n_k} B_2^k + \frac{h_3^k}{n_k} B_3^k + \frac{h_4^k}{n_k} B_4^k + \frac{h_5^k}{n_k} B_5^k + \frac{h_6^k}{n_k} B_6^k + \frac{h_7^k}{n_k} H_7^k \\
&= \frac{h_1^k}{n_k} \cdot 0 + \frac{h_2^k}{n_k} A_1^k + \frac{h_3^k}{n_k}(A_1^k + A_2^k) + \frac{h_4^k}{n_k}(A_1^k + A_2^k + A_3^k) + \frac{h_5^k}{n_k}(A_1^k + A_2^k + A_3^k + A_4^k) \\
&\quad + \frac{h_6^k}{n_k}(A_1^k + A_2^k) + \frac{h_7^k}{n_k}(A_1^k + A_2^k + A_6^k) + \frac{h_r^k}{n_k} A
\end{aligned}
\tag{11.30}
$$

并联情景 2：风险源有多个后续风险点，即分支发生在风险源上。

路径描述：该种情形下，风险源发生以后可以通过多条路径影响最终结果的发生，但风险源有多个紧后风险点，在网络中表现为公共路径不包含风险源，如图 11.4 所示。

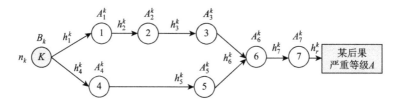

图 11.4　并联情景 2 风险传导路径示意图

中间风险点严重程度计算：中间风险点严重程度为下述优化模型的最优解，即

$$\min_{A_i} \sum_i \sum_j I(i,j)(A_i^k - A_j^k)^2 \tag{11.31}$$

$$I(i,j) = \begin{cases} 1, & \text{风险点} j \text{为风险点} i \text{的紧后风险点} \\ 0, & \text{其他情形} \end{cases} \tag{11.32}$$

$$A_3^k - A_2^k \geqslant \delta > 0 \tag{11.33}$$

$$A_2^k - A_1^k \geqslant \delta > 0 \tag{11.34}$$

$$A_5^k - A_4^k \geqslant \delta > 0 \tag{11.35}$$

$$A_6^k - A_3^k \geqslant \delta > 0 \tag{11.36}$$

$$A_6^k - A_5^k \geqslant \delta > 0 \tag{11.37}$$

$$A_7^k - A_6^k \geqslant \delta > 0 \tag{11.38}$$

$$A_4^k + A_5^k + A_6^k + A_7^k = A \tag{11.39}$$

$$A_1^k + A_2^k + A_3^k + A_6^k + A_7^k = A \tag{11.40}$$

$$A_i^k \geqslant 0, \quad \forall i \tag{11.41}$$

风险源严重程度计算：当风险源 k 发生以后在不同位置被发现时，所表现出的严重程度为

$$B_1^k = 0 \tag{11.42}$$

$$B_2^k = A_1^k \tag{11.43}$$

$$B_3^k = A_1^k + A_2^k \tag{11.44}$$

$$B_4^k = 0 \tag{11.45}$$

$$B_5^k = A_4^k \tag{11.46}$$

$$B_6^k = A_1^k + A_2^k + A_3^k \tag{11.47}$$

$$B_7^k = A_1^k + A_2^k + A_3^k + A_6^k \tag{11.48}$$

$$B_r^k = A_1^k + A_2^k + A_3^k + A_6^k + A_7^k = A \tag{11.49}$$

此时，风险源严重程度通过式（11.50）计算：

$$B_k = \frac{h_1^k}{n_k}B_1^k + \frac{h_2^k}{n_k}B_2^k + \frac{h_3^k}{n_k}B_3^k + \frac{h_4^k}{n_k}B_4^k + \frac{h_5^k}{n_k}B_5^k + \frac{h_6^k}{n_k}B_6^k + \frac{h_7^k}{n_k}B_7^k + \frac{h_r^k}{n_k}B_r^k$$

$$= \frac{h_1^k}{n_k}\cdot 0 + \frac{h_2^k}{n_k}A_1^k + \frac{h_3^k}{n_k}(A_1^k + A_2^k) + \frac{h_4^k}{n_k}\cdot 0 + \frac{h_5^k}{n_k}A_4^k + \frac{h_6^k}{n_k}(A_1^k + A_2^k + A_3^k)$$

$$+ \frac{h_7^k}{n_k}(A_1^k + A_2^k + A_3^k + A_6^k) + \frac{h_r^k}{n_k}A \tag{11.50}$$

综合情景如下。

路径描述：如图 11.5 所示，此种风险传导路径模式包含了前面几种情形，风险源可以有多个紧后风险点，任一中间风险点可能有多个紧后风险点。

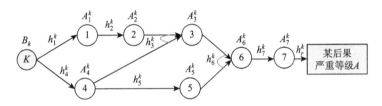

图 11.5　综合情景风险传导路径示意图

中间风险点严重程度计算：中间风险点严重程度为下述优化模型的最优解，即

$$\min_{A_i} \sum_i \sum_j I(i,j)(A_i^k - A_j^k)^2 \tag{11.51}$$

$$I(i,j) = \begin{cases} 1, & \text{风险点}j\text{为风险点}i\text{的紧后风险点} \\ 0, & \text{其他情形} \end{cases} \tag{11.52}$$

$$\text{s.t.}\quad A_3^k - A_2^k \geqslant \delta > 0 \tag{11.53}$$

$$A_2^k - A_1^k \geqslant \delta > 0 \tag{11.54}$$

$$A_5^k - A_4^k \geqslant \delta > 0 \tag{11.55}$$

$$A_3^k - A_4^k \geqslant \delta > 0 \tag{11.56}$$

$$A_6^k - A_5^k \geqslant \delta > 0 \tag{11.57}$$

$$A_7^k - A_6^k \geqslant \delta > 0 \tag{11.58}$$

$$A_4^k + A_5^k + A_6^k + A_7^k = A \tag{11.59}$$

$$A_1^k + A_2^k + A_3^k + A_6^k + A_7^k = A \tag{11.60}$$

$$A_4^k + A_3^k + A_6^k + A_7^k = A \tag{11.61}$$

$$A_i^k \geqslant 0, \quad \forall i \tag{11.62}$$

风险源严重程度计算：在此传导模式下，风险源 k 触发的风险在不同位置被拦截表现出的严重程度以及发生次数为

$$B_1^k = 0 \tag{11.63}$$

$$B_2^k = A_1^k \tag{11.64}$$

$$B_3^k = A_1^k + A_2^k \tag{11.65}$$

$$B_4^k = 0 \tag{11.66}$$

$$B_5^k = A_4^k \tag{11.67}$$

$$B_6^k = A_1^k + A_2^k + A_3^k \tag{11.68}$$

$$B_7^k = A_1^k + A_2^k + A_3^k + A_6^k \tag{11.69}$$

$$B_r^k = A_1^k + A_2^k + A_3^k + A_6^k + A_7^k = A \tag{11.70}$$

此时，风险源严重程度通过式（11.71）计算：

$$B_k = \frac{h_1^k}{n_k} B_1^k + \frac{h_2^k}{n_k} B_2^k + \frac{h_3^k}{n_k} B_3^k + \frac{h_4^k}{n_k} B_4^k + \frac{h_5^k}{n_k} B_5^k + \frac{h_6^k}{n_k} B_6^k + \frac{h_7^k}{n_k} B_7^k + \frac{h_r^k}{n_k} H_r^k$$

$$= \frac{h_1^k}{n_k} \cdot 0 + \frac{h_2^k}{n_k} A_1^k + \frac{h_3^k}{n_k} (A_1^k + A_2^k) + \frac{h_4^k}{n_k} \cdot 0 + \frac{h_5^k}{n_k} A_4^k + \frac{h_6^k}{n_k} (A_1^k + A_2^k + A_3^k)$$

$$+ \frac{h_7^k}{n_k} (A_1^k + A_2^k + A_3^k + A_6^k) + \frac{h_r^k}{n_k} A \tag{11.71}$$

3）风险点整体严重程度计算

根据风险点整体严重程度的定义，风险点整体严重程度可利用下式进行计算：

$$r_i = \beta_i B_i + \sum_{k=1}^{m} \alpha_k A_i^k \tag{11.72}$$

$$\beta_i = \frac{n_i}{N_i} \tag{11.73}$$

$$\alpha_k = \frac{n_i^k}{N_i} \tag{11.74}$$

$$N_i = n_i + \sum_{k=1}^{m} n_i^k \tag{11.75}$$

其中，N_i 为考察时间段内风险点 i 与目标潜在后果相关的不安全信息总数；n_i 为风险点 i 在考察时间段内作为风险源发生的次数，n_i^k 为风险点 i 作为风险源 k 的

中间风险点的发生次数，风险点 i 可以同时作为多个风险源的中间风险点，因此需要对每个风险源分别进行统计；m 为考察时间段内有 m 个风险源发生后其传导路径包含风险点 i，因此 $N_i = n_i + \sum\limits_{k=1}^{m} n_i^k$。

4）风险点综合严重程度计算

根据风险点综合严重程度的定义，考察时间段内针对特定潜在后果，某一风险点的综合严重程度可以利用式（11.76）计算：

$$R_i = \eta_i r_i = \left(N_i \Big/ \sum_i N_i \right) r_i \tag{11.76}$$

其中，N_i 为考察时间段内与该潜在后果相关的不安全信息中，风险点 i 发生的总次数；$\sum\limits_i N_i$ 为考察时间段内与该潜在后果相关的所有风险点发生的总次数。

至此，针对特定潜在后果，已经计算出与其相关的所有风险点的相对严重程度，风险点综合严重程度的表示方式如表 11.1 所示。

表 11.1　不同潜在后果的风险点相对严重程度评估结果

风险点编号	严重等级								
	A 级			B 级			···		
	事件 1	···	事件 i_{m1}	事件 1	···	事件 i_{m2}	事件 1	···	事件 $i_{m…}$
风险点 1	R_{11}								
风险点 2	R_{21}								
风险点 i		R_{ij}							
⋮									
风险点 n	R_{n1}								

表 11.1 中第一列列出了所有风险点，表格中的内容是针对各类潜在后果，每个风险点的相对严重程度。如果该风险点在某后果类型下没有发生，则相应的综合严重程度为 0。

11.1.3　模型求解

除风险点、潜在后果及其风险传导网络等基础信息以外，风险源严重程度评估还需要收集以下信息。

（1）后果/潜在后果。不安全信息的潜在后果是指根据业务人员经验和历史统计数据来看，在此情形下，最有可能出现的后果。

（2）风险源，即引起该不安全事件或不安全信息的最初风险点。

（3）发现风险点。对于不安全事件，没有发现风险点。对于不安全信息，发现风险点即是在该位置发现了前面工作节点发生的风险，且采取了应对措施，避免风险继续传导。

风险源严重程度评估步骤如下。

（1）读取该潜在后果的邻接矩阵，记为 $L_{n \times n+1}$（n 为邻接矩阵行数，也是流程风险点的数量），严重程度以 A 表示，新建栈 S_0，将风险源 k 加到栈 S_0 中，并将该栈的标记 flag_0 的值置为 1（该算法中，会为风险传导网络图的每条子路径新建相应的栈，每一个栈都表示一条从风险源到最终结果的子路径，栈中元素为风险点标号。flag_i 表示栈 i 所代表的子路径是否已经包含该路径上的所有风险点，1 表示没有完全包含，仍需继续搜索，0 相反）。

（2）如果邻接矩阵 $L_{n \times n+1}$ 中风险源所在行只有第 $n+1$ 列元素为 1，则风险源严重程度 $B_k = A$，转到步骤（9），否则转到步骤（3）。

（3）在已经建立的栈中依次读取一个栈 S_i，如果 $\text{flag}_i = 1$，读取栈 S_i 中的顶元素，查找该元素（值为风险点的编号）对应的行中所有为 1 的元素（即风险传导网络中该风险点所有的紧后风险点，所在列序号即为紧后风险点的编号）所在列数，记为 $j_1, j_2, \cdots, j_m$，紧后风险点个数以 $\text{size}\{j_1, j_2, \cdots, j_m\}$ 表示。

如果 $\text{size}\{j_1, j_2, \cdots, j_m\} > 0$ 或 $n+1 \notin \{j_1, j_2, \cdots, j_m\}$，则在栈 i 的基础上新建 $m-1$ 个栈（即新建的 $m-1$ 个栈中的初始元素与栈 i 相同），分别将 $j_1, j_2, \cdots, j_m$ 加入栈 i 和新建的 $m-1$ 个栈中，新建栈的 flag 值默认为 1，否则将栈 S_i 的 flag_i 值置为 0；否则，读取下一个栈，重复上述操作。

（4）如果所有栈的 $\text{flag}_i = 0$，转到步骤（5），否则转到步骤（3）。

（5）此时每一个栈即为一条子路径，记录各栈，读取中间风险点计算模型。每个栈 S_i 中记录的是一条从风险源到潜在后果的子路径，其中底层元素为风险源。

（6）对于栈 S_i（$i = 1, 2, \cdots$），假设其中元素为 $k, f_1, f_2, \cdots, f_\mu$，则目标函数为 $Z_m = \sum_{v=1}^{u-1} (A_{f_{v+1}}^k - A_{f_v}^k)^2$，约束条件为式（11.77）～式（11.81）：

$$A_{f_{v+1}}^k - A_{f_v}^k \geqslant \delta \tag{11.77}$$

$$A_{f_v}^k - A_{f_{v-1}}^k \geqslant \delta \tag{11.78}$$

$$\vdots$$

$$A_{f_2}^k - A_{f_1}^k \geqslant \delta \tag{11.79}$$

$$A_{f_1}^k + A_{f_2}^k + \cdots + A_{f_{u-1}}^k + A_{f_u}^k = A \tag{11.80}$$

$$A_{f_d}^k \geqslant 0, \quad f_d = f_1, f_2, \cdots, f_u \tag{11.81}$$

如果路径中只有一个中间风险点，即栈中只有两个元素，此时目标函数 $Z_m = 0$，约束条件为

$$\begin{cases} A_{f_1}^k = A \\ A_{f_1}^k \geqslant 0 \end{cases}$$

（7）将各子路径的目标函数和约束条件综合，目标函数为 $\min Z = \min(Z_1 + Z_2 + \cdots + Z_m)$，将约束条件综合到一个约束条件，如果有重复的约束条件，则只保留一个。

（8）利用 SAS 或 MATLAB 求解模型，得到解以后，求出 $B_{f_v}^k$ 的具体值，其中

$$B_{f_v}^k = \sum_{f_d = f_1}^{f_v} A_{f_d}, \quad f_v \neq f_1, \quad B_{f_1}^k = 0, \quad B_r^k = A_{\circ}$$

（9）按照此方法求解其他风险源的中间风险点严重程度，直至考察时间段内所有风险源严重程度及中间风险点严重程度都已求出。

11.1.4　案例分析

案例分析所用数据采集自国内某航空公司运行控制中心与签派放行工作相关的不安全信息，选取潜在后果为"油量不足"的不安全信息，针对这一评估相关风险点的相对严重程度，评估需要重点关注的风险点。"油量不足"是指按照在签派放行时，计算的航班油量不符合航空公司油量标准，偏差在允许的范围之外，均可看作油量不足。

1. 运行控制中心业务流程及风险点分析

经过对该航空公司运行控制中心签派放行流程的梳理和可能风险点的讨论，共确定 42 个风险点，涉及机组信息处理、适航信息处理、气象信息处理、航行情报处理、计算机飞行计划制作、签派放行、放行讲解、放行监控、设备设施及工作环境等方面。

本节针对"油量不足"分析了各风险点之间的传导关系，风险传导网络如图 11.6 所示。

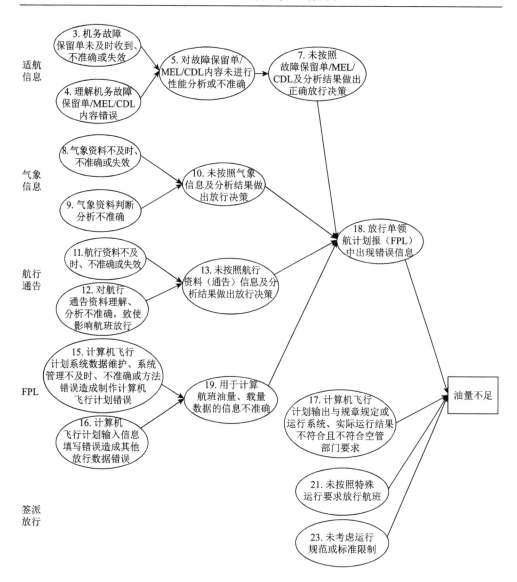

图 11.6　"油量不足"事件的风险传导网络

2. 风险源与中间风险点严重程度计算

求解模型的算法步骤及结果如下。

（1）确定要评估的潜在后果。这里评估的潜在后果是"油量不足"。

（2）确定要进行评估的不安全信息中的风险源，并记录所有风险源及其相对应的不安全信息。根据收集的信息，风险源统计结果如表 11.2 所示。

表 11.2　风险源统计

风险点	风险点 3	风险点 8	风险点 11	风险点 15	风险点 16	风险点 19	风险点 38	合计
次数	3	6	1	15	1	21	4	51

"油量不足"对应的邻接矩阵以 $L_{n \times n+1}$ 表示（这里 $n = 42$）。"油量不足"在前文中其潜在后果等级为 5 级，以字母 C 代替。

（3）计算各风险源及中间风险点的严重程度。按照模型的假设，风险源的严重程度是通过中间风险点的严重程度表现的，因此计算风险源的严重程度，需要首先计算中间风险点的严重程度。

中间风险点严重程度的计算是在确定潜在后果和风险源以后，从邻接矩阵中读取计算模型，进而求解模型，得到各中间风险点在某一风险源下的中间风险点严重程度。以风险源 3 为例，说明中间风险点的计算过程。

读取风险点 3 到潜在后果的风险传导子网络。按照算法步骤，可得对于"油量不足"这一潜在后果，风险源 3 对应的风险传导子网络如图 11.7 所示。风险源为风险点 3，中间风险点依次为风险点 5、风险点 7、风险点 14，潜在后果为"油量不足"。

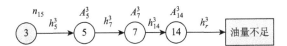

图 11.7　风险点 3 作为风险源时的传导路径

此时中间风险点的计算模型如式（11.82）～式（11.86）所示，取调整参数 $\delta = \dfrac{1}{42}C$。

$$\min Z = (A_{14}^3 - A_7^3)^2 + (A_7^3 - A_5^3)^2 \tag{11.82}$$

$$A_7^3 - A_5^3 \geqslant \delta \tag{11.83}$$

$$A_{14}^3 - A_7^3 \geqslant \delta \tag{11.84}$$

$$A_5^3 + A_7^3 + A_{14}^3 = C \tag{11.85}$$

$$A_5^3, A_7^3, A_{14}^3 \geqslant 0 \tag{11.86}$$

解上述规划模型，可得风险点 3 作为风险源时，各中间风险点的严重程度如表 11.3 所示。

表 11.3　风险源 3 各中间风险点严重程度

风险点	风险点 5	风险点 7	风险点 14
中间风险点严重程度	0.3095C	0.3333C	0.3572C

其他风险源下各中间风险点的计算过程与风险源 3 相同，所有风险源的中间风险点严重程度计算结果如表 11.4 所示。

表 11.4　各风险源的中间风险点严重程度

风险点	风险源						
	风险点 11	风险点 15	风险点 16	风险点 19	风险点 3	风险点 38	风险点 8
风险点 3	0	0	0	0	0	0	0
风险点 4	0	0	0	0	0	0	0
风险点 5	0	0	0	0	$0.3095C$	0	0
风险点 7	0	0	0	0	$0.3333C$	0	0
风险点 8	0	0	0	0	0	0	0
风险点 9	0	0	0	0	0	0	$0.3095C$
风险点 10	0	0	0	0	0	0	$0.3333C$
风险点 11	0	0	0	0	0	0	0
风险点 12	$0.3095C$	0	0	0	0	0	0
风险点 13	$0.3333C$	0	0	0	0	0	0
风险点 14	$0.3572C$	$0.5119C$	$0.5119C$	C	$0.3572C$	$0.5119C$	$0.3572C$
风险点 15	0	0	0	0	0	0	0
风险点 16	0	0	0	0	0	0	0
风险点 17	0	0	0	0	0	0	0
风险点 19	0	$0.4881C$	$0.4881C$	0	0	$0.4881C$	0
风险点 21	0	0	0	0	0	0	0
风险点 38	0	0	0	0	0	0	0

统计风险源为风险点 3 的各条不安全信息的发现风险点及次数。

按照算法步骤，根据风险源和发现风险点确定风险传导路径上的中间风险点，并统计其发生次数。所有风险源对应的中间风险点发生次数统计见表 11.5。

表 11.5　风险源及各风险点的发生次数统计

风险点	作为风险源发生次数	作为下列风险源的中间风险点的发生次数							合计
		风险点 11	风险点 15	风险点 16	风险点 19	风险点 3	风险点 38	风险点 8	
风险点 3	3	0	0	0	0	0	0	0	3
风险点 4	0	0	0	0	0	0	0	0	0
风险点 5	0	0	0	0	0	2	0	0	2

续表

风险点	作为风险源发生次数	作为下列风险源的中间风险点的发生次数							合计
		风险点 11	风险点 15	风险点 16	风险点 19	风险点 3	风险点 38	风险点 8	
风险点 7	0	0	0	0	0	0	0	0	0
风险点 8	6	0	0	0	0	0	0	0	6
风险点 9	0	0	0	0	0	0	0	6	6
风险点 10	0	0	0	0	0	0	0	0	0
风险点 11	1	0	0	0	0	0	0	0	1
风险点 12	0	1	0	0	0	0	0	0	1
风险点 13	0	1	0	0	0	0	0	0	1
风险点 14	0	1	2	1	2	2	0	0	8
风险点 15	15	0	0	0	0	0	0	0	15
风险点 16	1	0	0	0	0	0	0	0	1
风险点 17	0	0	0	0	0	0	0	0	0
风险点 19	21	0	2	1	0	0	4	0	28
风险点 21	0	0	0	0	0	0	0	0	0
风险点 38	6	0	0	0	0	0	0	0	6

根据风险源严重程度计算公式，计算各风险源的严重程度，各风险源严重程度如表 11.6 所示。

表 11.6 各风险源严重程度

风险源	风险点 3	风险点 8	风险点 11	风险点 15	风险点 16	风险点 19	风险点 38
严重程度	$0.667C$	$0.310C$	C	$0.491C$	C	$0.095C$	$0.488C$

根据整体严重程度计算公式，计算各风险点的整体严重程度，各风险点的整体严重程度等于其风险源严重程度和中间风险点严重程度的加权和，以风险点 19 为例（虽然风险点 19 不在风险源 3 的风险传导路径网络中，但其整体风险点的计算相对复杂，具有代表性）。式（11.87）中数值 28 为风险点 19 发生的总次数，数值 21 为其作为风险源的发生次数，其他整数是作为其他风险源的中间风险点的发生次数。

$$r_{19} = \frac{21}{28}B_{19} + \frac{2}{28}A_{19}^{15} + \frac{1}{28}A_{19}^{16} + \frac{4}{28}A_{19}^{38}$$

$$= \frac{21}{28} \times 0.095C + \frac{2}{28} \times 0.476C + \frac{1}{28} \times 0.476C + \frac{4}{28} \times 0.476C \approx 0.190C \qquad (11.87)$$

其他风险点的整体严重程度如表 11.7 所示。

表 11.7　各风险点整体严重程度和综合严重程度

风险点	发生次数	整体严重程度	综合严重程度
风险点 3	3	$0.667C$	$0.022C$
风险点 4	0	0	0
风险点 5	2	$0.31C$	$0.007C$
风险点 7	2	$0.333C$	$0.007C$
风险点 8	6	$0.310C$	$0.020C$
风险点 9	6	$0.310C$	$0.020C$
风险点 10	0	0	0
风险点 11	1	C	$0.011C$
风险点 12	1	$0.310C$	$0.003C$
风险点 13	1	$0.333C$	$0.004C$
风险点 14	8	$0.576C$	$0.051C$
风险点 15	15	$0.556C$	$0.092C$
风险点 16	1	C	$0.011C$
风险点 17	0	0	0
风险点 19	28	$0.287C$	$0.129C$
风险点 21	0	0	0
风险点 38	6	$0.488C$	$0.021C$

综合严重程度是在整体风险点的基础上，以各风险点发生次数的占比作为权重调整后的严重程度，如表 11.7 所示。由此可推出该阶段内，针对"油量不足"这一潜在后果，影响运行控制中心安全状态的风险点中，风险点 19、风险点 15、风险点 14 需要重点监控。

11.2　基于投入产出的风险传导评估方法及应用

11.2.1　问题描述

业务流程中的风险传导不同于宏观经济系统中生产要素的流动，其传导依赖于多个节点间的业务联系，对节点之间相互联系的量化分析需要根据业务流程中风险发生的机理做出具体分析。对于许多对安全生产要求较高的业务流程而言，管理者希望了解外界环境发生变化或突发事件的发生对业务流程中操作环节信息分析处理能力的影响，以及给整个业务流程带来的风险，进一步，还希望借助系统性的评价方法来确定业务流程中的关键环节及其亟待完善的功能。在以信息加工为主要工作的业务流程网络中，风险主要体现为可能的信息出错所带来的损失，信息成为风险传导的主要载体。如图 11.8 所示，信息加工业务流程可以视作由多个相互关联的操作环节按照一定网络结构组成的操作集合。单一操作环节的信息处理能力可分为"检查"和"加工"两类，其中，"检查"能力是指该环节对前置环节输出信息的纠错能力；"加工"能力是指该环节在前置环节输出信息的基础上进一步加工信息的能力。

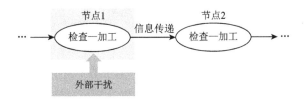

图 11.8　信息加工业务流程示例

外界环境发生变化或某类突发事件发生将会对整个业务流程中的部分环节产生两方面的影响：一方面是部分环节对其前置环节输出信息的检查能力下降（上升），导致该环节在错误信息的基础上加工，仍然输出了错误信息，从而造成该环节错误输出数量增加（减少）；另一方面是该环节自身加工信息的能力下降（上升），使其输出错误信息的数量增加（减少）。

基于以上对业务流程中节点信息处理能力的定义，本节将主要研究以下几类问题。

（1）在信息加工业务流程中，如何描述风险传导？如何定义每个节点的信息出错风险？

（2）信息加工的过程中，错误信息可能存在多种传导模式，如下游节点的一个错误信息输出可能由多个错误信息输入耦合导致，而上游节点的一个错误信息输出可能流向后续多个节点，从而导致后续多个节点产生错误信息输入。如何评估不同传导模式下的信息出错风险？

（3）当外部环境发生变化或突发事件发生，某些节点的信息检查能力或加工能力受到直接影响时，风险传导导致的整个流程中各个节点的风险水平如何？

（4）经过流程网络中各个节点的检查和再加工，大量错误信息在未流出业务流程网络前被成功拦截，但最终流出整个业务流程网络的部分错误信息往往是导致严重风险事件的直接原因，如何评价整体流程网络的信息出错风险，并据此找出流程网络中需要重点关注的薄弱环节并提供改善方向？

11.2.2　评估模型

1. 变量定义

下面对各变量进行定义：R_j 表示节点 j 的信息出错风险；K 表示错误信息对应的后果严重等级；x_j^K 表示流经第 j 个节点，对应后果严重等级为 K 的错误信息总数；x_{ij}^K 表示从 i 流入 j，对应后果严重等级为 K 的错误信息数；m_{ij}^K 表示从 i 流入 j 并被 j 查出的，对应后果严重等级为 K 的错误信息数；n_{ij}^K 表示从 i 流入 j 且未被 j 查出的，对应后果严重等级为 K 的错误信息数；y_i^K 表示节点 i 查出的，对应后果严重等级为 K 的错误信息数；f_i^K 表示从节点 i 流出整个业务流程网络的，对应后果严重等级为 K 的错误信息数；c_j^K 表示节点 j 自身加工出错的，对应后果严重等级为 K 的错误信息数；P_i 表示节点 i 的前置节点集合；α 表示耦合的错误信息数量；β 表示分流的错误信息数量。

2. 信息出错风险

对于业务流程中信息出错风险的定义需要综合考虑流经各个节点的错误信息的频次和错误信息可能导致的后果的严重等级。流经节点的错误信息的频次应综合考虑来自节点自身加工导致直接错误信息以及上游节点错误信息输入导致的间接错误信息。对于错误信息可能导致的后果严重等级的定义，需要按照信息出错可能导致的后果进行分级，对相同等级的错误统计频次，综上，各节点的信息出错风险可以定义为流经该节点的错误信息总数（直接产生和间接输入）按照该类型错误导致的后果等级的加权和：

$$R_j = \sum_K K x_j^K, \quad j = 1, 2, \cdots, n \tag{11.88}$$

3. 出错信息的流量平衡

业务流程网络中的出错信息风险传导是基于错误信息在各个节点间的流动来体现的。对于业务流程中的每个节点来说，具备相同严重等级的错误信息的输入和输出遵循一定的流量平衡关系，为了便于表达，以下将均以同风险等级的错误信息流量平衡表为例，如表 11.8 所示。

表 11.8　错误信息流量平衡表（一）

来源		去向				查出	流出	总输出
		中间节点						
		1	2	…	n			
中间节点	1	x_{11}	x_{12}	…	x_{1n}	y_1	f_1	x_1
	2	x_{21}	x_{22}	…	x_{2n}	y_2	f_2	x_2
	⋮	⋮	⋮	⋱	⋮	⋮	⋮	⋮
	n	x_{n1}	x_{n2}	…	x_{nn}	y_n	f_n	x_n
加工出错		c_1	c_2	…	c_n			
总输入		x_1	x_2	…	x_n			

表 11.8 存在以下平衡关系。

（1）从行来看，流经节点 i 的错误信息有三个去向：被节点 i 查出（y_i）、流向流程网络中的其他节点（x_{ij}）、流出整个流程网络（f_i）：

$$x_i = \sum_{j=1}^{n} x_{ij} + y_i + f_i \tag{11.89}$$

（2）从列来看，流经节点 j 的错误信息来自两方面：其前置节点流入（x_{ij}）和其自身加工出错（c_j），即

$$x_j = \sum_{i=1}^{n} x_{ij} + c_j \tag{11.90}$$

（3）从节点 i 流入节点 j 的错误信息由两类组成：被节点 j 查出（m_{ij}）、未被节点 j 查出（n_{ij}），即

$$x_{ij} = m_{ij} + n_{ij} \tag{11.91}$$

节点 i 查出的错误信息数为其前置节点流入节点 i，并被节点 i 查出的错误信息数之和：

$$y_i = \sum_{P_i} m_{pi} \tag{11.92}$$

其中，$p \in P_i$，是节点 i 的前置节点；P_i 为节点 i 的前置节点集合。

4. 出错信息的传导模式

错误信息在业务流程网络中传导时，除了错误信息之间简单叠加的一般情形之外，还存在错误信息的耦合和分流两种特殊情形。耦合是控制论中常见的概念，是两个及以上模块之间相互作用的状况，错误信息的耦合是指多个错误信息以一定的结构形式组合成一个新的错误信息；错误信息的分流是相对于错误信息的耦合而言的，是指一个错误信息通过业务流程网络同时传递到了不同的后续节点，

并形成了新的错误信息。以下就叠加情形和两种特殊情形下的错误信息频次统计分别加以讨论。

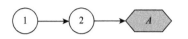

图 11.9　一般情形下两节点错误信息的传导

1）叠加情形

如图 11.9 所示，节点 1 与节点 2 之间存在串联关系，节点 1 作为风险源加工出错信息 1 次，其错误信息传入节点 2，节点 2 未查出错误，并在此错误信息基础上经正确加工仍然输出了错误信息。其错误信息的传导限于两个节点之间错误信息的简单叠加，其流量始终可以维持平衡，如表 11.9 所示。

表 11.9　错误信息流量平衡表（二）

节点编号	中间节点		查出	流出	总输出
	1	2			
1		1			1
2				1	1
C	1				
总输入	1	1			

2）耦合情形

以两条错误信息耦合成为一条错误信息为例（$\alpha = 2$），依据错误信息的传导方式，错误信息的来源体现在错误信息流量平衡表的列向量上，从耦合的错误信息输入来看，存在以下两种耦合情形。

（1）n_{ij} 之间的耦合。假设节点 1 和节点 2 同时作为风险源输出了错误信息，节点 3 在以上两条错误信息的基础上进行了正确加工（汇总），但仍然输出了 1 条错误信息，其传导路径如图 11.10 所示。

这种情形下节点间的信息传导可能出现以下四种情形，如表 11.10 所示。

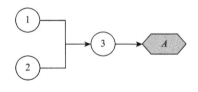

图 11.10　存在两个并联前置节点的错误信息耦合

表 11.10　存在两个并联前置节点的错误信息传导

情形	节点			输入数	输出数
	1	2	3		
I	×	√	×	1	1
II	√	×	×	1	1

续表

情形	节点			输入数	输出数
	1	2	3		
III	×	×	×	2	1
IV	√	√	√	0	0

注："×"表示加工出错，"√"表示加工正确；输入数和输出数均指节点 3 的错误信息。

对于情形 I、II 和 IV，不存在错误的耦合，每个节点的错误输入、输出数量平衡，但情形 III 中会出现输入大于输出的现象，如表 11.11 所示，这是因为节点 1 和节点 2 同时出错，在节点 3 这两个错误耦合成了一个错误，从最大可能地消除潜在危险的发生来讲，将输入总数作为流经该节点的错误总数更加合理，此时可以对出现错误信息耦合后的输出信息频次按照耦合的不同程度（α）进行加权处理，如表 11.12 所示。

表 11.11　错误信息流量平衡表（三）

节点编号	中间节点			查出	流出	总输出
	1	2	3			
1			1			1
2			1			1
3					1	1
C	1	1				
总输入	1	1	2			

表 11.12　错误信息流量平衡表 ($\alpha = 2$)（一）

节点编号	中间节点			查出	流出	总输出
	1	2	3			
1			1			1
2			1			1
3					$1 \cdot \alpha$	2
C	1	1				
总输入	1	1	2			

（2）n_{ij} 与 c_j 之间的耦合。假设节点 1 作为风险源产生一个错误信息输入节点 2，节点 2 未查出，并在此基础上加工信息出错，错误信息经组合后成为 1 条

错误信息输出造成严重后果 A，其传导路径如图 11.9 所示。此时可以对出现错误信息耦合后的输出信息频次按照耦合的不同程度（α）进行加权处理，如表 11.13 所示。

表 11.13   错误信息流量平衡表 ($\alpha = 2$)（二）

节点编号	中间节点		查出	流出	总输出
	1	2			
1		1			
2				$1 \cdot \alpha$	2
C	1	1			
总输入	1	2			

3）分流情形

以一条错误信息分流成为两条错误信息为例（$\beta = 2$），依据错误信息的传导方式，错误信息的去向体现在错误信息流量平衡表的行向量上，从分流的错误信息输出来看，存在以下四种分流情形。

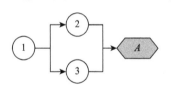

图 11.11   两个并联后置节点的错误信息分流（一）

（1）n_{ij} 之间的分流。假设节点 1 输出的错误信息分流后同时进入了下游节点 2 和 3，并流出导致严重后果 A 发生，其传导路径如图 11.11 所示。此时节点 1 的错误信息输入将小于错误信息输出，如表 11.14 所示。

这种情况下节点 1 作为风险源，而节点 2 和节点 3 都收到了错误信息。

表 11.14   错误信息流量平衡表（四）

节点编号	中间节点			查出	流出	总输出
	1	2	3			
1		1	1			2
2					1	1
3					1	1
C	1					
总输入	1	1	1			

考虑到节点 1 作为风险源出错的"污染面"效应，这在针对节点 1 的风险评估中应给予重视，以错误信息输出为准评价风险源的风险更加合理。此时可以对出现错误分流的信息对应的 c_j 按照分流的不同程度（β）做加权处理，如表 11.15 所示。

表 11.15　错误信息流量平衡表 $(\beta = 2)$（一）

节点编号	中间节点			查出	流出	总输出
	1	2	3			
1		1	1			2
2					1	1
3					1	1
C	$1 \cdot \beta$					
总输入	2	1	1			

（2）n_{ij} 与 y_i 之间的分流。假设节点 1 作为风险源产生一个错误信息输入节点 2 和 3，节点 2 查出了错误信息，节点 3 未查出错误信息并在此基础上正确加工后传出一条错误信息，最终导致严重后果 A，其传导路径如图 11.12 所示。此时可以对出现错误分流的信息对应的 c_j 按照分流的不同程度（β）做加权处理，如表 11.16 所示。

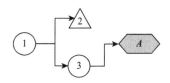

图 11.12　两个并联后置节点的错误信息分流（二）

表 11.16　错误信息流量平衡表 $(\beta = 2)$（二）

节点编号	中间节点			查出	流出	总输出
	1	2	3			
1		(1) *	1			2
2				1		1
3					1	1
C	$1 \cdot \beta$					
总输入	2	1	1			

*括号表示错误信息被查出。

（3）n_{ij} 与 f_i 之间的分流。假设节点 1 作为风险源产生一个错误信息输入节

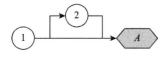

图 11.13　两个串联节点间的
错误信息分流（一）

点 2，节点 2 未查出错误信息并加工正确后输出一条错误信息，节点 1 输出的错误信息与节点 2 输出的错误信息最终导致了严重后果 A 发生，其传导路径如图 11.13 所示。此时可以对出现错误分流的信息对应的 c_j 按照分流的不同程度（β）做加权处理，如表 11.17 所示。

表 11.17　错误信息流量平衡表 ($\beta = 2$)（三）

节点编号	中间节点		查出	流出	总输出
	1	2			
1		1		1	2
2				1	1
C	$1 \cdot \beta$				
总输入	2	1			

（4）y_i 与 f_i 之间的分流。假设节点 1 作为风险源产生一个错误信息输入节点 2，节点 2 查出错误信息，节点 1 输出的错误信息最终直接导致了严重后果 A 发生，其传导路径如图 11.14 所示。此时可以对出现错误分流的信息对应的 c_j 按照分流的不同程度（β）做加权处理，如表 11.18 所示。

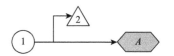

图 11.14　两个串联节点间的
错误信息分流（二）

表 11.18　错误信息流量平衡表 ($\beta = 2$)（四）

节点编号	中间节点		查出	流出	总输出
	1	2			
1		(1) *		1	2
2			1		1
C	$1 \cdot \beta$				
总输入	2	1			

*括号表示错误信息被查出。

5. 基本模型

以下均以严重后果为 K 的错误信息传导为例，从错误信息输出和输入两个维度构建基于风险传导的风险评估模型。

1）风险传导的输出系数模型

首先可以从错误信息输出的角度（流量平衡表中行的维度）定义风险传导输出系数为

$$a_{ij} = \frac{x_{ij}}{x_i} \tag{11.93}$$

将式（11.93）代入式（11.90），可得

$$x_j = \sum_{i=1}^{n} (a_{ij}x_i) + c_j \tag{11.94}$$

令

$$X = [x_1, x_2, \cdots x_n], \quad A = \begin{bmatrix} a_{11} & \cdots & a_{1n} \\ \vdots & & \vdots \\ a_{n1} & \cdots & a_{nn} \end{bmatrix}, \quad \overline{C} = [c_1, c_2, \cdots, c_n]$$

将式（11.94）写成矩阵的形式为

$$X = XA + \overline{C} \tag{11.95}$$

令 I 为 $n \times n$ 的单位阵，当 $|I - A| \neq 0$ 时，得到式（11.95）的解为

$$X = \overline{C}(I - A)^{-1} \tag{11.96}$$

式（11.96）表达的含义是，已知流程网络中各个节点自身加工出错信息的频次（$\overline{C}$），以及根据历史错误信息流量平衡关系中测算得到的 A，就可以计算得出流经流程网络中各个节点的错误信息总量。

2）风险传导的输入系数模型

从错误信息输入的角度（流量平衡表中列的维度）定义风险传导的输入系数为

$$b_{ij} = \frac{x_{ij}}{x_j} \tag{11.97}$$

将式（11.97）代入式（11.89），可得

$$x_i = \sum_{j=1}^{n} (b_{ij}x_j) + y_i + f_i \tag{11.98}$$

令

$$X = \begin{bmatrix} x_1 \\ \vdots \\ x_n \end{bmatrix}, \quad B = \begin{bmatrix} b_{11} & \cdots & b_{1n} \\ \vdots & & \vdots \\ b_{n1} & \cdots & b_{nn} \end{bmatrix}, \quad Y = \begin{bmatrix} y_1 \\ \vdots \\ y_n \end{bmatrix}, \quad F = \begin{bmatrix} f_1 \\ \vdots \\ f_n \end{bmatrix}$$

将式（11.98）写成矩阵的形式为

$$X = BX + Y + F \tag{11.99}$$

令 I 为 $n \times n$ 的单位阵，当 $|I - B| \neq 0$ 时，得到式（11.99）的解为

$$X = (I - B)^{-1}(Y + F)$$ （11.100）

式（11.100）表达的含义是，已知流程网络中各个节点查出错误信息的频次（Y）、从各个节点直接流出流程网络的错误信息频次（F），以及根据历史错误信息流量平衡关系测算得到的 B，就可以计算得出流经流程网络中各个节点的错误信息总量。

6. 重要参数

根据错误信息流量平衡表，还可以进一步得出各个节点的一些重要参数值，节点在这些参数上的取值可以为评价流程网络中各个节点在处理错误信息方面的表现提供依据。

（1）查错率：

$$\lambda_i = \frac{y_i}{x_i - c_i}$$ （11.101）

节点在一段时期查出错误信息的数量占其前置节点流入该节点的错误信息总量的比例，可以反映该节点的查错能力。

（2）自错率：

$$\omega_j = \frac{c_j}{x_j}$$ （11.102）

节点在一段时期自身加工产生错误信息的数量占流经该节点错误信息总量的比例，可以反映该节点的信息加工水平在整个网络中的相对重要性。

（3）流出率：

$$\varphi_i = \frac{f_i}{x_i}$$ （11.103）

在一段时期内从该节点直接流出流程网络，并造成一定严重后果的错误信息数量占流经该节点错误信息总量的比例，可以反映该节点作为终端节点，对错误信息的截留能力。

11.2.3　灵敏度分析

对于一个相对稳定的业务流程网络来说，错误信息在该业务流程网络内产生和传递的情况取决于该业务流程网络自身的一些特征，如配备的机器设备或人员资质水平等，在没有重大外部干扰的情形下，其信息出错风险的发生和传导相对来说也是比较稳定的。如果将没有外部干扰的情形称为基准状态，出现外部干扰后的情形称为干扰状态，当处于干扰状态时，该业务流程网络中某些节点的风险传导系数（a_{ij} 或 b_{ij}）、信息查错能力（y_i）、信息加工能力（c_j）以及错误信息截留能力（f_i）将受到外部干扰的直接影响，由于错误信息的传导还将导致相关节点受到外部干扰的间接影响，此时出错信息的分布情况将与基准状态存在很大的不同。基于信息出错风险传导模型进行的灵敏度分析将有助于我们了解不同的外部干扰对业务流程网络造成冲击的效果，并识别出在该外部干扰下业务流程网络中需要重点加强的节点或节点的某种能力。

1. 干扰状态下各节点的信息出错风险

以输出系数模型为例，假设处于基准状态和干扰状态 $t(t=1,2,\cdots,n)$ 下各节点的信息出错风险分别为 X^0 和 X^t，风险传导系数矩阵分别为 A^0 和 A^t，各节点加工过程出错情况分别为 C^0 和 C^t，由前述定义可得

$$X^0 = C^0(I-A^0)^{-1} \tag{11.104}$$

$$X^t = C^t(I-A^t)^{-1} \tag{11.105}$$

干扰状态下，各节点的信息出错风险较基准状态时的变化为

$$\Delta X = X^t - X^0 = C^t(I-A^t)^{-1} - C^0(I-A^0)^{-1} \tag{11.106}$$

令 $\Delta C = C^t - C^0$，$\Delta A = A^t - A^0$，可得

$$\Delta X = (C^0 + \Delta C)(I-(A^0+\Delta A))^{-1} - C^0(I-A^0)^{-1} \tag{11.107}$$

通过式（11.107）可以将外部干扰对各节点的信息出错风险的影响分解为由各节点查错能力受外部干扰影响的 ΔA、各节点信息加工能力受外部干扰影响的 ΔC，以及基准状态下 A^0 和 C^0 表达的信息出错风险的变化量，进一步识别出哪些节点的信息出错风险受该外部干扰的影响较大，从而为应对该干扰提供决策依据。

2. 干扰状态下终端节点的信息出错风险

任何业务流程都是基于某些特定的业务内容而存在的，在以信息加工为主要工作内容的业务流程网络中，作为整个流程网络的终端节点，其输出的错误信息将作为整个流程网络的输出，一旦流出将不再受控于流程网络的管理，往往会造成一些不可预期的损失。因此，针对业务流程网络终端节点的信息出错风险进行灵敏度分析，将有助于管理者识别出业务流程网络中的薄弱环节，从而有针对性地对最终出错信息输出影响较大的节点或能力进行改善，有效降低整体风险水平。这部分的具体分析方法将在本节结合案例给出。

11.2.4 案例分析

航空公司运行控制中心作为航班的生产保障部门，主要工作是对航班运行信

息进行汇集、加工、分析、决策，上述工作由各岗位共同实现，不同操作环节之间关联性较强，存在极为明显的信息出错风险传导现象。本节以国内某航空公司运行控制中心简化后的业务流程网络为例来说明模型的分析方法和应用价值。

航空公司运行控制中心主要业务流程如图11.15所示。

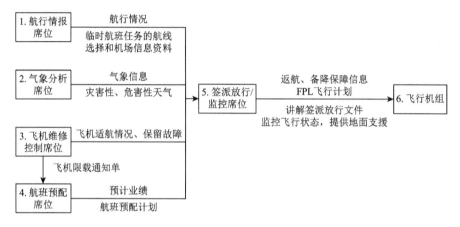

图 11.15　航空公司运行控制中心主要业务流程

本案例中所用到的各岗位的查错和出错信息均来自××航空公司2009年1月1日至8月31日，针对出错信息造成"油量不足"这一严重后果的风险事件记录和事故调查记录，各节点的信息出错情况经统计列入错误信息流量平衡表，如表11.19所示。

表 11.19　严重后果为"油量不足"的错误信息流量平衡表

来源		去向						查出	流出	总输出
		中间节点								
		1	2	3	4	5	6			
中间节点	1					23				23
	2					19				19
	3				5	15				20
	4					17		3		20
	5						32	63		95
	6							13	20	33
加工出错		23	19	20	15	21	1			
总输入		23	19	20	20	95	33			

相应的 A 矩阵计算如表 11.20 所示。

表 11.20　风险传导输出系数矩阵

节点编号	1	2	3	4	5	6
1					1.00	
2					1.00	
3				0.25	0.75	
4					0.85	
5						0.34
6						

经验证，$|I-A|=1$，本模型有解，$(I-A)^{-1}$ 计算结果如下：

$$(I-A)^{-1} = \begin{pmatrix} 1.00 & 0.00 & 0.00 & 0.00 & 1.00 & 0.34 \\ 0.00 & 1.00 & 0.00 & 0.00 & 1.00 & 0.34 \\ 0.00 & 0.00 & 1.00 & 0.25 & 0.96 & 0.32 \\ 0.00 & 0.00 & 0.00 & 1.00 & 0.85 & 0.29 \\ 0.00 & 0.00 & 0.00 & 0.00 & 1.00 & 0.34 \\ 0.00 & 0.00 & 0.00 & 0.00 & 0.00 & 1.00 \end{pmatrix} \qquad (11.108)$$

下面将结合该航空公司的一个真实风险事件作为案例，介绍如何运用信息出错风险传导模型以及灵敏度分析方法来分析该业务流程中的风险传导问题。

1. 外部干扰对各节点的影响

以某类外部干扰造成"油量不足"这一严重后果为例，分析其业务流程中需要重点关注的环节。

事件描述：200×年××月××日，某航班机组与签派放行席位联系，认为舱单中的指数与重心偏差较大，检查发现舱单中"无油重"超出计划中"无油重"，但是实际业载却比计划业载要少。对此异常情况，签派员迅速分析问题应该是该飞机的使用空重（operating empty weight，OEW）数据出错，经多方了解得知飞机实际 OEW 为 132 618kg，而 GRAFLITE 数据库中该飞机的 OEW 为 127 887kg，相差近 5t。面对从未出现的新情况，签派员迅速查找 GRAFLITE 相关使用手册，将该飞机的 OEW 临时改为 132 618kg，重新制作飞行计划，完成重新放行，从事件发生到处置只用了 30min，避免了安全隐患和更长时间的航班延误。

在此不安全事件的发生过程中，计算机飞行计划系统数据维护、系统管理不及时、不准确或方法错误造成制作计算机飞行计划数据错误是根本原因，而节点 4（航班预配席位）用于计算航班油量、载量的数据不准确则成为该业务流程网络信息出错的初始环节。

在此，可以将事件描述为：由于某类外部干扰（数据库数据更新不及时）的发生，节点 4 在单位时间段内出现此类错误产出数的增加量为 $\Delta c_4 = 2$ （$c_4 = 15$），在此外部干扰下，假设传导系数矩阵 A 并未受影响，使用初始的传导系数矩阵，求解式（11.107）可得此时各节点在"油量不足"事件对应严重等级下的信息出错频次为 $(\Delta x_1, \Delta x_2, \Delta x_3, \Delta x_4, \Delta x_5, \Delta x_6) = (0,0,0,2,1.7,0.57)$。

可见，由于节点 4（航班预配席位）出错风险增加了 2 个单位，签派放行席位出错风险将上升 1.7 个单位，飞行机组出错风险上升 0.57 个单位。

根据上面的传导系数矩阵 A，也可以估算出节点 4（航班预配席位）受不同程度的外部干扰对整个签派放行子系统的信息出错风险的影响。假设该类外部扰动导致节点 4 的信息出错风险上升至 Δc_4，求解式（11.107）可得：$(\Delta x_1, \Delta x_2, \Delta x_3, \Delta x_4, \Delta x_5, \Delta x_6) = (0,0,0,\Delta c_4,0.85\Delta c_4,0.286\Delta c_4)$。

即当 $\Delta c_4 = 100$ 时，将导致节点 5 信息出错风险增加 85 个单位，整个流程的终端节点 6 的信息出错风险将增加约 29 个单位。

2. 外部干扰对终端节点的影响

在航空公司签派放行子系统的业务流程中，飞行机组作为该子系统的终端节点，其信息出错风险水平的高低将直接决定整个签派子系统的信息出错风险水平，因此，需要分析飞行机组的信息出错风险受不同节点的影响程度。

基于以上签派放行子系统流程，可得

$$\begin{pmatrix} x_1 \\ x_2 \\ x_3 \\ x_4 \\ x_5 \\ x_6 \end{pmatrix}^T = \begin{pmatrix} x_1 \\ x_2 \\ x_3 \\ x_4 \\ x_5 \\ x_6 \end{pmatrix}^T \begin{pmatrix} 0.00 & 0.00 & 0.00 & 0.00 & a_{15} & 0.00 \\ 0.00 & 0.00 & 0.00 & 0.00 & a_{25} & 0.00 \\ 0.00 & 0.00 & 0.00 & a_{34} & a_{35} & 0.00 \\ 0.00 & 0.00 & 0.00 & 0.00 & a_{45} & 0.00 \\ 0.00 & 0.00 & 0.00 & 0.00 & 0.00 & a_{56} \\ 0.00 & 0.00 & 0.00 & 0.00 & 0.00 & 0.00 \end{pmatrix} + \begin{pmatrix} \Delta c_1 \\ \Delta c_2 \\ \Delta c_3 \\ \Delta c_4 \\ \Delta c_5 \\ \Delta c_6 \end{pmatrix}^T \quad (11.109)$$

解得

$$x_1 = \Delta c_1 \quad (11.110)$$

$$x_2 = \Delta c_2 \quad (11.111)$$

$$x_3 = \Delta c_3 \quad (11.112)$$

$$x_4 = a_{34}\Delta c_3 + \Delta c_4 \quad (11.113)$$

$$x_5 = a_{15}\Delta c_1 + a_{25}\Delta c_2 + (a_{35} + a_{34}a_{45})\Delta c_3 + a_{45}\Delta c_4 + \Delta c_5 \quad (11.114)$$

$$x_6 = a_{15}a_{56}\Delta c_1 + a_{25}a_{56}\Delta c_2 + a_{56}(a_{35} + a_{34}a_{45})\Delta c_3 + a_{45}a_{56}\Delta c_4 + a_{56}\Delta c_5 + \Delta c_6 \quad (11.115)$$

从 x_6 的表达式来看，其信息出错风险主要受传导系数矩阵 A 及各个节点的加工能力变化的影响。下面从传导系数变化和加工能力变化两方面来考察其对终端错误信息产出的影响程度。

1）传导系数变化对终端错误信息产出的影响

当外界环境变化或突发事件发生时，相邻节点之间的传导系数可能会受到一定程度的影响，从而导致流出最终节点的错误信息数量发生变化。本例中，假设风险事件发生，对节点 4 造成 $\Delta c_4 = 2$ 的初始扰动，此时，终端节点 6 的出错风险为 $x_6 = \Delta c_4 a_{45} a_{56} = 2 a_{45} a_{56}$。

即在节点 4 加工能力具备初始扰动的情况下，节点 4 对节点 5 的传导系数及节点 5 对节点 6 的传导系数越低，终端节点 6 的错误信息产出则越低。进一步分析，当 a_{45} 和 a_{56} 发生变化时，终端节点错误信息输出为 $x_6 = \Delta c_4 (a_{45} + \Delta a_{45})(a_{56} + \Delta a_{56}) = 1.70 \Delta a_{56} + 0.67 \Delta a_{45} + 2 \Delta a_{56} \Delta a_{45} + 0.57$，即降低 a_{45} 比降低 a_{56} 能更大程度地降低终端节点错误信息产出。

2）各节点加工能力变化对终端节点错误信息产出的影响

当外界环境变化或突发事件发生时，某些节点自身的加工能力可能会受到一定程度的影响，从而导致流出最终节点的错误信息产出发生变化。本例中，假设某类外部干扰出现，对各个节点造成 $c = (\Delta c_1, \Delta c_2, \Delta c_3, \Delta c_4, \Delta c_5, \Delta c_6)^{\mathrm{T}}$ 的影响，而传导系数矩阵 A 未受影响，此时终端节点 6 的出错风险为 $x_6 = 0.34 \Delta c_1 + 0.34 \Delta c_2 + 0.32 \Delta c_3 + 0.29 \Delta c_4 + 0.34 \Delta c_5 + \Delta c_6$，即在各节点检查能力未受影响的情况下，各节点加工能力变化对整个签派放行子系统错误产出数的影响程度如下：飞行机组＞签派放行/航行情报/气象分析＞飞机维修控制＞航班预配。

11.3　基于 Go-flow 的业务流程信息质量评估方法及应用

11.3.1　问题描述

业务流程是由多个活动组成的系统，是一组以满足某种需求为目的的、有明确逻辑关系的、由活动执行者将活动对象转化为输出的相互作用的活动，主要由六个要素组成：输入资源、活动、活动的相互作用（结构）、输出结果、价值、顾客。20 世纪 80 年代以来，信息量、信息传播处理速度、信息应用程度等呈高速增长。不论制造型企业，还是服务型企业都存在大量以信息处理为主的业务流程。然而，信息在成为生产力增长主要来源的同时，其处理过程的差错也威胁到企业的声誉、效益。加强信息质量评估是业务流程管理不能忽视的问题。业务流程评估大致分为两类：一是通过建立指标体系，对流程运行的效益、效果进行综合评估，如柔性、敏捷性等；二是对流程本身结构、时间、资源等运作性能的分析评估。Go-flow 图是 20 世纪 80 年代中期由日本东京船舶研究所的 Matsuoka 和 Kobayashi 建立的，基本思想是把系统图或工程图翻译成 Go-flow 图，用运算符代表具体的单元或部件，用信号流连接运算符，代表具体的物流或者逻辑上的运输通道。Go-flow 法主要步骤包括定义信号流、运算符与运算规则，Go-flow 图建模及进行运算，适用于有一定操作程序、状态随时间变化或有阶段性任务等复杂系统的安全性和可靠性分析，此外，还能较好地解决有共因失效的系统分析、系统的不确定性分析，以及动态系统分析等问题。例如，核电站的安全性和可靠性分析、制造系统中冗余系统的共因故障分析、蔬菜水果等食品物流安全分析等。由于 Go-flow 图能够准确直观地描述系统，灵活反映系统可靠性随时间的变化，着重从作业流程（时序）角度对系统安全性和可靠性水平进行系统评价，同时考虑到业务流程作业的动态性，所以本节借助 Go-flow 图分析业务流程信息处理质量，并对信息质量改善策略进行研究[137]。

11.3.2　模型提出

企业生产运营的各项活动均需通过流程驱动，信息在用于为企业各项活动提供参考与决策支持时，需要有特定的业务流程对信息进行汇集、加工、分析处理。对业务流程信息质量的评估分为两部分。

（1）对流程上各工作环节的信息处理质量的评估，这里，工作环节的信息处理能力包括对输入信息的检查能力，以及自身的信息加工能力，其中，工作环节的检查能力 α_i，$i=1,2,\cdots,n$ 是指工作环节对输入的错误信息的查错比例；工作环节的加工能力 β_i，$i=1,2,\cdots,n$ 是指工作环节对正确信息进行正确加工的比例；工作环节输出信息质量 I_i，$i=1,2,\cdots,n$ 是指工作环节输出正确信息的比例；业务流程输出信息质量 I_p，$I_p=I_n$ 是指从该业务系统输出正确信息的比例。

（2）根据工作环节之间的串行、并行连接关系，研究工作环节信息质量的叠加方法，进而对整个业务流程的信息质量进行评估。

1. 评估模型

在实际工作中，操作人员通常先对输入信息进行检查纠错，再进行自身的信息加工。图 11.16 给出了具有检查、加工功能的工作环节的信息质量变化情况。

业务流程的信息处理过程是由各工作环节的信息处理叠加来实现的，因此，建立业务流程信息处理过程的 Go-flow 图，首先需要建立工作环节的 Go-flow 图，考虑工作环节具备的信息检查及加工两项功能，并遵循以下假设：一是检查纠错功能只针对错误信息；二是对于错误信息，无论加工正确与否，输出结果均为错。

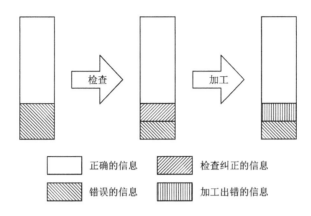

图 11.16　具有检查、加工功能的工作环节的信息质量变化情况

1）信号流

用 Go-flow 图中的信号流强度表示工作环节输出信息的质量 I_i，$i=1,2,\cdots,n$，信号流强度越大表示信息质量越好。

2）运算符

用两状态运算符（类型 21）表示输入工作环节信息的质量，即输入信息的正确比例；用非门（类型 23）表示错误信息的比例；工作环节的检查能力和加工能力也由两状态运算符（类型 21）表示；用线性组合器（类型 51）表示经过检查纠错后的信息质量，即此时信息的正确比例。

3）运算规则

两状态运算符、非门、线性组合器三类运算符构成了具有检查与加工能力的工作环节 Go-flow 图。若用 R 表示运算符输入信号流强度，S 表示输出信号流强度，各运算符的运算规则如下。

（1）两状态运算符（类型 21）：

$$S = Rc \tag{11.116}$$

其中，c 表示两状态运算符参数 I_{i-1}、α_i、β_i。

（2）非门（类型 23）：

$$S = 1 - R \tag{11.117}$$

（3）线性叠加器（类型 51）：

$$S = R_1 + R_2 \tag{11.118}$$

工作环节 Go-flow 图详见图 11.17，表 11.21 为相关运算符数据。

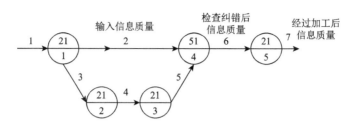

图 11.17　具有检查和加工功能的工作环节 Go-flow 图

表 11.21　工作环节 Go-flow 模型运算符数据

编号	类型	参数	含义	编号	类型	参数	含义
1	21 两状态	I_{i-1}	输入信息质量	4	51 线性组合器		反映检查纠错后信息正确率
2	23 非门		反映输入信息的错误率	5	21 两状态	β_i	信息加工能力
3	21 两状态	α_i	信息检查能力				

在运用 Go-flow 图表示业务流程时，通过运算符间的信号线表示流程上各工作环节间的串联关系；当一个工作环节有多个紧前工作时，需要用逻辑运算符进行连接，来表示输出信号应当满足的条件，例如，当某节点的工作需要紧前节点的工作都完成才可以执行时，需选取与门（类型 30）来表示紧前节点与该节点间的逻辑关系。

基于工作环节和业务流程的 Go-flow 模型，根据历史工作记录，统计工作环节的检查能力 α_i、加工能力 β_i，在已知 I_{i-1} 的情况下，按照式（11.119）～式（11.124）及相应类型运算符的运算规则，计算可得工作环节 i 输出信息质量 I_i，$I_i = I_i^n$（I_i^n 表示第 i 个环节 Go-flow 图中的第 n 条信号线的强度）。

$$I_i^1 = 1 \tag{11.119}$$

$$I_i^2 = I_i^3 = I_i^1 I_{i-1} \tag{11.120}$$

$$I_i^4 = 1 - I_i^2 = 1 - I_{i-1} \tag{11.121}$$

$$I_i^5 = I_i^4 \alpha_i = (1 - I_{i-1})\alpha_i \tag{11.122}$$

$$I_i^6 = I_i^2 + I_i^5 = I_{i-1} + (1 - I_{i-1})\alpha_i \tag{11.123}$$

$$I_i^7 = I_i^6 \beta_i = (I_{i-1} + (1 - I_{i-1})\alpha_i)\beta_i \tag{11.124}$$

对于不具备检查功能的工作环节，α_i 恒为 0，此类工作环节输出信息质量为 $I_i = I_{i-1}\beta_i$。

在业务流程中各工作环节的 Go-flow 图的基础上，依次计算各工作环节输出信号强度，从而得到该业务流程最终输出信息的质量。

2. 改善策略

一般地，信息质量的改善可以从制定合适的工作时间、提高工作人员的技能水平、改善工作软硬件环境、进行物质激励等方面入手，具体可通过教育培训、信息系统升级、管理制度完善等措施来提高业务流程的信息质量。深入分析不同类型的措施对工作环节信息处理能力的影响，是有效提高信息质量的基础。以教育培训为例，投入初期员工的信息检查、加工技能得到显著提升，随着投入增加，技能的再提高逐渐变得困难，单位投入的效用呈递减趋势；对于信息系统建设升级，投入初期对业务流程信息质量的影响可能并不显著，随着投入增加，信息系统各项功能逐步实现，工作环节的信息检查和加工能力可能呈现阶跃函数特征或 S 形曲线；对于管理制度的作用效果，可能隐含更为复杂的规律。

以教育培训为背景，在分析资源投入与工作环节信息处理能力之间影响关系的基础上，研究制定改善策略。设工作环节的信息处理能力 α_i、β_i 是以资源投入 u、v 为变量的具有边际效用递减的函数关系：

$$\alpha_i(u) = 1 - \frac{m_i}{u + \dfrac{m_i}{1 - \alpha_i(0)}} \tag{11.125}$$

$$\beta_i(v) = 1 - \frac{n_i}{v + \dfrac{n_i}{1 - \beta_i(0)}} \tag{11.126}$$

其中，$\alpha_i(0)$、$\beta_i(0)$ 表示工作环节 i 初始的检查能力和加工能力；如果工作环节 i 不具备检查能力，则该处的 $\alpha_i(u)$ 恒为 0；m_i 和 n_i 分别表示工作环节 i 的检查能力和加工能力对资源投入的敏感程度，以教育培训为例，m_i 和 n_i 反映了不同人员学习能力上的差异。

业务流程最终输出信息的质量是各工作环节检查能力 α_i、加工能力 β_i 的函数，其对各自变量的一阶导数不为常数。考虑到资源投入与工作环节的信息处理能力呈现边际效用递减的规律，采用单位资源投入效用最大化为指导思想，制定信息质量改善策略。具体算法步骤如下。

（1）对 $\alpha_i(0)$、$\beta_i(0)$、u_i、v_i、M 赋初值，其中 M 为资源投入约束。

（2）计算业务流程最终输出信息的质量对各工作环节资源投入的偏导数 $\theta_i(u) = \eta_i \alpha_i'(u)$，$\zeta_i(v) = \gamma_i \beta_i'(v)$；其中，$\theta_i$、$\zeta_i$ 分别表示业务流程最终输出信息的质量对工作环节 i 的检查能力 $\alpha_i(u)$、加工能力 $\beta_i(v)$ 的偏导数，$\alpha_i'(u)$、$\beta_i'(v)$ 分别表示工作环节 i 的检查能力、加工能力对资源投入的导数。

（3）如果 $\theta_j(u) = \max_i \{\theta_i(u), \zeta_i(v)\}$ ， $u_j = u_i + 1$ ；转向步骤（4）；如果 $\zeta_j(v) = \max_i \{\theta_i(u), \zeta_i(v)\}$ ， $v_j = v_i + 1$ ；转向步骤（4）。

（4）如果 $\sum_{i=1}^{N}(u_i + v_i) < M$ ，转向步骤（2）；否则，停止。

11.3.3 案例分析

1. 签派放行信息质量评估

以航空公司签派放行业务为例，该业务需要航路、气象、飞机、机组等多方面的信息，处理过程中出现的差错可能影响到航班安全。首先由签派员协助机长做好起航前准备、督促检查有关单位准备情况，然后根据天气、机组、客货安排、飞机状况、空中交通管制等工作的准备情况，决定航班运行条件是否满足标准，并根据上述信息制作计算机飞行计划和签派放行单，最后通过向机组提交签派放行文件来放行飞机。飞机起飞后仍然需要签派员持续监控航班运行动态直至飞机安全到达目的地。由此可见，签派放行业务流程的正常运作离不开有关部门提供的各类信息的支持，对各类信息的处理质量也尤为关键。

各类信息的收集是签派放行业务的起点，用信号发生器（类型25）表示对该类工作环节发出工作指令，用两状态运算符（类型21）表示收集信息的正确率；用与门（类型30）表示制作计算机飞行计划/放行工作环节需要在航行情报、气象分析、飞机维修与监控、航班预配各项工作完成后执行；用虚圆圈表示具备检查和加工两项功能的工作环节，工作环节的内部 Go-flow 图详见图 11.18。在确定各运算符后，得到签派放行业务的 Go-flow 图，见图 11.19。

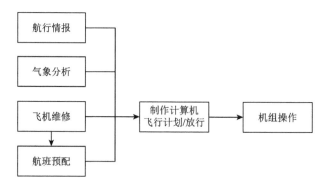

图 11.18　签派放行业务流程

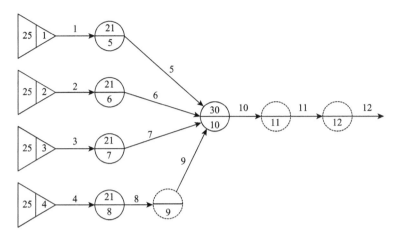

图 11.19　签派放行流程的 Go-flow 模型

根据图 11.19 的签派放行流程及各运算符的运算规则可得各环节信息质量的计算公式，汇总见式（11.127）～式（11.135）：

$$I_1 = I_2 = I_3 = I_4 = 1 \tag{11.127}$$

$$I_5 = I_1\beta_1 \tag{11.128}$$

$$I_6 = I_2\beta_2 \tag{11.129}$$

$$I_7 = I_3\beta_3 \tag{11.130}$$

$$I_8 = I_4\beta_4 \tag{11.131}$$

$$I_9 = ((1-I_8)\alpha_5 + I_8)\beta_5 \tag{11.132}$$

$$I_{10} = I_5 I_6 I_7 I_9 = I_5 I_6 I_7 ((1-I_8)\alpha_5 + I_8)\beta_5 \tag{11.133}$$

$$I_{11} = ((1-I_{10})\alpha_6 + I_{10})\beta_6 \tag{11.134}$$

$$I_{12} = ((1-I_{11})\alpha_7 + I_{11})\beta_7 \tag{11.135}$$

在对签派放行业务信息处理质量进行评估时，需要收集相关数据项，统计周期可根据评估需求选择月份、季度或年。表 11.22 所示为算例数据。

表 11.22　签派放行业务统计数据

工作环节	信息处理数量	查错数量	加工出错数量
航行情报	1000		23
气象分析	1000		19
飞机维修	1000		20
航班预配	1000	3	15
制作计算机飞行计划/放行	1000	63	21
机组操作	1000	13	1

　　根据表 11.22 的数据计算得到工作环节的检查能力 α_i 和加工能力 β_i 的值，进而计算得到各信号流强度，在经过对各工作环节信息处理后，得到业务流程上信息质量的变化情况，结果见表 11.23。

表 11.23　签派放行业务 Go-flow 图信号流强度

工作环节	运算符		运算符参数		运算符的信号		输出信号强度
	编号	类型	α	β	输入	输出	
	1	25				1	1
	2	25				2	1
	3	25				3	1
	4	25				4	
航行情报	5	21	0	0.927	1	5	0.927
气象分析	6	21	0	0.981	2	6	0.981
飞机维修 1	7	21	0	0.985	3	7	0.985
飞机维修 2	8	21	0	0.995	4	8	0.995
航班预配	9		3/5	0.985	8	9	0.983
	10	30			5, 6, 7, 9	10	0.8805
制作计算机飞行计划/放行	11		63/73	0.979	10	11	0.9614
机组操作	12		13/32	0.999	11	12	0.9761

　　从结果中可以看出，由于工作环节具备的检查纠错功能，业务流程上的信息质量得以改善，例如，经过制作计算机飞行计划/放行环节后，信息质量由 0.8805 上升到 0.9614，信息质量提升了 0.0809；经过机组操作环节后，信息质量则由 0.9614 上升到 0.9761，信息质量提升了 0.0147，结果表明制作计算机飞行计划/放行环节的质量提升最大。

2. 签派放行信息质量改善策略

1）参数设计

　　由信息质量评估模型可以看出，参数 m_i、n_i 对工作环节 i 的检查能力和加工能力的作用情况相似，现以 α_i 为例，对参数取值进行分析。令 $\alpha_i(0) = 0.6$，分别求得 m_i 取值为 500、800、1000 的情况下，资源投入量与工作环节检查能力的关系，如图 11.20 所示。

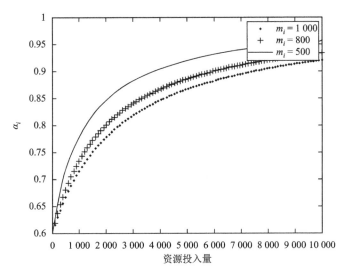

图 11.20　资源投入量与检查能力函数关系图

从图 11.20 可以看出，给定 $\alpha_i(0)$ 的条件下，随着 m_i 值的增加，资源投入对检查能力的改善作用减小。

2）结果分析

这里，我们认为员工的检查能力对改善措施的敏感程度大于加工能力，因此，算例中 m_i 取 500，n_i 取 1000。资源投入约束 M 分别取 10 000、20 000、30 000、40 000、50 000。MATLAB R2012a 求解结果见表 11.24，该表反映了各工作环节的资源投入量、各资源投入约束下业务流程最终输出信息的质量，以及信息质量的改善比例 [式（11.136）]，初始输出信息质量见表 11.24。

$$信息质量改善比例 = \frac{改善后输出信息质量 - 初始输出信息质量}{初始输出信息质量} \qquad (11.136)$$

表 11.24　资源投入及信息质量改善情况

工作环节	投资方案				
	10 000	20 000	30 000	40 000	50 000
航行情报	0	0	0	0	0
气象分析	0	0	0	0	0
飞机维修	0	0	0	0	0
航班预配	0	0	0	0	0
制作计算机飞行计划/放行	717	2 499	3 971	5 255	6 407
机组操作	9 283	17 501	26 029	34 745	43 593

工作环节	投资方案				
	10 000	20 000	30 000	40 000	50 000
最终输出信息质量	0.997 226	0.99 8131	0.998 438	0.998 587	0.998 675
信息质量改善比例	0.0216 43	0.02 2570	0.022 885	0.023 038	0.023 128
信息质量改善比例增量		9.27×10^{-4}	3.15×10^{-4}	1.53×10^{-4}	9×10^{-5}

表 11.24 的结果显示，资源集中投在制作计算机飞行计划/放行以及机组操作环节，表明了上述环节对业务流程的最终输出信息质量的改善有较大影响。

11.4　航班飞行计划中燃油计算的风险评估方法及应用

11.4.1　问题描述

航空公司在航班运行前需要制订详细的飞行计划，包括允许的最大业载、轮挡油量、备份油量、起飞总油量、轮挡时间等数据，其中，航班燃油的计算是重中之重。航班燃油由滑行耗油、等待耗油、复飞耗油、应急耗油、备降段耗油、下降段耗油、爬升段耗油、巡航段耗油等部分组成。各个燃油项需要依据飞机性能手册的相关表格来计算。以 747-400 的飞行性能手册为例，在长达 254 页的手册中，对 PW4056 发动机，在起飞、降落、航路、非标准状况，以及不同的成本指数、航程长短、爬升率等参数下，都设计了详细的图表供查询。

航班燃油中的滑行、等待、复飞、应急、备降段耗油可单独进行计算，而下降段、爬升段、巡航段耗油则与飞机重量有关，并且与航路上各个航路点气象、航行情报有关，前一个航路点计算的燃油量是后一个航路点计算燃油量时所需要的初始剩余重量的参考因素，因而形成一个完整的计算流程。由于燃油计算流程需要参考大量信息，各计算环节可能出现偏差，这些偏差经过流程的传导，可能导致后续环节计算结果的不准确，最终导致飞行计划中计算油量的不准确。例如，当爬升顶点剩余重量偏小时，会导致巡航阶段首个航路点计算燃油量偏小，因此导致第二个航路点的初始重量不准确……以此类推，各个航路点的计算燃油量会产生偏差，航班落地时的剩余油量有可能不能支持飞机继续飞行规定时间，不符合航空公司的安全运行政策。

本节所研究的风险，即落地剩油量不满足安全运行政策的可能性[138]。由于燃油计算流程中各个环节的偏差经过流程的传导形成总燃油的偏差，最终导致航班落地剩油量不满足航空公司的安全运行政策，即产生风险。航空公司通常以"可支持飞机以巡航飞行模式继续飞行的时间"来反映落地剩油量是否满足安全运行政策，计算方法为落地剩油量除以该机型飞机巡航段平均单位耗油量。

选取 A 航空公司 B 航线（执行机型 B747-400）中备降机场、航路点相同的 22 天计算机飞行计划（computer flight plan，CFP）数据，将航班总加油量分为巡航段燃油量和非巡航段燃油量（包括滑出滑入燃油、爬升燃油、下降燃油、备份燃油等）。分析结果显示巡航段燃油量在航班总加油量中的百分比约为常数，且在总加油量中的占比大于 75%，见图 11.21。同时，由于巡航段飞机性能稳定，因此，选取巡航段燃油计算过程进行研究。

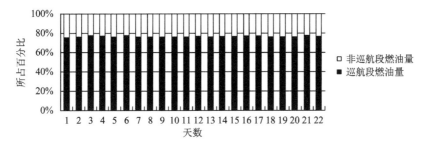

图 11.21　A 航空公司 B 航线（机型 B747-400）计算机飞行计划油量分析

通过调研 A 航空公司某年签派放行部门的工作记录，在航班油量计算不准确事件中，70% 以上是由飞机的无油重量或业载数据不准确引起的，对应巡航段燃油计算，即爬升顶点重量存在偏差，因此，围绕爬升顶点重量偏差，研究燃油计算流程初始输入信息输入变量的偏差对最终计算耗油量偏差的影响程度，继而将其换算为落地剩油可持续飞行时间，分析由于爬升顶点重量偏差可能导致的落地剩油可持续飞行时间不满足安全运行政策的风险。有关参数说明如下。

k、j 为航路点号（$1 \leqslant k \leqslant N$，$1 \leqslant j \leqslant N$，$k,j,N \in \mathbb{Z}^+$）；$w_1$ 为爬升顶点飞机剩余重量；h_k 为航路点 k、$k+1$ 间飞行的气压高度；d_k 为航路点 k、$k+1$ 间的航程；v_k 为航路点 k、$k+1$ 间飞行的平均速度；ffl_k 为航路点 k、$k+1$ 间飞行的燃油流量；f_k 为航路点 k、$k+1$ 间飞行耗油量；a_k、b_k、c_k 为航路点 k、$k+1$ 间燃油流量计算公式回归参数；μ 为飞机工作发动机数；Y 为巡航段计算总燃油量；F_A 为航班总加油量；F_B 为航班计划总耗油量；α 为巡航段耗油占航班总耗油比重系数；β 为某机型飞机巡航段平均单位耗油量（kg/min）；F_L 为落地剩油量；T_L 为落地剩油可持续飞行的时间。

计算有 N 个航路点的巡航段燃油量，以爬升顶点剩余重量，各航路点气压高度、航程、地速信息为输入，步骤如下。

（1）$k=1$。

（2）根据航路点 k 的气压高度 h_k、剩余重量 w_k，查询巡航段燃油流量表

（见表11.25），分别查出与 h_k 数值相邻的高度 h_1^0、h_2^0（$h_1^0 > h_k > h_2^0$），以及与 w_k 数值相邻的高度 w_1^0、w_2^0（$w_1^0 > w_k > w_2^0$）的子表（见表11.26）。根据插值公式，得出航路点 k 的燃油流量 ffl_k：

$$A = \frac{h_k - h_2^0}{h_1^0 - h_2^0}(a_1 - a_2) + a_3 \qquad (11.137)$$

$$B = \frac{h_k - h_2^0}{h_1^0 - h_2^0}(a_2 - a_4) + a_4 \qquad (11.138)$$

$$\mathrm{ffl}_k = \frac{w_k - B}{w_1^0 - w_2^0}(A - B) + B \qquad (11.139)$$

表 11.25　耗油计算表

气压高度/1000ft	重量/1000kg									
	370	360	350	340	330	320	310	300	290	280
40										2550
39									2607	2472
38							2804	2660	2536	2423
37					3000	2850	2715	2598	2489	2391
36			3200	3043	2900	2776	2661	2556	2464	2379
35		3256	3108	2973	2854	2743	2642	2554	2465	2378

注：表内所得数据为燃油流量（单位：kg）。

表 11.26　燃油流量计算子表

高度	w_1^0	w_2^0
h_1^0	a_1	a_2
h_2^0	a_3	a_4

（3）计算航路点 k 的耗油，计算公式为 $f_k = \mu \dfrac{d_k}{v_k} \cdot \mathrm{ffl}_k$。

（4）计算航路点 $k+1$ 初始剩余重量 $w_{k+1} = w_k - f_k$。

（5）若 $k \neq N$，则 $k = k+1$，转至步骤（2）；若 $k = N$，由下式计算巡航段燃油量，结束。

$$Y = \sum_{k=1}^{N} f_k \qquad (11.140)$$

将以上步骤用图表示，见图11.22。

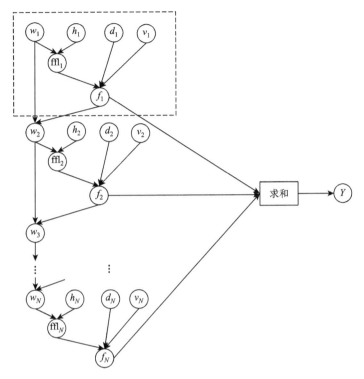

图 11.22　航班巡航段耗油量计算步骤

由上可得，由 w_k、h_k 查表计算 ffl_k 的过程没有解析表达式，因此需首先建立航班燃油计划巡航段耗油量计算公式。

11.4.2　模型提出

1. 巡航段燃油量计算

用 F_k 表示由燃油计算表得到的 h_k、w_k 到 ffl_k 的映射关系，有各航路点燃油量公式：

$$f_k = \mu \frac{d_k}{v_k} \cdot \mathrm{ffl}_k = \mu \frac{d_k}{v_k} \cdot F_k(h_k, w_k) \tag{11.141}$$

分析 A 航空公司近年的 B 航线，选取了 22 天的 CFP 数据，可得如下结论。

（1）d_k 是只与 k 有关的可变常数。

（2）w_1 为爬升顶点（top of climb，TOC）时飞机的剩余总重，且 $w_k = w_{k-1} - f_{k-1}(k \geqslant 2)$。

以各巡航段 67 个航路点的 ffl_k 为因变量，h_k、w_k 为自变量，可分别建立 67 个多元回归模型：

$$\text{ffl}_k = a_k h_k + b_k w_k + c_k \qquad (11.142)$$

回归模型的相关系数 R^2 均接近于 1，见图 11.23。

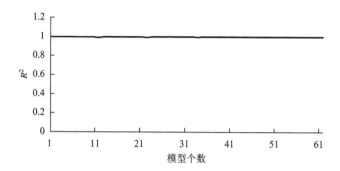

图 11.23　各航路点计算燃油流量多元回归模型的相关系数

因此：

$$f_k = \mu \frac{d_k}{v_k} \cdot \text{ffl}_k = \mu \frac{d_k}{v_k}(a_k h_k + b_k w_k + c_k) \qquad (11.143)$$

将 h_k、w_k 代入对应公式，求出计算燃油量 f_k'，求得 f_k' 的相对误差 $\Delta = \dfrac{f_k' - f_k}{f_k} \times 100\%$，见图 11.24（横坐标表示 67 个回归模型，纵坐标表示 Δ）。

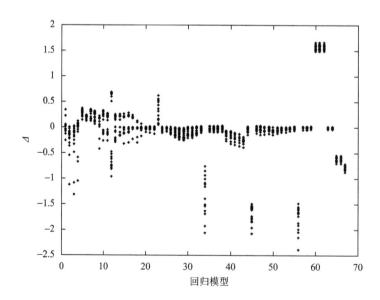

图 11.24　回归模型计算相对误差分布

那么，有计算航班巡航段各航路点间燃油的递推公式：

$$f_1 = \mu \frac{d_1}{v_1}(a_1 h_1 + b_1 w_1 + c_1) \tag{11.144}$$

$$f_k = \mu \frac{d_k}{v_k}(a_k h_k + b_k w_k + c_k), \quad k \geqslant 2 \tag{11.145}$$

$$w_k = w_{k-1} - f_{k-1}, \quad k \geqslant 2 \tag{11.146}$$

其中，μ 为常数；a_k、b_k、c_k、d_k 为与下标有关的可变常数；h_k、v_k、w_1 为自变量；f_k 为因变量（$1 \leqslant k \leqslant N$，$N$ 为巡航段航路点总数）。

2. 计算燃油量偏差分析模型

实际制订燃油计划时，系统或人的失误可能导致变量与标准值的偏差 Δw_1，因而导致计算所得出的加油量的偏差 Δf_k，此时，对于节点 1，有

$$\Delta f_1 + f_1 = \mu d_1 \frac{a_1(h_1 + \Delta h_1) + b_1(w_1 + \Delta w_1) + c_1}{v_1 + \Delta v_1} \tag{11.147}$$

$$\begin{aligned}
\Delta f_1 &= \mu d_1 \frac{a_1(h_1 + \Delta h_1) + b_1(w_1 + \Delta w_1) + c_1}{v_1 + \Delta v_1} - f_1 \\
&= \mu d_1 \frac{a_1(h_1 + \Delta h_1) + b_1(w_1 + \Delta w_1) + c_1}{v_1 + \Delta v_1} - \mu d_1 \frac{a_1 h_1 + b_1 w_1 + c_1}{v_1} \\
&= \mu d_1 \frac{b_1 v_1 \Delta w_1 - b_1 \Delta v_1 w_1 + a_1 v_1 \Delta h_1 - a_1 \Delta v_1 h_1 - c_1 \Delta v_1}{v_1(v_1 + \Delta v_1)} \tag{11.148}
\end{aligned}$$

而

$$w_k = w_{k-1} - f_{k-1}, \quad k \geqslant 2 \tag{11.149}$$

$$w_k + \Delta w_k = w_{k-1} + \Delta w_{k-1} - (f_{k-1} + \Delta f_{k-1}), \quad k \geqslant 2 \tag{11.150}$$

因此

$$\Delta w_k = \Delta w_{k-1} - \Delta f_{k-1}, \quad k \geqslant 2 \tag{11.151}$$

则有 Δf_k 的递推公式：

$$\Delta f_1 = \mu d_1 \frac{b_1 v_1 \Delta w_1 - b_1 \Delta v_1 w_1 + a_1 v_1 \Delta h_1 - a_1 \Delta v_1 h_1 - c_1 \Delta v_1}{v_1(v_1 + \Delta v_1)} \tag{11.152}$$

$$\Delta f_k = \mu d_k \frac{b_k v_k \Delta w_k - b_k \Delta v_k w_k + a_k v_k \Delta h_k - a_k \Delta v_k h_k - c_k \Delta v_k}{v_k(v_k + \Delta v_k)}, \quad k \geqslant 2 \tag{11.153}$$

$$\Delta w_k = \Delta w_{k-1} - \Delta f_{k-1}, \quad k \geqslant 2 \tag{11.154}$$

而由 $\dfrac{\partial \Delta f_k}{\partial \Delta w_k} = \dfrac{\mu d_k b_k}{v_k + \Delta v_k}$ 和 $\Delta w_k = \Delta w_{k-1} - \Delta f_{k-1}$，$k \geqslant 2$ 可得

$$\frac{\partial \Delta f_1}{\partial \Delta w_1} = \frac{\mu d_1 b_1}{v_1 + \Delta v_1} \tag{11.155}$$

$$\frac{\partial \Delta f_k}{\partial \Delta w_1} = \frac{\mu d_k b_k}{v_k + \Delta v_k}\left(1 - \sum_{j=1}^{k-1}\frac{\partial f_j}{\partial w_1}\right), \quad k \geqslant 2 \tag{11.156}$$

因此可得

$$\Delta Y = \sum_{k=1}^{N}\Delta f_k \tag{11.157}$$

代入并求偏导，可得 Δw_1 对巡航段耗油量的偏差 ΔY 的影响函数：

$$\frac{\partial \Delta Y}{\partial \Delta w_1} = \frac{\partial\left(\sum_{k=1}^{N}\Delta f_k\right)}{\partial \Delta w_1} = \sum_{k=1}^{N}\frac{\partial \Delta f_k}{\partial \Delta w_1} = \sum_{k=1}^{N}\left(\frac{\mu d_k b_k}{v_k + \Delta v_k}\left(1 - \sum_{j=1}^{k-1}\frac{\partial \Delta f_j}{\partial \Delta w_1}\right)\right) \tag{11.158}$$

根据问题描述，航班油量计算不准确事件中，70%以上是航班飞机的无油重量或业载数据不准确引起的。反映到巡航段计算中，即为爬升顶点重量的不准确。此时，公式退化为当 $\Delta v_k = 0$ 时的情况，即

$$\frac{\partial \Delta Y}{\partial \Delta w_1} = \sum_{k=1}^{N}\left(\frac{\mu d_k b_k}{v_k}\left(1 - \sum_{j=1}^{k-1}\frac{\partial \Delta f_j}{\partial \Delta w_1}\right)\right) \tag{11.159}$$

3. 落地剩油可持续飞行时间

巡航段燃油量占航班总加油量的百分比约为常数，记为 α。记航班总加油量为 F_A，有 $\alpha = \dfrac{Y}{F_A}$，即

$$F_A = \frac{Y}{\alpha} \tag{11.160}$$

记航班落地剩油量为 F_L，航班耗油量为 F_B，有 $F_A = F_B + F_L$，因此：

$$F_L = F_A - F_B = \frac{Y}{\alpha} - F_B \tag{11.161}$$

当 Y 由于 Δw_1 而产生 ΔY 的偏差时，计划标准的耗油量仍为 F_B 不变，落地剩油量会因为 ΔY 的偏差而偏少或偏多，产生不符合燃油政策的情况。定性来看，当初始重量偏大时，有偏差计划的燃油总量会比 F_B 偏大，此时，落地剩油可持续飞行时间会更多；反之，落地剩油可持续飞行时间会偏小，甚至不满足落地剩油量的要求。

记固定机型飞机巡航段平均单位耗油量（kg/min）为 β，由此可将偏差换算为落地剩油可持续飞行的时间 T_L，即

$$T_L = \frac{F_L}{\beta} = \frac{\dfrac{Y + \Delta Y}{\alpha} - F_B}{\beta} \tag{11.162}$$

落地剩油可持续飞行的时间 $T_L \geqslant 90\,\mathrm{min}$ 的可能性即本节所指的风险。A 公司

的安全运行政策要求落地剩油可持续飞行的时间必须大于 90min，因此，当 $T_L \leqslant$ 90min 时，发生落地剩油量不足的风险，不符合安全运行政策。

11.4.3　案例分析

由 11.4.2 节可知，本研究分析其他变量无偏差，即 $\Delta v_k = \Delta h_k = 0$ 的情况下，流程初始输入爬升顶点飞机剩余总重量变化 Δw_1 对巡航段总计算耗油量变化 ΔY 的影响，并将油量换算为落地剩油可持续飞行的时间，进而研究爬升顶点飞机剩余总重量的变化对落地剩油可持续飞行时间的影响。

假设 $w_{1,0}$ 发生偏差 Δw_1 后得到的有偏值 $w_{1,0} + \Delta w_1$ 服从正态分布 $N(\mu = w_{1,0}, \sigma^2)$，采用蒙特卡罗方法模拟可得 M 次航班放行的爬升顶点重量输入偏差样本数据 Δw_1，以 Δw_1 为输入，可得 ΔY 的模拟数据集。

分析 A 公司运控部门实际调研历史数据，可得油量偏差事件数据中有偏起飞重量数据的偏差范围是 $\pm 24\,761.77$kg，且爬升顶点飞机重量占起飞重量的 97.95%，按此换算爬升顶点重量的偏差范围为 $\pm 24\,254.79$kg，根据 3σ 原理，可得 $\sigma = 8084.93$kg，采用模拟次数 $N = 2200$，将仿真所得数据换算为 T_L，对其进行分布检验，可得正态分布检验双尾侧 P 值为 0.927，$T_L \sim N(99.7165, 15.7713^2)$，直方图见图 11.25，对数据整理即得表 11.27。由于 A 公司燃油政策中落地剩油需可

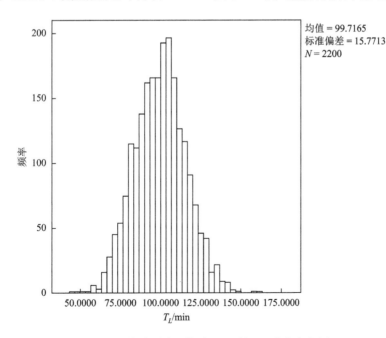

图 11.25　落地剩油可持续飞行时间 T_L 分布直方图

支持继续飞行 90min，以 10min 为间隔对区间进行划分，表中（0，90）表示不符合 A 公司的燃油政策。

表 11.27　仿真结果换算为落地剩油时间数据

w_1' /kg	T_L/min							
	（0，90）	（90，100）	（100，110）	（110，120）	（120，130）	（130，140）	（140，150）	总计
（−30 000，−25 000）	100.0%							100.0%
（−25 000，−20 000）	100.0%							100.0%
（−20 000，−15 000）	100.0%							100.0%
（−15 000，−10 000）	100.0%							100.0%
（−10 000，−5 000）	78.7%	21.3%						100.0%
（−5 000，0）	16.9%	58.1%	25.0%					100.0%
（0，5 000）		22.4%	60.3%	17.3%				100.0%
（5 000，10 000）			32.2%	53.6%	14.2%			100.0%
（10 000，15 000）				35.4%	51.2%	13.4%		100.0%
（15 000，20 000）					44.0%	42.0%	14.0%	100.0%
（20 000，25 000）						55.6%	44.4%	100.0%
（25 000，30 000）							100.0%	100.0%

　　表 11.27 中的百分数表示当 Δw_1 落在对应范围内的情况下，落地剩油可持续飞行的时间 T_L 落在对应区间的概率。例如，当爬升顶点飞机总重的偏差 Δw_1 落在（−10 000，−5000）的区间内时，飞机落地剩油可持续飞行的时间 T_L 在（0，90）min 的概率为 78.7%。

　　由表 11.27 可知，当爬升顶点重量偏小时，有可能不满足燃油计划中落地剩油量的规定，而爬升顶点重量偏大，则不会导致燃油计划不符合燃油政策。根据相关文献，爬升顶点重量过大可能导致计划燃油超过飞机最大加油量及起飞最大重量，此时系统会报警并提示重新输入参数且重新制订计划。

　　具体而言，A 航空公司 B 航线执行飞行任务机型为 B747-400 的情况下，爬升顶点飞机剩余重量的偏差 Δw_1 在（−30 000，−10 000）范围内时，落地剩油一定不能支持飞机继续飞行 90min 以上，不符合 A 航空公司的安全运行政策；当爬升顶点飞机剩余重量的偏差 Δw_1 在（0，30 000）范围内时，落地剩油一定能支持飞机继续飞行 90min 以上，风险不会发生；而爬升顶点飞机剩余重量的偏差 Δw_1 在（−10 000，−5000）范围内时，落地剩油可持续飞行时间有较大可能小于 90min；爬升顶点飞机剩余重量的偏差 Δw_1 在（−5000，0）范围内时，落地剩油可持续飞行时间有较小可能小于 90min。

综上所述，假设爬升顶点重量的偏差服从正态分布时，落地剩油可持续飞行时间也服从正态分布。在安全运行政策为落地剩油可持续时间不小于 90min 时，B 航线 B747-400 机型的爬升顶点飞机总重偏差应控制在（0，30 000）的范围内。

11.5　方　法　比　较

基于风险传导性的信息加工流程风险评估方法从信息加工流程出发，考虑风险传导性，对流程中的风险点的相对严重程度进行评估建模。该模型对风险点相对严重程度的评估不仅考虑了风险点的发生可能性，同时也考虑其作为风险源和中间风险点时相对严重程度的区别。针对特定后果或潜在后果，该模型计算与之相关的风险点分别作为风险源和中间风险点的严重程度，进而计算风险点的整体严重程度。考虑风险点发生概率，计算风险点的综合严重程度，以此判断考察时间段内需要重点关注的风险点，为整个信息加工流程风险应对提供决策依据。

基于投入产出的风险传导的风险评估方法对错误信息在业务流程中传递时所产生的风险进行评估建模。首先，通过定义单个业务流程节点的信息加工能力和对前置环节输入信息的检查能力，为刻画业务流程间出错风险的传导问题提供了基础。其次，定义了以信息加工为主要工作内容的业务流程网络中的信息出错风险，建立了基于错误信息流量平衡的信息出错风险平衡关系，并基于此探讨了错误信息在业务流程中传递时可能存在的多种模式。最后，通过建立信息出错风险传导的基本模型，采用灵敏度分析方法，结合国内某航空公司的实际案例数据，分析了当外界环境发生变化或某类突发事件对业务流程中各个操作节点及终端节点的信息出错风险分别造成的直接和间接影响，为进一步发现影响系统信息出错风险的关键环节及其亟待完善的功能提供了依据。

基于 Go-flow 的业务流程信息质量评估模型围绕企业内以信息汇集、加工、分析、决策为主的业务流程，研究工作环节信息处理能力对业务流程最终输出信息质量的影响。在对工作环节的信息检查和信息加工两类功能的 Go-flow 建模基础上，借鉴系统可靠性理论，评估各工作环节的信息质量。在对教育培训、信息系统建设升级、管理制度完善等改善措施与工作环节信息检查、加工能力之间作用关系的分析基础上，以教育培训措施为研究背景，量化资源投入对信息处理能力的影响，进而制定了以单位投入效应最大化为指导思想的业务流程信息质量改善策略。

基于风险传导的航班飞行计划中燃油计算的风险评估研究从航班燃油计算流程的视角出发，研究爬升顶点飞机总重的偏差对巡航段总计算耗油偏差的影响，得到爬升顶点飞机总重的偏差对巡航段各航路点计算耗油偏差的影响程度的递推公式。通过将巡航段总计算耗油换算为落地剩油可持续飞行时间，以分析爬升顶点飞机总重的偏差对落地剩油可持续飞行时间的影响为例，分析在符合航班安全运行政策下，特定航线特定机型在推行燃油政策时需要依据的爬升顶点飞机总重偏差控制区间。

纵观四类不同的航空公司安全风险评估方法，均研究了信息在不同工作环节传导所导致的风险大小。前三类研究方法侧重于流程各工作节点的分析，每个节点都赋予了"检查能力"和"加工能力"两大属性，其中"检查能力"是指该环节对前置环节输出信息的纠错能力，"加工能力"是指该环节在前置环节输出信息的基础上进一步加工信息的能力。第一类研究方法将各节点的风险定义为中间风险点对最终后果的贡献程度，第二类研究方法则把各节点的风险定义为按后果严重等级加权后流经该节点的错误信息总数，第三类研究方法则通过研究输出正确信息的比例来分析各节点的风险。尽管三类方法对各节点风险的定义不同，但都是通过对每个工作节点性质的分析研究风险发生的机理，进而依据不同方法建立模型进行风险评估。第四类研究方法侧重于从统计学的角度，应用多元回归分析和微分方程求解的方法分析燃油偏差经过流程的传导所引发的风险。该研究方法将风险定义为燃油计算偏差所导致的落地剩油不足所引发的风险。通过历史数据的回归分析得出落地剩油量和各节点燃油量的关系表达式，应用微分方法求出燃油偏差对落地剩油量的影响，进而得到各节点燃油偏差所引起的风险严重程度。

另外需要指出的是，第一类研究方法是在已知不安全信息或不安全事件所导致的最终风险严重程度的条件下，通过分析风险发生机理，建立数学模型，求出各工作节点的风险严重程度，是一种"自上而下"的研究方式。后三类研究方法是直接着眼于各工作节点，通过应用投入产出平衡表、Go-flow 模型及多元统计方法求出各工作节点的风险大小或者风险偏差，是一种"自上而下"的研究方式。

此外，如果考虑到多个影响业务流程加工和检查能力的外界扰动同时发生，而这些扰动之间也存在一定关联性，航空安全风险的传导将会更为复杂，这方面还有待于进一步的研究。

第 12 章 基于特殊事件的风险管理

2009 年 4 月 14 日，长沙黄花国际机场因雷雨天气，11 个进港航班备降外场；2010 年 4 月 12 日哈尔滨太平国际机场降雪导致 5 个航班备降，5 个航班返航；2010 年 1 月 4 日乌鲁木齐大雾导致 23 个进港航班备降或取消。返航备降是一项保证航班安全的重要措施，但返航备降会带来成本损失，包括增加的飞行时间所造成的直接运行成本、额外的旅客食宿费用、机组可能超时造成航班取消、后续航班旅客延误需要赔偿、影响旅客满意度、降低公司信誉等。天气是导致目的机场出现返航备降的主要原因之一，返航备降存在季节和时间段分布的规律性。由于所处的地理位置和具体环境不同，不同目的机场返航备降受天气影响的表现存在差异，如广州白云国际机场、深圳宝安国际机场受雷雨天气影响较大，成都双流国际机场、重庆江北国际机场则受雾、雷雨天气影响较大，而北京首都国际机场、哈尔滨太平国际机场受雷雨、大雪天气影响较大；不同目的机场的返航备降也存在季节差异，如广州白云国际机场、深圳宝安国际机场等从 5 月份开始出现较多的返航备降航班，而北京首都国际机场等从 7 月份开始出现较多的返航备降航班，不同的目的机场返航备降航班呈现季节性差异，不同的季节、不同的时间段返航备降的发生情况是不同的，因此对不同目的机场返航备降航班的季节性规律进行分析，确定返航备降航班发生的密集时间段，为签派人员重点放行监控提供决策辅助，从而在确保安全生产的基础上，有效降低返航备降航班的经济损失，成为航空公司越来越关注的问题。

返航备降属于不正常航班的一种，目前对于不正常航班的研究主要集中在不正常航班的预警，以及不正常航班的恢复与调度方面。在航班恢复方面使用的方法主要有时空网络算法、贪婪模拟退火算法、支持向量机等，不正常航班包括延误航班、返航备降航班以及取消航班等，其中延误航班占了绝大多数，不正常航班的预警与恢复主要针对延误航班，对返航备降航班的研究较少，同时航班延误实际上是航班计划受到干扰，通过航班调配，在干扰因素消除后一段时间内航班便可恢复正常，但返航备降航班则是航班计划被打断，需要考虑的问题更多的是旅客的安置和航班的复飞等。

确定返航备降航班发生的密集时间段可以描述为一个多属性空间搜索问题，在多属性组成的多维空间中，存在许多正常点和不正常点，通过模型和算法确定不正常点比较密集的多属性范围，使该空间范围内不正常点的比例较高并且总的点的数量达到一定的水平。在许多实践领域存在该类问题，如商业银行对贷款客户的信用评级、绩效考核等。在信用评级方面，目前采用的方法主要有支持向量机、模糊聚类、遗传算法、模糊适应网络等。

信用评估对当前的样本进行分类，确定样本属于哪种信用级别，但没有刻画类别与样本属性的关系，而且没有考虑各个类别中样本是否达到一定的数量水平并进行可信度分析，多属性空间搜索问题便是在可信度分析的基础上分析样本和属性之间的相关关系。

基于地理测绘和色彩处理的技术与方法：基于空间域的图像分割充分利用图像的空间信息，如颜色、灰度、纹理等，将图像分割成具有不同特征的区域。其中包括：基于空间信息的模糊 C 均值（fuzzy C means，FCM）方法对图像进行划分、基于贝叶斯网络的组合曲线演化算法、将分水岭算法与自动种子区域生长相结合的彩色图像分割算法、基于随机场理论（random field theory）和空间自回归过程的处理图形分割算法、无监督集成学习算法——谱聚类集成算法等。

12.1 返航备降高风险频发子集搜索

12.1.1 问题描述

返航备降航班是指航班由于某种原因未按签派放行单指定的目的地机场飞行（不包括已计划的重新调度）而降落在备降机场或者返回起飞机场，返回起飞机场的航班称为返航航班，降落在备降机场的航班称为备降航班。备降机场一般在起飞前都已预先选好，只有发生某些特殊或紧急情况才会临时选择非计划中的备降机场降落。返航备降的原因包括航路或者着陆站的天气状况、航空器故障、跑道状况、人为原因等，其中，航路或者着陆站天气状况恶劣是返航备降的主要原因。

返航备降航班不仅给航空公司增加了额外成本，而且会带来一系列的后果，包括旅客的重新安置、航班和机组人员的重新安排等，严重影响到旅客对公司的满意度以及公司整体运营的效率。所以有效地降低不必要的返航备降航班数量或者航班有效、及时地进行返航备降，将会降低公司的运营成本，有效地提高公司的运营效率，并形成较高的旅客满意度，维护并提高公司的品牌形象。

因此，本节主要分析由于天气原因引发的返航备降航班，对于天气原因引发的返航备降航班，根据简单的数据分析，可以发现如下规律。

（1）不同目的机场返航备降的差异很大，如九寨黄龙机场的返航备降航班虽然在数量上不如北京首都国际机场、上海浦东国际机场、上海虹桥国际机场，但全年返航备降占比都很高。而北京首都国际机场、上海虹桥国际机场、上海浦东国际机场等全年返航备降航班数量很多，但整体返航备降占比水平较低，见图 12.1～图 12.3。

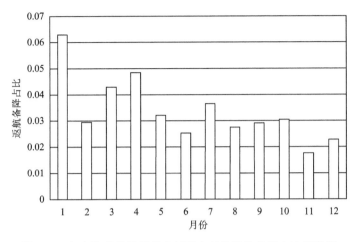

图 12.1　九寨沟黄龙机场在全年各个月份返航备降占比示意图

数据为 2005 年 6 月～2008 年 3 月某航空公司航班记录

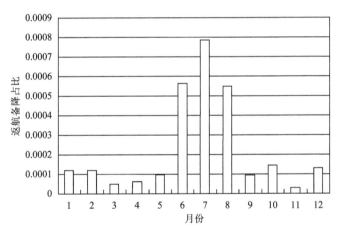

图 12.2　北京首都国际机场全年各个月份返航备降占比示意图

数据为 2005 年 6 月～2008 年 3 月某航空公司航班记录

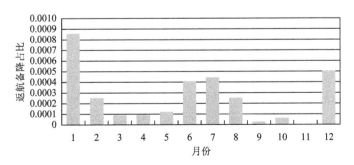

图 12.3　上海浦东国际机场全年各个月份返航备降占比示意图

数据为 2005 年 6 月～2008 年 3 月某航空公司航班记录

其中返航备降占比 = 返航备降航班数/航班总数。

（2）相同目的机场不同季节月份的返航备降情况也存在很大差异，如深圳宝安国际机场、广州白云国际机场在 4 月份左右返航备降航班增多，并一直持续到 7、8 月份，而北方的北京首都国际机场等返航备降占比水平的峰值月份比南方要晚一些，见图 12.4、图 12.5。

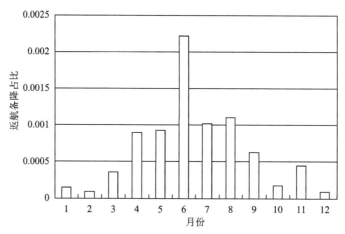

图 12.4　广州白云国际机场全年各个月份返航备降占比示意图

数据为 2005 年 6 月～2008 年 3 月某航空公司航班记录

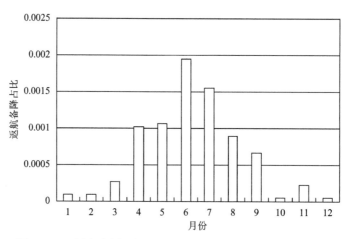

图 12.5　深圳宝安国际机场全年各个月份返航备降占比示意图

数据为 2005 年 6 月～2008 年 3 月某航空公司航班记录

（3）相同目的机场相同月份的返航备降在每天不同时间段内也存在很大差异，这与每日的航班安排有关系，但仍然存在某些规律性，如 6、7 月份在正午左右返航备降占比较高，如图 12.6 所示。

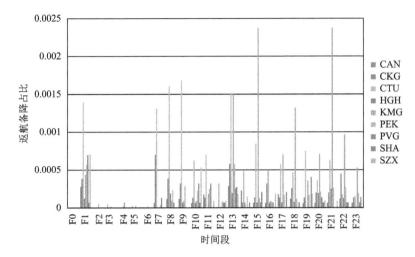

图 12.6 九个航班较多目的机场在一天各个时刻返航备降占比示意图（见彩图）

F0 为 0:00～1:00, F1 为 1:00～2:00, F2 为 2:00～3:00, 以此类推。CAN: 广州白云国际机场。CKG: 重庆江北国际机场。CTU: 成都双流国际机场。HGH: 杭州萧山国际机场。KMG: 昆明巫家坝国际机场。PEK: 北京首都国际机场。PVG: 上海浦东国际机场。SHA: 上海虹桥国际机场。SZX: 深圳宝安国际机场

返航备降业务风险分析主要对天气原因引发的返航备降历史数据进行统计分析，揭示返航备降与目的机场、季节月份等的规律，分析具有较高返航备降占比的目的机场、月份和时间段（图 12.7），为机组返航备降提供准确、有效、及时和完整的信息服务，提高返航备降决策的有效性，有效提高签派管理水平。

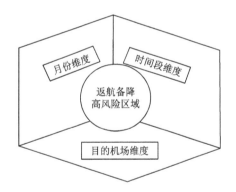

图 12.7 返航备降航班分析模型示意图

综上所述，本节以返航备降为例建立多目标优化模型，并在此基础上设计分阶段算法进行求解[139]。由于实际数据的限制，将在时间段和月份两个维度属性上分析返航备降频发子集，根据天气原因导致的返航备降航班数据历史记录，分析目的机场在哪些月份的哪些时间段内返航备降频繁发生，为签派放行提供决策辅助。

根据上述分析，返航备降区域搜索问题可以描述为：在月份和时间段组成的二维平面内存在 $M \times T$ 个矩形小格，第 i 个矩形小格用左下角 (A_i, B_i) 和右上角 (C_i, D_i) 两点坐标表示为 (A_i, B_i, C_i, D_i)，每个矩形小格内存在三个属性——返航备降航班数量、航班数量和返航备降占比，分别表示为变量 $f(A_i, B_i, C_i, D_i)$、$h(A_i, B_i, C_i, D_i)$ 和 $p(A_i, B_i, C_i, D_i)$，其中 $p(A_i, B_i, C_i, D_i)$ 可以表示为

$$p(A_i,B_i,C_i,D_i) = \frac{f(A_i,B_i,C_i,D_i)}{h(A_i,B_i,C_i,D_i)} \tag{12.1}$$

将返航备降高风险频发子集定义如下。

（1）矩形区域内返航备降占比水平不低于 P。

（2）矩形区域内矩形小格航班数量的平均水平不低于 L。

用若干个符合返航备降高风险频发子集定义并且互不重叠的矩形区域覆盖平面内的矩形小格，并使所有矩形区域的面积加和尽可能小，且包含的返航备降航班数量加和尽可能多，如图 12.8 所示。

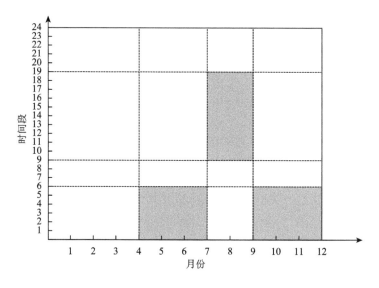

图 12.8　返航备降高风险子集示意图

12.1.2　模型提出

1. 变量设置

根据问题描述设置以下变量：N 为矩形覆盖区域的个数；$m=1,2,\cdots,12$，表示月份；$t=1,2,\cdots,24$，表示时间段；(A_i,B_i,C_i,D_i) 表示矩形区域 i；$f_1(m,t)$ 表示 m 月的 t 时间段内返航备降航班数量；$h_1(m,t)$ 表示 m 月的 t 时间段内航班数量；$p_1(m,t)$ 表示 m 月的 t 时间段内返航备降航班的占比；$f(A_i,B_i,C_i,D_i)$ 表示矩形区域 i 内返航备降航班个数；$h(A_i,B_i,C_i,D_i)$ 表示矩形区域 i 内航班个数；$p(A_i,B_i,C_i,D_i)$ 表示矩形区域 i 内返航备降航班占比，可表示为

$$p(A_i, B_i, C_i, D_i) = \frac{f(A_i, B_i, C_i, D_i)}{h(A_i, B_i, C_i, D_i)} \qquad (12.2)$$

P 表示占比阈值；L 表示航班阈值。

2. 模型分析

根据对返航备降高风险频发子集搜索的问题描述，可以看到该问题是一个多目标优化问题，针对矩形区域的面积之和最小这一目标，对于矩形区域 (A_i, B_i, C_i, D_i) 来说，左下角和右上角两点坐标分别为 (A_i, B_i) 和 (C_i, D_i)，则矩形区域的面积 S_i 可以表示为

$$S_i = (C_i - A_i)(D_i - B_i) \qquad (12.3)$$

则 N 个矩形覆盖区域的面积之和可以表示为

$$S\_T = \sum_{i=1}^{N}(C_i - A_i)(D_i - B_i) \qquad (12.4)$$

对于矩形区域 (A_i, B_i, C_i, D_i) 来说，左下角和右上角两点坐标分别为 (A_i, B_i) 和 (C_i, D_i)，则矩形区域 (A_i, B_i, C_i, D_i) 内返航备降航班数量 $f(A_i, B_i, C_i, D_i)$ 可以表示为

$$f(A_i, B_i, C_i, D_i) = \sum_{m=A_i+1}^{C_i} \sum_{t=B_i+1}^{D_i} f_1(m, t) \qquad (12.5)$$

则 N 个矩形覆盖区域内返航备降航班数量可以表示为

$$F\_N = \sum_{i=1}^{N} \sum_{m=A_i+1}^{C_i} \sum_{t=B_i+1}^{D_i} f_1(m, t) \qquad (12.6)$$

对于矩形区域 (A_i, B_i, C_i, D_i) 来说，左下角和右上角两点坐标分别为 (A_i, B_i) 和 (C_i, D_i)，则矩形区域 (A_i, B_i, C_i, D_i) 内航班数量 $t(A_i, B_i, C_i, D_i)$ 可以表示为

$$h(A_i, B_i, C_i, D_i) = \sum_{m=A_i+1}^{C_i} \sum_{t=B_i+1}^{D_i} h_1(m, t) \qquad (12.7)$$

根据式（12.5）和式（12.7），则矩形区域 (A_i, B_i, C_i, D_i) 返航备降航班占比水平 $p(A_i, B_i, C_i, D_i)$ 可以表示为

$$p(A_i, B_i, C_i, D_i) = \frac{f(A_i, B_i, C_i, D_i)}{h(A_i, B_i, C_i, D_i)} = \frac{\displaystyle\sum_{m=A_i}^{C_i} \sum_{t=B_i}^{D_i} f_1(m, t)}{\displaystyle\sum_{m=A_i+1}^{C_i} \sum_{t=B_i+1}^{D_i} h_1(m, t)} \qquad (12.8)$$

则矩形区域占比水平约束可以表示为

$$\frac{\displaystyle\sum_{m=A_i+1}^{C_i} \sum_{t=B_i+1}^{D_i} f_1(m, t)}{\displaystyle\sum_{m=A_i+1}^{C_i} \sum_{t=B_i+1}^{D_i} h_1(m, t)} \geq P, \quad i = 1, 2, \cdots, N \qquad (12.9)$$

每个矩形区域内航班个数满足支持度水平可以表示为

$$\frac{\sum_{m=A_i+1}^{C_i}\sum_{t=B_i+1}^{D_i}h_1(m,t)}{(C_i-A_i)(D_i-B_i)}\geq L,\quad i=1,2,\cdots,N \tag{12.10}$$

对于长和宽分别平行的两个矩形区域，我们存在以下两个定理。

定理 12.1　对于长和宽分别平行的矩形区域(A_i,B_i,C_i,D_i)、(A_j,B_j,C_j,D_j)和(A_k,B_k,C_k,D_k)来说，如果(A_i,B_i,C_i,D_i)和(A_j,B_j,C_j,D_j)存在部分或者完全重叠，矩形(A_k,B_k,C_k,D_k)覆盖矩形区域(A_i,B_i,C_i,D_i)和(A_j,B_j,C_j,D_j)，则矩形区域(A_k,B_k,C_k,D_k)面积最小值中的最大者为$(C_i-A_i+C_j-A_j)(D_i-B_i+D_j-B_j)$。

证明：设矩形A和矩形B相交，由于两矩形长和宽分别相互平行，则相交部分也为矩形，设为矩形C，矩形A的长和宽分别为a和b，矩形B的长和宽分别为c和d，矩形C的长和宽分别为e和f，如图12.9所示。

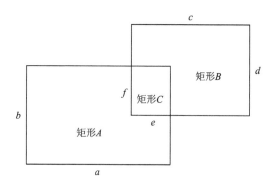

图 12.9　长和宽分别平行的两矩形相交示意图

覆盖矩形区域A和矩形区域B的矩形面积最小为

$$S_{\min}=(a+c-e)\cdot(b+d-f) \tag{12.11}$$

将$S_{\min}$展开可得

$$S_{\min}=(a+c)\cdot(b+d)-(a+c)\cdot f-e\cdot(b+d)+e\cdot f \tag{12.12}$$

设

$$t=e\cdot f-(a+c)\cdot f-e\cdot(b+d) \tag{12.13}$$

$$t'=(e+\Delta e)\cdot(f+\Delta f)-(a+c)\cdot(f+\Delta f)-(e+\Delta e)\cdot(b+d) \tag{12.14}$$

$$t'-t=\Delta f\cdot(e-a)+\Delta e\cdot(f-b)+\Delta e\cdot(\Delta f-d) \tag{12.15}$$

因为$0\leq e\leq\min(a,c)$，$0\leq f\leq\min(b,d)$，$0\leq\Delta f\leq\min(b,d)$，所以$t'\leq t$。所以，当$e=0$，$f=0$时，$S_{\min}$最大。

以上定理为充分条件但不是必要条件。

定理 12.2　长和宽分别平行的矩形区域(A_i,B_i,C_i,D_i)、(A_j,B_j,C_j,D_j)存在重

叠，则满足 $\max(C_i, C_j) - \min(A_i, A_j) \leqslant (C_i - A_i + C_j - A_j)$ 并且 $\max(D_i, D_j) - \min(B_i, B_j) \leqslant (D_i - B_i + D_j - B_j)$。

证明：假设长和宽分别平行的矩形区域 (A_i, B_i, C_i, D_i) 和 (A_j, B_j, C_j, D_j) 相互重叠，则相交图形为矩形区域，交点分别为 (C_i, B_j) 和 (A_j, D_i)，如图 12.10 所示，则有

$$\max(C_i, C_j) - \min(A_i, A_j) = C_i - A_i - (C_i - A_j) + C_j - A_j = C_i - A_i + C_j - A_j - (C_i - A_j)$$

$$\tag{12.16}$$

$$\max(D_i, D_j) - \min(B_i, B_j) = D_i - B_i - (D_i - B_j) + D_j - B_j = D_i - B_i + D_j - B_j - (D_i - B_j)$$

$$\tag{12.17}$$

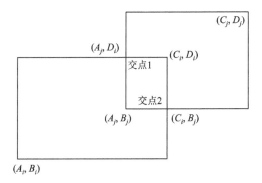

图 12.10　长和宽分别平行的两矩形相交点示意图

因为矩形区域 (A_i, B_i, C_i, D_i) 和 (A_j, B_j, C_j, D_j) 相互重叠，所以：

$$0 \leqslant C_i - A_j \leqslant \min\{C_i - A_i, C_j - A_j\} \tag{12.18}$$

$$0 \leqslant D_i - B_j \leqslant \min\{D_i - B_i, D_j - B_j\} \tag{12.19}$$

$$-\min\{C_i - A_i, C_j - A_j\} \leqslant -(C_i - A_j) \leqslant 0 \tag{12.20}$$

$$-\min\{D_i - B_i, D_j - B_j\} \leqslant -(D_i - B_j) \leqslant 0 \tag{12.21}$$

$$C_i - A_i + C_j - A_j - \min\{C_i - A_i, C_j - A_j\} \leqslant C_i - A_i + C_j - A_j - (C_i - A_j) \leqslant C_i - A_i + C_j - A_j$$

$$\tag{12.22}$$

$$D_i - B_i + D_j - B_j - \min\{D_i - B_i, D_j - B_j\} \leqslant D_i - B_i + D_j - B_j - (D_i - B_j) \leqslant D_i - B_i + D_j - B_j$$

$$\tag{12.23}$$

$$\max(C_i, C_j) - \min(A_i, A_j) \leqslant C_i - A_i + C_j - A_j \tag{12.24}$$

$$\max(D_i, D_j) - \min(B_i, B_j) \leqslant D_i - B_i + D_j - B_j \tag{12.25}$$

当长和宽分别平行的矩形区域 (A_i, B_i, C_i, D_i) 和 (A_j, B_j, C_j, D_j) 相互重叠时，有

$$\max(C_i, C_j) - \min(A_i, A_j) \leqslant C_i - A_i + C_j - A_j \tag{12.26}$$

并且：

$$\max(D_i, D_j) - \min(B_i, B_j) \leqslant D_i - B_i + D_j - B_j \tag{12.27}$$

我们把满足不等式 $\max(C_i, C_j) - \min(A_i, A_j) \leqslant C_i - A_i + C_j - A_j$ 的情形集合称作 S，把满足 $\max(D_i, D_j) - \min(B_i, B_j) \leqslant D_i - B_i + D_j - B_j$ 的情形集合称作 W，根据集合之间的关系，如图 12.11 所示，

$$\overline{S \cap W} = \overline{S} \cup \overline{W} \tag{12.28}$$

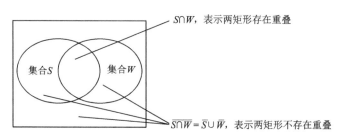

图 12.11　集合关系示意图

$\overline{S} \cup \overline{W}$ 表示 $\max(C_i, C_j) - \min(A_i, A_j) \leqslant C_i - A_i + C_j - A_j$ 或者 $\max(D_i, D_j) - \min(B_i, B_j) \leqslant D_i - B_i + D_j - B_j$。同时长和宽分别平行的矩形区域 (A_i, B_i, C_i, D_i) 和 (A_j, B_j, C_j, D_j) 只有重叠和不重叠两种关系，当长和宽分别平行的矩形区域 (A_i, B_i, C_i, D_i) 和 (A_j, B_j, C_j, D_j) 不存在重叠时，我们有如下推论。

推论 12.1　如果长和宽分别平行的矩形区域 (A_i, B_i, C_i, D_i)、(A_j, B_j, C_j, D_j) 不存在重叠，则满足 $\max(C_i, C_j) - \min(A_i, A_j) \leqslant C_i - A_i + C_j - A_j$ 且 $\max(D_i, D_j) - \min(B_i, B_j) > D_i - B_i + D_j - B_j$ 或者 $\max(C_i, C_j) - \min(A_i, A_j) > C_i - A_i + C_j - A_j$ 且 $\max(D_i, D_j) - \min(B_i, B_j) \leqslant D_i - B_i + D_j - B_j$。

如果长和宽分别平行的矩形区域 (A_i, B_i, C_i, D_i)、(A_j, B_j, C_j, D_j) 不存在重叠，则覆盖两矩形的矩形则可以表示为

$$\max(C_i, C_j) - \min(A_i, A_j) \leqslant C_i - A_i + C_j - A_j \tag{12.29}$$

或者

$$\max(D_i, D_j) - \min(B_i, B_j) \leqslant D_i - B_i + D_j - B_j \tag{12.30}$$

根据以上分析，我们可以建立返航备降区域搜索问题的多目标规划模型。

目标函数：

$$\max F = \sum_{i=1}^{N} \sum_{m=A_i+1}^{C_i} \sum_{t=B_i+1}^{D_i} f_1(m, t) \tag{12.31}$$

$$\min S\_T = \sum_{i=1}^{N} (C_i - A_i)(D_i - B_i) \tag{12.32}$$

式（12.31）表示矩形区域内包含的返航备降航班个数最多。

式（12.32）表示矩形区域面积之和最小。

约束条件：

$$\frac{\sum\limits_{m=A_i+1}^{C_i} \sum\limits_{t=B_i+1}^{D_i} f_1(m,t)}{\sum\limits_{m=A_i+1}^{C_i} \sum\limits_{t=B_i+1}^{D_i} h_1(m,t)} \geqslant P, \quad i=1,2,\cdots,N \tag{12.33}$$

$$\frac{\sum\limits_{m=A_i+1}^{C_i} \sum\limits_{t=B_i+1}^{D_i} h_i(m,t)}{(C_i-A_i)(D_i-B_i)} \geqslant L, \quad i=1,2,\cdots,N \tag{12.34}$$

$$\max(C_i,C_j)-\min(A_i,A_j) \leqslant C_i-A_i+C_j-A_j \text{或} \max(D_i,D_j)-\min(B_i,B_j)$$
$$\leqslant D_i-B_i+D_j-B_j, \quad 1 \leqslant i \leqslant j \leqslant N \tag{12.35}$$

$$C_i-A_i>0, \quad i=1,2,\cdots,N \tag{12.36}$$

$$D_i-B_i>0, \quad i=1,2,\cdots,N \tag{12.37}$$

$$0 \leqslant A_i \leqslant 11, \quad i=1,2,\cdots,N \tag{12.38}$$

$$0 \leqslant B_i \leqslant 23, \quad i=1,2,\cdots,N \tag{12.39}$$

$$1 \leqslant C_i \leqslant 12, \quad i=1,2,\cdots,N \tag{12.40}$$

$$1 \leqslant D_i \leqslant 24, \quad i=1,2,\cdots,N \tag{12.41}$$

约束中式（12.33）为矩形区域占比水平约束，式（12.34）为矩形区域支持度水平约束，式（12.35）表示矩形区域互不重叠，式（12.36）～式（12.41）表示矩形区域变量约束限制。

12.1.3　算法设计

上述模型为多目标非线性整数规划模型，同时变量为离散变量，无法准确描述出具体的函数表达，传统求解目标规划的方法受到限制，因此我们将运用生物智能算法求解。根据实际问题和模型的具体特点，相对于目标 2 矩形覆盖区域面积最小，目标 1 覆盖区域内返航备降航班数量最多具有更高的优先级，因此我们用基于离散变量的粒子群算法求解目标 1 的单目标优化问题，然后在此基础上求解目标 2 的单目标优化问题。

1. 运用离散变量粒子群算法求解目标 1

1）变量的整数处理

由于粒子位置必须是整数，因此我们采用以下方法，对新生成粒子的位置进行处理，将非整数变量处理成整数变量。

对于整数变量 M ，将其作为连续变量搜索，然后从与该连续变量值 r 相邻的两个整数 floor(r) 和 ceil(r) 中随机地选择一个作为整数变量的值，而选择概率与它们到 r 的距离成反比。如果将这样一种处理记为 INTR 操作，则有

$$M = \text{INTR}(r) = \begin{cases} \text{floor}(r), & r - \text{floor}(r) > \text{ceil}(r) - r \\ \text{ceil}(r), & \text{其他} \end{cases} \tag{12.42}$$

其中，r 为代表整数变量的连续变量的值；floor() 和 ceil() 分别为向下和向上取整操作。

2）适应度函数的构建

设月份轴上存在 k 个分割点，时间轴上存在 w 个分割点，每个粒子是一个 $w+k$ 维的向量 $X_i = (x_{i1}, x_{i2}, \cdots, x_{i,k+w})$ ，则二维平面被分割成 $(k+1)(w+1)$ 个区域，每个区域的占比约束和支持度约束可以写成如下表达：

$$g_1(i) = \frac{\sum\limits_{m=A_i+1}^{C_i} \sum\limits_{t=B_i+1}^{D_i} f_1(m,t)}{\sum\limits_{m=A_i+1}^{C_i} \sum\limits_{t=B_i+1}^{D_i} h_1(m,t)} - P, \quad i = 1, 2, \cdots, N \tag{12.43}$$

$$g_2(i) = \frac{\sum\limits_{m=A_i+1}^{C_i} \sum\limits_{t=B_i+1}^{D_i} h_1(m,t)}{(C_i - A_i)(D_i - B_i)} - L, \quad i = 1, 2, \cdots, N \tag{12.44}$$

通过下面的目标函数 $F(S)$ 来评价适应度：

$$F(S) = \sum_{i=1}^{(k+1)(w+1)} f_2(s_i) \cdot \max\left(\frac{g_1(s_i)}{|g_1(s_i)|} + \frac{g_2(s_i)}{|g_2(s_i)|}, 0 \right) \cdot \frac{1}{2} \tag{12.45}$$

3）离散变量粒子群算法具体步骤

（1）初始化 N 个粒子位置 X_0 和速度 v 、运算的最大迭代次数 N 、参数 c_1 和 c_2 。

（2）index = 1，根据式（12.45）确定第 i 个粒子的适应度值 fitness$_i$ = $F(X_i)$ ，$i = 1, 2, \cdots, N$ 。

（3）评估粒子适应度值，更新该次迭代最优适应度值 fitness$_l$ 和对应位置 $X_l = (x_{l1}, x_{l2}, \cdots, x_{lj}, \cdots, x_{l,w+k})^T$ ；更新种群最优适应度 gbest ，以及种群对应的最优位置 $X_g = (x_{g1}, x_{g2}, \cdots, x_{gj}, \cdots, x_{g,w+k})^T$ 。

（4）若 index = N ，算法终止，返回当前最优适应度值和对应的最优粒子位置；若不满足停止规则，则跳转到步骤（5）。

（5）按式（12.46）和式（12.47）更新各粒子的位置和速度，返回步骤（2）。

$$v(\text{index}+1) = v(\text{index}) + c_1 \cdot \text{rand}_1 \cdot (X_l - X(\text{index})) + c_2 \cdot \text{rand}_2 \cdot (X_g - X(\text{index})) \tag{12.46}$$

$$X(\text{index}+1) = X(\text{index}) + v(\text{index}+1) \tag{12.47}$$

并采用式（12.42），将 $X(\text{index}+1)$ 中的非整数变量处理成整数变量，得到新的粒子位置 $X_{\text{index}+1}$，$\text{index}=\text{index}+1$，转入步骤（2）。

2. 在目标 1 求解的基础上求解目标 2

由于目标 1 和目标 2 属于帕累托最优，一个目标的改善会带来另一个目标的恶化。面积最小实际上是剔除那些对整个区域支持度和占比水平贡献度较低的区域。

某月 m 对区域 $i(A_i, B_i, C_i, D_i)$ 占比水平的贡献度表示为

$$\alpha\_\mathrm{M}_{i\_m} = \frac{\sum\limits_{t=B_i}^{D_i} f_1(m,t)}{\sum\limits_{t=B_i}^{D_i} h_1(m,t)} - P \qquad (12.48)$$

某月 m 对区域 $i(A_i, B_i, C_i, D_i)$ 支持度的贡献度表示为

$$\beta\_\mathrm{M}_{i\_m} = \sum_{t=B_i}^{D_i} h_1(m,t) - (D_i - C_i + 1)L \qquad (12.49)$$

某时间段 t 对区域 $i(A_i, B_i, C_i, D_i)$ 占比水平的贡献度表示为

$$\alpha\_\mathrm{T}_{i\_t} = \frac{\sum\limits_{m=A_i}^{C_i} f_1(m,t)}{\sum\limits_{m=A_i}^{C_i} h_1(m,t)} \qquad (12.50)$$

某时间段 t 对区域 $i(A_i, B_i, C_i, D_i)$ 支持度的贡献度表示为

$$\beta\_\mathrm{T}_{i\_t} = \sum_{m=A_i}^{C_i} h_1(m,t) - (B_i - A_i)L \qquad (12.51)$$

对于覆盖矩形区域 (A_i, B_i, C_i, D_i) 来说：

（1）计算 A_i 月份对矩形区域 (A_i, B_i, C_i, D_i) 占比水平和支持度的贡献度 $\alpha\_\mathrm{M}_{i\_A_i}$ 和 $\beta\_\mathrm{M}_{i\_A_i}$。

（2）计算 B_i 月份对矩形区域 (A_i, B_i, C_i, D_i) 占比水平和支持度的贡献度 $\alpha\_\mathrm{M}_{i\_B_i}$ 和 $\beta\_\mathrm{M}_{i\_B_i}$。

（3）计算 C_i 时间段对矩形区域 (A_i, B_i, C_i, D_i) 占比水平和支持度的贡献度 $\alpha\_\mathrm{T}_{i\_C_i}$ 和 $\beta\_\mathrm{T}_{i\_C_i}$。

（4）计算 D_i 时间段对矩形区域 (A_i, B_i, C_i, D_i) 占比水平和支持度的贡献度 $\alpha\_\mathrm{T}_{i\_D_i}$ 和 $\beta\_\mathrm{T}_{i\_D_i}$。

（5）随机选择一个 α 和 β 均小于 0 的行或者列剔除，对矩形区域 i 进行调整。

重复步骤（1）～步骤（5），直到不存在 α 和 β 均小于 0 的行或者列，此时得到面积最小的覆盖矩形区域。

12.1.4 算例分析

为了确保算法的合理性，我们针对如下简单例子（见附录 A）进行求解验证，可以看到例子中存在两个明显的高风险区域，但仅凭观察可能无法确定区域的边界。

根据数据的具体特征，在时间段和月份维度上各设置四个点并利用上述启发式算法求解，可以得到（7 月，10 月，5:00，10:00）和（2 月，5 月，13:00，18:00）两个高风险频发子集，对这两个高风险频发子集进行放大均不满足约束条件，启发式算法具有比较好的效果。

本算例以某航空公司某目的机场 2005～2009 年返航备降航班为例，分析返航备降高风险频发子集，详细数据见附录 B。

1. 对目标 1 进行单目标优化问题求解

把 24×12 个矩形区域分割为 9 块，月份维度和时间段维度上各有两个分割点，则粒子 i 可以表示为 $(m_{i1}, m_{i2}, t_{i1}, t_{i2})$，$c_1 = 0.5$，$c_2 = 0.5$。迭代次数取 200 时，由于数据规模较小，需要较少的迭代即可达到满意解状态，结果见表 12.1。

表 12.1 对目标 1 进行单目标优化求解情况

月份	时间段	返航备降航班	航班数量	占比
1～5 月	10:00～24:00	102	962	0.106 03
6～7 月	8:00～10:00	21	137	0.153
8～12 月	8:00～10:00	77	587	0.131

2. 在前述优化结果的基础上对目标 2 进行优化

在表 12.1 覆盖矩形区域的基础上对目标 2 进行优化求解，可到如下覆盖矩形区域，如表 12.2 所示。

表 12.2 目标 2 求解优化情况

月份	时间段	返航备降航班	航班数量	占比
1～5 月	10:00～20:00	97	957	0.101 36
6～11 月	8:00～10:00	98	721	0.135 92

根据表 12.2，在月份和时间段维度上各设置两个分割点，把占比阈值设定为 0.1，航班平均数量阈值设定为 10，可得两个返航备降高风险频发子集，分别是 1~5 月的 10:00~20:00 和 6~10 月的 8:00~10:00，在这两个高风险频发子集内满足两个阈值水平的矩形小格的数量为 16 个，约占满足两个阈值水平矩形小格总数的 70%，高风险频发子集覆盖面积约占总面积的 22%，但包含返航备降航班数量约占返航备降总数量的 46%，同时高风险频发子集的结论也得到航空公司专家的认可。

返航备降作为一种保证航空安全的有效措施，由于所处的地理位置和具体环境不同，不同的目的机场返航备降航班呈现季节性差异，不同的季节、不同的时间段返航备降的发生情况是不同的，因此本节建立返航备降高风险频发子集搜索模型对不同目的机场返航备降航班的季节性规律进行分析，确定返航备降航班发生的密集时间段，为签派人员重点放行监控提供决策辅助，从而在确保安全生产的基础上，有效降低返航备降航班的经济损失，该模型在实际应用一年多的时间内，有效避免 30 余班次返航备降航班。此外，多属性频发子集搜索模型在许多领域具有应用价值，如贷款客户的信用评估、可靠性分析等。

12.2　基于峰值负荷的签派员席位任务分配

12.2.1　问题描述

航空公司每天执行大量的航班任务，它的运作过程一般如下：首先，市场部门通过市场分析，根据本公司有限的运力，参照中国民用航空局所审批的本公司的航线经营权，制订一个较长期的航班计划（一般每年分为冬春和夏秋两季）。然后，再做出一个短期公司所要执行的航班计划，一般为周计划。最后，航空公司的运行控制中心根据这个生产计划协同各个相关单位制订出第二天的运行计划，下发公司及各个保障单位，第二天的航班运行计划进入航空公司的航班动态控制系统（显示航班执行状况的动态实时系统）。签派员的日常工作便是放行航班动态控制系统中的航班，当然签派员还负责放行后的动态监控、突发事件下的运力调整、部门协调等工作，本节只关注签派放行工作。

签派放行工作是飞机起飞前安全审核的一环，对飞行安全质量有重要影响。值班签派员必须对所放航班的航线、天气情况（起飞机场、备降机场和目的地机场）、机组成员情况、设备情况、航路通信导航状况等各方面情况综合分析，做出放行决策，与机长共同签署放行单。目前，国内航空公司大都将航班动态控制系统中的当天航班按照某规则（如机型）划分成多个放行席位，每个放行席位安排一名签派员执行放行任务，该签派员按照航班起飞时间逐一放行，放行完一个航班再放行另一个航班，不能同时放行两个航班。航班因航线、机型等不同，其放行难度不同，继而放行处理的时间不同。例如，国内航班放行主要受当地空中管制状况与天气的影响，而国际航班放行的复杂度多体现在由不同国家提供航行通告数据的整合上，国际航班的放行时间多比国内航班的放行时间长。另外，航空公司为保障生产，对签派放行工作大都有一些时间规定，如一般航班需在航班起飞前 3h 开始放行工作［即放行时间（release time）］，机组在航班起飞前 1.5h 拿放行单，即签派放行员在航班起飞前 1.5h 必须完成放行任务［即截止期限（deadline）］。

　　不同时段航班密度的不同必然会造成签派员的负荷波动，若任务分配规则不合理，导致某放行席位负荷超重，签派员便会因疲劳、压力等使放行质量降低，成为飞机运行安全的隐患。本节着重研究，给定航班放行任务下，根据每个航班的放行时间与截止期限，给出该签派员执勤过程中峰值负荷最小的一种任务时刻安排[140]。在这种安排下，若某时段签派员的负荷仍然超出负荷标准值，则说明该岗位分配的任务不合理，签派领导可根据其航线组成状况及其他岗位的负荷状况给予调整，保障生产安全。在本节，负荷用任务的总处理时间表示。

　　前面提到的问题可以对应为如下问题：单机上有排好序的任务集合，每个任务都有一个放行时间、截止期限和处理时间（procession time，处理时间因任务的不同而不同），任务在处理过程中不能中断，事先将单机的工作时间划分为多个时间段，任务可以跨时间段端点处理，处于各时段的工作时间形成该时段的负荷量，峰值负荷便是其中最大的负荷量，求解在不延误完成放行任务的前提下，使机器的峰值负荷最小的一种任务安排。

　　该问题属于单机排序问题。在已有的文献中，单机排序研究的目标多为与完工时间相关的加权完工时间$\left(\sum w_j C_j\right)$、最大延误$(L_{\max})$、误工任务数$\left(\sum U_j\right)$、平均延误时间$\left(\sum w_j D_j\right)$等。单机处理过程中的峰值负荷最小目标很少有文献提及。目前，对签派员的任务负荷分配的研究也比较少，其中仅有一种隐式枚举算法，它将一天任务计划按照不同签派员的放行能力动态分配给不同签派员，考虑一定数量的签派员，能否按时完成放行任务，不考虑分配后签派员某时段放行负荷是否繁重。这种任务分配方式与国内航空公司的做法不同，国内航空公司先根据航班特点（特别是航班的机型）设置几个不同的放行岗位，然后再配置签派员。

12.2.2　模型提出

　　单机排序的最简单问题可描述如下：有 n 个任务，p_i 是第 i 个任务在机子上的加工时间，令 s_i 表示开始处理第 i 个任务的时间，问题为确定任务的 s_i，使它达到某目标。

若任务有放行时间和截止期限约束，如第 i 个任务的放行时间为 r_i，截止期限为 d_i，任务不能延误处理，那么任务的开始时间 s_i 满足下面的约束：

$$r_i \leqslant s_i \leqslant d_i - p_i \tag{12.52}$$

若机器每次只能处理一个任务，任务在处理时不能中断，那么可以用式（12.53）~式（12.55）表示新增加的约束：

$$\alpha y_{ij} + s_i - s_j \geqslant p_i \tag{12.53}$$

$$\alpha(1 - y_{ij}) + s_j - s_i \geqslant p_i \tag{12.54}$$

$$y_{ij} + y_{ji} = 1 \tag{12.55}$$

其中，$y_{ij} = \begin{cases} 1, & \text{如果任务} i \text{先于} j \text{加工} \\ 0, & \text{其他} \end{cases}$；$\alpha$ 是个非常大的正数。

假设任务优先序列已经给定，设任务集合为 J，且将任务按优先序列排定并以 $1,2,\cdots,n$ 标号，那么式（12.53）~式（12.55）可简化为

$$s_j + p_j \leqslant s_{j+1}, \quad j = 1,2,\cdots,n-1 \tag{12.56}$$

目标是单机的峰值负荷，设将该机器的工作时间段平均划分为 T 个时段，第 k 时段的时间区间为 $[t_{k-1}, t_k)$，第 j 个任务的加工区间为 $[s_j, s_j + p_j)$，用 L_k 表示第 k 时段的负荷：

$$L_k = \sum_{j \in J} |[s_j, s_j + p_j) \cap [t_{k-1}, t_k)| \tag{12.57}$$

其中，$[s_j, s_j + p_j) \cap [t_{k-1}, t_k)$ 是两个区间的交集区间，计算公式如下：

$$[s_j, s_j + p_j) \cap [t_{k-1}, t_k)$$
$$= \begin{cases} 0, & s_j + p_j \leqslant t_{k-1} \text{或} s_j \geqslant t_k \\ [\min\{s_j, t_{k-1}\}, \max\{t_k, s_j + p_j\}), & s_j + p_j > t_{k-1} \text{且} s_j < t_k \end{cases} \tag{12.58}$$

$|\cdot|$ 算子是区间到负荷的一个映射，如 $|[s_j, s_j + p_j)| = s_j + p_j - s_j = p_j$。一般情况下，$|[t_{k-1}, t_k)| > p_i$，即任务的加工时间短于设定的时段长度。

因此要研究的问题模型可表示如下：

$$\min \max \{L_1, L_2, \cdots, L_T\} \tag{12.59}$$

s.t.

$$L_k = \sum_{j=1}^{n} |[s_j, s_j + p_j) \cap [t_{k-1}, t_k)|, \quad k = 1,2,\cdots,T \tag{12.60}$$

$$r_j \leqslant s_j \leqslant d_j - p_j, \quad j = 1,2,\cdots,n \tag{12.61}$$

$$s_j + p_j \leqslant s_{j+1}, \quad j = 1,2,\cdots,n-1 \tag{12.62}$$

$$\sum_{k=1}^{T} L_k = \sum_{j=1}^{n} p_j \tag{12.63}$$

其中，式（12.60）是时段负荷的表达式；式（12.61）是各任务的开始时间约束；式（12.62）是任务优先序及单位时间只处理一个任务的约束；式（12.63）是所有任务全安排的约束。

12.2.3 算法设计

1. 可行性检验

基于项目管理中的关键路径法（critical path method，CPM）技术，将任务 1 的最早开始时间设为 $ES_1 = \max\{r_1, t_0\}$，后续任务的 $ES_j = \max\{r_j, ES_{j-1} + p_{j-1}\}$，$j = 2$，$3, \cdots, n$。如果对 $\forall j$，都有 $ES_i + p_i \leqslant d_i$，则原问题有可行解，否则原问题无可行解。

若原问题无可行解或原问题有可行解但 $\exists j \in J$，$ES_i + p_i = d_i$，意味着安排给该席位的任务无法在规定时间内完成或刚好完成，显然这种任务安排无法调整。下面是在 $\forall j \in J$，$ES_i + p_i < d_i$ 的情况下，对时段峰值负荷的讨论。

2. 削峰算法原理与步骤

峰值负荷最小问题的优化算法原理为：首先，根据任务优先序、每个时刻只能处理一个任务的规定，基于项目管理中的 CPM 技术计算各任务的最早开始时间 ES_i 和最晚开始时间 LS_i。然后将任务的实际开始处理时间 s_i 初始化为 ES_i，若想降低峰值负荷，只能利用各任务的自由时差向后移动任务处理时间段的形式来达到削峰的目的。图 12.12 是高峰负荷时段的任务结构示意图。这里 k_{max} 是高峰时段，把每个时段任务分为两类：一类任务在挪出过程中，会使 $\sum_{k=k_{max}}^{T} L_k$ 增加；二类

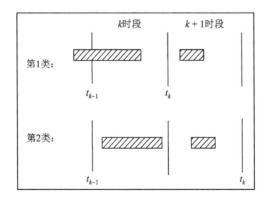

图 12.12 高峰负荷时段的任务结构示意图

任务在挪出过程中，不影响 $\sum_{k=k_{\max}}^{T} L_k$。这里所提出的削峰算法是将第一类情况化为第二类情况后，再进行削峰处理。

削峰优化算法所用变量定义如下。

j_k^1 表示跨 k 时段左端点的任务，该任务满足 $s_{j_k^1} < t_{k-1}$ 且 $s_{j_k^1} + p_{j_k^1} > t_{k-1}$，$k = 1,2,\cdots,T$；$J_k^2 = \{j \mid s_j \geqslant t_{k-1} \text{且} s_j < t_k\}$ 表示开始时间处于 k 时段的任务集合，集合元素顺序与 j 的排序相同；$\mathrm{Lout}_{J_k^2}$ 表示 k 时段 J_k^2 任务可调入 $k+1$ 时段的任务量，计算公式如下：

$$\mathrm{Lout}_{J_k^2} = \sum_{j \in J_k^2} \left(|[\mathrm{LS}_j, \mathrm{LS}_j + p_j) \cap [t_k, t_T)| \right.$$
$$\left. - |[s_j, s_j + p_j) \cap [t_k, t_{k+1})| \right) \tag{12.64}$$

其中，$|[\mathrm{LS}_j, \mathrm{LS}_j + p_j) \cap [t_k, t_T)|$ 是 j 任务可留在 $k+1$ 时段的最大任务量；$|[s_j, s_j + p_j) \cap [t_k, t_{k+1})|$ 是 j 任务当前留在 $k+1$ 时段的任务量。

$\mathrm{Lout}_{j_k^1}$ 表示 k 时段 j_k^1 任务可调入 $k+1$ 时段的任务量。计算公式如下：

$$\mathrm{Lout}_{j_k^1} = |[\mathrm{LS}_{j_k^1}, \mathrm{LS}_{j_k^1} + p_{j_k^1}) \cap [t_k, t_T)| \tag{12.65}$$

Lout_{J_k} 表示 k 时段任务可调入 $k+1$ 时段的任务量：

$$\mathrm{Lout}_{J_k} = \mathrm{Lout}_{j_k^1} + \mathrm{Lout}_{J_k^2} \tag{12.66}$$

$\underline{L} = \max_{j \in J}\left\{\dfrac{p_j}{2}\right\}$ 是峰值负荷的下界；$\overline{L_{k,w}}$ 是 $k \sim w$ 时段的平均负荷，这里若 $J_k^2 \neq \varnothing$，$\overline{L_{k,w}} = \dfrac{\sum_{i=k}^{w} L_i}{w - k + 1}$，否则 $\overline{L_{k,w}} = \dfrac{\sum_{i=k}^{w} L_i + t_{k-1} - s_{j_k^1}}{w - k + 1}$；$\Delta L_{k,w}$ 是 w 时段负荷达到 $\overline{L_{k,w}}$ 需调入的负荷量，$\Delta L_{k,w} = \overline{L_{k,w}} - L_w$；$\mathrm{Out}_k$ 是从 k 时段任务实际调入 $k+1$ 时段的任务量；$\mathrm{temp\_Out}_k$ 是从 k 时段任务试探调入 $k+1$ 时段的任务量；$\mathrm{temp\_Lout}_{J_k^2}$ 是从 $k-1$ 调入 $\mathrm{temp\_Out}_k$ 后，k 时段 J_k^2 任务可调入 $k+1$ 时段的任务量；$\mathrm{Leq}_{k,w-1}$ 是在 $L_k = L_{k+1} = \cdots = L_{w-1}$ 下，仅挪动各时段的 $J_s^2 (s \in \{k, k+1, \cdots, w-1\})$ 使 $L_k, L_{k+1}, \cdots, L_{w-1}$ 仍保持相等的 s 时段 J_s^2 任务的最大调出量：

$$\mathrm{Leq}_{k,w-1} = \min_{s \in \{k, k+1, \cdots, w-1\}} \left\{ \frac{\mathrm{Lout}_{J_s^2}}{s - k + 1} \right\} \tag{12.67}$$

削峰优化算法具体步骤如下。

（1）初始化负荷分布，计算各任务的 ES_j、LS_j 并将任务的开始加工时间 s_j 设置为 ES_j，$j = 1, 2, \cdots, n$。计算 $L_k (k = 1, 2, \cdots, T)$。

（2）确定削峰目标。搜索各时段负荷值，将出现的第一个最高峰时段设为削峰目标时段，该时段设为 $k_{\max}$。

若 $L_{k_{\max}} = \underline{L}$，进入步骤（5）；若 $L_{k_{\max}} > \underline{L}$，计算 $k_{\max}$ 后续时段中第一个不等于 $L_{k_{\max}}$ 的时段，将该时段用 w 标记。若不存在使条件成立的 w，返回步骤（5）；否则，进入步骤（3）。

（3）削峰。计算 $\Delta L_{k_{\max},w}$，$\mathrm{Lout}_{j_k^1}$，$\mathrm{Lout}_{J_k^2}$，Lout_{J_k}，$k = k_{\max}, k_{\max}+1, \cdots, w-1$。

①若 $\exists k$，$k_{\max} \leqslant k \leqslant w-1$，有 $\mathrm{Lout}_{J_k} = 0$。进入步骤（5）。

②若对 $\forall k$，$k_{\max} \leqslant k \leqslant w-1$ 都有 $\mathrm{Lout}_{J_k^2} > 0$，计算 $\mathrm{Leq}_{k_{\max},w-1}$。

若 $\mathrm{Leq}_{k_{\max},w-1} \geqslant \Delta L_{k_{\max},w}$，令 $\mathrm{Out}_k = (k - k_{\max}+1)\mathrm{Leq}_{k_{\max},w-1}$，$k = k_{\max}, k_{\max}+1, \cdots$，$w-1$。依次更新 $s = w, w-1, \cdots, k_{\max}$ 时段的任务时刻安排及 L_s（更新具体步骤见下面的内容）后，返回步骤（2）。

若 $\mathrm{Leq}_{k_{\max},w-1} < \Delta L_{k_{\max},w}$，令 $\mathrm{Out}_k = \dfrac{k - k_{\max}+1}{w - k_{\max}} \Delta L_{k_{\max},w}$，$k = k_{\max}, k_{\max}+1, \cdots, w-1$，依次更新 $s = w, w-1, \cdots, k_{\max}$ 时段的任务时刻安排及 L_s，返回步骤（2）。

③若 $\forall k$，$k_{\max} \leqslant k \leqslant w-1$，有 $\mathrm{Lout}_{J_k} > 0$，并且 $\exists k'$，$k_{\max} \leqslant k' \leqslant w-1$，$J_{k'}^2 = \varnothing$，进入步骤（4）。

（4）设当前的所有任务的时刻安排为 G，并复制 G 给 Q。

若 $J_{k_{\max}}^2 = \varnothing$：①令 $k_0 = k_{\max}$，$k = k_0$，计算 $\mathrm{Lout}_{j_k^1}$，并令 $\mathrm{temp\_Lout}_{J_k^2} = \mathrm{Lout}_{j_k^1}$，进入步骤②；②判断高峰是否可以削减，若能削减，则改变峰值负荷时段的任务结构并返回步骤（2），否则返回步骤（5），具体判别步骤在后面。

若 $J_{k_{\max}}^2 \neq \varnothing$：复制当前的所有任务的时刻安排 G 给 Q。

设 k_0 是 $J_k^2 = \varnothing$ 的最小时段，令 $k = k_0$，计算 $\mathrm{Lout}_{j_k^1}$，并令 $\mathrm{temp\_Lout}_{J_k^2} = \mathrm{Lout}_{j_k^1}$，进入步骤②。

（5）算法结束，输出各任务的时刻安排。

对上述算法步骤的补充说明如下。

首先，已知 k 时段调出量 Out_k 或 $\mathrm{temp\_Out}_k$，执行以下步骤。

（1）保持 $k+1$ 时段任务负荷量不变，将该时段各任务尽量后移。即 $k+1$ 时段跨端点的任务处理时间段保持不变，其他任务的开始处理时间 $s_j = \min(\mathrm{LS}_j, s_{j+1} - p_j)$。

（2）将 k 时段任务根据任务序号逆序一个个调入 $k+1$ 时段直到调入量达到 Out_k 或 $\mathrm{temp\_Out}_k$。调入的每一个任务的 $s_j = \min(\mathrm{LS}_j, s_{j+1} - p_j)$。

其次，算法步骤（4）中的第②步的具体步骤如下。

如果 $k < w$，且 Q 内 $\mathrm{temp\_Lout}_{J_k^2} > t_{k_0-1} - s_{j_{k_0}^1} + \displaystyle\sum_{j=k_0}^{k} L_j - (k - k_0 + 1)L_{k_{\max}}$，则有

$\text{temp\_Out}_k = t_{k_0-1} - s_{j_{k_0}^1} + \sum_{j=k_0}^{k} L_j - (k-k_0+1)L_{k_{\max}}$ ，更新 Q 内 k 和 $k+1$ 时段任务的时刻安排。$k=k+1$；计算 $\text{temp\_Lout}_{J_k^2}$ ，返回步骤（4）中的第②步。

如果 $k<w$ ，且 Q 内 $J_k^2 \neq \varnothing$ 且 $\text{temp\_Lout}_{J_k^2} > 0$ 且 $\text{temp\_Lout}_{J_k^2} \leqslant t_{k_0-1} - s_{j_{k_0}^1} + \sum_{j=k_0}^{k} L_j - (k-k_0+1)L_{k_{\max}}$ ，则 $\text{temp\_Out}_k = \text{temp\_Lout}_{J_k^2}$ ，更新 Q 内 k 和 $k+1$ 时段任务的时刻安排。计算 $\text{temp\_Lout}_{j_k^1}$ ，令 $\text{temp\_Lout}_{J_k^2} = \text{temp\_Lout}_{j_k^1}$ 。令 $k_0 = k$ ，$k = k_0$ ，返回步骤（4）中的第②步。

如果 $k<w$ 且 Q 内 $J_k^2 \neq \varnothing$ 且 $\text{temp\_Lout}_{J_k^2} = 0$ ，则原任务时刻安排 G 不变，返回步骤（5）。

如果 $k<w$ 且 Q 内 $J_k^2 = \varnothing$ 且 $\text{temp\_Lout}_{J_k^2} \leqslant t_{k_0-1} - s_{j_{k_0}^1} + \sum_{j=k_0}^{k} L_j - (k-k_0+1)L_{k_{\max}}$ ，则原任务时刻安排 G 不变，返回步骤（5）。

如果 $k=w$ 且 $L_w + \text{temp\_Out}_{w-1} \geqslant L_{k_{\max}}$ 且 $w<T$ 则 $w=w+1$ ，返回步骤（4）中的第②步。

如果 $k=w$ 且 $L_w + \text{temp\_Out}_{w-1} < L_{k_{\max}}$ 且 $w \leqslant T$ 则 $\text{Out}_k = \text{temp\_Out}_k$ ，更新 G 内 k 和 $k+1$ 时段任务时刻安排，$k = k_{\max}, \cdots, w-1$ ，返回步骤（2）。

如果 $k=w$ 且 $L_w + \text{temp\_Out}_{w-1} \geqslant L_{k_{\max}}$ ，$w=T$ ，则进入步骤（5）。

3. 算法精确度及复杂度

由于算法迭代中，最高峰负荷相同的时段可能不唯一，这里用 $k_{\max} = \min\limits_{k=1,2,\cdots,T} \{k \mid L_k = L_{k_{\max}}\}$ 标识多个峰值负荷时段下最小的时段。根据算法有下面引理成立。

引理 12.1 基于由各任务最早开始时间得到的初始负荷分布，$k_{\max}$ 的第一个任务的开始时间最多向后移动一个时段。

证明：由于初始负荷分布是由各任务的最早开始时间得到的，所以降低高峰的措施只能将高峰时段内的部分任务移到之后的时段。设 $k_{\max}$ 时段的第一个任务标号为 j_0 。

对于 j_0 作为初始分布中 $k_{\max}$ 时段的第一个任务，即算法进行中 $k_{\max}$ 时段的第一个任务不曾改变，则若该任务开始时间向后移动了 2 个时段，$L_{k_{\max}} = 0$ 。对 $k_{\max}$ 时段及以后时段的任务负荷而言，$L_{k_{\max}} = 0$ 时最优解下的峰值 $L' \geqslant \dfrac{\sum_{i=k_{\max}}^{T} L_{k_{\max}}}{T - k_{\max}}$ ；

$L_{k_{\max}} \neq 0$ 时最优解下的峰值 $L'' \geqslant \dfrac{\displaystyle\sum_{i=k_{\max}}^{T} L_{k_{\max}}}{T - k_{\max} + 1}$。显然 $L' > L''$，因此在原问题最优解下，最高峰时段 $k_{\max}$ 的第一个任务最多向后移动一个时段。

由于 j_0 是由前面时段移动过来继而成为 $k_{\max}$ 的第一个任务的，假设移动前该任务处于时段 $k'_{\max}$，$k'_{\max} < k_{\max}$。按照算法进行任务移动时，保证从 $k'_{\max}$ 到 $w-1$ 时段负荷都等于 $L_{k'_{\max}}$，这里 $w \geqslant k_{\max}$，因此有 $L_{k'_{\max}} \geqslant L_{k_{\max}}$，即 $k_{\max}$ 不是峰值负荷的最小时段，与假设矛盾，故引理成立。

定理 12.3 本节提出的优化算法可以得到目标函数的一个最优任务时刻安排。

证明： 假设应用该算法得到的负荷峰值为 a，所处最小时段为 k_a，k_a 时段中第一个任务记为 J_a，开始时间为 s_a，J_a 在最优解中的开始时间为 s_a^1。

如果 $s_a^1 < s_a$，即在最优解中 J_a 的开始时间早于削峰优化算法中 J_a 的开始时间。若 $s_a^1 < s_a < t_{k_a-1}$，即 J_a 是 $J_{k_a-1}^1$ 类任务。根据算法，J_a 的后移只有下面两种情况：①J_a 作为前一时段的任务后移；②J_a 作为初始负荷分布中 k_a 时段的第一个任务后移。

对于情况①，根据削峰优化算法的步骤（3）和步骤（4），J_a 向后移动的条件是，$L_{k_a-1} \geqslant L_{k_a}$ 或 $L_{k_a-2} \geqslant L_{k_a}$，这显然与 k_a 是峰值负荷的最小时段矛盾。

对于情况②，根据削峰优化算法的步骤（3）和步骤（4），J_a 向右移动的条件是 $J_{k_a}^2 = \varnothing$，J_a 移动后，必然有 $s_a > t_{k_a-1}$，这与前提假设中 $s_a < t_{k_a-1}$ 矛盾。

若 $s_a > t_{k_a-1} > s_a^1$，根据引理 12.1，最优解中 J_a 任务不可能是 $J_{k_a-1}^1$ 类任务。因此 J_a 的后移只有下面一种情况：J_a 作为前一时段的 $J_{k_a-1}^2$ 类任务后移。针对这个情况，根据削峰优化算法的步骤（3），J_a 向后移动后，必然有 $L_{k_a-1} \geqslant L_{k_a}$，这与 k_a 是峰值负荷的最小时段矛盾。

因此，最优解下 J_a 的开始时间必然满足 $s_a^1 \geqslant s_a$。

即在最优解中 J_a 的开始时间晚于算法得到的 J_a 的开始时间。根据问题假设，所有任务的处理顺序保持不变，则必然 $\{J_{a+1}, J_{a+2}, \cdots, J_n\}$ 均在 J_a 之后。设 w_a 是算法结束后第一个不等于 L_{k_a} 的 k_a 后的时段，此时 k_a 至 w_a 各时段任务的结构有以下三种情况。

（1）$\forall k$，$k_a \leqslant k \leqslant w_a - 1$，$J_k^2 \neq \varnothing$。

（2）$J_{k_a}^2 = \varnothing$。

（3）$J_{k_a}^2 \neq \varnothing$，但 $\exists k$，$k \in \{k_a+1, \cdots, w_a-1\}$，$J_k^2 = \varnothing$。

对于情况（1），根据算法可知，算法结束后必然 $L_{k_a} = L_{k_a+1} = \cdots = L_{w_a-1}$ 且 $L_{w_a} < a$，并且 $\exists k$，$k_a+1 \leqslant k \leqslant w_a-1$，$\text{Lout}_{J_k} = 0$。而在最优解下，$k_a \leqslant k \leqslant w_a-1$，有 $L_k^1 < L_k$ 成立，因此 $\text{Lout}_{J_k^2} > 0$ 成立。显然这与算法结束条件矛盾，故若出现情况（1），算法得到的解必然是最优解。

对于情况（2），因 k_a 时段仅包含 J_a 一个任务，故若 $s_a^1 \leqslant t_{k-1}$，则 $L_{k_a}^1 > L_{k_a} = a$ 必然成立，这与原假设最优解小于 a 矛盾。因此，若算法得到的解不是最优解，那么最优解下必然有 $s_a^1 > t_{k_a-1}$。又因最优解下 $L_{k_a}^1 < L_{k_a}$，必然有 $\mathrm{Lout}_{J_{k_a}^1} > t_{k_a-1} - s_a$ 成立。令 k_a 时段调出量 $\mathrm{Out}_{k_a} = t_{k_a-1} - s_a$，并更新 k_a、k_a+1 时段的受影响任务的开始时间，则此时更新后的当前 k 时段的负荷 $L_{k_a}' = a$，$L_{k_a+1}' = t_{k_a-1} - s_a + L_{k_a+1}$ 且 $\mathrm{Lout}_{J_a^2} > 0$，计算 $\mathrm{Lout}_{J_{k_a+1}^2}$。因最优解中 $L_{k_a+1}^1 < a$，故 $\mathrm{Lout}_{J_{k_a+1}} > t_{k_a-1} - s_a + L_{k_a+1} - a$ 成立。当 $\mathrm{Lout}_{J_{k_a+1}} > t_{k_a-1} - s_a + L_{k_a+1} - a$ 时，又分两种子情况：

（2 Ⅰ）$\mathrm{Lout}_{J_{k_a+1}^2} > t_{k_a-1} - s_a + L_{k_a+1} - a$。

（2 Ⅱ）$\mathrm{Lout}_{J_{k_a+1}^2} \leqslant t_{k_a-1} - s_a + L_{k_a+1} - a$。

对于子情况（2 Ⅰ），$\mathrm{Out}_{k_a+1} = t_{k_a-1} - s_a + L_{k_a+1} - a$，则此时 $L_{k_a+1}' = a$ 且 $\mathrm{Lout}_{J_{k_a+1}^2} > 0$，更新 k_a+1、k_a+2 的任务，计算 Lout_{J^2}，因最优解中 $L_{k_a+2}^1 < a$，故 $\mathrm{Lout}_{J_{k_a+2}} > t_{k_a-1} - s_a + L_{k_a+1} + L_{k_a+2} - 2a$ 成立，又分两种子情况：

（2 Ⅰ a）$\mathrm{Lout}_{J_{k_a+2}^2} > t_{k_a-1} - s_a + \sum\limits_{k=k_a}^{k_a+2} L_{k_a} - 3a$。

（2 Ⅰ b）$\mathrm{Lout}_{J_{k_a+2}^2} \leqslant t_{k_a-1} - s_a + \sum\limits_{k=k_a}^{k_a+2} L_{k_a} - 3a$。

若子情况（2 Ⅰ a）成立，则重复上述操作，使 $L_{k_a+2}' = a$，以此类推后面的分析直到 $w-1$ 时段。

综上，对情况（2）的分析结果可归纳为两类。

第一类：对每一时段任务的分析都只有第一种子情况成立。即对第一时段任务进行分析时，有子情况（2 Ⅰ）成立，对第二时段任务进行分析时，有子情况（2 Ⅰ a）成立，以此类推。第一种情况成立，则更新后的结果必然满足 $L_{k_a}' = L_{k_a+1}' = \cdots = L_{w-1}' = a$，$L_w' < a$ 且 $\mathrm{Lout}_{J_k^2} > 0$，$k_a \leqslant k \leqslant w-1$，此时属于情况（1），算法不会在此终止，$L_{k_a}$ 仍可以降低，与假设矛盾。

第二类：至少存在一个时段，在对该时段任务进行分析时出现了第二种子情况。设 k_0 是第二类成立的最小时段，此时必然有 $L_{k_2}' = \cdots = L_{k_0-1}' = a$，$\mathrm{Lout}_{J_{k_0}^2} \leqslant t_{k_a-1} - s_a + \sum\limits_{j=k_2}^{k_0} L_j - (k_0 - k_a + 1)a$ 且 $J_{k_0}^2 = \varnothing$。因最优解 $L_{k_0}^1 < a$，故必然有 $\mathrm{Lout}_{J_{k_0}^1} > t_{k_0-1} - s_{J_{k_0}^1} + \sum\limits_{j=k_0}^{k} L_j - (k - k_0 + 1)a$，$k = k_0$，令 $\mathrm{Out}_{k_0} = t_{k_0-1} - s_{J_0^1} + \sum\limits_{j=k_0}^{k} L_j - (k - k_0 + 1)a$，并更新任务的开始时间，则此时 $L_{k_a}' = \cdots = L_{k_0-2}' = a$，$L_{k_0-1}' < a$，且 $\mathrm{Lout}_{J_k^2} > 0$，$k_a \leqslant k \leqslant k_0 - 2$。

此时属于情况（1），算法不会在此终止，L_{k_a} 仍可以降低，与假设矛盾。

对于情况（3），设 k_0 是 $J_k^2 = \varnothing$ 的最小时段，只需将情况（2）中的 k_a 改为 k_0，则与情况（2）的讨论相同。因此情况（3）也与前提假设矛盾。

综上，所提出的算法能够达到目标函数的最优值。

定理 12.4 本节提出的优化算法的复杂度为 $O(T^2n)$，这里 T 指总时段数，n 为总任务数量。

证明： 本算法削峰计算量主要体现在算法步骤（3）削峰阶段和步骤（4）判断是否可以削峰且转换成步骤（3）任务结构形态阶段上。算法步骤（3）削峰阶段，根据 $k-w$ 时段任务的当前时刻安排，计算 $\Delta L_{k_{max},w}$、$\mathrm{Lout}_{j_k^1}$、$\mathrm{Lout}_{J_k^2}$，共需计算 $n_{k_{max},w}+1$ 次，这里 $n_{k_{max},w}$ 值是处于 $k_{max}-w$ 时段的任务个数。计算 Out_k、$\mathrm{Leq}_{k_{max},w-1}$ 是基于 $\Delta L_{k_{max},w}$、$\mathrm{Lout}_{j_k^1}$、$\mathrm{Lout}_{J_k^2}$ 做的判断，因此步骤（3）阶段的计算复杂度是 $n_{k_{max},w}$ 的线性级别。步骤（4）阶段通过最多挪动 $n_{k_{max},T}$ 个任务的处理时间段来判断高峰是否可以削减并转换任务结构形态，该阶段的计算量是 $n_{k_{max},T}$ 的线性级别。

削峰最复杂的情况为高峰处于第 1 时段，这时经过两段调峰后，前两段调平，此时计算量为 $n_{1,2}$；经过调出后，$J_2^2 = \varnothing$，经过一次削峰算法步骤（4）转换后，$J_1^1 = \varnothing$，$J_1^2 = \varnothing$，即若不受自由时差限制且 $L_1 > L_2$，1 时段负荷总会调至与 2 时段负荷相同。这样最多经过 T 次转换，T 次削峰计算，使 1 时段负荷降到最低，此时所有时段负荷相同。即高峰负荷处于 1 时段时的计算复杂度为 Tn。

削峰迭代次数最多的情况为：当前最高峰是 $T-1$ 时段负荷，这里 T 是最后一时段，每次对高峰削峰后，前一时段的负荷又成为最高峰，以此类推，直到第 1 时段的负荷成为最高峰。假设共有 T 段时间段，则最多进行 T 次削峰循环。

故整个算法达到最优峰值所需的计算复杂度为 $O(T^2n)$。

12.2.4 算例分析

某航空公司根据航班特性如机型、飞行时间对航班进行了如下分类，每一类的放行处理时间如表 12.3 所示。分类中的飞行时间指飞机在空中的飞行时间。双发机型指机型为 737、757、767、777、A320、A330 等系列的飞机，四发机型指机型为 747、A340 系列的飞机。航班的放行准备时间在航班班表起飞时间前 3h，航班必须在航班起飞时间前 1.5h 完成放行工作。某放行席位的工作时间段为 8:00～17:00，该时段的放行航班任务见表 12.4。设置每一小时为一个统计时间段。

表 12.3 航班分类及对应的处理时间

分类航班	放行处理时间/min
1～4.25h	4.2
4.25～8h（双发机型）	12.2
4.25～8h（四发机型）	16
8h 以上（除极地运行航线）	18

表 12.4 某航空公司某签派放行席位的放行任务表

机型	起飞机场	起飞时间	落地时间	到达机场
763	SZX	2009-5-25 11:00	2009-5-25 14:00	PEK
772	PEK	2009-5-25 11:30	2009-5-25 13:40	SHA
332	PEK	2009-5-25 13:00	2009-5-25 16:25	HKG
763	SZX	2009-5-25 13:00	2009-5-25 16:00	PEK
772	PEK	2009-5-25 13:30	2009-5-25 15:40	SHA
772	PEK	2009-5-25 13:30	2009-5-25 16:30	SZX
332	PEK	2009-5-25 13:35	2009-5-26 0:45	LHR
332	PEK	2009-5-25 13:40	2009-5-26 0:55	FCO
772	PEK	2009-5-25 13:45	2009-5-25 21:55	SVO
332	PEK	2009-5-25 13:55	2009-5-26 0:45	MUC
332	SZX	2009-5-25 14:00	2009-5-25 17:00	PEK
332	PEK	2009-5-25 14:00	2009-5-25 16:55	CAN
332	PEK	2009-5-25 14:30	2009-5-25 16:35	SHA
772	PEK	2009-5-25 15:00	2009-5-25 18:00	CAN
763	PEK	2009-5-25 15:25	2009-5-25 21:25	SIN
772	PEK	2009-5-25 15:30	2009-5-25 17:40	SHA
332	PEK	2009-5-25 15:35	2009-5-25 17:45	PVG
332	PEK	2009-5-25 15:50	2009-5-26 2:50	YVR
332	PEK	2009-5-25 16:00	2009-5-25 18:00	HGH
332	PEK	2009-5-25 16:10	2009-5-26 4:10	SYD
772	PEK	2009-5-25 16:30	2009-5-25 18:40	SHA
763	PEK	2009-5-25 17:00	2009-5-25 19:00	HGH
763	PEK	2009-5-25 17:30	2009-5-25 19:40	SHA

机型	起飞机场	起飞时间	落地时间	到达机场
772	SZX	2009-5-25 18:00	2009-5-25 21:00	PEK
332	PEK	2009-5-25 18:00	2009-5-25 21:00	CAN
772	PEK	2009-5-25 19:30	2009-5-25 21:40	SHA

注：PEK 为北京首都国际机场；SZX 为深圳宝安国际机场；HKG 为香港国际机场；SHA 为上海虹桥国际机场；LHR 为伦敦希思罗国际机场；FCO 为罗马菲乌米奇诺机场；SVO 为谢列梅捷沃国际机场；MUC 为慕尼黑机场；CAN 为广州白云国际机场；SIN 为新加坡樟宜国际机场；PVG 为上海浦东国际机场；YVR 为温哥华国际机场；HGH 为杭州萧山国际机场；SYD 为悉尼国际机场。

由上面的背景可知，若 D_i 为第 i 个航班的起飞时间，那么第 i 个航班的截止时间为 $d_i = D_i - 1.5$，第 i 个航班可以开始进行放行准备工作的时间为 $r_i = D_i - 3$。

应用算法后各时段的负荷结果如表 12.5 所示。

表 12.5　算法运行后的结果

时段	调前负荷/min	调后负荷/min
8:00~9:00	8.4	8.4
9:00~10:00	0	0
10:00~11:00	38.4	34.1
11:00~12:00	60.0	34.1
12:00~13:00	37.8	34.1
13:00~14:00	34.4	34.1
14:00~15:00	8.4	34.1
15:00~16:00	8.4	16.8
16:00~17:00	4.2	4.2

由表 12.5 的结果可知，调前负荷在 11:00~12:00 这一时段时达到高峰，此时的负荷强度将会达到满负荷。若根据算法调整放行节奏，那么将会通过时差调整降低高峰负荷，使各时段的负荷均衡，从而降低负荷超载导致的出错频率。结果显示签派员在 10:00~15:00 完全可以均衡地处理放行任务，每时段的平均放行负荷为 34.1min，这样的负荷签派员可以承受。签派经理不必因担心 11:00~12:00 的高峰而匆忙调派人手，因为这种高峰完全可以通过签派员自身处理。

本节研究的是有关签派员在负荷均衡下的航班任务安排问题，在生产实践中有一定的指导意义，特别是对重视产品质量的行业，在这种行业中要排除一切影响质量的因素，一旦质量出现问题，会导致严重的后果。在这种情况下必须考虑负荷超重时引起质量下降的问题，这是研究的基点。其中，研究的假设前提是放行的任务给定且放行一个航班的时间是某一特定值。实际操作中放行一个航班的准备时间受多因素影响，如天气、机务等，该时间是个随机量而并非特定值，在未来研究中应给予考虑。另外如何根据航班集合和签派员量，合理分配航班任务也是值得考虑的问题。

12.3　基于 Fisher 聚类算法的航班飞行高度偏差分析

航路是国家统一规定的、具有一定宽度的空中通道。飞机在航路中飞行，为了避免碰撞和冲突，应根据飞行任务的性质、航空器性能、飞行区域，以及航线的地形、天气和飞行情况等配备垂直间隔，即飞行高度。随着空中交通负荷的增大，空中交通开始拥挤，导致航班延误的增加，同时也为飞行事故的发生埋下隐患。针对这一现状，目前的研究热点主要集中在如何有效利用有限的航路空间资源上，如航路冲突探测与解脱等。这类研究多从空中交通管制的角度，就空域规划管理进行研究，但鲜有文献从航空公司的角度，就航班在航路中的飞行品质监控问题进行量化分析。

飞行计划又称领航计划表，包含航路点地理坐标及频率、风的参数、载重数据、飞行高度/时间/速度、油量数据等重要航行资料，是航班放行的重要文件。计算机飞行计划（computerized flight plan，CFP）借助计算机与网络技术实现精确仿真和预测，根据飞机性能参数、机场地理和气象数据、航路实时气象状况、实际业载、备降场、航空公司燃油/航线政策以及 ICAO 和国际航空运输协会的有关规定等，确定航班任务的飞行高度剖面及路径，从而计算出航班的起飞油量。可见，航班完成飞行任务所需油量即起飞油量由诸多因素决定，其中，飞行高度剖面为影响因素之一。

飞机发动机耗油率 C_e 的单位为 kg/(daN·h)，是影响飞机飞行耗油的基本参数。在发动机转速和飞行速度不变的条件下，在对流层耗油率随飞行高度升高而减小，到达平流层后耗油率基本保持不变。一般地，飞行计划会综合考虑各种因素后给出相应的最佳高度，低于最佳高度飞行会导致燃油消耗率增大，高于最佳高度飞行较好，但不能超过某一高度，超过该高度后会导致飞机的稳定性和机动裕度降低，造成燃油消耗增加。所谓最佳高度，视航班的空域环境与执飞机型而定。

目前，在航班运行中，机组实际执行的飞行高度与 CFP 给出的计划高度之间存在偏差。偏差的产生原因众多，有飞行计划本身的局限，也有机组飞行操作的不规范等。这种高度偏差不利于航班的安全性与经济性。如上面所述，为了避免冲突碰撞，航班的飞行高度必须遵守空域中的垂直间隔规定；同时，飞行高度的不同直接影响航班的燃油消耗率。此外，中国民用航空局为了缓解空中交通流量迅速增大造成的航班延误问题，于 2007 年 11 月 22 日开始在全国实施缩小垂直间隔（reduced vertical separation minimum，RVSM）运行，对航班飞行高度的偏差监控提出了更高的要求。

由于 CFP 为商用软件，其逻辑算法涉密，且目前国内民航业仍不能自主研发，同时，相关数据获取存在难度，故针对计划高度与实际飞行高度二者的偏差分析，仍鲜有文献予以报道。

本节应国内某航空公司合作需求，针对其航班运控中遇到的实际问题，即飞行高度偏差监控问题缺乏有效的定量分析方法予以辅助决策，提出一种基于航路分段的高度偏差分析方法，旨在指导航班飞行品质提升工作。该方法的思路，对其他飞行参数也有借鉴价值。

12.3.1　飞行计划高度偏差

航班的计划飞行高度由 CFP 系统生成，它为每个航路点提供相应的飞行高度。航班的实际飞行高度则由 QAR 实时记录。可见，计划高度与实际高度的统计方式不同，前者按航路点，后者则是按时刻。在进一步分析实际与计划高度偏差前，将二者统计方式统一为按航路点。数据处理具体步骤暂不赘述，最后形成的统计结果如图 12.13 所示，以某航班的某一次执飞为例，图中横轴为某航路上依次各个航路点，纵轴为各航路点对应的实际与计划飞行高度偏差。

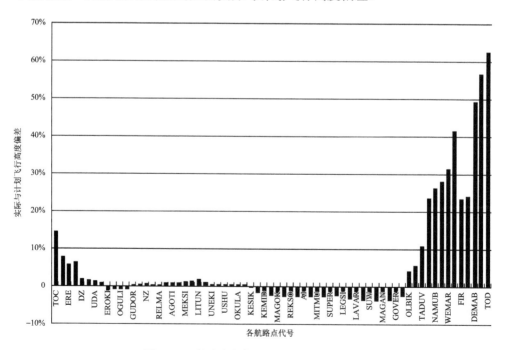

图 12.13　航路上各航路点对应的高度偏差

为了更直观地刻画高度偏差程度，采用相对高度差，即绝对高度偏差与计划高度之比，来刻画实际飞行高度与计划飞行高度二者之间的偏离程度。

对样本航班若干次飞行记录的统计发现，均有如图 12.13 所示的空间分布特征：高度偏差在航路上不是均匀分布的，也不是每相邻航路点间都有显著差别，而是呈分段趋势，显著的高度偏差集中出现在航路的某一子航段或某几子航段上。

若能识别出所选航路易产生显著高度偏差的子航段，一方面可以为机组人员在做航前准备时提供关注重点，针对高度偏差高发子航段制订应对飞行方案；另一方面可以为运控人员在修正起飞油量时提供参考依据。飞行高度直接影响飞机的耗油率，若能了解飞行高度偏差大小及其持续的时间，结合机型、高空气象等因素，便可对 CFP 提供的计划起飞油量进行修正，获得更为合理的起飞油量，提供航班安全性与经济性。

若不分段而直接用某测度表示航路整体的高度偏差水平，容易掩盖航路不同阶段的高度偏差具体情形，为签派人员和机组人员提供的信息有限，影响分析结果的使用价值。若逐个航路点进行分析，一方面影响监控工作效率，单条航路包括数十到上百航路点不等；另一方面，因为单个航路点对应的高度偏差为瞬时值，其影响的是燃油消耗率，经由时间维度上的累积后才是对燃油消耗量的影响，燃油消耗量是航空公司航班运控的管理重点所在。

由于航路可表示为航路点序列，故航路基于高度偏差的分段问题，可视为将高度偏差水平相近的航路点进行聚合的聚类问题。需要强调的是，对航路点进行聚类时不能打破其在序列中的原有位置。同时，对航路点的聚类其实也是对航路进行分割，分割出的不同子航段各自的高度偏差水平有显著差异。

12.3.2　有序样本聚类算法

一般聚类中各样品的地位是彼此独立的，没有考虑样品的次序。但在某些应用中，样品（或变量）的次序是不能变动的，如聚类对象——航路（航路点序列）中的各航路点，其顺序在聚类时不能被打乱，这就需要进行有序样本聚类分析。目前主要的有序样品聚类方法中以 Fisher 有序样本聚类算法［也称最优分割法（optimal partition method，OPM）］最为有效。对 n 个有序样品进行分割，有 2^{n-1} 种划分方法，每种分法称为一种分割。在所有这些分割中，有一种分割使各段段内差异最小、段与段之间的差异最大，则称为最优分割。该方法的基本思路是定义类的直径，在分类必须相邻的限制条件下定义损失函数，在逐步递推的计算中寻找到使损失函数最小的最优分类。

该算法曾应用于公路交通、机械制造、地质勘探、图像处理等领域，但尚未见其在民航领域应用，其主要步骤如下。

1. 计算类直径

设有序变量依次为 $x_1, x_2, \cdots, x_n$，其中每个变量 $x_i(i=1,2,\cdots,n)$ 是 m 维列向量。设某一分段为 $\{x_i, x_{i+1}, \cdots, x_j\}, 1 \leqslant i \leqslant j \leqslant n$。类直径（离差平方和）记为 $D(i,j)$：

$$D(i,j) = \sum_{l=i}^{j} (x_l - \overline{x_{ij}})^{\mathrm{T}} (x_l - \overline{x_{ij}}) \tag{12.68}$$

2. 计算误差函数

为记号简单，在以后不会引起混淆的情况下，变量 $x_i(i=1,2,\cdots,n)$ 就用其下标 i 来记，i_k 表示第 k 段的第一个样本（向量）。设将 n 个有序变量分为 K 类，某一分法为

$$P(n,K): \{i_1, i_1+1, \cdots, i_2-1\}, \{i_2, i_2+1, \cdots, i_3-1\}, \cdots, \{i_K, i_K+1, \cdots, n\} \tag{12.69}$$

Fisher 算法中用误差函数 $e(P(\overline{n}, K))$ 来表示聚类的好坏。某种分法的误差函数 $e(P(n,K))$ 为各类的离差平方和。当 n 和 K 给定时（Fisher 算法适用于事前给定分类数 K），总离差平方和一定，类内平方和越小，类间平方和相应越大，分类越合理。

因此，聚类或分割的目的是要找到一种分法使误差函数 $e(P(n,K))$ 达到最小：

$$\mathrm{Obj}: e(P(n,K)) = \min_{k=1}^{K} D(i_k, i_{k+1}-1) \tag{12.70}$$

Fisher 算法中求解上述目标函数的递推公式为

$$\min e(P(n,K)) = \min_{K \leqslant j \leqslant n} \{\min e(P(i-1, K-1)) + D(i,n)\} \tag{12.71}$$

当 $K=2$ 时，$P^*(n,2)$ 是所有可能的分段方案中使误差函数达到最小的分法：

$$e(P^*(n,2)) = \min e(P(n,2)) = \min_{2 \leqslant i \leqslant n} \{D(1, i-1) + D(i,n)\} \tag{12.72}$$

使用归纳法则可获得式（12.71）的递推公式，表示 n 个样本（变量）分 K 类的最优分法，可看成 $i-1$ 个样本（变量）分成 $K-1$ 类的最优分法再与最后 $n-i+1$ 个样本形成的第 K 段合并而成。

12.3.3 飞行计划高度偏差分析方法

研究问题：在航路上选取适当的分割点，将航路按高度偏差大小进行分段，使高度偏差水平相近的航路点聚合在一个子航段中，同时顺序不能被打乱[141]。

本节给出基于航路分段的飞行计划高度偏差分析方法，主要步骤如下。

1. 原始数据获得及预处理

从 CFP 与 QAR 中分别获取计划与实际飞行高度的原始数据后，预处理获得各航路点对应的实际与计划飞行相对高度偏差，组织成数据资料矩阵，其中，所选航路由 n 个航路点组成，$x_i = (x_{i1}, x_{i2}, \cdots, x_{im})^{\mathrm{T}} (1 \leqslant i \leqslant n)$ 为 m 次飞过第 i 个航路点产生的实际与计划相对高度偏差：

$$x = \begin{bmatrix} x_{11} & x_{12} & x_{13} & \cdots & x_{1n} \\ x_{21} & x_{22} & x_{23} & \cdots & x_{2n} \\ \vdots & \vdots & \vdots & & \vdots \\ x_{m1} & x_{m2} & x_{m3} & \cdots & x_{mn} \end{bmatrix}_{m \times n}$$

其中相对高度偏差计算如下：

$$x_{ri} = \frac{x'_{ri} - x''_{ri}}{x'_{ri}} \times 100\% \tag{12.73}$$

其中，x_{ri} 为第 r 次飞越第 i 个航路点对应的相对高度偏差；x'_{ri} 为第 r 次飞越第 i 个航路点对应的计划高度；x''_{ri} 为第 r 次飞越第 i 个航路点对应的实际高度。

2. 采用 Fisher 算法对航路进行分段

使用 Fisher 算法实现航路分段的步骤如下。

1）确定类直径

Fisher 聚类算法的原始类直径表达式适用于聚类样本之间地位平等的情况，当面临的聚类样本有其特殊性时，需要对原始类直径进行相应的修改。高度偏差的持续时间越长，对航班安全性与经济性的影响程度越大，所以在聚类时需根据航路点的飞越时间长短赋予不同权重：

$$D(i, j) = \sum_{r=1}^{m} \sum_{l=i}^{j} \omega_l (x_{nl} - \overline{x_{ij}})^2, \quad 1 \leqslant i \leqslant l \leqslant j \leqslant n \tag{12.74}$$

其中

$$\overline{x_{ij}} = \frac{\sum_{r=1}^{m} \sum_{l=i}^{j} x_{nl}}{m(j - i + 1)} \tag{12.75}$$

每个航路点对应的权重 $\omega_l (1 \leqslant i \leqslant l \leqslant j \leqslant n)$，具体为各航路点对应的飞越用时占比：

$$\omega_l = t'_l / t_n \tag{12.76}$$

其中，t'_l 为第 l 个航路点对应的飞越用时；t_n 为航路整体的飞越用时。

航路点飞越用时 t'_l 定义如图 12.14 所示。

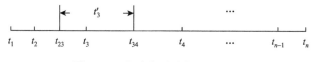

图 12.14　每个航路点的飞越用时

图 12.14 中的 $t_i(1 \leqslant i \leqslant n)$ 为各航路点的飞抵时刻，各航路点对应的飞越用时记为 t'_i，定义如下：

$$t'_i = t_{i,i+1} - t_{i-1,i}, \quad 2 \leqslant i \leqslant n-1 \qquad (12.77)$$

其中，$t_{i,i+1} = (t_i + t_{i+1})/2$。当 $i=1$ 时，$t'_1 = t_2 - t_{1,2}$；当 $i=n$ 时，$t'_n = t_n - t_{n-1,n}$。

2）计算目标函数 $\min e(P(n,K))$

采用 Fisher 算法进行聚类时，主要是计算两项内容：一是各种可能分割的直径矩阵；二是各种分法的最小误差函数表。首先计算距离矩阵 D，再由 D 计算 $e(P^*(q,2))$、$e(P^*(q,3))$ 直到 $e(P^*(q,K))$，$q = K, K+1, \cdots, n$。

利用上述递推公式，首先从最小误差函数表中寻找 i_K（最后一段的第一个样本），使 $\min e(P(i_K-1, K-1)) + D(i_K, n)$ 达到最小，即 i_K 应满足：

$$\min e(P(n,K)) = \min_{K \leqslant i_K \leqslant n} \{\min e(P(i_K-1, K-1)) + D(i_K, n)\} \qquad (12.78)$$

然后再寻找 i_{K-1} 以满足：

$$\begin{aligned}
&\min e(P(i_K-1, K-1)) \\
&= \min_{K \leqslant i_{K-1} \leqslant i_K-1} \{\min e(P(i_{K-1}-1, K-2)) + D(i_{K-1}, i_K-1)\}
\end{aligned} \qquad (12.79)$$

以此类推，找出 $i_{K-2}, i_{K-3}, \cdots, i_2(i_1 = 1)$。于是得到航路的分段：$G_1 = \{i_1, \cdots, i_2-1\}$，$G_2 = \{i_2, i_2+1, \cdots, i_3-1\}, \cdots, G_K = \{i_K, i_K+1, \cdots, n\}$。

3. 基于航路分段的高度偏差分析

将航路进行分段后，实现高度偏差水平相近的航路点的聚合。在此基础上，对各子航段的实际与计划飞行高度偏差进行统计分析，识别出航路中易发生显著偏差的子航段，便于对其进行重点监控。

μ_k 和 σ_k 分别表示第 k 个子航段上不同次飞行产生高度偏差的均值和标准差。其中：

$$\mu_k = \frac{\sum_{r=1}^{m} \sum_{i_k}^{i_{k+1}-1} x_{ri}}{m(i_{k+1} - i_k)} \qquad (12.80)$$

$$\sigma_k = \sqrt{\frac{\sum_{r=1}^{m} \sum_{i_k}^{i_{k+1}-1} (x_{ri} - \mu_k)^2}{m(i_{k+1} - i_k)}} \qquad (12.81)$$

只有在这两个指标均很小的时候，高度计划符合度才是令人满意的。μ_k 大的子航段是关注的重点，若该偏差为正，即统计规律显示该子航段上实际高度低于计划高度，则应考虑相应增加起飞油量（一般而言，低飞会增加油耗）；若偏差为负，则说明目前实际飞行高度高于计划高度（一般而言，高飞节约油耗），目前的起飞油量仍有缩减的空间。σ_k 大的情况比较复杂，需要进一步的信息（气象、管制）才能做出推断。

其中，μ_k 偏大的子航段是签派员确定起飞油量和飞行员做航前准备时应关注的重点。σ_k 可以辅助说明用 μ_k 代表若干次飞越第 k 段航路产生的高度偏差平均水平的可信度。签派员可以根据不同子航段高度偏差的大小及持续时间长短对 CFP 起飞油量进行适当调整以确定最终的起飞油量。飞行员根据上述评估结果，针对高度偏差显著的子航段，重点关注其气象预报和航情通告，做好充分的航前准备。

12.3.4　算例分析

实例数据来自国内某航空公司的某航班，以相同机型、按相同备降机场执行同一条航路（航路点个数相同，前后顺序相同）上的 22 次飞行所产生的实际与计划高度数据，该航路上有 67 个航路点。

首先，原始数据预处理后得到如表 12.6 所示的 22×67 的数据资料矩阵。然后，开始计算直径矩阵（表 12.7）以及最小误差函数（表 12.8）。

表 12.6　22 次执飞给定航路中各航路点对应的飞行高度偏差

次数编号	航路点 1 TOC	航路点 2 MANSA	航路点 3 ERE	...	航路点 65 DEMAB	航路点 66 SOLVU	航路点 67 TOD
1	13.97%	14.07%	19.11%	...	41.87%	48.40%	48.40%
2	17.46%	5.69%	1.91%	...	55.33%	64.53%	64.53%
3	20.25%	9.88%	1.91%	...	45.07%	70.80%	70.80%
⋮	⋮	⋮	⋮	⋮	⋮	⋮	⋮
21	14.07%	14.07%	14.07%	...	49.87%	66.80%	66.80%
22	15.36%	14.07%	14.07%	...	40.80%	64.67%	64.67%

表 12.7　直径矩阵

行列	1	2	3	...	60	61	62	63	64	65	66
2	0.050 858			...							
3	0.110 367	0.098 171		...							
4	0.139 521	0.126 823	0.082 360	...							

行列	1	2	3	...	60	61	62	63	64	65	66
5	0.200 687	0.184 016	0.131 621	...							
6	0.260 341	0.240 312	0.179 885	...							
7	0.333 208	0.310 120	0.241 994	...							
8	0.392 002	0.366 895	0.293 217	...							
9	0.429 938	0.402 918	0.323 385	...							
10	0.463 292	0.435 107	0.351 957	...							
⋮	⋮	⋮	⋮								
61	1.874 726	1.833 913	0.075 924	...	0.004 478						
62	2.254 549	2.214 768	2.096 557	...	0.029 598	0.020 890					
63	2.318 766	2.279 250	2.162 052	...	0.051 909	0.046 494	0.042 681				
64	2.372 636	2.333 337	2.216 971	...	0.066 431	0.062 320	0.060 223	0.019 313			
65	2.683 683	2.645 084	2.531 371	...	0.105 166	0.097 627	0.091 481	0.075 412	0.047 130		
66	5.358 539	5.324 982	5.229 642	...	0.347 761	0.310 089	0.258 307	0.233 937	0.141 034	0.057 028	
67	8.300 539	8.271 661	8.192 015	...	0.522 267	0.461 610	0.375 231	0.328 196	0.208 044	0.105 627	0.086 347

表 12.8　各种分法的最小误差函数及相应子航段起始标号

行列	2	3	4	...	60	61	62	63	64	65	66
3	0.050 858 （3）			...							
4	0.110 367 （4）	0.050 858 （4）		...							
5	0.139 521 （5）	0.110 367 （5）	0.050 858 （5）	...							
6	0.200 687 （6）	0.139 521 （6）	0.110 367 （6）	...							
7	0.260 341 （7）	0.200 687 （7）	0.139 521 （7）	...							
8	0.323 043 （5）	0.260 341 （8）	0.200 687 （8）	...							
⋮	⋮	⋮	⋮								
65	1.554 402 （58）	1.364 946 （58）	1.271 775 （58）	...	0.018 409 （65）	0.014 222 （65）	0.010 280 （65）	0.006 093 （65）	0.004 127 （65）		
66	1.895 236 （58）	1.554 402 （66）	1.364 946 （66）	...	0.022 469 （66）	0.018 409 （66）	0.014 222 （66）	0.010 280 （66）	0.006 093 （66）	0.004 127 （66）	
67	2.128 699 （59）	1.609 659 （65）	1.420 203 （65）	...	0.026 686 （67）	0.022 469 （67）	0.018 409 （67）	0.014 222 （67）	0.010 280 （67）	0.006 093 （67）	0.004 127 （67）

表 12.8 中的最小误差函数计算从第 $K=2$ 列开始，对前 $n(3 \leqslant n \leqslant 67)$ 个航路点分为两类的所有分法求最小误差函数，从而确定最优分割。以 $\min e(P(3,2))$ 为例，将前三个航路点分两段，有两种划分方法：$\{1\}$，$\{2,3\}$；$\{1,2\}$，$\{3\}$。

$$\min e(P(3,2)) = \min_{2 \leqslant j \leqslant 3}(d_{1,j-1} + d_{j,3})$$
$$= \min\{(d_{1,1} + d_{2,3}),(d_{1,2} + d_{3,3})\}$$
$$= \min\{0.098\,171, 0.050\,858\} = 0.050\,858 \qquad (12.82)$$

可见此时的最优分割为 $\{1,2\}$，$\{3\}$，同时将最后一段的初始航路点的序号 "3" 记录下来，见表 12.8 单元格中的括号里。同理可得 $\min e(P(i,2))$，$4 \leqslant i \leqslant 67$。再根据递推公式（12.71）计算 $K=3$ 列，即 $\min e(P(i,3))$，$4 \leqslant i \leqslant 67$，以此类推。采用 S-PLUS 编程实现上述计算，完成表 12.8。

有研究指出 Fisher 有序样本聚类算法本身无法确定分类数 K。航空公司相关业务人员根据所取样本航路的具体情况，建议分为 4 段。查表 12.8，首先确定第 4 段的初始航路点序号 $i_4 = 65$，再依次查得 $i_3 = 58$，$i_2 = 5$。故分段结果为 $\{1, 2, 3, 4\}$；$\{5, 6, \cdots, 56, 57\}$；$\{58, 59, \cdots, 63, 64\}$；$\{65, 66, 67\}$。将航路根据高度偏差大小进行分段后，再对各子航段高度偏差表现进行具体统计分析，如表 12.9 所示。

表 12.9　飞行高度计划偏差评估结果

参数	第一段 1~4	第二段 5~57	第三段 58~64	第四段 65~67
T/h	0.5	8.4	0.2	0.4
μ	7.25%	−0.72%	29.80%	58.94%
σ	0.069 87	0.052 88	0.092 63	0.091 4

表 12.9 中，第二行为各子航段飞越时间，第三行为每个子航段上的相对高度偏差均值，第四行为每个子航段上的相对高度偏差的标准差。

从上述统计结果可以看出：第四个子航段，高度偏差明显大于其他各段。在这个子航段里，平均高度偏差达到了近 8000ft，理论数据显示该段航程耗油会因此增加 8%（实例中执行航班任务的机型为 B747-400）；由于实际油量的数据敏感性，引用已发表数据来展示高度偏差与油耗增加之间的关系。以厦航 2001 年 9 架 757 为例，飞机利用率为 9h/日，油价为 4920 元/t。

由表 12.10 平均巡航时间判断为国内航班，高度偏差对航班经济性的影响可见一斑，对于巡航时长达 10h 左右的国际航班则更为可观。因此，飞行员在进行航前准备时应重点关注该子航段所处空域的气象预报和航情通告；签派员在确定起飞油量时，应综合考虑该子航段的高度偏差大小、持续时间及其导致的油耗增加量，制订飞行计划中起飞油量调整方案。

表 12.10　高度偏差与油耗增加

飞机	平均巡航时间	里程损失	油耗增加
9 架	1.8h	14%	16.896t/年，0.831 亿元/年

注：低于 OPT 高度 8000ft。

同时，该子航段上的高度偏差的波动较为剧烈（相比其他子航段），这一现象侧面反映出该子航段上的高度偏差，更主要的原因是来自实际执飞。因为不同次的航班任务呈现出显著不同的高度偏差水平，可能是某次或某几次机组人员想简化阶梯下降程序（第四子航段处于阶梯下降程序的开始阶段），提前降低飞行高度，飞得越低越耗油；也有可能是该子航段上的高空气象预报精度不足或该空域的流量过密等。具体原因分析需视采样航线的具体特征而定，本章的研究结果旨在为运控与机组人员对航线进行诊断分析提供依据。

第二子航段的高度偏差水平为负值，表明在考察期内航班飞越该子航段时的实际飞行高度都略高于计划高度，这种做法可以节约燃油成本。但是该负值的绝对值不可过大，否则会导致飞机的稳定性和机动裕度降低，同样会造成燃油消耗的显著增加。

算例中未出现的情况为：高度偏差程度显著，但是波动相对较小。这种结果可以推断出该子航段上的高度偏差来自飞行计划的制订。因为不同次航班任务间的高度偏差程度相近，说明飞行计划对该子航段的一些固有特征未加以考虑，导致每次飞越都产生明显的高度偏差。遇到这种情况，运控人员应立即针对该子航段进行原因排查，对飞行计划模板进行修正。

目前，机组实际执行的飞行高度与飞行计划给出的计划高度之间存在偏差，这种偏差不利于航班的安全性与经济性。实际与计划飞行高度偏差分析问题，鲜有文献涉及，就该问题国内航空公司仍缺乏有效的定量分析方法辅助管理。本节通过对实际航班运行数据统计分析发现，实际飞行高度与计划高度之间的偏差在航路上呈现分段特征。为了能识别出航路中易发生显著偏差的子航段，便于对其进行重点监控，笔者提出了一种基于航路分段的实际与计划飞行高度偏差分析思路，分析结果可为签派人员基于高度偏差调整起飞油量提供决策依据；同时，机组可参考分析结果对航路中高度偏差显著的子航段进行有针对性的航前准备。其中采用 Fisher 有序样本聚类算法解决航路分段问题，实现高度偏差水平相近的航路点的聚合后，对各子航段的高度偏差情况进行分析，为签派员和飞行员提供决策依据，具有较好的实践意义。该评估方法已通过实际算例验证，得到了应用部门的认可。

目前 CFP 已经成为航空公司节油的关键技术，如何结合飞行实践，优化飞行参数设定与执行，更有效地发挥 CFP 系统对航班飞行方案的拟定指导作用，将成为未来的业务工作重点，相应的科学管理技术也将成为研究热点。

参 考 文 献

[1] 罗云. 现代安全管理[M]. 2 版. 北京：化学工业出版社，2010.

[2] Button K，Drexler J. Are measures of air-misses a useful guide to air transport safety policy？[J]. Journal of Air Transport Management，2006，12（4）：168-174.

[3] Harris E，Bloedorn E，Rothleder N. Recent experiences with data mining in aviation safety[C]. Proceedings of the Special Interest Group on Management of Data，Data Mining and Knowledge Discovery（SIGMOD-DMKD）Workshop，Seattle，Washington，1998：1-7.

[4] Nazeri Z，Bloedorn E，Ostwald P. Experiences in mining aviation safety data[C]. Proceedings of the Association for Computing Machinery（ACM）Special Interest Group on Management of Data（SIGMOD），Santa Barbara，2001：562-566.

[5] 王宏伟. 关联分析在航空安全报告挖掘中的应用研究[D]. 天津：中国民航大学，2008.

[6] 陈玮，胡光锐，谭政华. 飞行器故障诊断专家系统中的知识联想[J]. 上海交通大学学报，2000，34（2）：241-243.

[7] 杨全法，任章，董伟凡. 飞行事故调查中的飞行数据记录器译码分析技术[J]. 航空维修与工程，2004（5）：40-42.

[8] 倪世宏，薛省卫，陆阿坤. 飞行事故调查时多种信息源的时基同步[J]. 空军工程大学学报（自然科学版），2001，2（6）：7-10.

[9] 倪世宏，史忠科，谢川，等. 飞行事故调查时缺失飞行参数的综合估计方法[J]. 计算机工程与应用，2004，40（32）：206-208，218.

[10] 詹敏，孟予希. 航空安全信息管理与决策辅助系统框架研究[J]. 科技促进发展，2012，8（3）：29-35.

[11] Roelen A L C，Lin P H，Hale A R. Accident models and organizational factors in air transport：The need for multi-method models[J]. Safety Science，2011，49（1）：5-10.

[12] Janic M. An assessment of risk and safety in civil aviation[J]. Journal of Air Transport Management，2000，6：43-50.

[13] 杜毅. 民用航空事故征候万时率的回归分析[J]. 中国民航飞行学院学报，2010，21（1）：46-50.

[14] 丁松滨，王飞. 基于 BP 神经网络的民航安全预测方法研究[J]. 中国民航学院院报，2006，24（1）：53-56.

[15] 陈勇刚，任海峰. 灰色马尔可夫模型在航空事故征候预测中的应用[J]. 西安科技大学学报，2007，27（2）：328-331，336.

[16] 甘旭升，端木京顺，田井远. 基于灰色马尔柯夫模型的严重飞行事故频数预测[J]. 空军工程大学学报（自然科学版），2004，5（1）：18-21，34.

[17] 罗帆，平芸，郭仕平，等. 民航飞行品质监控及预警管理探索[J]. 交通运输工程学报，2002，

2（3）：108-111.

[18] 曹海鹏. B737 重着陆诊断技术研究[D]. 南京：南京航空航天大学，2008.

[19] 王永刚，吕学梅. 民航事故征候的关联度分析和灰色模型预测[J]. 安全与环境学报，2006，6（6）：127-130.

[20] 曹海鹏，舒平，黄圣国. 基于神经网络的民用飞机重着陆诊断技术研究[J]. 计算机测量与控制，2008，16（7）：906-908.

[21] 祁明亮，邵雪焱，池宏. QAR 超限事件飞行操作风险诊断方法[J]. 北京航空航天大学学报，2011，37（10）：1207-1210.

[22] 孙瑞山，韩文律. 基于差异检验的飞行超限事件参数特征分析[J]. 中国安全生产科学技术，2011，7（2）：22-27.

[23] 甘旭升，崔浩林，吴亚荣. 基于功能共振事故模型的航空事故分析[J]. 中国安全科学学报，2013，23（7）：67-72.

[24] 陈亚青，韩云祥. 解释结构模型在航空事故分析中的应用[J]. 防灾科技学院学报，2009，11（2）：4-6.

[25] 陈会芝. 危险天气条件下的航空飞行与安全[D]. 成都：西南交通大学，2003.

[26] Quinlan M，Hampson I，Gregson S. Outsourcing and offshoring aircraft maintenance in the US：Implications for safety[J]. Safety Science，2013，57：283-292.

[27] Liou J J H，Yen L，Tzeng G H. Building an effective safety management system for airlines[J]. Journal of Air Transport Management，2008，14（1）：20-26.

[28] 李丽洁. 人为差错案例分析及其对策[J]. 中国民航学院学报，2004，22（S1）：71-74.

[29] Shappell S A，Wiegmann D A. A human error analysis of general aviation controlled flight into terrain accidents occurring between 1990-1998[R]. Washington，DC：Office of Aerospace Medicine，2003.

[30] Shappell S A，Wiegmann D A. HFACS analysis of military and civilian aviation accidents：A north American comparison[R]. Queensland：International Society of Air Safety Investigators，2004.

[31] 罗晓利. 1990-2003 年中国民航 152 起小于间隔飞行事件的分类统计研究[J]. 中国安全科学学报，2004（12）：26-32.

[32] 吴亚荣，徐吉辉，张楠. 基于结构熵和因子分析的改进航空人因飞行事故致因模型研究[J]. 安全与环境学报，2013，13（5）：229-233.

[33] Chen C C，Chen J，Lin P C. Identification of significant threats and errors affecting aviation safety in Taiwan using the analytical hierarchy process[J]. Journal of Air Transport Management，2009，15（5）：261-263.

[34] 凌晓熙. 人为因素对航空安全影响的研究[D]. 成都：西南交通大学，2007.

[35] 舒明江. 驾驶舱资源管理（CRM）对飞行技术安全的影响及对策研究[D]. 上海：复旦大学，2012.

[36] 舒明江. 驾驶舱资源管理 CRM 对飞行安全的影响及对策研究[J]. 南京航空航天大学学报，2013，15（2）：45-49.

[37] 李珠，孙景太. 用数学模型预测飞行人员的人为飞行事件[J]. 解放军预防医学杂志，1999，17（4）：277-279.

[38] Causse M，Dehais F，Peran P，et al. The effects of emotion on pilot decision-making：A neuroergonomic approach to aviation safety[J]. Transportation Research Part C-Emerging Technologies，2013，33：272-281.

[39] Molesworth B R C，Estival D. Miscommunication in general aviation：The influence of external factors on communication errors[J]. Safety Science，2015，73：73-79.

[40] 罗晓利. 疲劳、睡眠缺失以及人体昼夜生物节律扰乱与飞行安全[J]. 西南民族大学学报（人文社科版），2003，24（11）：247-249.

[41] 何为，柯善华，吴小兵，等. 机组行为、时间余量与飞行安全间的关系探讨[J]. 安全与环境学报，2003，3（2）：16-18.

[42] McFadden K L. Risk models for analyzing pilot-error at US airlines：A comparative safety study[J]. Computer & Industrial Engineering，2003，44（4）：581-593.

[43] Alan M A. Cockpit learning in power distant cockpits：The interaction effect of pilot's interdependence and inclination to teamwork in airline industry[J]. Journal of Air Transport Management，2015，42：192-202.

[44] Ji M，You X Q，Lan J J，et al. The impact of risk tolerance，risk perception and hazardous attitude on safety operation among airline pilots in China[J]. Safety Science，2011，49（10）：1412-1420.

[45] Sohoni M G，Johnson E L，Bailey T G. Long-range reserve crew manpower planning[J]. Management Science，2004，50（6）：724-739.

[46] 徐亨成，陈璞，冯春晓. 航空维修人因失误分析及控制[J]. 航空维修与工程，2005（3）：24-26.

[47] Pettersen K A，Aase K. Explaining safe work practices in aviation line maintenance[J]. Safety Science，2008，46（3）：510-519.

[48] Kontogiannis T，Malakis S. A proactive approach to human error detection and identification in aviation and air traffic control[J]. Safety Science，2009，47（5）：693-706.

[49] 刘江萍. 基于 BP 神经网络的海南航空公司飞行安全研究[D]. 太原：太原理工大学，2014.

[50] Lee W K. Risk assessment modeling in aviation safety management[J]. Journal of Air Transport Management，2006，12（5）：267-273.

[51] Chang Y H，Yeh C H. A new airline safety index[J]. Transportation Research Part B：Methodological，2004，38（4）：369-383.

[52] 马国忠. 民航系统危险辨识与安全评估理论及方法研究报告[J]. 学术动态（成都），2007（1）：19-30，42.

[53] Wilke S，Majumdar A，Ochieng W Y. A framework for assessing the quality of aviation safety databases[J]. Safety Science，2014，63：133-145.

[54] 王华伟，左洪福. 航空公司安全评估研究[J]. 系统工程，2006，24（2）：46-51.

[55] 丁松滨，石荣，施和平. 基于证据理论的航空公司安全系统风险评价[J]. 交通运输系统工程与信息，2007，7（2）：77-82.

[56] 陈团生，毛保华. 改进 TOPSIS 法在航空公司安全评估的运用研究[J]. 中国安全生产科学技术，2005，1（4）：70-73.

[57] 李丽. 我国航空安全自愿报告系统问题透析[J]. 中国安全生产科学技术，2008，4（3）：

88-91.

[58] Aragon C R，Hearst M A. Improving aviation safety with information visualization：A flight simulation study[C]. Proceedings of the ACM Conference on Human Factors in Computing Systems，New York，2005：1-10.

[59] 李书全，钱利军. 航空安全文化运行模式研究[J]. 中国安全科学学报，2009，19（9）：64-70，179.

[60] 霍志勤. 民用航空安全文化建设刍论[J]. 中国民航学院学报，2005，23（1）：41-47.

[61] Lofquist E A. The art of measuring nothing：The paradox of measuring safety in a changing civil aviation industry using traditional safety metrics[J]. Safety Science，2010，48（10）：1520-1529.

[62] 钱利军，李书全. 基于粗糙集-人工神经网络的航空安全文化评价模型研究[J]. 2009，19（10）：132-138，179.

[63] 赵晓妮. 航空安全文化对机组安全飞行行为的影响研究[D]. 西安：陕西师范大学，2008.

[64] Kao L H，Stewart M，Lee K H. Using structural equation modeling to predict cabin safety outcomes among Taiwanese airlines[J]. Transportation Research Part E：Logistics and Transportation Review，2009，45（2）：357-365.

[65] Fu Y K，Chan T L. A conceptual evaluation framework for organizational safety culture：An empirical study of Taipei Songshan Airport[J]. Journal of Air Transport Management，2014，34：101-108.

[66] 徐应芬. 面向预警管理的航空公司安全文化机制研究[D]. 武汉：武汉理工大学，2008.

[67] 孙雪松. 民用航空安全文化研究：以东航西北分公司为例[D]. 上海：复旦大学，2012.

[68] 蔡易白. 基于组织文化建设的航空企业安全管理体系的推动和实施：以中国东方航空公司为例[D]. 宁波：宁波大学，2012.

[69] 苏丹. 东方航空公司安全文化建设的研究[D]. 西安：西北大学，2006.

[70] 孙慧. 我国民航安全管理体系建设研究：基于长荣航空安全管理系统的分析[D]. 上海：华东政法大学，2011.

[71] Hsu Y L，Li W C，Chen K W. Structuring critical success factors of airline safety management system using a hybrid model[J]. Transportation Research Part E：Logistics and Transportation Review，2010，46（2）：222-235.

[72] 张云高. 基于 SMS 关键要素的航空公司安全管理信息系统分析与设计[D]. 成都：电子科技大学，2011.

[73] 朱慧敏. 山东航空公司安全管理体系实施研究[D]. 青岛：中国海洋大学，2012.

[74] 孟靓. 东方航空公司安全管理体系 SMS 存在问题及风险控制研究[D]. 太原：山西大学，2012.

[75] 魏帅. 航空安全质量管理系统的设计与实现[D]. 成都：电子科技大学，2012.

[76] 崔嵩. 基于风险控制视角的 SD 航空公司安全管理系统建设研究[D]. 济南：山东大学，2011.

[77] 孙奕捷，张元，李敬. 航空器设计、制造单位安全风险管理方案研究[J]. 中国安全生产科学技术，2012，8（12）：132-137.

[78] 孙瑞山，唐品. 航班飞行安全风险快速评估工具研究[J]. 交通信息与安全，2013，31（2）：

88-93.

[79] 史亚杰，陈艳秋. 航空安全信息管理的问题与对策[J]. 中国安全生产科学技术，2010，6（3）：116-120.

[80] 万健，李敬，王衍洋. 基于径向基函数（RBF）网在线建模的民航安全风险监测仿真系统设计与实现[J]. 中国安全科学学报，2008，18（10）：45-49.

[81] Chang Y H，Wang Y C. Significant human risk factors in aircraft maintenance technicians[J]. Safety Science，2010，48（1）：54-62.

[82] Chang Y H，Wong K M. Human risk factors associated with runway incursions[J]. Journal of Air Transport Management，2012，24：25-30.

[83] Hsu Y L，Liu T C. Structuring risk factors related to airline cabin safety[J]. Journal of Air Transport Management，2012，20：54-56.

[84] 邵雪焱，刘铁祥，刘继军，等. 航空安全风险管理理论与方法研究[J]. 科技促进发展，2012（3）：21-28.

[85] 文兴忠. 基于熵权和模糊综合评价的航空公司安全风险研究[J]. 安全与环境学报，2012，12（1）：250-254.

[86] 李亮，胡剑波，隋晓奎，等. 基于模糊理论的多属性航空安全风险评估[J]. 控制工程，2007，14（S2）：33-35，38.

[87] 王衍洋，李敬，曹义华. 中国民航安全评价方法研究[J]. 中国安全生产科学技术，2008，4（5）：111-113.

[88] 于晓欢. 基于风险管理的航空维修安全管理机制研究[D]. 沈阳：沈阳航空航天大学，2011.

[89] 周瀛海. 基于 D-S 证据理论的民用航空器飞行安全质量综合评估的研究[D]. 上海：华东理工大学，2013.

[90] 张敏倩. 航空公司运行控制安全风险评价研究[D]. 广汉：中国民用航空飞行学院，2013.

[91] Liou J J H，Tzeng G H，Chang H C. Airline safety measurement using a hybrid model[J]. Journal of Air Transport Management，2007，13（4）：243-249.

[92] 卢元龙. 基于 SMS 的航空公司运行安全监察策略研究[D]. 广汉：中国民用航空飞行学院，2012.

[93] 黎威. 东方航空公司的安全风险管理研究[D]. 成都：电子科技大学，2010.

[94] 杨超. W 航空公司飞行安全管理研究[D]. 昆明：云南大学，2011.

[95] Kim D，Yang H M. Evaluation of the risk frequency for hazards of runway incursion in Korea[J]. Journal of Air Transport Management，2012，23：31-35.

[96] 郑珂珂. 航空公司安全状况和维修质量管理安全评估技术研究[D]. 南京：南京航空航天大学，2012.

[97] Luxhøj J T，Coit D W. Modeling low probability/high consequence events：An aviation safety risk model[C]. Proceedings of the Reliability and Maintainability Symposium，Newport Beach，2006：215-221.

[98] Luxhøj J T. Probabilistic causal analysis for system safety risk assessments in commercial air transport[C]. Proceedings of the Workshop on Investigating and Reporting of Incidents and Accidents，Williamsburg，2003：17-38.

[99] Greenhut N，Andres D，Luxhøj J T. Graphical enhancements to the executive information

system（EIS）for the aviation system risk model（ASRM）[C]. Proceedings of the AIAA's 4th Annual Aviation Technology，Integration，and Operations Technical Forum，Chicago，2004：1-10.

[100] Luxhøj J T. Model-based reasoning for aviation safety risk assessments[C]. Proceedings of the SAE World Aerospace Congress，Dallas/Fort Worth，2005：1-11.

[101] Brooker P. Experts，Bayesian belief networks，rare events and aviation risk estimates[J]. Safety Science，2011，49（8/9）：1142-1155.

[102] Cassell R，Smith A，Shepherd R. A risk assessment model for free flight-terminal area reduced separation[C]. Proceedings of the Digital Avionics Systems Conference，Atlanta，1996：1-8.

[103] Sheperd R，Cassell R，Thava R，et al. A reduced aircraft separation risk assessment model[C]. Proceedings of the Navigation and Control Conference，Reston，1997：1418-1433.

[104] Netjasov F，Janic M. A review of research on risk and safety modelling in civil aviation[J]. Journal of Air Transport Management，2008，14（4）：213-220.

[105] Chi H，Liu L，Xu B G，et al. A mathematical model of pilots demand forecast for the air fleet[C]. Proceedings of the 38th International Conference on Computers and Industrial Engineering，Beijing，2008：2965-2970.

[106] 高敏刚，许保光，池宏. 飞行员全动模拟机复训问题求解[J]. 系统工程理论与实践，2014，34（6）：1462-1467.

[107] Toroslu I H，Arslanoglu Y. Genetic algorithm for the personnel assignment problem with multiple objectives[J]. Information Sciences，2007，177（3）：787-803.

[108] Funabiki K. Flight simulator for pilot training[J]. Human Factors in Japan，2011，16（1）：17-22.

[109] 潘邦传，宋志勇，许保光，等. 飞行员模拟机复训计划优化模型研究[J]. 中国管理科学，2008，16（2）：69-75.

[110] 刘文斌，张守志，施伯乐. 基于 GA 的飞行员模拟机排班问题求解[J]. 计算机工程，2011，37（15）：140-142.

[111] Toroslu I H. Personnel assignment problem with hierarchical ordering constraints[J]. Computers & Industrial Engineering，2003，45（3）：493-510.

[112] Aizinov S D，Orekhov A V. Simulator training for the high technology ship crews[J]. Gyroscopy and Navigation，2010，1（4）：258-262.

[113] Chesse P，Chalet D，Tauzia X，et al. Real-time performance simulation of marine diesel engines for the training of navy crews[J]. Marine Technology and SNAME News，2004，41（3）：95-101.

[114] Coelho A L V，Fernandes E，Faceli K. Multi-objective design of hierarchical consensus functions for clustering ensembles via genetic programming[J]. Decision Support Systems，2011，51（4）：794-809.

[115] Emam T，Ali S I. Norm-based approximation in E-convex multi-objective programming[J]. Ars Combinatoria，2012，103：161-173.

[116] Shang Y F，Yu B. A constraint shifting homotopy method for convex multi-objective programming[J]. Journal of Computational & Applied Mathematics，2011，236（5）：640-646.

[117] 郑孝雍，陈布科，赵延渝. 推进教育创新，培养高素质的民航飞行技术人才[J]. 中国高等教育，2004（12）：44-45.

[118] 薛云燕,李俊良. 我国民航飞行员培养瓶颈与解决办法浅议[J]. 人力资源管理,2006(12):84-86.

[119] 魏林红. 构建我国民航飞行员培养模式[J]. 理工高教研究,2004,23(4):81-82,95.

[120] 高敏刚,池宏,邵雪焱. 飞行员升级周期分析[J]. 运筹与管理,2012,21(3):99-104.

[121] 李伟. 复杂系统的智能故障诊断技术现状及其发展趋势[J]. 计算机仿真,2004,21(10):4-7,11.

[122] 王晓峰,毛德强,冯尚聪. 现代故障诊断技术研究综述[J]. 中国测试,2013,39(6):93-98.

[123] 李红卫,杨东升,孙一兰,等. 智能故障诊断技术研究综述与展望[J]. 计算机工程与设计,2013,34(2):632-637.

[124] 安治永,李应红,苏长兵. 航空电子设备故障诊断技术研究综述[J]. 电光与控制,2006,13(3):5-10,41.

[125] 吕川,赵宇,张坚. 飞机备件需求量的确定方法[J]. 北京航空航天大学学报,1995,21(4):130-135.

[126] 陈凤腾,左洪福,王华伟,等. 基于非齐次泊松过程的航空备件需求研究和应用[J]. 系统工程与电子技术,2007,29(9):1585-1588.

[127] 陈凤腾,左洪福. 基于可靠性和维修性的航空备件需求和应用[J]. 机械科技与技术,2008,27(6):779-783.

[128] 倪现存,左洪福,陈凤腾,等. 民机周转备件预测方法[J]. 南京航空航天大学学报,2009,41(2):253-256.

[129] 王淼. 飞机附件寿命分析方法研究[J]. 航空维修与工程,2010,4:44-46.

[130] Batchoun P,Ferland J A,Cléroux R. Allotment of aircraft spare parts using genetic algorithms[J]. Pesquisa Operacional,2003,23(1):141-159.

[131] Lee L H,Chew E P,Teng S Y,et al. Multi-objective simulation-based evolutionary algorithm for an aircraft spare parts allocation problem[J]. European Journal of Operational Research,2008,189(2):476-491.

[132] 韩明亮,航材公司航材布局优化[C]. 中国企业运筹学学术交流大会论文集,吉林,2010.

[133] Sherbrooke C C. METRIC:A multi-echelon technique for recoverable item control[J]. Operations Research,1968,16(1):122-141.

[134] 祝硕,许保光,刘世奪. 周转件构成的可修复系统的可靠性分析[J]. 中国管理科学,2014,22(7):67-75.

[135] 邓明然,夏喆. 基于耦合的企业风险传导模型探讨[J]. 经济与管理研究,2006(3):66-68.

[136] 李存斌,王恪铖. 网络计划项目风险元传递解析模型研究[J]. 中国管理科学,2007,15(3):108-113.

[137] 邵雪焱,曾骥,池宏,等. 业务流程信息质量评估方法[C]. 第十五届中国管理科学年会,长沙,2013.

[138] 陈洁,池宏,邵雪焱. 航班飞行计划中燃油计算的风险传导分析[J]. 运筹与管理,2016,25(1):110-116.

[139] 臧宁宁,池宏,邵雪焱,等. 返航备降航班高风险频发子集搜索模型[J]. 运筹与管理,2012,

　　　21（3）：105-113.

[140] 任庆娟，许保光，许金华. 基于峰值负荷的签派员席位任务分配问题[J]. 中国管理科学，
　　　2013，21（6）：161-168.

[141] 俞萍，池宏，谭显春，等. 基于 Fisher 聚类算法的航班飞行高度偏差分析研究[J]. 中国管
　　　理科学，2010，18（5）：130-136.

附录 A　简单算例数据

表 A.1　构造例子返航备降航班数量分布情况

月份	0:00~1:00	1:00~2:00	2:00~3:00	3:00~4:00	4:00~5:00	5:00~6:00	6:00~7:00	7:00~8:00	8:00~9:00	9:00~10:00	10:00~11:00	11:00~12:00
1	0	0	0	0	0	0	0	0	0	0	0	0
2	0	0	0	0	0	0	0	0	0	0	0	0
3	0	0	0	0	0	0	0	0	0	0	0	0
4	0	0	0	0	0	0	0	0	0	0	0	0
5	0	0	0	0	0	0	0	0	0	0	0	0
6	0	0	0	0	0	0	0	0	0	0	0	0
7	0	0	0	0	0	0	20	7	12	0	0	0
8	0	0	0	1	2	2	10	10	5	3	1	4
9	0	0	0	0	0	0	13	16	10	0	0	0
10	0	0	0	0	0	0	10	18	11	0	0	0
11	0	0	0	0	0	0	0	0	0	0	0	0
12	0	0	0	0	0	0	0	0	0	0	0	0

月份	12:00~13:00	13:00~14:00	14:00~15:00	15:00~16:00	16:00~17:00	17:00~18:00	18:00~19:00	19:00~20:00	20:00~21:00	21:00~22:00	22:00~23:00	23:00~24:00
1	0	0	0	0	0	0	0	0	0	0	0	0
2	0	1	20	7	12	1	0	0	0	0	0	0
3	0	5	10	10	5	3	4	0	0	0	0	0
4	5	1	13	16	10	1	0	0	0	0	0	0
5	0	1	10	18	11	1	0	0	0	0	0	0
6	0	0	0	0	0	0	0	0	0	0	0	0
7	0	0	0	0	0	0	0	0	0	0	0	0
8	0	0	0	0	0	0	0	0	0	0	0	0
9	0	0	0	0	0	0	0	0	0	0	0	0
10	0	0	0	0	0	0	0	0	0	0	0	0
11	0	0	0	0	0	0	0	0	0	0	0	0
12	0	0	0	0	0	0	0	0	0	0	0	0

表 A.2　构造例子航班数量分布情况

月份	0:00~1:00	1:00~2:00	2:00~3:00	3:00~4:00	4:00~5:00	5:00~6:00	6:00~7:00	7:00~8:00	8:00~9:00	9:00~10:00	10:00~11:00	11:00~12:00
1	0	0	0	0	0	0	0	0	0	0	0	0
2	0	0	0	0	0	0	0	0	0	0	0	0
3	0	0	0	0	0	0	0	0	0	0	0	0
4	0	0	0	0	0	0	0	0	0	0	0	0
5	0	0	0	0	0	0	0	0	0	0	0	0
6	0	0	0	0	0	0	1	1	1	0	0	0
7	0	0	0	0	0	1	20	7	12	1	0	0
8	0	0	0	3	5	5	10	10	5	3	5	5
9	0	0	0	0	0	1	13	16	10	1	0	0
10	0	0	0	0	0	1	10	18	11	1	0	0
11	0	0	0	0	0	0	1	1	1	0	0	0
12	0	0	0	0	0	0	0	0	0	0	0	0

月份	12:00~13:00	13:00~14:00	14:00~15:00	15:00~16:00	16:00~17:00	17:00~18:00	18:00~19:00	19:00~20:00	20:00~21:00	21:00~22:00	22:00~23:00	23:00~24:00
1	0	0	0	0	0	0	0	0	0	0	0	0
2	0	1	20	7	12	1	0	0	0	0	0	0
3	0	5	10	10	5	3	4	0	0	0	0	0
4	5	1	13	16	10	1	0	0	0	0	0	0
5	0	1	10	18	11	1	0	0	0	0	0	0
6	0	0	0	0	0	0	0	0	0	0	0	0
7	0	0	0	0	0	0	0	0	0	0	0	0
8	5	0	0	0	0	0	0	0	0	0	0	0
9	0	0	0	0	0	0	0	0	0	0	0	0
10	0	0	0	0	0	0	0	0	0	0	0	0
11	0	0	0	0	0	0	0	0	0	0	0	0
12	0	0	0	0	0	0	0	0	0	0	0	0

附录 B　第 12 章算例数据

对某航空公司九寨沟黄龙机场 2005～2009 年返航备降航班、航班分布进行统计，可得表 B.1～表 B.3。

表 B.1　九寨沟黄龙机场 2005～2009 年返航备降航班分布情况

月份	0:00~1:00	1:00~2:00	2:00~3:00	3:00~4:00	4:00~5:00	5:00~6:00	6:00~7:00	7:00~8:00	8:00~9:00	9:00~10:00	10:00~11:00	11:00~12:00
1	0	0	0	0	0	0	0	0	0	0	1	3
2	0	0	0	0	0	0	0	0	0	0	0	2
3	0	0	0	0	0	0	0	0	0	1	1	1
4	0	0	0	0	0	0	4	2	1	0	5	5
5	0	0	0	0	0	0	3	1	4	0	0	0
6	0	0	0	0	0	0	3	0	2	0	1	0
7	0	0	0	0	0	0	20	7	12	9	2	0
8	0	0	0	0	0	0	10	10	5	3	3	0
9	0	0	0	0	0	0	13	16	10	1	1	3
10	0	0	0	0	0	0	10	18	11	3	0	1
11	0	0	0	0	0	0	2	5	2	2	1	2
12	0	0	0	0	0	0	0	0	0	0	3	1

月份	12:00~13:00	13:00~14:00	14:00~15:00	15:00~16:00	16:00~17:00	17:00~18:00	18:00~19:00	19:00~20:00	20:00~21:00	21:00~22:00	22:00~23:00	23:00~24:00
1	5	1	4	0	0	0	0	0	0	0	0	0
2	5	2	1	0	0	0	0	0	1	0	1	0
3	7	6	4	0	2	0	0	0	0	0	0	0
4	1	1	1	8	10	2	1	0	0	0	0	0
5	1	1	0	4	6	0	4	0	4	0	0	0
6	1	2	0	1	2	1	4	0	2	0	0	0
7	4	5	9	6	16	4	5	2	3	1	0	0
8	3	2	3	6	6	5	3	1	1	0	0	0
9	1	0	2	7	5	1	5	2	2	3	0	0
10	1	1	4	3	4	8	12	10	2	0	0	1
11	5	3	0	0	4	0	0	0	0	0	1	5
12	3	2	2	0	0	0	0	0	0	0	0	3

表 B.2　九寨沟黄龙机场 2005~2009 年航班分布情况

月份	0:00~1:00	1:00~2:00	2:00~3:00	3:00~4:00	4:00~5:00	5:00~6:00	6:00~7:00	7:00~8:00	8:00~9:00	9:00~10:00	10:00~11:00	11:00~12:00
1	0	0	0	0	0	0	0	0	0	5	20	31
2	0	0	0	0	0	0	0	1	0	12	42	28
3	0	0	0	0	0	0	14	0	0	19	47	21
4	0	0	0	0	0	0	90	5	1	1	101	5
5	0	0	0	0	0	0	115	13	4	2	71	0
6	0	0	0	0	0	0	116	5	3	0	61	1
7	0	0	0	0	0	0	255	107	22	32	147	2
8	0	0	0	0	0	0	242	139	15	34	158	29
9	0	0	0	0	0	0	233	132	19	35	164	31
10	0	0	0	0	0	0	254	163	25	41	165	35
11	0	0	0	0	0	0	66	49	42	25	108	53
12	0	0	0	0	0	0	0	2	1	31	51	14

月份	12:00~13:00	13:00~14:00	14:00~15:00	15:00~16:00	16:00~17:00	17:00~18:00	18:00~19:00	19:00~20:00	20:00~21:00	21:00~22:00	22:00~23:00	23:00~24:00
1	53	3	6	0	2	0	0	0	0	0	0	0
2	40	13	5	0	1	0	0	0	1	0	1	0
3	50	25	5	7	9	0	3	0	0	0	0	0
4	25	38	1	51	34	2	26	0	0	0	0	0
5	32	18	0	37	27	1	37	0	4	0	0	0
6	25	11	14	29	28	2	31	0	2	0	0	0
7	43	47	37	65	71	24	121	2	3	1	0	0
8	84	52	29	62	89	33	126	1	1	0	0	0
9	94	51	30	90	86	47	128	2	2	3	0	0
10	105	75	46	82	104	61	130	11	2	0	0	0
11	54	75	2	1	11	45	8	0	0	0	1	0
12	61	24	2	0	2	0	0	0	0	0	0	0

表 B.3　九寨沟黄龙机场 2005~2009 年返航备降航班占比情况

月份	0:00~1:00	1:00~2:00	2:00~3:00	3:00~4:00	4:00~5:00	5:00~6:00	6:00~7:00	7:00~8:00	8:00~9:00	9:00~10:00	10:00~11:00	11:00~12:00
1	0	0	0	0	0	0	0	0	0	0	0.050	0.097
2	0	0	0	0	0	0	0	0	0	0	0	0.071
3	0	0	0	0	0	0	0	0	0	0.053	0.021	0.048
4	0	0	0	0	0	0	0.044	0.400	1	0	0.050	1.000
5	0	0	0	0	0	0	0.026	0.077	1	0	0	0
6	0	0	0	0	0	0	0.026	0.000	0.667	0	0.016	0

续表

月份	0:00~1:00	1:00~2:00	2:00~3:00	3:00~4:00	4:00~5:00	5:00~6:00	6:00~7:00	7:00~8:00	8:00~9:00	9:00~10:00	10:00~11:00	11:00~12:00
7	0	0	0	0	0	0	0.078	0.065	0.545	0.281	0.014	0
8	0	0	0	0	0	0	0.041	0.072	0.333	0.088	0.019	0
9	0	0	0	0	0	0	0.056	0.121	0.526	0.029	0.006	0.097
10	0	0	0	0	0	0	0.039	0.110	0.440	0.073	0	0.029
11	0	0	0	0	0	0	0.030	0.102	0.048	0.080	0.009	0.038
12	0	0	0	0	0	0	0	0	0	0	0.059	0.071

月份	12:00~13:00	13:00~14:00	14:00~15:00	15:00~16:00	16:00~17:00	17:00~18:00	18:00~19:00	19:00~20:00	20:00~21:00	21:00~22:00	22:00~23:00	23:00~24:00
1	0.094	0.333	0.667	0	0	0	0	0	0	0	0	0
2	0.125	0.154	0.200	0	0	0	0	0	1	0	1	0
3	0.140	0.240	0.800	0	0.222	0	0	0	0	0	0	0
4	0.040	0.026	1	0.157	0.294	1	0.038	0	0	0	0	0
5	0.031	0.056	0.000	0.108	0.222	0	0.108	0	1	0	0	0
6	0.040	0.182	0	0.034	0.071	0.500	0.129	0	1	0	0	0
7	0.093	0.106	0.243	0.092	0.225	0.167	0.041	1	1	1	0	0
8	0.036	0.038	0.103	0.097	0.067	0.152	0.024	1	1	0	0	0
9	0.011	0.000	0.067	0.078	0.058	0.021	0.039	1	1	1	0	0
10	0.010	0.013	0.087	0.037	0.038	0.131	0.092	0.909	1	0	0	0
11	0.093	0.040	0	0	0	0.089	0	0	0	0	1	0
12	0.049	0.083	1	0	0	0	0	0	0	0	0	0

彩　　图

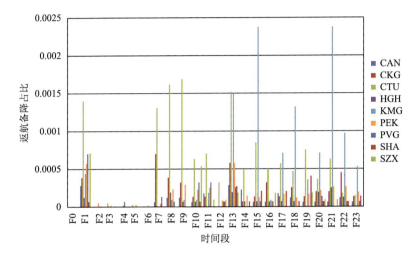

图 12.6　九个航班较多目的机场在一天各个时刻返航备降占比示意图

F0 为 0:00～1:00，F1 为 1:00～2:00，F2 为 2:00～3:00，以此类推。CAN：广州白云国际机场。CKG：重庆江北国
际机场。CTU：成都双流国际机场。HGH：杭州萧山国际机场。KMG：昆明巫家坝国际机场。PEK：北京首都国
际机场。PVG：上海浦东国际机场。SHA：上海虹桥国际机场。SZX：深圳宝安国际机场